Siglind Bruhn

Alban Bergs
Liederzyklen und Kammermusik

Alban Bergs Liederzyklen und Kammermusik: Thematik, Struktur, Semantik

Siglind Bruhn

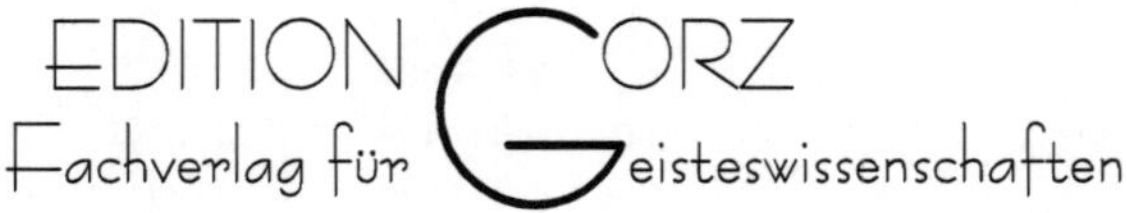

Bruhn, Siglind.
Alban Bergs Liederzyklen und Kammermusik: Thematik, Struktur, Semantik. [Alban-Berg-Trilogie Band I]
Waldkirch: Edition Gorz, 2023.
kontakt@edition-gorz.de http://edition-gorz.de

Umschlaggestaltung mit Digiart von Meinolf Wewel

ISBN 978-3-938095-32-4

Bibliografische Information der Deutschen Bibliothek: Die Deutsche Bibliothek verzeichnet diese Publikation in der Deutschen Nationalbibliografie; detaillierte bibliografische Daten sind im Internet abrufbar über http://dnb.ddb.de.

Printed in Germany by rombach digitale manufaktur, Freiburg

Inhalt

Vorwort

Bergs früheste Kompositionen sind Gedichtvertonungen für eine Singstimme mit Klavierbegleitung. Schon als Schüler begeisterte er sich gleichermaßen für die Musik und die Lyrik sowohl der vorausgegangenen Jahrhunderte als auch seiner Zeit. In den Anfangsmonaten des Unterrichtes bei Schönberg bemerkte dieser überrascht, dass bei Berg selbst die Ergebnisse seiner Kompositionsaufgaben für Klavier oder instrumentale Duos, Trios und Quartette wie Vokalwerke empfunden wirkten. Die Liebe zu diesen beiden Gattungen, dem gesungen interpretierten Text und dem im kleinen Ensemble instrumental erforschten Spektrum melodischer und struktureller Möglichkeiten, durchzieht Bergs gesamtes Schaffen. Dies gilt ebenso für die komplexen Verbindungen beider im kammermusikalisch eingesetzten Orchester der letzten Liedvertonungen und in der geheimen instrumentalen Textvertonung seiner zweiten Quartettkomposition.

Zugleich bildet Bergs reife Schaffenszeit, die vom Ende seines formellen Kompositionsunterrichtes bis zu seinem frühen Tod nur ca. 25 Jahre überspannte, eine musiksprachliche Entwicklung ab, die sich an diesen zwei Gattungen besonders gut nachzeichnen lässt. Sie reicht von spätromantischer, an Brahms orientierter Harmonik über die zunehmende Anreicherung mit tonalitätserweiternden Klängen – Schönbergs berühmte "Emanzipation der Dissonanz" – und eine expressive Atonalität bis zu den weitgehend dodekaphon konzipierten Werken seiner letzten Jahre. Kennzeichnend für Bergs Persönlichkeit ist dabei, dass der Ausdrucksgehalt nicht nur des Werkganzen, sondern auch der einzelnen Konturen für ihn stets Vorrang vor theoretischem Regelwerk behielt. Dies führte dazu, dass er die Zwölftonreihen seiner späten Kompositionen entweder bewusst konsonanzverträglich entwarf oder aber in einen hörerfreundlichen Kontext einbettet.

In den Kapiteln dieser Studie, die sich Bergs dodekaphonen Werken widmen, werden die Transformationen der Reihen nach der Anzahl der Halbtöne über der Originalform (O_0) bzw. deren Umkehrung (U_0) gezählt. Dies bedeutet: Die Transposition der Originalform um zwei Halbtöne ist gekennzeichnet als O_2, die Kleinterztransposition der Umkehrung als U_3, die Quarttransposition des Krebses als K_5, die Quinttransposition der Krebsumkehrung als KU_7, etc. Weitere Abkürzungen betreffen die beiden Ganztonleitern, die hier als GT-*c* und GT-*h* unterschieden werden.

Die speziell für dieses Buch erstellten Notenbeispiele geben stets nur Auszüge des musikalischen Geschehens wieder und verwenden zudem manchmal Vereinfachungen der für die Partitur gewählten rhythmischen oder enharmonischen Notation, um das im Text Erläuterte auch visuell zu veranschaulichen. Die Töne transponierender Instrumente sind stets "wie klingend" im Violin- bzw. Bassschlüssel notiert.

Band I dieser Buchttrilogie zum Werk von Alban Berg (1885-1935) widmet sich somit den beiden Genres, für die der Komponist schon vor seiner Lehrzeit bei Arnold Schönberg den Grundstock legte und die er später, zunächst unter dessen Aufsicht, dann eigenständig und durchaus eigenwillig, bis an sein Lebensende weiterentwickelte. In Band II und III soll ergänzend die Verbindung von Thematik, Struktur und Semantik in Bergs sinfonischen Werken bzw. in seinen Opern *Wozzeck* und *Lulu* analysiert und interpretiert werden.

Herzlich danke ich allen, die Korrekturen und Ideen zur Gestaltung beigetragen haben, insbesondere Gerhold Becker, der dankenswerterweise den gesamten, für Nichtmusiker anstrengenden Text gelesen und mich mit vielen hilfreichen Kommentaren vor Unstimmigkeiten bewahrt hat.

Im Herbst 2023

Siglind Bruhn

Einleitung

Bergs Liedschaffen

Bergs früheste Kompositionen sind Klavierlieder. Aus der Zeit vor Beginn seines Unterrichtes bei Arnold Schönberg sind 34, aus den Studienjahren weitere 48 Vertonungen einzelner Gedichte überliefert.[1] Die in den Jahren 1985-1987 bei Universal Edition Wien erschienene dreibändige Ausgabe *Alban Berg: Jugendlieder*[2] umfasst meist einzeln stehende Stücke für Sologesang und Klavier, denen neben einem Text aus dem Mittelalter ein beeindruckendes Spektrum an Lyrik von der Frühklassik bis zu Bergs Zeitgenossen zugrunde liegt. Die Auswahl der Texte zeugt von der breiten literarischen Bildung des jungen Komponisten.

Einen der Texte, Theodor Storms Gedicht "Schließe mir die Augen beide", griff Berg fast zwei Jahrzehnte später erneut auf, stellte ihm eine zweite Vertonung zur Seite und gab dann beide gemeinsam zur Publikation frei. Auch arrangierte er sieben der in den Jahren 1905-08 entstandenen Vertonungen von Gedichten verschiedener Lyriker aus dem 19. Jahrhundert zu einer Gruppe mit dem Titel *Sieben frühe Lieder*. Dieser Zyklus erhielt jedoch noch keine Opuszahl und blieb zunächst unveröffentlicht, bis Berg ihn später orchestrierte und in beiden Fassungen herausgab.

Bereits in den ersten Monaten nach dem Abschluss seiner formellen Studien entstand ein zweiter Liederzyklus. Nachdem Berg seiner 1910 erstmals veröffentlichten *Klaviersonate* den Zusatz "Opus 1" zugestanden hatte, wurden die *Vier Gesänge*, Vertonungen eines Gedichtes von Friedrich Hebbel und dreier Texte von Alfred Mombert, zum Opus 2. Schon 1912 folgten – nach dem Streichquartett op. 3 – die *Fünf Orchesterlieder nach Ansichtskarten-Texten von Peter Altenberg* als op. 4. Mit ihnen legte Berg gewissenmaßen seine Meisterprüfung ab, in der er sich vorsichtig vom Einfluss seines Lehrers und seines Freundes Anton Webern emanzipierte.

Während des Ersten Weltkrieges schrieb Berg kein einziges Lied. Erst unter dem Eindruck des Erfolgs seiner 1925 uraufgeführten Oper *Wozzeck*

[1] Vgl. Nicholas Chadwick, "Berg's Unpublished Songs in the Österreichische Nationalbibliothek", in *Music & Letters* 52/2 (1971), S. 123-140.

[2] Band I: 23 ausgewählte Lieder, entstanden 1901-1904; Band II: 23 ausgewählte Lieder, entstanden 1904-1908; Band III: 25 Lieder, zwei Duette und ein Melodram sowie zwei Fragmente, ohne Vermutungen zur Entstehungszeit.

und der Begeisterung, mit der das Publikum die Aufführungen der konzertanten Suite *Drei Bruchstücke aus der Oper "Wozzeck"* aufnahm, wandte er sich erneut der musikalischen Lyrik zu. So entstand 1925 – 18 Jahre nach der 1907 für seine spätere Frau Helene komponierten Erstfassung des Storm-Liedes "Schließe mir die Augen beide" – die bereits erwähnte, musikalisch gänzlich unabhängige zweite Vertonung desselben Gedichtes für seine heimliche zweite Liebe. Zuletzt wählte er für die 1929 komponierte Konzertarie *Der Wein*, ein konzertantes Vokalwerk in einem für ihn neuen Genre, drei Gedichte aus der *Le Vin* überschriebenen fünfteiligen Gruppe in Charles Baudelaires lyrischem Hauptwerk *Les Fleurs du mal* und verband sie zu einer Art durchkomponierter Kantate. Dabei vertonte er zunächst die deutsche Nachdichtung von Stefan George, erstellte aber auch eine Ossiaversion des Gesangsparts für den französischen Originaltext.

Bergs Solo- und Kammermusikwerke

Wie seine Jugendlieder entstanden auch Bergs erste kurze Klavier- und Kammermusikwerke schon vor und während seiner Studienzeit. Dies dokumentiert der in der Österreichischen Nationalbibliothek bewahrte Nachlass, der mit Skizzen und Niederschriften des 16-jährigen Gymnasiasten einsetzt. Die frühesten Stücke zeigen den romantischen Ausdruckswillen des Autodidakten; unter die späteren mischen sich Aufgaben aus dem Unterricht in Harmonielehre und Kontrapunkt bei Arnold Schönberg, der wenige Monate nach Bergs Matura begann. Sie legen Zeugnis ab von der schrittweisen Erarbeitung der Variationstechnik und enthalten Entwürfe zu unterschiedlichen Gattungs- und Strukturvorgaben.

Für Klavier entstanden schon vor dem eigentlichen Kompositionsunterricht (Herbst 1907 bis Herbst 1909) vier "Klavierstücke", zwei Walzer, zwei Menuette, ein Scherzo, zwei Impromptus, vier Inventionen, drei Fugen, mehrere Versuche zu "Thema und Variationen" (darunter die heute geschätzten "12 Variationen über ein eigenes Thema") sowie drei Stücke für Klavier zu 4 Händen. Diese Frühwerke ergänzte Berg in den letzten Jahren unter Schönbergs Anleitung durch zahlreiche weitere "Variationssätzchen" und "Stücke" sowie Entwürfe zu insgesamt fünf Klaviersonaten. (Ansprechende Hörbeispiele zu einer Auswahl dieser Stücke bietet die Einspielung des Schweizer Pianisten Jean-Jacques Dünki aus dem Jahr 1990 unter dem Titel "Alban Berg: Frühe Klaviermusik".[3])

[3]Onlinezugang https://www.youtube.com/watch?v=O4oOWmSD8L8 (abgerufen 3/2023).

Im Bereich der Kammermusik vollendete Berg in den ersten Jahren unter Schönbergs Anleitung eine Sarabande, ein Menuett und eine Fuge für Streichquartett, einen Kanon für Klarinette und Horn mit Klavierbegleitung sowie eine "Fuge mit zwei Themen für Streichquintett mit Klavierbegleitung in der Art eines ausgeführten Continuo". Später kamen weitere Variationssätze für Streichquartett hinzu, darunter zwei Zyklen mit *Streichquartettvariationen über ein Schumann-Thema* sowie je ein Thema für Violine und Klavier bzw. Klarinette und Klavier. Auffällig erscheinen im Bereich der Streichquartettkompositionen die Ausdrucksstudien in Form von Stücken mit Titeln wie *Andante* oder *Adagio*. Unter diesen findet sich ein als *Adagio "Über ein Dehmelgedicht"* betitelter Streichquartettsatz, der als eine huldigende Anspielung auf Schönbergs instrumentale Dehmel-Vertonung in dessen Streichsextett *Verklärte Nacht* entstanden sein mag und als Versuch einer musikalischen Ekphrasis, einer transmedialen Übertragung aus literarischer in tönende 'Sprache', betrachtet werden darf. Alle genannten Frühwerke und Fragmente liegen heute, mit ausführlichen Kommentaren, im Druck vor.[4]

Eine einzige der in der Studienzeit entstandenen Kompositionen erkannte Berg schließlich als Ausdruck seiner individuellen Musiksprache an und zeichnete sie als "Opus 1" aus. In der 1908 vollendeten Klaviersonate gelang es ihm, sich zugleich von Schönberg zu emanzipieren und dennoch die Anerkennung des verehrten Lehrers und Mentors zu erhalten. Wenig später erreichte er Ähnliches mit seinem ersten Streichquartett op. 2. Dieses kurz nach dem Ende des Kompositionsstudiums entstandene und mit seinen nur zwei Sätzen auch formal überraschende Werk gilt heute als eines der Gründungsdokumente der Zweiten Wiener Schule.

Der in diesen beiden frühen Meisterwerken angestrebten Verbindung von freier Atonalität mit tonalem Einschlag, von nachweisbarer Abstraktion bei aufrecht erhaltenem romantischem Ausdruck fügte Berg je ein zweites Werk hinzu. Die Auseinandersetzung mit Form und Thematik, die er in der Klaviersonate entwickelt hatte, setzte er fort in dem 1913 komponierten Duowerk *Vier Stücke für Klarinette und Klavier* op. 5; dem ersten Streichquartett, das seiner Jugendliebe und späteren Frau Helene gewidmet war, stellte er 1925-26 eine zweite Komposition für dieselbe Besetzung zur Seite,

[4]Siehe dazu Ulrich Krämer, Hrsg., *Alban Berg: Sämtliche Werke – Kompositionen aus der Studienzeit* Band 1 und 2 (Wien: Universal Edition, 1999/2006); Rudolf Stephan, Hrsg., *Alban Berg: Sämtliche Werke – Frühe Klaviermusik* Band 1 und 2: Ausgewählte Stücke / 12 Variationen über ein eigenes Thema (Wien: Universal Edition, 1990/1985).

dessen geheime Adressatin Hanna Fuchs-Robettin war, die große Liebe und Muse seiner reifen Jahre. Dieses Kammermusikwerk, die sechssätzige *Lyrische Suite*, markiert zudem Bergs Übergang vom Komponieren im "frei atonalen" Raum zu einer ersten umfassenden Integration der von Schönberg entwickelten Zwölftontechnik und deren Anpassung an sein Ausdrucksbedürfnis. Darüber hinaus deutet der Finalsatz mit dem (gleichfalls nur der geheimen Adressatin enthüllten) Text eines Gedichtes von Charles Baudelaire in der deutschen Übertragung durch Stefan George auf eine Weiterentwicklung seines noch unter Schönbergs Leitung entstandenen *Adagio "Über ein Dehmelgedicht"*, d.h. einen der Instrumentalmusik immanenten lyrischen Subtext.

An dieses bedeutende Kammermusikwerk knüpfte Berg sowohl mit der Zweitfassung des Theodor-Storm-Liedes als auch mit der Konzertarie *Der Wein* an. Beide sind neben offiziellen Widmungsträgern heimlich der Geliebten Hanna Fuchs zugeeignet; die Arie schließt mit der Wahl des Baudelaire/George-Textes an den Finalsatz der *Lyrischen Suite* an.

"Freie Atonalität" zwischen Spätromantik und Dodekaphonie

Anders als sein Lehrer Schönberg und sein Studienkollege und lebenslanger Freund Webern, die beide beim Übergang zur Zwölftonkomposition entscheidende stilistische Änderungen an ihrer Kompositionsweise vornahmen, blieb Berg im Verlauf seiner musiksprachlichen Entwicklung hinsichtlich seiner Ausdrucksästhetik erstaunlich konstant. Überspitzt kann man sagen: Er benutzte die erweiterte Tonsprache, um im Wesentlichen dieselbe Art Musik zu schreiben und dieselben emotionalen und spirituellen Inhalte zu vermitteln, die seine Musik von Anbeginn charakterisiert hatten.

Schon in der Spätphase seiner noch tonalen Musik entwickelte Berg ein Kompendium bevorzugter melodischer Gesten, die er unverändert nicht nur in seine frei atonale, sondern auch in seine dodekaphone Musik übernahm. Darunter sind vier miteinander verwandte großintervallische Dreitonfolgen, die fallend oder steigend auftreten. Bestimmend für sie ist, dass sie, statt reine Quart und reine Quint zur Oktave zu ergänzen, jeweils eines der konstituierenden Intervalle (und damit auch das Rahmenintervall) um einen Halbton verkleinern oder vergrößern. Charakteristische Beispiele liefern die Eröffnungsgesten der *Sonate für Klavier* (steigend: *g-c-fis*) und der *Vier Stücke für Klarinette und Klavier* (fallend: *as-es-g*). Ebenfalls schon in seiner tonalen Phase verwendete Berg den halbverminderten Septakkord und den Nonakkord mit verminderter Quint.

Spiegelbildlich zu diesen Alterationen verhält sich Bergs Bestreben, die von Schönberg initiierte und auch von Webern bald begeistert umgesetzte "Methode des Komponierens mit zwölf nur aufeinander bezogenen Tönen" seinem lebenslang romantisch geprägten Ausdrucksbedürfnis anzupassen. Nachdem er den Übergang zur freien Atonalität 1909 im letzten seiner *Vier Gesänge* op. 2 vollzogen und diese Kompositionsweise 1910 in seinem Streichquartett op. 3 konsolidiert hatte, fügte er in die 1912 entstandenen *Altenberglieder* op. 4 den ersten Zwölftonakkord ein sowie die erste Tonfolge, die nacheinander alle Halbtöne durchläuft. Zwar greift er diese Zwölftonfolge satzübergreifend erneut auf, doch verarbeitet er sie nicht seriell, und so bleibt sie ohne Konsequenz für den Kontext.

Erst 1925 konzipierte Berg in der Zweitvertonung des Storm-Liedes "Schließe mir die Augen beide" ein konsequent zwölftöniges Werk. Noch im selben Jahr folgte mit der *Lyrischen Suite* eine umfangreiche Komposition, in der er Schönbergs Regeln erweitert, indem er die gewählte Reihe – die schon seiner Storm-Vertonung zugrunde liegende Allintervallreihe – nicht nur mit ausgedehnten non-dodekaphonen Passagen alterniert, sondern ihre Tonfolge zudem sukzessiv modifiziert. Zu den Entscheidungsschritten dieser Technik verfasste er Erläuterungen in Form der "Neun Blätter zur *Lyrischen Suite* für Streichquartett", die Willi Reich erstmals transkribiert hat und die seither vielfach abgedruckt worden sind.[5] In diesen Blättern verwendet Berg für die zugrunde gelegte Reihe und deren Ableitungen keine Kürzel aus Buchstaben und Zahlen, sondern deutsche Worte.

Berg und die Sonatensatzform

Wie die Kompositionsaufgaben aus dem Unterricht bei Schönberg zeigen, erlernte Berg das Handwerk der Bildung musikalischer Formen anhand traditioneller Gattungen. Dies war durchaus kein Zufall. Betrachtet man das Gesamtwerk der drei Komponisten der "Neuen Wiener Schule", so stellt man überrascht fest, dass insbesondere die Sonatensatzform allen als Modell diente, und zwar sowohl in ihrer tonalen als auch in ihrer atonalen und zwölftönigen Periode. Dies ist nicht zuletzt deshalb überraschend, als ein wichtiges harmonisches Merkmal der Sonatensatzform,

[5]Willi Reich, *Alban Berg: Bildnis im Wort* (Zürich: Arche, 1959); hier zitiert nach Frank Schneider, Hrsg., *Alban Berg. Glaube, Hoffnung und Liebe. Schriften zur Musik* (Leipzig: Reclam, 1981), S. 236-253.

die Spannung zwischen der Grundtonart und einer mit dem Seitensatz eingeführten sekundären Tonstufe, mit dem Verlust der funktionalen Harmonie in der post-tonalen Musik wegfällt. Dennoch bezieht Berg sich wiederholt auf die Sonatensatzform, sowohl in seinen Kammermusikwerken als auch in der Konzertarie *Der Wein* sowie in einzelnen Szenen aus *Wozzeck* und *Lulu*. Er ersetzt die funktionsharmonische Gegenüberstellung der Themen, indem er jede Komponente mit einem eigenen Tempo charakterisiert, meist auch die Texturdichte deutlich differenziert und zudem den musikalischen Ablauf mit ausdrücklichen Zäsuren gliedert.

Dabei liegt Bergs Augenmerk auf dem, was die Sonatensatzform mit der ABA'-Bogenform verbindet. Ihn interessieren die diversen Prozesse der Wiederaufnahme – in einer Reprise, aber auch in anderen symmetrisch angelegten Abschnitten. Die klassische Durchführung thematischer Komponenten und ihre Steigerung ins Virtuose reizte ihn dagegen wenig. In seiner Klaviersonate behandelt er diesen Abschnitt eher schlicht, im Kopfsatz seines Streichquartettes gibt er ihm nur wenig Raum, im ebenfalls in Sonatensatzform konzipierten Kopfsatz der *Lyrischen Suite* unterdrückt er die Verarbeitung zuvor eingeführter thematischer Komponenten ganz, und in der Konzertarie *Der Wein* ersetzt er sie durch einen Kontrastabschnitt.

Zahlen, Spiegelungen und das "Schicksal" in der Musik

Nicht in Tonalität und Thematik, wohl aber in Struktur und Semantik findet sich ein entscheidender Niederschlag von Bergs eigentümlicher Schicksalsvorstellung. Diese beginnt mit der Bedeutung, die er den Zahlen in seinem Leben zuschreibt, wobei er deren Kraft in seinen Kompositionen abzubilden trachtet. Allen voran gilt dies für seine (in der Berg-Forschung ausgiebig kommentierte) "Schicksalszahl" 23, die er als Einzelwert oder Vielfaches in den verschiedensten zählbaren Parametern seiner Musik – der Anzahl der Töne oder Takte, der Metronomschläge, den Partiturdaten zur Beendigung seiner Reinschriften, den für wichtige Briefe oder Ankündigungen gewählten Tagen etc. – auszudrücken suchte.[6] Andere Zahlen, seien sie personalisiert wie Schönbergs eigene Schicksalszahl 13 und Hannas 5 bzw. 10 oder mythisch vorgegeben wie die "heilige" 7, setzte Berg ebenso ein. Analoges gilt auf der Ebene der Buchstaben für seine

[6]Vgl. seine Manuskriptvermerke zu den Vollendungsdaten seiner Werke: *Drei Orchesterstücke* 23.8.1914, *Kammerkonzert* 23.7.1925, Konzertarie *Der Wein* 23.7.1929 (Fertigstellung der Instrumentation 23.8.1929), *Violinkonzert* 23.7.1935.

Anagramme, die Initialen *a-b* für ihn selbst und *h-f* für Hanna Fuchs oder die ausführlicheren Tonsymbole wie *a-b-a, b-e-g* für Alban Berg und, *a–d, s-c-h-b-e-g* für Arnold Schönberg.

Spiegelungen unterschiedlichster Art waren Berg ein allumfassendes Bedürfnis. Im horizontalen Verlauf der Musik reichen sie von bloßen Andeutungen in Werken mit enger Entsprechung zwischen Vor- und Nachspiel über Bogenformen mit struktureller Rückläufigkeit der Segmente bis hin zu umfangreichen Symmetriebildungen und tongetreuen Krebsgängen. Adorno deutet diese Vorliebe für Spiegelungen als eine Betonung des Visuellen in Bergs Leben und vermutet, dieser plane seine Werke "nach quasi räumlichen Symmetrieverhältnissen", insofern musikalische Krebsgänge ja ihrer Natur nach antizeitlich sind.[7] Doch auch in der Vertikalen sucht Berg die Spiegelung, so in mehrstimmigen Konturen, die in keilförmiger Stimmführung chromatisch auseinander streben.[8]

Berühmt geworden ist Bergs Insistenz, dass Themen und musikalische Abläufe in den späteren Abschnitten bogenförmiger Strukturen nie identisch oder auch nur sehr ähnlich wiederkehren dürfen, da sie seit ihrem ersten Auftreten "viel erlebt" und sich daher notwendigerweise verändert haben. Die anthropomorphisierende Beschreibung einer 'Erfahrungsbilanz' musikalischer Komponenten reflektierte zunächst die Kritik der Schönberg-Schule an allzu schlichten Reprisen der Sonatensatzform, weitete sich jedoch für Berg bald aus auf jede Form der Wiederholung, an deren Stelle er die "entwickelnde Variation" im schönbergschen Sinn verlangte.

In der *Lyrischen Suite* überträgt Berg seine Überzeugung, dass musikalische Komponenten wie alles im Leben ein "Schicksal" haben und daher einer steten Wandlung unterworfen sind, sogar auf die dem Werk zugrunde gelegte Reihe. Im Verlauf der sechs Sätze verändert er die Zwölftonfolge durch gezielten Tontausch zweimal zu neuen Grundformen. Damit gesteht er auch dieser tonalen Basis seiner Komposition eine Art organische Empfindungsfähigkeit zu. Wie er in seinen "Neun Blätter[n] zur *Lyrischen Suite* für Streichquartett" schreibt:

[7]Theodor W. Adorno, *Berg. Der Meister des kleinsten Übergangs* (Frankfurt: Suhrkamp, 1977), S. 25

[8]Vgl. dazu Robert P. Morgan, ""The Eternal Return: Retrograde and Circular Form in Berg", in David Gable et al., Hrsg., *Alban Berg: Historical and Analytical Perspectives* (Oxford: Clarendon Press, 1991), S. 111-149. Laut Morgan (S. 146ff) bewunderte Berg Nietzsches Konzept der ewigen Wiederkehr.

> Die Reihe verändert sich im Verlauf der vier Sätze durch Umstellung einiger Töne. (Diese Veränderung ist unwesentlich in Hinblick auf die Linie, wesentlich aber in Hinblick auf die Charaktere – "Schicksal erleidend").[9]

Neben mystisch wirkenden Zahlen und Anagrammen gehören auch verschiedene Arten der Spiegelbildung zum musikalischen Niederschlag von Bergs Schicksalsvorstellung. Der bedeutende britische Berg-Forscher Douglas Jarman vermutet, dass Berg seine zahlreichen Krebsgänge und Palindrome als Symbole der Negation verwendet, insofern ihre Umkehr der musikalischen Bewegungsrichtung ein Bedürfnis ausdrückt, das Vergehen der Zeit samt ihren unvermeidlichen Konsequenzen auszulöschen. Die teilweise stark formalisierten Schemata wären somit weit mehr als selbst auferlegte technische Herausforderungen. Vielmehr handele es sich um objektive Beschränkungen, in denen sich eine zutiefst subjektive Aussage verbirgt. Für Jarman

> spiegelt sich darin ein Verständnis des Menschen als einer hilflosen Kreatur, die unfähig ist, ihr prädeterminiertes Schicksal zu ändern und aus dem tragischen und absurden Totentanz auszubrechen, in dem sie gefangen ist – eine fatalistische und zutiefst pessimistische Einstellung zum Leben, die allen reifen Kompositionen Bergs zugrunde liegt.[10]

Allerdings ist dies nur eine Facette. Ihr steht die vertikalsymmetrische Expansion gegenüber, insbesondere die der Intensität, wie sie die Tempi schon in der Exposition der *Klaviersonate* und erst recht später in der Satzfolge der *Lyrischen Suite* bestimmt.[11] Solchen Steigerungen folgt keine Negation; sie führen vielmehr, wie höchst expressiv nachgezeichnet in den Adjektiven der Satztitel – *gioviale*, *amoroso*, *misterioso*, *appassionato*, *delirando*, *desolato* – unumkehrbar in die extremen Stadien der Leidenschaft, des Deliriums und der Verzweiflung.

[9] Willi Reich, *Alban Berg – Leben und Werk* (München: Piper, 1985), S. 141-143 [141].

[10] Übersetzt nach Douglas Jarman, *The Music of Alban Berg* (Berkeley: University of California Press, 1985), S. 241.

[11] Vgl. die keilförmig vom mäßigen Grundtempo ausgehende Tempofolge in der Exposition der *Klaviersonate* (*Mäßig – Rascher – Tempo I – Langsamer – Rasch – Viel langsamer*) und in der *Lyrischen Suite* (*Allegretto gioviale – Andante amoroso – Allegro misterioso* (mit *Trio estatico*) *– Adagio appassionato – Presto delirando – Largo desolato*). Eine Entsprechung auf lokaler Ebene sind Konturen, die sich in wachsenden Intervallschritten keilförmig zu latenter Zweistimmigkeit chromatisch auseinanderstrebender Linien weiten.

Sieben frühe Lieder

Noch in den Jahren des Kompositionsunterrichtes bei Schönberg, wenn auch anscheinend nicht als vom Lehrer angeregte Kompositionsaufgaben, entstanden die sieben Lieder, die Berg später zu einem Zyklus zusammenstellte. Auf der Basis der Handschriften ergibt sich für die Entstehung die folgende Abfolge:[1]

Im Zimmer:	Sommer 1905
Die Nachtigall:	Winter 1905-06
Liebesode:	Herbst 1906
Traumgekrönt:	14. August 1907
Nacht:	Frühjahr 1908
Schilflied:	Frühjahr 1908
Sommertage:	Sommer 1908

Bergs Vertonungen loten den Grenzbereich zwischen der Romantik des späten 19. Jahrhunderts, wie Schönberg sie in seinen zur Zeit von Bergs Unterricht vollendeten *Gurreliedern* verwirklichte, und der frühen Atonalität im Sinne von dessen "erweiterter Tonalität" aus. Drei der Lieder – "Die Nachtigall", "Liebesode" und "Traumgekrönt" – durfte der 22-jährige am 7. November 1907 in einem Konzert von Schülern Schönbergs einem Publikum vorstellen, doch eine Drucklegung war vorerst nicht vorgesehen. Wie Rudolf Stephan im Partiturvorwort schreibt, fertigte Berg 1917, zum zehnjährigen Jubiläum seiner Beziehung zu Helene, eine Reinschrift mit zehn seiner frühen Lieder an. Darunter waren, wenn auch in abweichender Anordnung, die sieben des späteren Zyklus, das Theodor-Storm-Lied "Schließe mir die Augen beide" sowie zwei weitere.

Für wie wesentlich Berg diese Beispiele seines frühen Liedschaffens auch im Rückblick noch erachtete, zeigt sich darin, dass er die sieben Lieder 1928 – zwanzig Jahre nach Vollendung des zuletzt komponierten – überarbeitete, orchestrierte und sie sodann in parallelen Fassungen für Klavier und Orchester in den Druck gab. Dabei arrangierte er die Auswahl unter dem in der Handschrift noch recht ausführlichen Titel "Sieben frühe Lieder für eine Singstimme mit Klavier nach Gedichten verschiedener Dichter" zu einem sorgsam ausbalancierten Gesamtwerk.

[1]Nicholas Chadwick, "A survey of the early songs of Alban Berg" (Dissertation, University of Oxford, 1972), S. 48-49.

In der zyklischen Anlage zeigt sich Bergs lebenslanges Bemühen um Symmetrie. Ein Manuskript aus der Österreichischen Nationalbibliothek dokumentiert Bergs allmähliche Annäherung an die endgültige Abfolge der Lieder im Zyklus auf der Basis von Überlegungen zu Tonarten und kompositionstheoretischen Aspekten.[2] Das Resultat ist ein musikalischer Verlauf nach Art eines dramatischen Bogens, unter dem sich ein stilistisches Palindrom entfaltet:

Nacht: erweiterte Tonalität
Schilflied: leicht erweiterte Tonalität
Die Nachtigall: traditionell-romantische Tonsprache
Traumgekrönt: erweiterte Tonalität
Im Zimmer: traditionell-romantische Tonsprache
Liebesode: leicht erweiterte Tonalität
Sommertage: erweiterte Tonalität

In seiner Orchestrierung überträgt Berg diese palindromische Anlage auf die klangliche Ebene: Das zentrale, in der Stimmung durch seinen Titel charakterisierte "Traumgekrönt" ist gefärbt von durchgehend mit Dämpfer spielenden Streichern und dem (*ad libitum*) Ersatz der Harfe durch eine Celesta, während Klarinetten, Fagotte und Trompeten fehlen. Die symmetrisch platzierten Lieder III und V in traditionell-romantischer Tonsprache sind mit nur je einer Instrumentenfamilie besetzt: In "Die Nachtigall" beschränkt sich die Begleitung auf neunfach geteilte Streicher, zu "Im Zimmer" ertönen Bläser, unterstrichen lediglich von Harfe und Becken. Im zweiten und zweitletzten Lied ist das Orchester deutlich ausgedünnt: Im "Schilflied" sind nicht nur die Bläser, sondern auch die Streicher solistisch besetzt; in der "Liebesode" erzielt Berg einen ähnlichen Effekt durch besonders große Durchsichtigkeit der Textur. Nur in den zwei rahmenden Liedern mit ihrer stark erweiterten Tonalität setzt Berg das volle Orchester ein, in dichtem polyphonen Spiel und unter Beteiligung von Pauke, großer Trommel, Triangel, Becken und Tamtam.

Die Uraufführung der Orchesterfassung fand 1928 in Wien statt, mit der Solistin Claire Born und dem Dirigenten Robert Heger, organisiert von der Gesellschaft der Musikfreunde. Wie Mosco Carner in seinem Kommentar zu den *Sieben frühen Liedern* bemerkt, ist die Orchesterfassung "bis auf einige kontrapunktische Motive, Verdopplungen der Singstimme und pointilistische Ergänzungen identisch mit der Klavierfassung".[3]

[2]Faksimile 1, "Disposition der *Sieben frühen Lieder* als Zyklus", in Rudolf Stephan, Hrsg., *Alban Berg – Sämtliche Werke* 6 (Wien: Universal Edition, 1997), S. IX.

[3]Mosco Carner, *Alban Berg: The Man and the Work* (New York: Holmes & Meier, 1977), 83.

Nacht

Berg eröffnet seinen Zyklus mit der Vertonung eines Gedichtes von Carl Hauptmann (1858-1921), der wie sein berühmterer Bruder Gerhart, jedoch mit stärkerer philosophischer Neigung,[4] ein umfangreiches Werk von Lyrik, Prosa und Dramatik hinterlassen hat.[5] Die vier Strophen von "Nacht" zeichnen das Bild einer Landschaft, die trotz oder vielleicht gerade wegen der herrschenden Dunkelheit die Sinne für das Wunderbare empfänglich macht: für die Ohren "still", "leise", "stumm" und "sacht", für die Augen "silberlicht" neben "schattenschwarz", für die Seele "heer", "traumhaft" und "rein": ein "Wunderland", dessen Einsamkeit es dankbar und achtsam zu trinken gilt. Die Rahmenstrophen sind nicht nur durch ihre identische Schlusszeile verbunden, sie evozieren zudem in analoger Weise das Auftauchen des Wundersamen aus der Dunkelheit ("nun entschleiert sich's" / "blinken Lichter auf"); die beiden zentralen Strophen verbindet der Blick des Menschen auf die Natur mit Bergpfad und Waldweg.

Dämmern Wolken über Nacht und Tal,
Nebel schweben, Wasser rauschen sacht.
Nun entschleiert sich's mit einemmal:
O gib acht! Gib acht!

Weites Wunderland ist aufgetan.
Silbern ragen Berge, traumhaft groß,
stille Pfade silberlicht talan
aus verborgnem Schoß;

und die hehre Welt so traumhaft rein.
Stummer Buchenbaum am Wege steht
schattenschwarz, ein Hauch vom fernen Hain
einsam leise weht.

Und aus tiefen Grundes Düsterheit
blinken Lichter auf in stummer Nacht.
Trinke Seele! Trinke Einsamkeit!
O gib acht! Gib acht! . . .

In seiner Naturwahrnehmung erinnert das Gedicht an Eichendorff; in seinem doppeldeutigen "Gib acht!" verweist es auf die zur Zeit seiner Entstehung erwachenden expressionistischen Strömungen. Auffällig in der

[4]Vgl. dazu Anna Stroka, *Carl Hauptmanns Werdegang als Denker und Dichter* (Dresden: Neisse-Verlag, 2008).

[5]Eberhard Berger et al., Hrsg., *Carl Hauptmann, Sämtliche Werke*. Kritische Ausgabe mit Kommentar in [geplant] 32 Bänden (Stuttgart-Bad Cannstatt: Frommann-Holzboog, 1997-).

Struktur der Strophen aus fünfhebigen Trochäen mit dreihebigen Schlusszeilen ist der Verssprung im Übergang von Strophe II zu III, genau im Zentrum des Gedichtes.

Berg greift die Korrelation der Strophenpaare in einer Gegenüberstellung von ganztönigen und diatonischen Segmenten und Komponenten auf. Die bis auf einen passiven Klangüberhang in T. 26 identischen Vorspieltakte der Strophen I und IV führen mit dem Tonschritten *e-fis-gis* und dem übermäßigen Dreiklang *fis/b/d* die Ganztonleiter *GT-c* ein. In T. 2 fügt das Klavier eine vertikal gespiegelte Pendelbewegung aus derselben Skala hinzu. Diese wird erst nach der Wiederholung des Anfangstaktes halbtönig verschoben und dann (im Notenbeispiel nicht mehr enthalten) durch zwei Halbtakte aus *GT-c* und *GT-h* abgerundet.

Sieben frühe Lieder I: Ganztonfelder zu Beginn der Strophe I

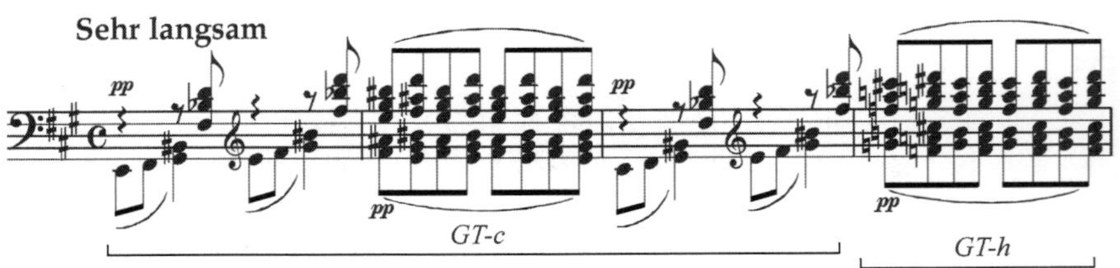

Die in T. 2 einsetzende Gesangsstimme passt sich dieser tonalen Vorgabe komplementär an: Zur Pendelbewegung des Klaviers erklingen zwei gebrochene übermäßige Dreiklänge aus *GT-c*, zur Wiederholung des Taktes mit Tonschritten und Dreiklang dagegen ein verkürztes Ganztonpendel.

Sieben frühe Lieder I: Der Gesangspart im ersten Verspaar

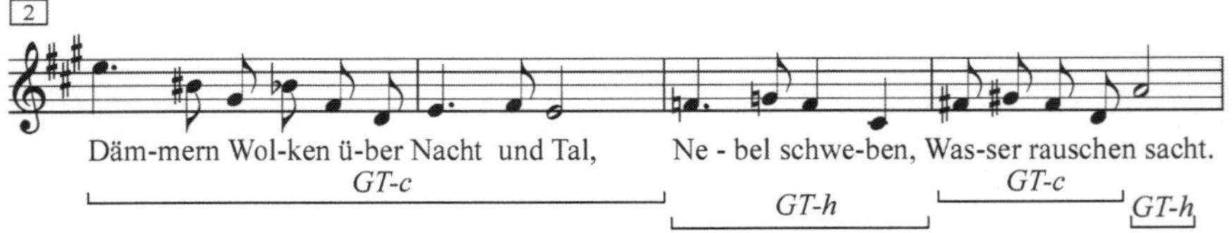

Strophe IV ist ein Beispiel von Bergs "schicksalhaft entwickelter" Reprise: Die Kontur der Singstimme mit fallenden übermäßigen Dreiklängen und verkürzten Ganztonpendeln erklingt hier im Klavier, unterfüttert mit weiteren Dreiklängen aus dem Ganztonfeld, während der Gesang steigende übermäßige Dreiklänge und ein vertikal gespiegeltes Kurzpendel dagegen stellt, bevor er sich vom Vorbild löst und den zuletzt beschleunigten Wechsel der Ganztonfelder mit zwei chromatisch fallenden Schritten betont.

Die zweiten Hälften der Rahmenstrophen ergänzen die tonale Ambivalenz mit diatonischen Linien über tonalen Akkorden. Der Wechsel ertönt in T. 6 anlässlich des "Entschleierns" nach dem Nebeldickicht, und auch in T. 31 rechtfertigt die Aufforderung an die Seele, "Trinke Einsamkeit!", die neue Grundverfassung. In Strophe I führt der Gesang durch Skalentöne von a-Moll zur Quint *e*, das Klavier von a-Moll$_5^6$ über H-Dur^9 zum Basston *e*. Da beide, Gesang und Klavier, das Lied mit einem *e* begonnen haben, erweckt dieser erste Zielpunkt den Eindruck einer tonalen Rundung. Auch die Variante des Hauptmotivs, die sich über dem Basston als eine Art dritte Stimme in Oktaven erhebt und, rechtzeitig zum zweiten "Gib acht!", den Klangraum zum Ganztonfeld *GT-c* zurückführt, endet mit *e*.

In der reprisenartigen Strophe IV weicht der vokale und harmonische Verlauf nach dem Beginn mit *a* über a-Moll$_5^6$ bei "Trinke Seele!" vom Vorbild der ersten Strophe ab. Der Gesang führt seine Gesten *a–d-a, a–es–a* nicht, wie man erwarten mag, zu *a-e* weiter, sondern fällt in seinen Spitzentönen stattdessen über *cis* nach *c*. Der Bass erreicht ein tiefes *e* bereits zum ersten Anruf der Seele und fällt in den folgenden vier Takten chromatisch über *es, d, des* und *c* zu *h*, um erst zum zweiten "Gib acht!" vorübergehend zum *e* zurückzukehren. Die ganztönige Hauptmotivvariante aus dem Abschlusstakt der Strophe I ist in das Nachspiel verschoben, wo sie, einen Ganzton tiefer transponiert aber in vieroktaviger Parallele leise glänzend, einen Schluss in reinem *GT-c* über *fis-e* einläutet.

Der Beginn der zwei Mittelstrophen ist mit dem der Rahmenstrophen gestisch verwandt, aber dank einer Quarten betonenden Gesangskontur über spätromantisch kadenzierenden Klavierarpeggien diatonisch verankert. Dabei trägt Berg dem Enjambement zu Beginn von Strophe III Rechnung, indem er deren Anfangsworte mit dem Ende von Strophe II verschränkt, einen Teil der Vokalkontur dem Diskant übergibt und die "heere Welt" in wehmütiger Chromatik über zu Dur aufgehellten triolischen Arpeggien besingt, bevor er zur Achtelbewegung der stummen Nacht zurückkehrt.

Sieben frühe Lieder I: Diatonische Varianten des Strophenbeginns im Zentrum

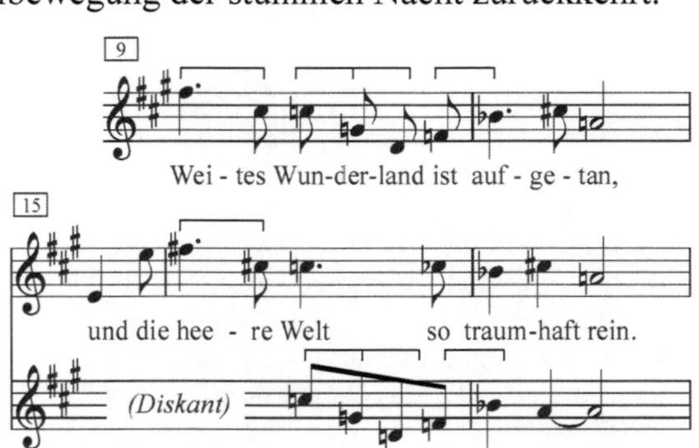

Auf diese emphatische A-Dur-Seligkeit folgt in beiden Strophen das tonale Gegenteil mit umfangreichen Ganztonskalen über dazugehörigen Harmonien.[6] Erst am Schluss der beiden zentralen Strophen kehrt Bergs Musik zur Diatonik zurück. In Strophe II enden der Gesang und der ihn verdoppelnde Diskant zu "aus verborgnem Schoß" mit zwei fallenden Quarten und zwei fallenden Halbtönen; am Ende von Strophe III dagegen verschiebt Berg die Abrundung mit fallenden Quarten und Halbtönen in ein zweitaktiges Nachspiel. Hier entfaltet der Klavierpart in Harmonien, deren f-Moll-Basis dem in der Tonartsignatur mit drei Kreuzvorzeichen zugrunde liegenden Tonartenpaar A-Dur/fis-Moll ganz fremd ist, eine wieder neue tonale Ableitung des Hauptmotives mit vier fallenden Quarten. (In der Orchesterbearbeitung des Liedes ergänzt Berg die Quarten mit ausgedehnter Chromatik in Form der klein gedruckten, von den Flöten in Flatterzunge über eineinhalb Oktaven fallenden chromatischen Linie.)

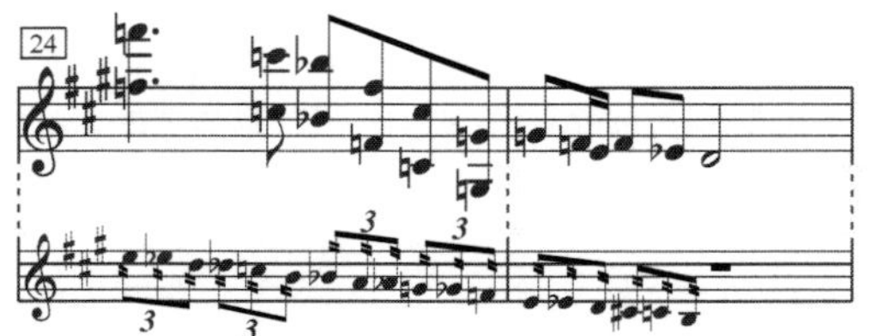

Sieben frühe Lieder I: Quarten und Halbtonschritte im Nachspiel von Strophe III

Wie die obige Darlegung zeigt, ist dieses Lied des 23-Jährigen von drei Bezugspunkten bestimmt: Ganztonfeldern mit Ankerton *e*, diatonischen Passagen um das Tonartenpaar A-Dur/fis-Moll und einem vielfach variierten aber gestisch stets erkennbaren Motiv.[7] Die triolischen Arpeggien, die das "Wunderland" (bis einschließlich der traumhaft reinen "heeren Welt" des Enjambements) untermalen, kontrastieren wirkungsvoll mit den statischen Pendeln der einsamen, stummen Dunkelheit.

[6]Vgl. in Strophe II, T. 11: Gesang *cis-dis-f-g-a-h*, Diskant *a-g-f-cis*, 'Tenor' *es-des-ces-a-g-f*; T. 12-13: Gesang/Diskant *es-f-g-a* ; in Strophe III, T. 19-20: Diskant *fis-gis-ais-his-d-e-fis* über *d-e-fis-gis-ais-his-b*, Gesang *d-c-b-fis*, T. 21-22: Mittelstimme *f-g-a-h-cis-dis-f-g*.

[7]In *e* ruhen oder von *e* werden gerahmt: das Hauptmotiv in T. 2-3 und dessen Begleitung in T. 1-3, Bass und Gesang in Strophe I sowie Diskant in T. 27-28 mit Bass in T. 25-28, der Bass-Zielton in T. 35 und die Oktavparallele des Klaviers in T. 36-37. Die diatonische Motivvariante in T. 9-10 und 16-17 verbindet melodisch *fis* mit *a* über Begleitung in a-Moll bzw. A-Dur; a-Moll-Quintsextakkorde lösen in T. 6-7 und 31 Ganztonfelder ab, und der Schlussklang verbindet das Ganztonfeld mit *fis* und *e*. Insgesamt neunmal in den 38 Takten des Liedes erklingt verwandte Gestik: als Hauptmotiv vgl. Gesang T. 2-3, 9-10 und 16-17 sowie Klavier T. 24-25, 27-28 und 36-37, dazu mit synkopisch verzögertem Beginn in T. 8 (Klavier) und mit unabhängiger Kontur in T. 11-12 (Gesang) und T. 19-20 (Klavier).

Schilflied

Der spätromantische Naturlyriker Nikolaus Lenau (1802-1850), neben Grillparzer der wichtigste österreichische Dichter des 19. Jahrhunderts, war mit seinen melancholischen Sonetten und Liedern ein Lieblingsdichter romantischer Komponisten. Sein fünfteiliger Zyklus *Schilflieder* aus dem Jahr 1832 wurde ca. 50mal vertont, u.a. von Felix Mendelssohn Bartholdy; ähnlich beliebt waren sein neunteiliger Zyklus *Waldlieder* von 1842 und viele seiner einzeln stehenden Gedichte. Richard Strauss schrieb seine sinfonische Dichtung *Don Juan* nach Lenaus gleichnamigem dramatischen Gedicht, und Franz Liszt ließ sich mehrfach von Lenaus Versepos *Faust* inspirieren, so u.a. zu seinem *Mephisto-Walzer*.

Lenaus Thema ist die melancholische Liebessehnsucht. Im Zentrum steht die Begegnung des lyrischen Ich mit einer Landschaft, die als Du, als geheimnisvolle Verkörperung der fernen Geliebten erlebt wird. Die in der düster raunenden Natur erfahrene Stimmung ist wehmütig, mit manchmal einem ganz leisen Anklang von Hoffnung gegen alle Vernunft. Berg wählte das vierte der fünf *Schilflieder*.

Auf geheimem Waldespfade
schleich' ich gern im Abendschein
an das öde Schilfgestade,
Mädchen, und gedenke dein!

Wenn sich dann der Busch verdüstert,
rauscht das Rohr geheimnisvoll,
und es klaget und es flüstert,
Daß ich weinen, weinen soll.

Und ich mein', ich höre wehen
leise deiner Stimme Klang,
und im Weiher untergehen
Deinen lieblichen Gesang.

Hinsichtlich seines motivischen Materials ist das Lied als Variante der ABA'-Form komponiert, mit der Andeutung einer Reprise zu Beginn der Strophe III. Harmonisch unterstreicht Berg diesen Bezug, indem er dem Beginn des Liedes auf dem einstimmig repetierten Grundton *f* den Auftakt zur dritten Strophe auf einem reinen (dominantischen) C-Dur-Dreiklang gegenüberstellt, bevor er die Konturen der Takte 1-5 umspielend aufgreift. Zugleich konzipiert er diese Bogenform jedoch als eine durchgehende emotionale Entwicklung: Die schrittweise Verlangsamung des Tempos von "Mäßig bewegt" (I) über "etwas langsamer" (II) zu "tranquillo" (III) wird konterkariert von einer sukzessiven Beschleunigung der Notenwerte.

Überhaupt fängt Berg die Stimmung vor allem durch rhythmische Muster und gleichsam schleichende Chromatik ein. Für Strophe I entwirft er vier schlichte zweitaktige Phrasen. Dabei kleidet er die weiblich endenden Verse 1 und 3 in das identische Muster ♪ ♪ | ♩ ♪♩ ♪| ♩ ♪ 𝄾, während er die Verse 2 und 4 mit Dehnungen anreichert, die zuerst die natürliche Schönheit des besungenen Augenblicks (im "Abendschein"), dann die Geliebte als Adressatin hervorheben. Das Klavier begleitet mit einem vierstimmig homophonen Satz, der wie in einer Spiegelung des im Gesang vorherrschenden ♩ ♪ um den ♪♩ -Rhythmus kreist. Dieser ertönt anfangs als einzelne Tonwiederholung in einer Mittelstimme, später auch in zwei oder drei Stimmen zugleich, von denen je eine chromatisch fortschreitet. Nur zur Dehnung des "Abendscheins" setzt die leise Synkopierung im Inneren der Textur kurz aus. Die Chromatik beschränkt sich in dieser Strophe ganz auf den Klavierpart. Zwischen den beiden Mittelstimmen wechselnd erklingen Halbtonschritte, unter Einbeziehung der Unterstimme auch umfangreichere Konturen.[8] Die Harmonie führt von f-Moll über eine Kette reiner und alterierter Septakkorde zur Tonikaparallele As-Dur.

In T. 9 beginnt, in etwas langsamerem Tempo, die zweite Strophe. Der Gesangspart ist rhythmisch und in seiner Struktur freier als zuvor: Vers 2 schließt hier ohne Pause und neuen Auftakt an den ♩ ♪-Rhythmus an, verziert aber das Schlusswort "geheimnisvoll" mit einem chromatisch fallenden Schleifer in Sechzehnteln, begleitet von einem Tritonusschritt, der von As-Dur abrupt zu D-Dur führt. Vers 3 ist in Analogie zur sprachlichen Struktur in sich zweigeteilt, wird jedoch vom Klavier mittels einer Oktavtransposition (T. 13_4-14_3 ≈ T. 14_4-15_3) mit dem Vorausgehenden verknüpft. In Vers 4 schließlich betont Berg das Weinen des lyrischen Ich mit einer doppelten synkopischen Dehnung, die den ursprünglichen Duktus ganz hinter sich lässt. Dem Verdüstern, Klagen und Flüstern im Text entsprechend nimmt hier auch die Singstimme an der Chromatik teil.[9] Derweil durchmisst der Klavierpart mit 16tel- und einzelnen 32stel-Arpeggien durch Dur-, Moll- und übermäßige Dreiklänge großflächige Tonräume und bildet mit seinen Ecktönen ebenfalls chromatische Linien.[10] Harmonisch endet die Strophe auf der Dominante, die – nachdem sie durch die große Sept *h* und eine unerwartet eingeschobene Ganztonleiter (T. 19_{1-3}: *GT-h*) kurz in Frage gestellt wird – den folgenden Reprisenbeginn stützt.

[8] Mittelstimmentonpaare im ♪♩ -Rhythmus vgl. T. 3-4: *f-e, gis-g, f-e*, T. 5-6: *ais-h, gis-a, h-c*; Konturen vgl. Bass/Alt T. 2-4 / 4-5: *des-c-h-b-a* /*gis-g-fis-f*; T. 7-8: *c-des-d-es* unter *es-e-f*.

[9] Vgl. Gesang T. 10-13: *as-g-ges-f-e-es, e-es-d, ... as-g-f.*

[10] T. 10-16: *as-heses–b-h-c, c-desc-des-d, d-es, d-es, d-es, d-es-e-f,* Diskant T. 16: *b-h-c-des.*

In Strophe III führt Berg ein neues rhythmisches Muster ein: Im Anschluss an die 16tel und 32stel in den Strophe II-Arpeggien diminuiert er die Notenwertpaare ♪♩ und ♩ ♪ aus Strophe I und verbindet sie dann zu ♬♩♩♩♬♩♩♩. Dazu tritt anfangs, als eine Art Tonmalerei des Windes im Klaviertremolo, eine Wiederholungskette der Mittelstimmen im 32stel-Noten. Erst zum Abschluss dieses Tremolos ertönt erkennbare Reprisenthematik.[11]

Wo Lenaus romantisches Stimmungsbild in der letzten Strophenhälfte ins Ungreifbare entgleitet und der im Wehen erahnte Gesang der Geliebten im Wasser des schilfumwobenen Weihers unterzugehen scheint, stürzt Vers 3 ohne die sonst die Zeilenenden markierende Pause in diesen Klang. Dabei verschiebt sich der typische Rhythmus der Gesangsphrasen zunächst um einen halben Takt. Während einzelne Tongruppen die angedeutete Reprise der Strophe I fortsetzen,[12] dehnt Berg den Abschlussvers umso stärker – zunächst ähnlich dem Schlussvers der Strophe II, jedoch hier verstärkt durch ein zusätzliches *rit. - - (molto) - -* sowie eine Imitation des Schlusstaktes im Nachspiel und ein Vertröpfeln des rhythmischen Musters. So dient Strophe III letztlich als Reprise nicht nur der Strophe I, sondern spiegelt im erlauschten Gesang der Geliebten zugleich die Befindlichkeit des lyrischen Ich, deren Darstellung in Strophe I erst im Schlussvers der Strophe II ihren Abschluss findet.

Sieben frühe Lieder II: Spiegelung des Ich im versinkenden Gesang des Du

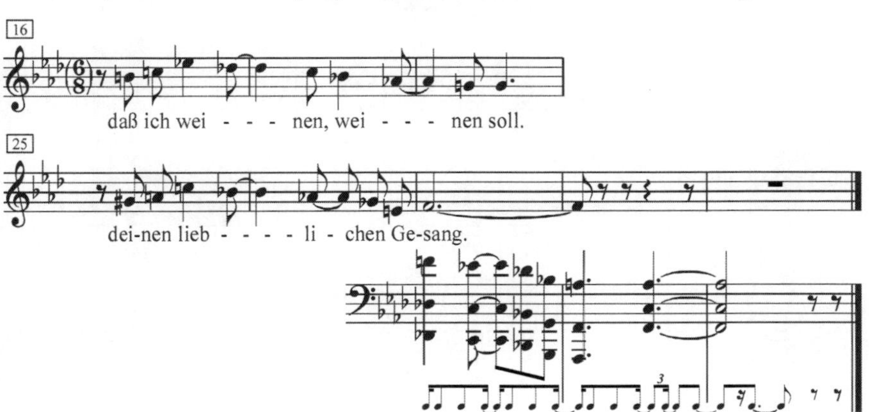

[11]Vgl. den Unterstimmenabstieg in T. 21-23: *es-des-c-h-b-a* mit T. 2-4; dazu erklingt die Vokalkontur aus Strophe I hier im Diskant, während der Gesang in "deiner Stimme Klang" die Diskantlinie aus T. 3-4 aufgreift.

[12]Gesang T. 24-26: *e-d-cis-h, gis-a-c-b-as* ≈ Diskant T. 5-7, Diskant T. 24: *ais-h, gis-a* ≈ Mittelstimmentonpaare T. 5.

Hinsichtlich Bergs Harmonisierung fällt auf, dass im ganzen Lied nirgends eine authentische Kadenz in der Grundtonart f-Moll erklingt. Die einzige mit V^7-I gestützte Aussage im “Schilflied” ist die direkte Anrede der Geliebten, “Mädchen, [ich] gedenke dein” am Ende der ersten Strophe. Hier führt das Klavier, unterstrichen von zwei chromatischen Aufgängen, zur Dominante von As-Dur und von dort in die Tonika der Sekundärtonart. Dem doppeldominantischen Zielakkord der zweiten Strophe geht in T. 18 ein Septakkord der Molldominante voraus. Auf den Trugschluss jedoch, der dem Schlusston der dritten Strophe in T. 27 unterliegt und die oben gezeigte Teilimitation einleitet, folgt eine plagale Akkordfolge, die die mit picardischer Terz aufgehellte Schlusstonika über die stark alterierte Molldominante c-Moll, die Subdominante b-Moll und den halbverminderten Septakkord über *g* erreicht – also als VI-v-iv-$ii^{\circ 7}$-I, unterstrichen von der Bassfortschreitung *des–c–b-g-|f*.

Während Berg hier und auch in den anderen noch weitgehend tonal orientierten Stücken aus den *Sieben frühen Liedern* die authentische Kadenz in der Grundtonart als Merkmal des Spätromantischen vermeidet,[13] zitiert – oder paraphrasiert – er besonders gern Wagners evokativ berühmten Tristan-Akkord mit Auflösung.[14]

Sieben frühe Lieder II: Tristan-Anklänge im Klavierpart

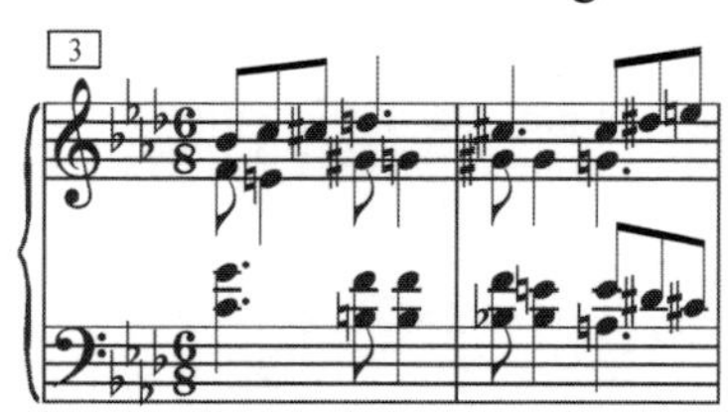

Richard Wagner, *Tristan und Isolde*

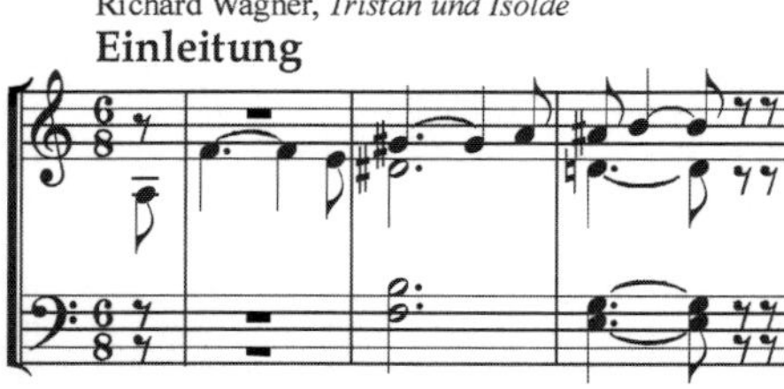

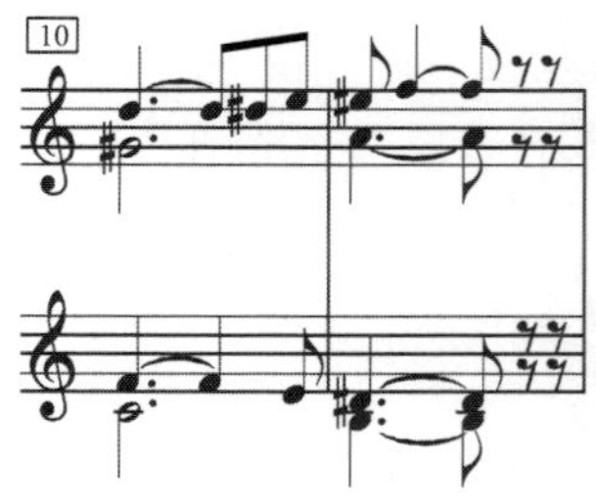

[13]Berg verwendet eine entsprechende Akkordfolge auch am Schluss von “Die Nachtigall” und “Traumgekrönt”.

[14]Ausführlich kommentiert in Lisa A. Lynch, “Alban Berg’s *Sieben frühe Lieder*: An Analysis of Musical Structures and Selected Performances” (Dissertation University of Connecticut, 2014), S. 40-41.

Die Nachtigall

Das dritte Lied ist in traditionell-romantischer Tonsprache gehalten. Berg vertont hier ein 1856 entstandenes, in seiner Verknüpfung von Natursymbolik und nur erahntem Gefühl berührendes Gedicht von Theodor Storm (1817-1888), in dem der Gesang einer Nachtigall die Rosenknospen zum Blühen bringt, das noch kürzlich ungestüme Mädchen plötzlich still und nachdenklich erscheint, und die Schlusswiederholung der Naturstrophe ein analoges Erblühen der sinnenden jungen Frau anzudeuten scheint.

Das macht, es hat die Nachtigall
die ganze Nacht gesungen;
da sind von ihrem süßen Schall,
da sind im Hall und Widerhall
die Rosen aufgesprungen.

Sie war doch sonst ein wildes Blut;
nun geht sie tief in Sinnen,
trägt in der Hand den Sommerhut
und duldet still der Sonne Glut
und weiß nicht, was beginnen.

Das macht, es hat die Nachtigall
die ganze Nacht gesungen;
da sind von ihrem süßen Schall,
da sind im Hall und Widerhall
die Rosen aufgesprungen.

Die Strophen sind nicht nur in ihrem Versmaß und Reimschema identisch, sondern auch hinsichtlich einer eingeschobenen, semantisch nicht essentiellen Zeile: Aussage und Satzstruktur sind ohne den jeweils vierten Vers vollständig als konventionelle Vierzeiler mit Kreuzreimen und dem vertrauten Wechsel von vierhebig männlichen und dreihebig weiblichen Versen. Der eingeschobene vierte Vers wiederholt nicht nur Metrum und Reim des dritten, sondern vertieft dabei zugleich dessen Inhalt durch eine erläuternde, neu formulierte Wiederholung der Aussage. Diese subtile Abweichung vom Erwartbaren unterstreicht und bereichert die in den vier regulären Versen indirekt angedeutete Evokation einer erwachenden Liebeshoffnung und bekräftigt sie jenseits ihrer Vermittlung durch Metaphern (Nachtigall, Rosen) und Analogie (wie die Natur zu blühen beginnt, so auch der junge Mensch). Eine weitere Verstärkung erhält die Andeutung durch das unvollständige “Das macht”, das zu Beginn von Strophe I eine Erklärung ankündigt, die nicht explizit wird, in der Wiederaufnahme jedoch die gemeinsame Thematik beider Bilder andeutet.

Bergs Musik besticht in Strophe I durch zahlreiche subtile Varianten innerhalb großer thematischer Einheitlichkeit. Im Klavier herrscht ein einziges Motiv, das nicht zuletzt dank seiner Präsenz in allen 14 Takten als "die ganze Nacht" füllender Gesang der Nachtigall erscheint. Es beginnt stets mit einem großintervallischen Aufschwung und fällt dann durch einen Dreiklang mit Nebentönen abwärts. Dabei sind alle Details variabel: Der Aufschwung umfasst meist eine Oktave, kann aber auf eine enharmonisch notierte Dezime gedehnt (T. 6) oder auf eine Quint verengt werden (T. 11). Er beginnt stets unbetont, in Vers 1-2 und 5 unmittelbar nach dem ersten Taktschlag, in Vers 3-4 nach dem zweiten Schlag und in T. 12 sogar als Dreifach-Engführung im Viertelnotenabstand. Die fallende Ergänzung zählt als einstimmige Linie mindestens vier, als komplementär bis ins Bassregister reichende zweistimmige Folge bis zu elf Töne. Ihr Zielton kann infolge synkopischer Schlussdehnung stumm sein (vgl. T. 2), auf dem Taktschwerpunkt in einen Basston münden (vgl. T. 4) oder in passiver Verlängerung auslaufen (vgl. T. 7). Hinsichtlich des Tempos gliedert Berg die Strophe in zwei ungleiche Hälften: Vers 1 und 3-4 sind "zart bewegt", Vers 2 und 5 dagegen "etwas zögernd" bzw. "Allargando".

Auch der Gesang ist in der Naturstrophe aus großintervallischen Aufschwüngen und kleinintervallischen Abwärtsbewegungen gebildet; hinzu kommen Umspielungen. In T. 7-11 verknüpft Berg Vers 3 und die eingeschobene 'Erläuterung' in Vers 4 mittels variierter Sequenzen.

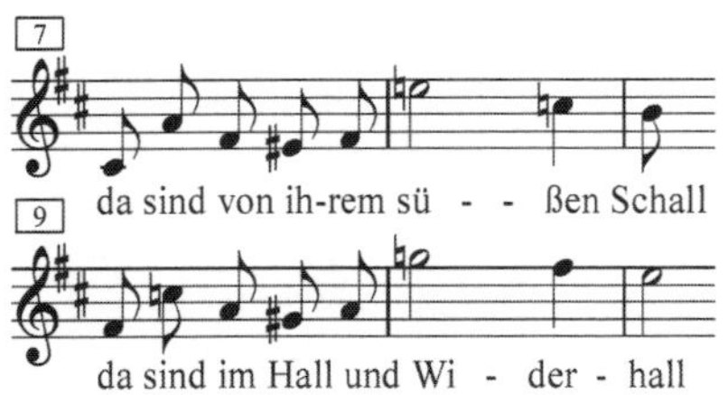

Sieben frühe Lieder III:
Sprachliche Variante als musikalische Sequenz

Sieben frühe Lieder III:
Zentrale Metaphern im Zitatbezug

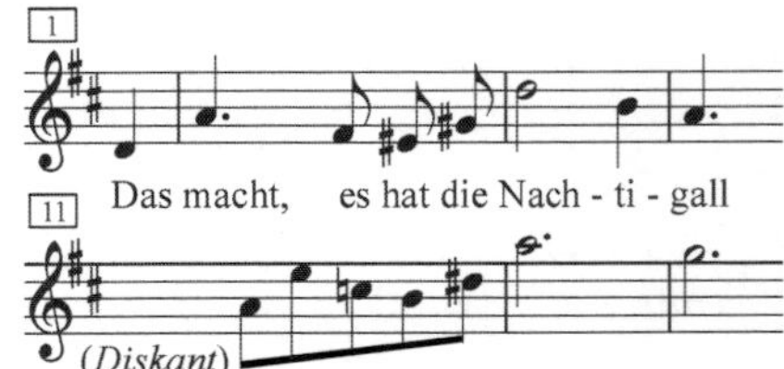

Zudem erzeugt er einen Bezug zwischen den beiden tragenden Metaphern der Liebe, Nachtigall und Rosen, indem er die Eröffnung des Gesanges im Klavier in Quinttransposition variiert.

Die sprachlich identische Strophe III setzt Berg als Wiederholung, die im Inneren kaum verändert ist. Abweichend sind jedoch die Rahmentakte. Anstelle des einleitenden D-Dur-Arpeggios erreicht das Klavier den Tonikaakkord des Strophenanfanges in T. 27 über eine Dominante mit gegenläufig chromatischer Pendelverzierung (T. 25-26). Noch eklatanter ist die harmonische Abweichung am Strophenende. Die in T. 14-15 authentische Kadenz mit Dominantnonakkord ersetzt Berg in T. 39-40 durch eine Akkordfolge, die der Tonika im Diskant einen Abstieg durch den übermäßigen Dreiklang und im Bass einen chromatischen Anstieg mit abschließendem Tritonussprung vorausschickt, während die übergebundene None *e* in der Mittelstimme eine Auflösung verzögert.

Ganz anders verfährt Berg in der "Etwas langsamer" markierten, in fis-Moll ankernden Strophe II. Sie wird im Klaviersatz bestimmt durch eine als Synkopenkette rhythmisierte akkordische Textur. Nach der einstimmigen Überleitung in T. 15 fasst Berg zwei viertaktige Phrasen durch Überbindungen zusammen, wobei er die vier Stimmen meist chromatisch führt. Vor dem Hintergrund dieser dumpf wirkenden akkordischen Schicht erhebt sich ("zart betont") ein kleines Motiv mit seinen Varianten, das in seiner vollständigen Form aus einem Dreiklangsaufstieg mit anschließendem chromatischen Abstieg besteht. Auch der Gesang, der dem unentschiedenen "Sinnen" des zu sich erwachenden Mädchens entsprechend *sotto voce* einsetzt und erst in der längeren zweiten Strophenhälfte crescendiert, ist im Ambitus seiner Intervalle gegenüber den Rahmenstrophen stark verengt. Erneut betont Berg die Beziehung zwischen Vers 3 und dem erläuternd eingeschobenen Vers 4 durch eine variierte Sequenz.

In der Rückleitung zu Strophe III stützt die synkopierte Akkordfolge statt des kleinen Motivs zwei Varianten des 'Nachtigallenmotivs', in einer Verbindung der beiden Strophen durch ihre primären Komponenten. Eine komplementär angelegte Strophenverknüpfung charakterisiert den Beginn des Nachspiels, wo der Diskant dem vielfachen 'Nachtigallenmotiv' den Beginn des 'kleinen Motivs' gegenüberstellt. Harmonisch vermeidet Berg am Schluss des Liedes die authentische Kadenz. Stattdessen komponiert er eine plagale Folge unter Einsatz der Mollsubdominante und einer zunächst mit mehreren Vorhalten hinausgezögerten Tonika.

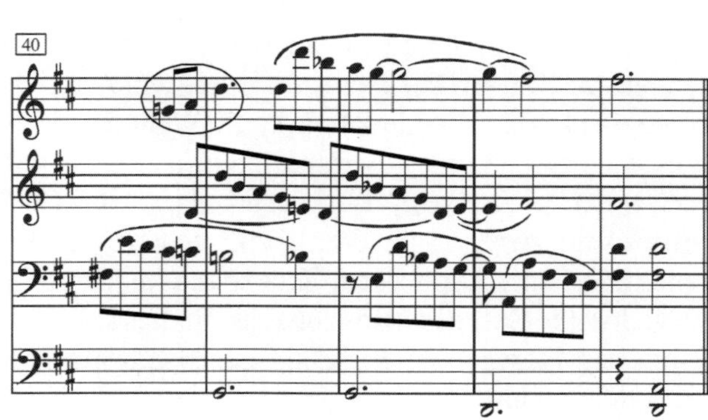

Sieben frühe Lieder III: Plagaler Schluss mit vielfachem Nachtigallengesang (Partiturdarstellung)

Traumgekrönt

Der 1896 erschienene Gedichtband *Traumgekrönt. Neue Gedichte* von Rainer Maria Rilke enthält nach dem eröffnenden "Königslied", in dem der Dichter sich selbst dank seines seelischen Reichtums als König wahrnimmt, 50 Einzelstücke, die zwei Themen zugeordnet sind und innerhalb ihrer jeweiligen Rubrik mit römischen Ziffern durchgezählt werden: 28 Gedichte stehen unter dem Titel "Träumen", gefolgt von 22 unter dem Titel "Lieben". Berg vertont das Gedicht "Lieben II".

> Das war der Tag der weißen Chrysanthemen,
> mir bangte fast vor seiner [schweren] Pracht . . .
> Und dann, dann kamst du mir die Seele nehmen
> tief in der Nacht.
>
> Mir war so bang, und du kamst lieb und leise,
> ich hatte grad im Traum an dich gedacht.
> Du kamst, und leis' wie eine Märchenweise
> erklang die Nacht . . .

Das Gedicht umfasst zwei Vierzeiler, deren jambische Verse mit je 5 + 5 + 5 + 2 Hebungen kreuzweise als [a b a b | c b c b] gereimt sind. Überraschend ist die Anzahl der strophenübergreifenden Entsprechungen; vgl. "Mir bangte"/"Mir war so bang", "dann kamst du"/"Du kamst" und "tief in der Nacht"/"erklang die Nacht". In der zweimaligen Erwähnung des Du – "[du] kamst mir die Seele nehmen" und "ich hatte grad im Traum an dich gedacht" – evoziert der Text ein Nacheinander von Traumgefühl und wachender Erfahrung. Dabei wird die Bangigkeit in Strophe I durch das Bild von der "schweren Pracht" und die Vorstellung vom Verlust des Selbstseins unterstrichen, in Strophe II dagegen durch die Attribute der Geliebten zu einer wundersamen Erfahrung, in der sich die Nacht in leise, märchenhafte Musik verwandelt.

Das zentrale Bild ist das der Blumen, die in Vers 1 als für den Tag kennzeichnend eingeführt werden. Chrysanthemen gehören mit Astern zu den letzten Blumen des Herbstes. Bei ihrem Anblick schwingt das Wissen um das zu Ende gehende Jahr mit, die Wehmut von Abschied und Sterben. Weiße Chrysanthemen wurden lange in Trauersträußen und -gestecken verwendet; in Rilkes "Tag der weißen Chrysanthemen" und seinem Hinweis auf deren "schwere Pracht" schwingen Bilder von Friedhof und Totenfeiern mit. Die in dem Satz "dann kamst du mir die Seele nehmen" ausgedrückte Sorge scheint zunächst in dieses Bild zu passen, wird jedoch durch den märchenhaften Klang der Nacht ins Tröstliche gewendet und rückblickend als Traumgespinst gedeutet.

Berg gestaltet seine Vertonung weitgehend kongruent zur schlichten zweistrophigen Anlage von Rilkes Gedicht. Entsprechend den sprachlichen Analogien konzipiert er mehrere Takte der Strophe II als tongetreue Wiederaufnahme: T. 17_4-19_1 ist in Gesang und Klavier identisch mit T. 3_4-5_1; dasselbe gilt für den erweiterten Zweitakter um "Du kamst" in T. 21_3-24_3 und T. 7_3-10_3. Zwischen diesen Analogien variiert er den Gesangsduktus bei identischem Klavierpart; so wenn sich die Singstimme in T. 10-13 bei der Vorstellung vom Verlust der Seele zum hohen *g* aufbäumt, beim Zusatz "tief in der Nacht" dagegen mit *b-a-gis* chromatisch fällt, während sie in T. 24-27 den chromatischen Abstieg mit *c-h-b-a* dem hohen *g* der nun märchenhaft beglückend erlebten Nacht vorausschickt.

Am stärksten unterscheiden sich die zwei musikalischen Strophen an ihren Rändern. Dies ist einerseits dadurch bedingt, dass Berg in Vers 2 das Adjektiv "schwer" streicht. Damit verkürzt er die Zeile auf 4 Hebungen. Für die musikalische Umsetzung der nun ungleich langen eröffnenden Verspaare vertauscht er in T. 15-17 Gesangspart und Diskant miteinander und verschiebt dabei die Fragmente aller Stimmen leicht gegeneinander. So erklingt in etwa dieselbe Musik, die aber eine unterschiedliche Textverteilung erlaubt. Noch größer ist die Diskrepanz in den Nachspielen. Berg lässt das Ende der ersten Strophe mit vielfachem Echo des vorausgehenden Tonpaares im Klavier ausklingen, als eine Überleitung, die von E-Dur umrahmt und damit weit vom g-Moll der Tonartsignatur und dem G-Dur das Schlussakkordes entfernt ist. Am Ende der zweiten Strophe dagegen erreicht er mit C-Dur die Subdominante der angedeuteten Grundtonart und ergänzt diese in vier Takten zu einer plagalen G-Dur-Kadenz mit zahlreichen motivischen Rückblicken.

Das thematische Material des Liedes zeigt ein dichtes Gewebe aus einem alles durchdringenden viertönigen Motiv und zwei melodischen Phrasen über einigen ausgedehnten chromatischen Basslinien. Die tonale Struktur ankert sehr frei in *g*: Die Tonartsignatur mit zwei ♭-Vorzeichen, der erste Taktschwerpunkt der Singstimme auf *g* und deren fallende Dreiklangsbrechung am Ende von T. 1 deuten auf g-Moll als Tonika, das in den zwei Abschlusstakten zu G-Dur aufgehellt wird. Dazwischen allerdings manifestiert sich die Grundtonart kein einziges Mal; selbst das in Strophe II im Diskant übernommene *g* auf dem ersten Taktschwerpunkt der melodisch führenden Phrase ist dort (T. 16) in Es-Dur harmonisiert.

Das dominierende viertönige Motiv, mit dem das Lied im Klavierpart einsetzt, ist von sehr schlichter Gestalt. Ein aufsteigender Intervallschritt wird umrahmt von fallenden Sekunden, die beide klein, beide groß oder eine Kombination von klein und groß sein können. ✓

Das Motiv erklingt im Verlauf des 30-taktigen Liedes 60mal im Klavier, in den ersten Strophenhälften (und zweimal im Gesang) in Achteln, danach in Sechzehnteln und am Ende des Nachspiels in auskomponiertem Ritardando. Selbst das Ende der Überleitung in T. 13-15 mit seinen synkopischen Vierteln kann als Motivvariante gehört werden. Anfangs einzeln auftretend, bildet das Motiv bald zunehmend längere Ketten, wobei zuweilen ein Kettenglied vor dem Schlusston abbricht oder mit dem folgenden Akkord verschmilzt.

Dass diese kleine Kontur ein wahres Traumgespinst erzeugen kann, liegt an der Vielfalt der Intervallkombinationen. Berg bildet vierzehn Varianten, die hier zur leichteren Vergleichbarkeit auf *g* transponiert abgebildet sind.

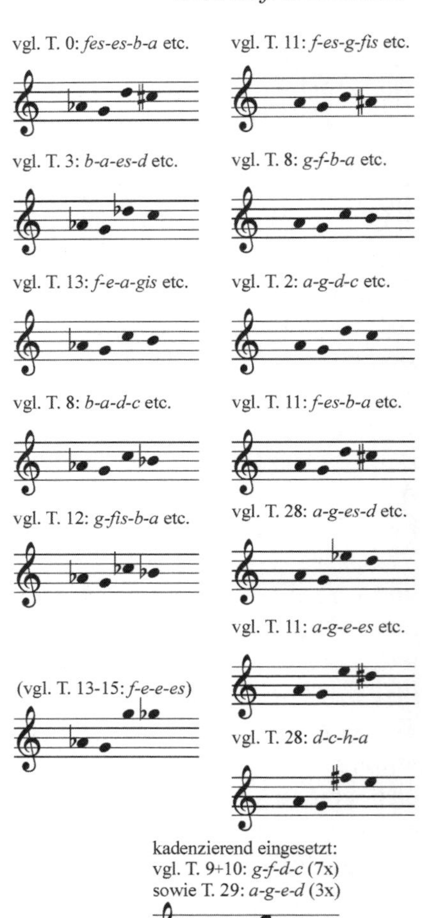

Sieben früher Lieder IV: Intervallische Varianten des allgegenwärtigen Motivs

Während das kleine, aber so vielgestaltige Motiv dem Klavierpart eigen ist und nur anlässlich des Stimmtausches zu Beginn der zweiten Strophe kurz auch im Gesang erklingt, werden die beiden melodischen Phrasen von der Singstimme zu Vers 1 und 2 eingeführt und erst dann vom Klavier übernommen. Phrase 1 überrascht mit einer Kontur, die über zwei unverwandten Tritoni (*es/a* und *ces/f*) zunächst in D-Phrygisch aufsteigt und nach dem Fall durch den gebrochenen g-Moll-Dreiklang in D-Dur endet. Der Diskant folgt, Vers 1 und 2 verknüpfend, mit einer modal variierten Teilimitation. Zu Vers 3 und 4 beider Strophen spielt das Klavier die Phrase in vollem Umfang, erst im Diskant, dann im 'Tenor'. Zu Beginn von Strophe II bildet Berg mit der Phrase sogar eine Engführung, in deren Schlusstakten eine Umkehrung, beide teils rhythmisch diminuiert.

Sieben früher Lieder IV: Phrase 1 mit ihren Varianten

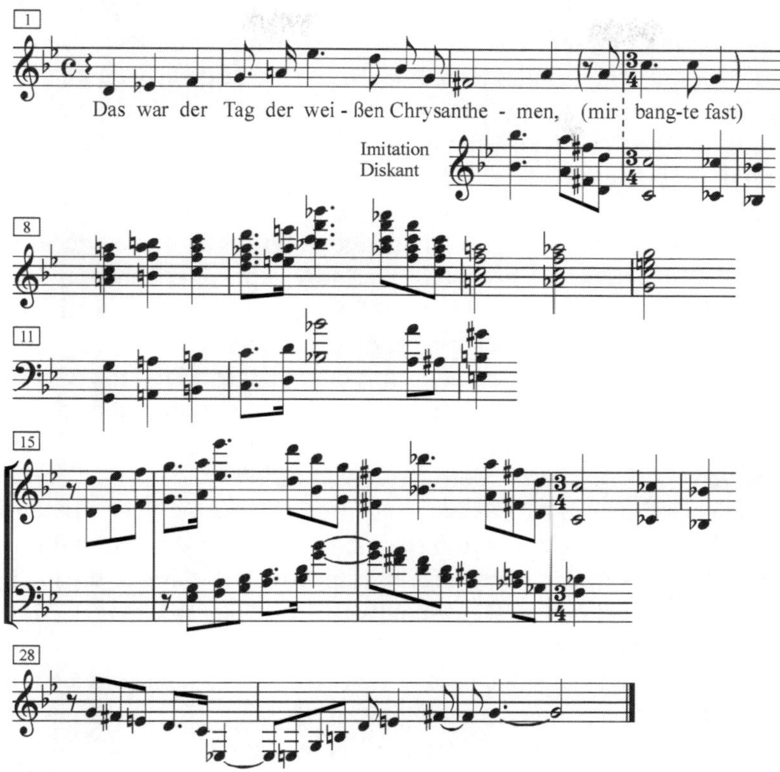

In jeder Version ändert Berg nicht nur den Schluss, sondern variiert auch die tonale Anlage der beiden charakteristischen Phrasensegmente. Der ursprünglich phrygische Fünftonaufstieg wird äolisch (T. 8), dorisch (T. 11), phrygisch mit äolischer Imitation (T. 15-16) und, in der Umkehrung, lydisch (T. 28). Das Moll des fallenden Dreiklangs wird zu Dur (T. 3), zur Mollquartsext (T. 9), zu Moll mit Dur/Moll-Imitation und Dur-Teilsequenz (T. 16-17), zu Dur (T. 26) und in der Umkehrung wieder zu Moll (T. 29).

Die zweite Gesangsphrase (Vers 2 in beiden Strophen) wird jeweils anschließend vom oktavierten Diskant imitiert. Hier behält Berg die Intervallstruktur bei, ändert jedoch die Textur: Während die Singstimme ihren Vers in Strophe I zu den Worten "seiner Pracht" in aufsteigenden Achteln vor der Klavierimitation beendet, überlässt sie diesen Schluss in Strophe II dem Diskant, dehnt stattdessen das Versende zum umspielten chromatischen Abstieg *b-heses-as ... g* und verkürzt so das Zwischenspiel auf nur ein Drittel seines vorherigen Umfanges.

Wie angesichts der Allgegenwart des Viertonmotivs zu erwarten, bilden die drei thematischen Komponenten im Zusammenspiel eine fast durchgehende Kontrapunktik, in der die Textur in nur wenigen Takten auf eine der melodischen Einheiten beschränkt ist. Auf einer weiteren Ebene entfalten sich crescendierende Bassgänge, die großflächig chromatisch auf diatonische Dreiklänge zulaufen; vgl. in T. 2-7 und 16-21 absteigend von *es* zu *b* unter b-Moll, in T. 11-13 aufsteigend von *h* zu *e* unter E-Dur und in T. 25-27 von *h* zu *es* unter c-Moll. In diesem Zusammenhang fällt auf,

- dass die so erreichten Dreiklänge in Strophe I dem angedeuteten Tonikadreiklang g-Moll querständig gegenüberstehen,
- dass den beiden Strophenhälften jeweils ein aus zwei Tritoni gebildeter Ganztonakkord vorausgeht (vgl. T. 1_1, 8_1, 15_2 und 22),
- dass die Dominante D-Dur nur ein einziges Mal – als Abschluss des ersten Gesangsverses in Strophe I – erklingt, aber weder an entsprechender Stelle in Strophe II noch am Ende des Liedes,
- dass das Nachspiel den Schlussakkord über die trugschlussartig verwendete c-Moll-Umkehrung in T. 27 und die Subdominante in Form eines c-Moll-Quintsextakkordes plagal erreicht, und
- dass das in der Tonartsignatur angedeutete g-Moll, da auch der Schlussakkord zu G-Dur aufgehellt ist, kein einziges Mal als reiner Zusammenklang ertönt.

Dass die Nacht am Ende der zweiten Strophe ihre Schrecken verloren hat, zeigt Berg nirgendwo deutlicher als im Gesangspart. Die Singstimme scheint die Worte "[wie eine] Märchenweise erklang die Nacht" als sanften Abstieg zum Grundton gestalten zu wollen, bis sie nach *e-(d-e)-d-c-h-b-a* das abschließende *g* in plötzlichem *molto ritardando* oktaviert. Mit diesem ätherisch im *pp* gesungenen hohen Ton, auf dem sie für die Dauer von sieben Vierteln im langsamen Tempo verharrt, beschließt sie das Lied. Indem der Diskant den Ton und Trugschlussakkord zum Ausgangspunkt für ein Zitat der Takte 23-24_3 nimmt, unterstreicht auch das Klavier die Erfahrung einer Nacht, die zu Musik geworden ist.

In Bergs Rilke-Lied "Traumgekrönt" erkannte schon Adorno "das reifste Stück der Sammlung, technisch mit der Verarbeitung thematischer Reste und Modelle, den vielfachen, äußerst ökonomischen Vergrößerungen und Verkleinerungen bereits an der Erfahrung von Schönbergs *Kammersymphonie* gewachsen, dabei mit Glanz und Staunen einer Jünglingswelt im Ton, die musikalisch selten je sich fand."[15]

[15] Adorno, *op. cit.* ("Alban Bergs frühe Lieder"), S. 470.

Im Zimmer

Das Herbstlied, das Berg an die vierte Stelle seines Zyklus stellt, entstand schon im Sommer 1905; es ist die früheste Komposition, die er selbst anerkannte. Der als Dramatiker, Erzähler und Übersetzer von Walt Whitman und Émile Zola berühmte Johannes Schlaf (1862-1941) hatte es 1899 in seiner dreißigteiligen Gedichtsammlung *Helldunkel* als zweites Stück in der Sektion "Herbst" veröffentlicht. Der von Berg hinzugefügte Titel "Im Zimmer" betont, dass die Schilderung einer häuslichen Szene im Zentrum steht, deren Innigkeit durch die jahreszeitlichen Bedingungen nur unterstrichen wird.

Herbstsonnenschein.
Der liebe Abend blickt so still herein.
Ein Feuerlein rot
Knistert im Ofenloch und loht.

So! – Mein Kopf auf deinen Knie'n,
so ist mir gut.
Wenn mein Auge so in deinem ruht,
wie leise die Minuten ziehn! . . .

Unmittelbar auffällig ist die Verbindung von Lyrik und Prosagedicht: Die acht Zeilen sind ganz unterschiedlich lang und nicht metrisch gestaltet, aber durch vier Endreime verbunden. Dazu kommt ein sekundärer Reim in Strophe I ("Sonnenschein/herein/Feuerlein"), in starkem Gegensatz zu dem fast umgangssprachlich wirkenden dreifachen "so" in Strophe II. Bedeutsamer als diese Eigenheiten im Gedicht von Johannes Schlaf sind jedoch die subtilen Details, in denen sich der vertonte Text von seinem Original unterscheidet. In Strophe I heißt es über den Abend, er "blickt so still" herein und nicht, wie ursprünglich bei Schlaf, er "lacht so still". Weniger ins Auge fallend, aber gravierender für den unterschiedlichen Akzent ist die abweichende Interpunktion in Strophe II. Der Dichter schildert Gefühle und Gedanken in drei separaten Aussagen: Er beschreibt zunächst die Situation ("So! – Mein Kopf auf deinen Knie'n."), dann deren Wirkung auf sein Wohlbefinden ("So ist mir gut; wenn mein Auge so in deinem ruht."), bevor er mit einer vom Vorausgehenden abgesetzten Reflexion über die Zeit schließt ("Wie leis die Minuten ziehn! . . ."). Insbesondere die Änderung der zwei letzten Satzzeichen – des Punktes nach "ruht" in ein Komma und des Ausrufezeichens am Ende in einen einfachen Punkt – sorgt dafür, dass das leise Verstreichen der Minuten als Effekt des innigen Blickes erscheint. Damit wird eine die Genreszene transzendierende Meditation über das Phänomen der Zeit zu einer Liebeserklärung.

Berg unterstreicht diese poetische Umdeutung in seiner Komposition, indem er nicht nur den abschließenden Halbsatz über die leise dahinziehenden Minuten im Gesang als Zitat von "Der liebe Abend blickt so still herein" vertont, sondern den dazugehörigen Klaviersatz aus T. 1-4 bereits zum Ende des vorausgehenden Halbsatzes einsetzen lässt und so das *Auge* der Angesprochenen, in dem seines *ruht*, mit dem *stillen Blick* des Abends in Beziehung setzt.

Auch die einzige andere motivische Wiederaufnahme in dem kurzen B-Dur-Lied verknüpft auf musikalisch ungewöhnliche Weise zwei Bilder, die Berg emotional verwandt erschienen sein mögen: Das im Ofenloch knisternde und lohende "Feuerlein" verbreitet offensichtlich ein Behagen ähnlich dem, welches das lyrische Ich mit dem Kopf auf den Knie'n der Angeredeten empfindet. Die Musik deutet die Vergleichbarkeit des Wohlgefühls in der ähnlichen Gesangskontur an, markiert den abweichenden Kontext aber durch die horizontale Verschiebung der nur leicht abgewandelten Begleitung und den Gegensatz von Staccato- und Legatoartikulation.

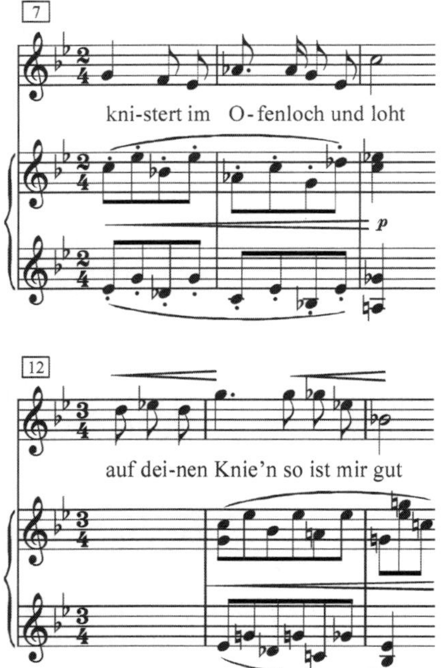

Sieben frühe Lieder V: Behagen im herbstlichen Zimmer

Rhythmus und Melodik in diesem Lied sind überwiegend schlicht gehalten. Umso auffallender sind die beiden plötzlich von dieser Ruhe abweichenden Taktpaare. Zum Lohen des Feuers erklingen an der Grenze zwischen den Strophen zwei identische Punktierungsgruppen mit vier- bzw. fünfstimmig crescendierenden Oktavaufsprüngen des Klaviers. Wenig später folgt auf das dank der Änderung der Interpunktion als Satzende präsentierte "so ist mir gut" unvermittelt ein Zweitakter, der im Klavierbass durch Sechzehntelarpeggien, eine Synkopenkette und eine gleichfalls nur synkopisch verwirklichte Achteltriole gleichsam "aus der Zeit gefallen" klingt. Die fünf Synkopen bilden die rudimentäre Kontur *b—as–g—f–a*. Diese kontrastiert dank der Platzierung ihrer Töne auf nachschlagenden Sechzehnteln oder Triolenachteln rhythmisch und dank des fast zweioktavigen Aufschwunges vom ersten zum zweiten Ton auch melodisch stark mit der Ruhe und Schlichtheit der Genreszene. In dieser Weise unterstreicht das Klavier den einzigen Oktavsprung der Singstimme, der die Begegnung der Augen ins Zentrum des Liedes rückt.

Stellt man zudem fest, dass der Klavierpart aus T. 1-4 nicht nur in T. 16-19 wiederkehrt, sondern in variierter und verkürzter Form auch der Musik in T. 10_3-12_2 zugrunde liegt, so erweist sich Bergs musikalische Struktur des Liedes als ähnlich frei wie die poetische Anlage des Dichters.

T. 0-4 = Vers 1-2	T. 5-8 = Vers 3-4	T. 9-10 = Ausklang, rh. betont
T. 10-12 = Vers 5	T. 13 = Vers 6	T. 14-15 = Vers 7, rh. betont
T. 16-19 = Vers 8		T. 19-20 = Abschluss

Harmonisch bewegt sich die Musik im spätromantischen Kosmos. So setzt Berg die erste Viertaktgruppe als eine Variante der konventionellen Akkordfolge Tonika / Subdominante / Tonika / Dominante / Tonika und die darauf folgende Phrase als erweiterte doppeldominantische Kadenz mit der Folge G-Dur / C-Dur / F-Dur / B-Dur. Dabei verwendet er Sept- und Nonakkorde meist in Umkehrungen, die auf deren Tritonusintervall basieren.[16] Auf ähnliche Weise umspielt Berg die authentisch kadenzierende Rückkehr zum B-Dur des "So!" in der durch die punktierten Oktavsprünge rhythmisch hervorgehobenen Überleitung zu Strophe II.[17]

Die Beschreibung der behaglichen Szene in Vers 1-6 fasst Berg zudem mit einer mehrmals neu ansetzenden, insgesamt über anderthalb Oktaven fallenden Kontur im Unterstimmenbereich des Klavierparts zusammen, die vom Beginn bis zu "Mein Kopf auf deinen Knie'n" reicht; vgl. in T. 0-13: *b-as-g-ges-f-*[*es*]*-d* / *f-es-d-c-h* / *es-des-c-b-a-as-g-fis-f-es*. Danach bricht diese einheitstiftende Linie ab. Das in T. 14 plötzlich in synkopischer Position ertönende tiefe *b* bereitet dem Blick in das Auge der Geliebten einen neuen, tonikalen Grund. Es wird bestätigt durch das eine weitere Oktave tiefere Bass-*b* im letzten Takt. Mit diesem Anker betont Berg sehr leise, dass das Stillstehen der Zeit beim Blick in geliebte Augen die wesentliche Aussage dieses Liedes ist.

[16]Vgl. den chromatischen Tritonusabstieg im Klavierpart von T. 1-2, 10-12 und 16-17 aus *as/d* (Tonikasept + -terz), *g/des* (Subdominantterz + -sept) und *ges/c* (Quint + Grundton des halbverminderten Septakkordes auf *c*, erweitert in T. 12 um *f/ces* (Grundton + Quint des halbverminderten Septakkordes auf *f*.

[17]Berg gestaltet diese Kadenz als harmonische Koppelung zweier halbverminderter Septakkorde. Der erste dient als verkürzter Dominantnonakkord, der zweite wird durch das *b* des "So!" zum Tonikaseptakkord (*a/c/es/ges – d/f/as/c – b/d/f/as*, alle in Umkehrung).

Liebesode

Das sechste Lied des Zyklus schließt poetisch unmittelbar an das zuvor vertonte Bild an. Es entstammt der 1905 erschienenen, 173 Gedichte umfassenden Sammlung *Meine Verse 1883-1904* des deutschen Dramatikers und Dichters Otto Erich Hartleben (1864-1905). Dessen heute weitgehend vergessene Werke waren dem Wiener Kreis um Schönberg früh bekannt: Alma Mahler-Werfel komponierte in den Jahren 1899-1901 fünf Lieder nach Texten verschiedener Dichter, unter denen neben Rilke, Heine und Dehmel auch Hartleben mit "In meines Vaters Garten" vertreten war. Schönbergs 1912 entstandenes Melodram *Pierrot Lunaire* nach dem gleichnamigen französischen Gedichtzyklus von Albert Giraud basiert auf der 1892 erschienenen freien deutschen Übertragung Hartlebens, die nur in einem Privatdruck veröffentlicht war und als Geheimtipp galt.

Berg wählte ein Prosagedicht, das schon Max Reger vertont hatte.[18] Wie Johannes Schlafs Herbstgedicht beschreibt es eine friedliche Szene um zwei Liebende in einem Zimmer. Dank der lauen Sommernacht ist das Fenster geöffnet und lässt Düfte des Gartens herein. Dem Wohnraum mit seinem gemütlich loderndem Feuer steht hier ein Schlafzimmer gegenüber, dem Stillstand der Zeit beim süßen Versinken in die Augen der Geliebten der selige Schlaf mit rausch- und sehnsuchtgefüllten Träumen.

Im Arm der Liebe schliefen wir selig ein,
Am offnen Fenster lauschte der Sommerwind,
und unsrer Atemzüge Frieden trug er
    hinaus in die helle Mondnacht.

Und aus dem Garten tastete zagend sich
    ein Rosenduft an unserer Liebe Bett
und gab uns wundervolle Träume,
Träume des Rausches, so reich an Sehnsucht.

Hartlebens Gedicht ist das einzige im Zyklus, das weder ein reguläres Metrum noch Reime enthält. Bergs Vertonung erweist sich als phantasievolle Umsetzung dieser poetischen Gestaltung in Musik. Den sechs poetischen Versen ganz unterschiedlichen Umfanges stehen sechs musikalische Phrasen gegenüber, deren Grenzen jedoch immer wieder von denen der Textgrundlage abweichen. So setzen z.B. die beiden Wiederaufnahmen der Hauptphrase mitten im Satz ein (T. 21: [Träume des] Rausches, so reich an Sehnsucht) oder sogar mitten im Wort (T. 9: [und unsrer A-]temzüge Frieden trug er hinaus in die helle Mondnacht).

[18] Max Reger, Nr. 3 in *Sieben Lieder* op. 48, Entstehung und Erstveröffentlichung 1900.

Das in fis-Moll ankernde Lied im durchgehenden 3/4-Takt ist mit *Sehr langsam* überschrieben. Besonders ruhig ist die erste Phrase, die in komplementären Achteln und Vierteln verläuft und melodisch passiv endet. In T. 1-3 stehen sich jeweils halbtönige Vorhaltbildungen gegenüber, deren Auflösung auf bzw. nach dem dritten Taktschlag erfolgt. Die authentische Kadenz in fis-Moll, die der Phrase unterliegt, wird geheimnisvoll initiiert vom Septakkord der Molldominantparallele (verschleiert durch die dritte Umkehrung über einem Tritonus, wie so viele Klänge im vorausgehenden Lied), der jedoch unmittelbar zum Dominantseptakkord führt.[19]

Sieben frühe Lieder VI: Die Hauptphrase

Diese Phrase mit dem Ritardando beim Erreichen der fis-Moll-Tonika in T. 3 und dem auf T. 4 folgenden Zäsurzeichen zeigt die Liebenden im Augenblick des Einschlafens. Ab T. 5 erweitert sich die Szene zum friedlichen Naturbild mit allen Reminiszenzen romantischer Stimmung wie leise Brise, Mondschein und Rosenduft. Diese auf alle Sinne wirkenden Eindrücke sind rhythmisch charakterisiert durch 32stel-Arpeggien, die sich aus den Bassoktaven der Begleitung aufschwingen.

Harmonisch erzeugt Berg den Fokuswechsel von den Menschen auf die Eindrücke aus ihrer Umgebung durch ein Abgleiten in zum Teil recht ferne Tonarten. Beim Schritt von T. 4 zu T. 5 deutet er die im Klavier ausklingende Tonikaterz *a* zur Quint eines d-Moll-Dreiklanges um, über dem der Diskant, der das Motiv aus T. 1-3 variierend fortspinnt, mit einem

[19] Vgl. T. 1: *e/gis/h/d* über *d/gis* mit chromatischem Übergang *e-eis-fis* im Diskant. In T. 2 folgt jedoch nicht cis-Moll sondern der Cis-Dur-Septakkord mit 4-3 und 9-8, ergänzt in T. 3 durch die fis-Moll-Tonika mit ♭4-3 + 2-3 (+ Gesang 6-5)

zu fis-Moll querständigen *f* einsetzt. Das Klavier spielt hier eine Phrase, die mit drei aktiven Takten und einem passiven Ausklang die Struktur der Hauptphrase imitiert, dabei jedoch in T. 6-7 plagal nach C-Dur, dem Tritonus-Gegenpol der Grundtonart, kadenziert. Danach zeigt die Thematik, dass Berg den verlängerten Vers 3 des Gedichtes über "unsrer Atemzüge Frieden" als Beobachtung der Schläfer und nicht der ihren Schlaf umgebenden Natur deutet: Zwar setzt die Mittelstimme des Klavierparts ihre 32st-Arpeggien fort und der Bass erklingt oktavverstärkt mit eigenen Durchgangstönen, doch Diskant und Gesang entsprechen den drei harmonisch aktiven Takten der Eingangsphrase. Allerdings bleibt die Musik diesmal nicht auf der in T. 11_3 erreichten Tonika fis-Moll stehen, sondern setzt sich mit Durchgangsnoten in Gesang und Bass zur Tonikaparallele A-Dur fort. Ein neuerliches Zäsurzeichen nach T. 12 markiert das Ende der Strophe.

Bergs Vertonung präsentiert diese erste Strophe somit als Hybrid zwischen einer Beobachtung der (Ein-)Schlafenden und dem ihre Träume umgebenden Raum mit offenem Fenster und linder Sommerluft. Der Ausdruck bleibt durchgehend zart und geht kaum über *p* hinaus. Im Diskant erklingt in den ersten drei Takten jeder Phrase das schon in der Hauptphrase eingeführte oktavverdoppelte Motiv im Rhythmus 𝄾♪♩. ♪, das aus einer fallenden großen Terz oder deren enharmonischem Pendant und einem nach der Punktierung steigenden oder fallenden Halbtonschritt als Vorhaltauflösung besteht. Dazu ertönt ein zweiter, nicht punktierter Vorhalt, dessen ebenfalls halbtönige Auflösung teils parallel, teils in Gegenbewegung zum Diskant verläuft. In der Eingangsphrase setzt Berg dieses zweite Vorhaltpaar im Bass auf den Taktbeginn, zweimal mit verspäteter Oktavverdopplung im Gesang; ab T. 5 erhebt sich dieser Gegenvorhalt in Fortsetzung des Mittelstimmenarpeggios. So klingt die ganze Strophe wie von leisen Seufzern durchwirkt:

Sieben frühe Lieder VI: Die seufzenden Vorhaltpaare in Strophe I

T. 1	2	3	5	6	7	9	10	11	12
c↘ h	*fis↘eis*	*d↘cis*				*c↘ h*	*fis↘eis*	*d↘cis*	
e↗eis	*d↘cis*	*b↘ a*	*cis↗d*	*gis↗a*	*dis↗e*	*e↗eis*	*d↘cis*	*b↘a*	*his↗cis*
c↘ h	*fis↘eis*	*gis↗a*	*e↗f*	*h↗c*	*fis↗g*	*c↘h*	*fis↘eis*	*gis↗a*	*f↘e*

Zudem verknüpft Berg die ersten beiden Aspekte aus der Umgebung der Schlafenden, den "lauschenden Sommerwind" und die "helle Mondnacht", durch ein Gesangsmotiv, das mit seiner Triole aus dem bis dahin gleichförmigen Duktus herausfällt:

Sieben frühe Lieder VI: Das Gesangsmotiv in Strophe I

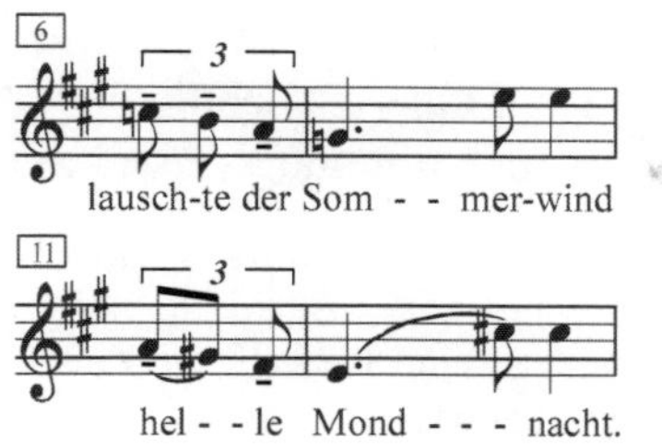

Mit dem Beginn von Strophe II ändern sich einige dieser Parameter. Im Diskantmotiv kehrt Berg die zuvor fallende große Terz um und ergänzt sie mit einem ebenfalls steigenden Tonschritt. Zudem vergrößert er in den zwei Varianten der plagalen Kadenz jeweils eines der steigenden Intervalle und erzeugt so zusätzliche Dramatik.[20] Eine Entsprechung zur Überbrückung des tonalen Querstandes nach der Eingangsphrase mittels eines beiden Akkorden gemeinsamen Tones findet sich in Strophe II beim Übergang von T. 15 zu T. 16. Hier moduliert Berg vom cis-Moll-Dreiklang, den er am Taktende zu Cis-Dur aufhellt und dann enharmonisch als *des/f/as* aufgreift, zum b-Moll-Septakkord. Auch das Gesangsmotiv, das seinen Ausgangspunkt von der plagalen Kadenz in Strophe I nahm, erklingt hier erneut, wenn auch teils rhythmisch, teils tonal variiert:

Sieben frühe Lieder VI: Das Gesangsmotiv in Strophe II

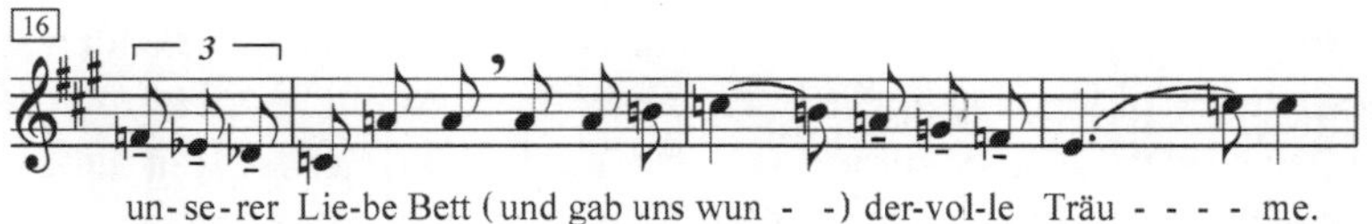

Am deutlichsten unterscheidet sich die Vertonung der Strophen in der Dynamik. Während T. 13 mit *p* über *pp* wie T. 1 verhalten beginnt, schreibt Berg ab T. 14 ein neuntaktiges Crescendo, das das Einwirken der Natur auf die Schlafenden umsetzt, sich anlässlich der vom Rosenduft inspirierten "Träume des Rausches" zu *molto f* steigert und in T. 22 sogar über *ff* hinaus reicht. In dieser Ausdrucksintensität kontrastiert Berg das friedvolle Ruhen in der ersten Strophe mit der Traumwelt der zweiten, in der die Liebenden, angeregt von der durchs offene Fenster hereinwabernden Süße, zu ekstatischer Sehnsucht aufgewühlt sind.

[20] Dem plagalen Kadenzschritt F–C aus T. 6-7 entsprechen hier die Schritte B–F (T. 16-17) und D–A (T. 18-19). Das Diskantmotiv wächst in T. 16-17 von *des-f-g* zu *des-gis-a* und in T. 18-19 von *f-a-h* zu *f-h-c*.

Sommertage

Berg wählt hier ein Gedicht von Paul Hohenberg (1885-1956), einem Jugendfreund aus der Wiener Oberrealschule, von dem er schon 1902, als Siebzehnjähriger, zwei in der Stimmung verwandte Texte vertont hatte.[21]

Nun ziehen Tage über die Welt,
gesandt aus blauer Ewigkeit,
im Sommerwind verweht die Zeit.
Nun windet nächtens der Herr
Sternenkränze mit seliger Hand
über Wander- und Wunderland.
O Herz, was kann in diesen Tagen
dein hellstes Wanderlied denn sagen
Von deiner tiefen, tiefen Lust:
Im Wiesensang verstummt die Brust,
nun schweigt das Wort, wo Bild um Bild
Zu dir zieht und dich ganz erfüllt.

Das Gedicht ist äußerlich nicht in Strophen unterteilt, doch ergibt sich eine Gliederung durch den Wechsel von der Beschreibung in Vers 1-6 zur Anredeform in Vers 7-12 und durch das wiederholte "Nun" zu Beginn der beiden dreizeiligen Sätze in der ersten Gedichthälfte, die zudem durch das Reimschema [a b b], [c d d] parallelisiert sind. In der zweiten Gedichthälfte scheint das Reimschema mit [e e f f g g] Verspaare zu unterstreichen, doch auch hier legt die Interpunktion eine Gruppierung in 3 + 3 Verse nahe, die auch Berg aufgreift. Inhaltlich fällt auf, dass Berg den vorausgehenden sechs Liedern zur dunklen Tageszeit (vier Liedern zur Nacht, zwei zum Abend) einen Text über helle Sommertage und deren zwischen "Sehr langsam" und "Leicht bewegt" eher verhaltenen Bewegungen ein zweimal zum *ff* crescendierendes "Schwungvoll" gegenüberstellt.

Berg notiert c-Moll als Grundtonart des Liedes. Allerdings wird deren Tonika in reiner Form erst im Nachspiel erreicht. Der fis-Moll-Abschluss des vorausgehenden Liedes klingt nicht nur in den Anfangstakt hinein, wo das Klaviervorspiel das kaum verklungene *fis* aufgreift und zum Ausgangspunkt des vorherrschenden Motivs macht, sondern auch wenig später in die das Vorspiel in T. 4 abrundende c-Moll-Kadenz, über der die Singstimme mit einem erneuten *fis* einsetzt.

[21]Diese Lieder mit den Titeln "Sehnsucht I" (Hier in der öden Fremde) und "Sehnsucht III" (Wenn die Nacht sich über die Welt senkt) sind als Nr. 5 und 11 enthalten in der von Christopher Hailey herausgegebenen Sammlung *Alban Berg, Jugendlieder 1: 23 Ausgewählte Lieder für Singstimme und Klavier 1901-1904* (Wien: Universal-Edition, 2012).

Das dreitönig durch Halbton und Quart aufsteigende Motiv erklingt in dem 39-taktigen Lied 22mal. Der Gesangseinsatz erweitert die in T. 1-2 angelegte, durch Ergänzung um einen fallenden Halbtonschritt viertönige Form um fünf weitere Töne zu einem ersten melodischen Thema, das im Verlauf des Liedes viermal vom Diskant imitiert wird.[22] Dieses Thema verläuft von der steigenden Tonikaquart *g-c* über die fallende Quart des Halbtonnachbarn ces-Moll zur fallenden Quart des querständigen es-Moll, bevor die Bassoktaven mit einer Wiederaufnahme der ursprünglichen Motivtöne den harmonischen Kreis schließen. Die Engführung im Vorspiel führt mit ihrem Imitationsintervall den Tritonus ein.

Sieben frühe Lieder VII: Beginn mit Motiv und Thema

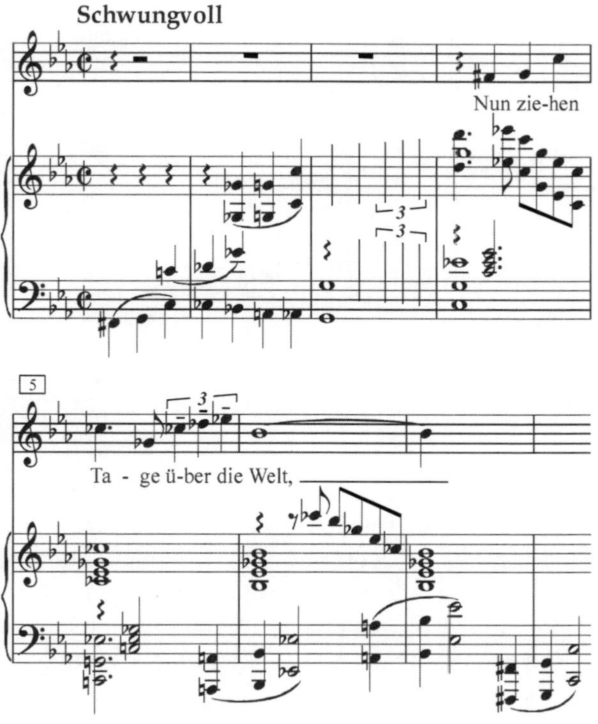

Die in T. 3 erreichte Dominante ist mit einer elftönig homophonen Akkordfolge erweitert und antizipiert dabei rhythmisch die für das Hauptthema charakteristische Kombination aus Vierteldoule und -triole. Das fallende Achtelarpeggio in T. 4 verbindet nicht nur das Vorspiel mit Vers 1

[22]Vgl. Diskant T. 11-13, T. 22-24, T. 29-31 und (verkürzt und alteriert) T. 36-37.

und die drei ersten Verse untereinander, sondern zudem die beiden in ihrer Sprechhaltung unterschiedenen Gedichthälften und den Gesangsschluss mit dem Nachspiel.

Andere Komponenten dienen Berg dazu, die Gedichtsegmente zu unterscheiden. So charakterisiert er die nächtlichen Sternenkränze in Vers 4-6 lautmalerisch mit einer Kette die Stimmen durchlaufender Achteltriolen, die nur hier erklingen. Zu Vers 7-8 stellt die Singstimme ein zweites, in sich elftöniges Thema vor, das dem im Diskant ertönenden (kürzeren) ersten Thema gegenübergestellt ist. Diese Kontrapunktik wiederholt sich zu Vers 10-11 im Stimmtausch von Diskant und 'Tenor'.

Sieben frühe Lieder VII: Die Gegenüberstellung der zwei Themen

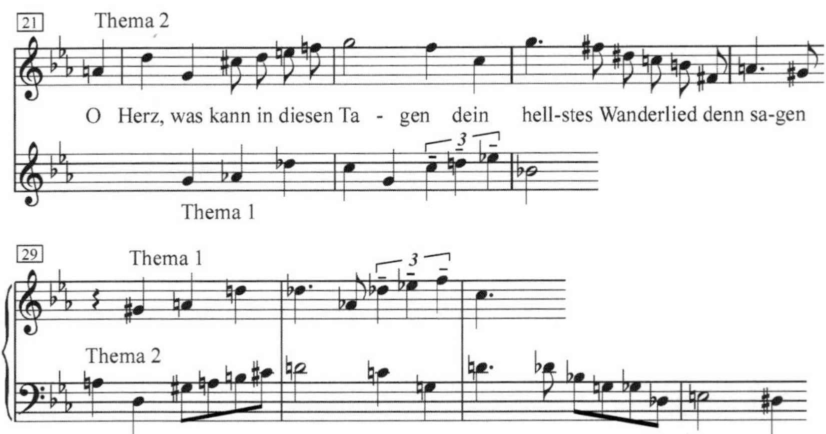

Der charakteristische Achtelaufstieg durchzieht zudem, mit oder ohne die beiden vorausgehenden größeren Intervalle, fast jeden Takt der zweiten Gedichthälfte. Indem er als Kontrast zum fallenden Achtelarpeggio der vorausgehenden Verse gehört wird, färbt er den Gegensatz von frommer Naturmeditation und Aufruf zur eigenen Demut unterschiedlich ein.

Harmonisch erfährt der erste Dreizeiler eine Rundung durch die von chromatisch aufsteigenden Quartsextakkorden eingeleitete authentische Kadenz in G-Dur. Der zweite Dreizeiler endet auf einem G-Dur-Nonakkord, überlappend mit dem Beginn der zweiten Gedichthälfte. Die sechs Zeilen der "Anrede an das Herz" fasst Berg harmonisch über einer Folge halbverminderter Septakkorde zusammen. Deren zum *ff* gesteigertes Ende ertönt in C-Dur, das jedoch im Nachspiel über ces-Moll wieder zu c-Moll eingedunkelt wird. Die tonale Sättigung in diesem Lied ist insgesamt sehr hoch und unterstreicht die Intensität des spirituellen Appells.

Die *Sieben frühen Lieder* als Zyklus

Als Berg im Jahr 1928 sieben seiner zwischen 1905 und 1908 komponierten Lieder auswählte und zu einem Zyklus zusammenstellte, war eines seiner Kriterien das auch für zahlreiche spätere Werke charakteristische Streben nach Symmetrie. Diese erzielte er in dem zu Beginn dieses Kapitels erläuterten stilistischen Palindrom sowie, in der Orchesterfassung, durch klangliche Analogien. Ein Kommentar Rudolf Stephans in dessen Werkeinführung, "darüber hinaus transponierte er einzelne Lieder, um in der gewählten symmetrischen Bogenform eine ausdrucksstarke Tonartenfolge zu gewährleisten,"[23] lenkt die Aufmerksamkeit auf die sechs Übergänge. Diese enthüllen drei Gruppen, die sich nach Art ihres tonalen Anschlusses unterscheiden.

Wenig überraschend verbindet Berg aufeinander folgende Lieder eher selten durch die konventionellen Beziehungen zwischen Dominante und Tonika oder durch parallele Tonarten. Einzig das zentrale g-Moll, in dem Rilkes "Traumgekrönt" ertönt, wird durch den vorausgehenden D-Dur-Schluss der "Nachtigall" nach Theodor Storm dominantisch vorbereitet und in der g-Moll-Parallele B-Dur, in die Berg das anschließende Herbstlied nach Johannes Schlaf kleidet, mit einem ebenfalls traditionellen tonalen Schritt weitergeführt.

Komplexer – und interessanter – sind die Übergänge zwischen den ersten drei und den letzten drei Liedern. Bergs Musik zu Carl Hauptmanns "Nacht" fluktuiert so gleichmäßig zwischen Ganztonfeldern (besonders häufig ankernd in *e*) und diatonischen Segmenten mit unsicherem Bezug zu A-Dur, dass sich eine 'Grundtonart' nicht wirklich manifestiert. Überraschend innerhalb dieser instabilen Anlage ist trotzdem die zweimalige Rückung zum tonal fernen F-Dur-Septakkord; und gerade diesen Bezug greift Berg im "Schilflied" nach Nikolaus Lenau in Form von f-Moll wieder auf. Von dessen picardisch aufgehelltem Schluss F-Dur führt die Linie dann in einem komplexen Schritt weiter über die imaginierte Parallele d-Moll zum D-Dur der "Nachtigall".

Ganz anders präsentieren sich die Anschlüsse in der abschließenden Dreiergruppe des Zyklus. Wie oben geschildert, überrascht der Klaviersatz von "Im Zimmer" durch eine ungewöhnliche Dichte von Septakkorden, die in Tritoni ankern, sowie durch deren jeweils über mehrere chromatische Schritte fallenden Linien. Dem Gesangseintritt in der anschließenden, tonal ganz anders angelegtem "Liebesode" schickt Berg im Klavier einen Klang

[23]Vgl. dazu Rudolf Stephan, "Werkeinführung" in *op. cit.*

voraus, dessen *d/gis*-Tritonus im Bass chromatisch fallend an das zum vorausgehenden Gesangsabschlusston gehörte *es/a* anschließt und erst zwei Takte später das ankernde fis-Moll der Hartleben-Vertonung erreicht. Den Übergang von diesem fis-Moll zum c-Moll der "Sommertage" schließlich erzeugt Berg in einer Weise, die ähnlich sanft erscheint: indem er den erst kurz zuvor verklungenen Grundton *fis* zum Ausgangston des im siebten Lied tragenden Motivs *fis-g-c* macht.

In der Orchesterfassung des Zyklus lässt sich dazu, über die schon erwähnte spiegelsymmetrische Anlage der in jedem Lied unterschiedlichen Besetzungen hinaus, erkennen, welche Bedeutung Berg den Übergängen beimisst. Adorno, der schon kurz nach der Veröffentlichung in den zwei Aufsätzen "Alban Bergs frühe Lieder" und "Berg: Sieben frühe Lieder" auf das Werk einging[24] und später eine detaillierte Diskussion der Instrumentierung hinzufügte, beschreibt, wie Berg in jedem neuen Lied Elemente des vorausgehenden Klanges als tönenden Überhang beibehält.[25] So erzeugt Bergs Orchesterfassung anstelle klar voneinander abgegrenzter klanglicher Grundfarben im begleitenden Ensemble einen changierenden Fluss minutiös nuancierter Farbtönungen.

Auch inhaltlich war Berg spürbar bestrebt, mit der für die Drucklegung getroffenen Auswahl der Lieder ein zyklisches Ganzes zu schaffen. Mal deutlich, mal eher verschleiert zieht sich ein Faden durch die sieben lyrischen Texte der sehr unterschiedlichen Dichter, der drei Stimmungskomplexe aus immer neuer Perspektive verbindet: die Empfindung der Zeitlosigkeit, das als Epiphanie erlebte Licht von Abendsonne oder Mond und die Natur als Transformation seelischen Erlebens.

[24] Adorno, *Gesammelte Schriften* 18 (Frankfurt: Suhrkamp, 2019), S. 465-468 / 469-471.

[25] Für eine ausführliche Konkretisierung dieser sukzessiven Klangmischung siehe auch Adorno, *Klangfiguren* 1959 [*Gesammelte Schriften* 16: *Musikalische Schriften* I-III] (Frankfurt: Suhrkamp, 1978), S. 97-109.

Sonate für Klavier op. 1

Bergs *Klavier*sonate besticht durch ihre eindrucksvolle Verschmelzung von thematischer Stringenz und großem Formenreichtum. Mit dem Titel "Sonate" stellt der 22-Jährige seine erste umfangreichere Komposition in die Tradition eines Gattungsbegriffes, dessen formale Bedingungen sich im Laufe mehrerer Jahrhunderte zu Gesetzen verselbständigt hatten, die zu übertreten ein Komponist im Wien der Jahre 1907-1908 nicht ungerügt wagen durfte.

Der etymologisch eher unspezifische Begriff "Sonate", abgeleitet von *sonare* = (instrumental) spielen versus *cantare* = singen, mutierte zwischen den gegen Ende des 16. Jahrhunderts von Girolamo Frescobaldi, Giovanni Gabrieli und ihren Zeitgenossen komponierten *Canzone da sonare* und dem ausgeprägten Werktyp der Wiener Klassik zu einer Form, die zwei unterschiedliche Tendenzen vereinigt.

- Die eine betraf die immer genauer vorgegebene Satzfolge mit der wünschenswerten Kontrastierung der Charaktere. Schrieben die frühen Werke vom Typus der *sonata da chiesa* und *sonata da camera* noch lediglich den Wechsel von langsamen und schnellen Tempi vor, so fanden im Generalbasszeitalter einige bis dahin aus Suiten bekannte Satztypen wie Menuett und Rondo Eingang in die Sonate.
- Gleichzeitig trat mit den Sonatenkompositionen von Carl Philipp Emmanuel Bach, Domenico Scarlatti und Giuseppe Sammartini ein Merkmal hinzu, das dem Bauplan dessen, was fortan als "Sonaten(satz)form" bezeichnet wurde, ein spezifisches Gepräge gab: die thematische Konkretisierung des harmonischen Kontrastbereiches. Diese bildete die Voraussetzung für die zur Zeit der Wiener Klassik bereits voll entwickelte Ausprägung eines Seitensatzes, der typischerweise auch in seinem Ausdruck mit dem Hauptthema kontrastierte. Ein bald erfolgender weiterer Schritt war die Ausweitung der zuvor zweiteiligen zur dreiteiligen Satzform durch eine zentrale "Durchführung", in der das thematische Material des ersten Abschnittes verarbeitet wurde, bevor im ehemals zweiten, nun dritten Abschnitt die harmonische Gegenüberstellung der thematischen Komponenten versöhnlich aufgehoben werden konnte.

Als Alban Berg im Wien des frühen 20. Jahrhunderts auf Anregung seines Lehrers Arnold Schönberg sein Opus 1 schrieb, bezeichnete der Begriff "Sonate" somit zweierlei: einerseits das mehrsätzige Werk, dessen Merkmal die Gegenüberstellung unterschiedlich schneller Sätze mit meist deutlich verschiedenem Charakter sowie je eigener rhythmischer und metrischer Prägung und Klangstruktur ist, andererseits das Konzept einer Satzstruktur, die durch zwei auf verschiedenen harmonischen Stufen angesiedelte Themen und einen Bauplan aus Exposition, Durchführung und Reprise definiert ist.

Auf den ersten Blick präsentiert sich Bergs *Sonate für Klavier* als Beispiel des zweiten Typs. Man erkennt unschwer die drei Abschnitte Exposition, Durchführung und Reprise mit Coda. Allerdings leistet das Werk innerhalb von nur 180 Takten erstaunlich viel: Es verschmilzt die Struktur einer klassischen Sonatenhauptsatzform mit einer ungemein dichten Verarbeitung einiger weniger intervallischer und rhythmischer Muster, in Übereinstimmung mit Schönbergs Kompositionsidee der entwickelnden Variation. Diese Methode sollte die Einheit eines Werkes unterstreichen, indem alle Muster einerseits aus einer kleinen Anzahl von Grundkomponenten abgeleitet werden, andererseits essentiell unterschiedlich charakterisiert sind. Berg gab diese Maxime später in seinem eigenen Unterricht weiter, u.a. an seinen Schüler und lebenslangen Freund Theodor W. Adorno. Dieser empfand die Empfehlung zur entwickelnden Variation als so grundlegend, dass er sie zum Titel seiner Abhandlung über die Kompositionsweise seines Lehrers machte.[1]

In Bergs *Sonate für Klavier* durchziehen die als konstituierendes Material der thematischen Komponenten eingeführten Bausteine das jeweilige Segment in vielfachen Kombinationen. Dabei bezieht Berg alle Stimmen seiner Textur in die konsequente Ableitungsstruktur ein; kaum ein Ton bleibt die Frage nach seiner thematischen Herkunft schuldig. Zudem erfüllen die thematischen Komponenten jenseits ihrer Rolle in der Sonatensatzform eine weitere, gänzlich unerwartete Aufgabe. Erst auf den zweiten Blick erkennbar sind sie in Anlehnung an je in sich eigenständige Formmodelle gebildet. So entsteht – wie eine Vorausahnung der viel später konzipierten Szenenstrukturen in Bergs Oper *Wozzeck* – eine Art Suite aus Gattungen im Miniaturformat, die den Titel "Sonate" über das offensichtliche Sonatensatzmodell hinaus erweitert. Beide Aspekte gilt es im Folgenden separat zu beleuchten.

[1] Th. W. Adorno, *Berg: Der Meister des kleinsten Übergangs* (Frankfurt: Suhrkamp, 1977).

Zuvor stellt sich jedoch noch die Frage nach Tonalität, Tempo und Intensität. Alle drei Aspekte lassen sich nur mit Einschränkungen klären. Die trotz fast lückenloser Einzeltonvorzeichen notierte Tonartsignatur mit zwei Kreuzen und der erste Kadenzschluss in T. 4 weisen h-Moll als Grundtonart aus.[2] Allerdings bleibt dieser h-Moll-Abschluss für lange Zeit der einzige. Erst die Coda wiederholt das Ziel auf dem Tonikadreiklang.

Tempo und Stimmung sind kaum leichter zu definieren. Das mit *Mäßig bewegt* beschriebene Ausgangstempo wird durchschnittlich in jedem zweiten Takt modifiziert. Lässt man die zahlreichen *accelerandi/stringendi* und *ritardandi/rallentandi* und ihre deutschen Äquivalente beiseite und berücksichtigt nur die mit Großbuchstaben hervorgehobenen Tempomodifikationen, so ergibt sich für die Exposition eine Wellenfolge mit zwei moderaten gefolgt von zwei extremeren Ausschlägen:

T. 1	T. 12	T. 17	T. 30	T. 39	T. 50
Mäßig bewegt	Rascher als Tempo I	Tempo I	Langsamer als Tempo I	Rasch	Viel langsamer (Quasi Adagio)

Die Durchführung beschreibt nach nur einem Takt mit angedeuteter Rückkehr zum Grundtempo einen großangelegten Bogen:

T. 57	T. 71	T. 101
Langsamer als Tempo I	Bewegt ——>	<—— Langsameres Tempo (aber doch bewegter als am Schluss des Ritardandos)

Die Reprise wiederholt mit nur kleiner Abweichung die Wellenfolge der Exposition:

T. 111	T. 132	T. 138	T. 145	T. 168
Tempo I	Nicht schleppen!	Langsames Tempo	Rasch	Quasi Adagio

Auch die Dynamik ist äußerst wechselhaft. Sie bewegt sich vor allem zwischen *pp* und *ff*, mit dem größten Ausschlag im Zentrum der Durchführung (T. 71–76–89–92–101 = *pp* < *mf* < *fff* < *ffff* > *pp*) und einem zweiten in der Reprise (T. 145–155–158–168–170 = *mf* < *ff* < *fff* > *pp* > *ppp*).

[2] Die Taktzählung in der 1926 zunächst ohne eingedruckte Zahlen veröffentlichten Ausgabe von Schlesinger ist kontrovers bzgl. der Frage, ob es sich bei dem nur zwei von drei Vierteln enthaltenden Eröffnungstakt um einen Auftakt handelt (insofern die Taktanfangspause fehlt) oder doch um den ersten vollwertigen Takt (insofern der Vierklang auf "3" synkopisch betont ist und damit essentiell erscheint). Die folgende Analyse übernimmt die Taktzählung der für die Alban Berg Gesamtausgabe erstellten revidierten Neuausgabe der Universal Edition, mit Beginn in Takt 1.

Thematik und Struktur im Sonatensatz

Berg gestaltet die Exposition seiner Sonate aus sieben klar gegeneinander abgegrenzten Segmenten. Das erste präsentiert ein zwölftaktiges, in Bogenform konzipiertes Hauptthema, in dem die im Bass der Basisphrase zur h-Moll-Kadenz führenden Quintfälle *cis ...fis-h* in der dritten Teilphrase mittels aufsteigender Quarten *e-a ... d* in den Septakkord der Tonikaparallele münden.[3] Im melodisch führenden Diskant greift die dritte Teilphrase die erste auf, verzichtet jedoch auf den charakteristischen Auftakt und endet mit (in der tieferen Oktave imitierter) Diminution und variierter Sequenz:

Sonate für Klavier: Der Diskant im Hauptthema

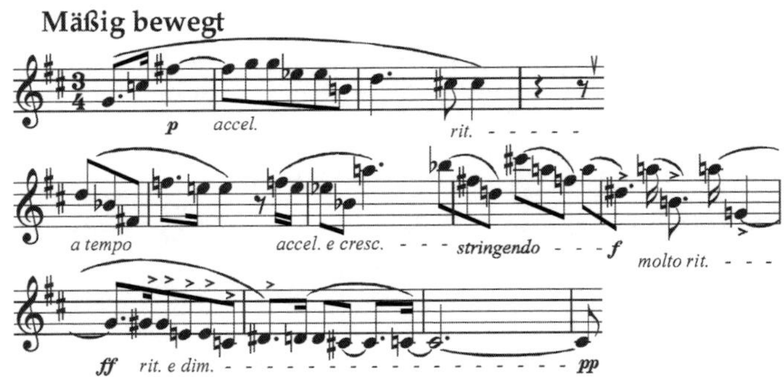

Innerhalb des Hauptthemakomplexes folgen ein Motiv mit Bassimitation und entwickelnder Sequenz (T. 11_3-17), eine Hauptthemaverarbeitung (T. 17_2-24_1) sowie eine Verarbeitung des Motivs (T. 24-29).

Sonate für Klavier:
Motiv 1

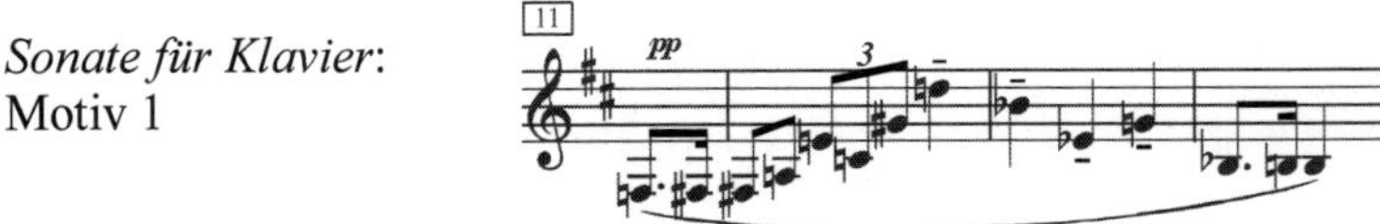

Während Berg das aus der Zweitstimme aufsteigende Motiv 1 bei seinem ersten Auftreten sehr leise und etwas beschleunigt wünscht, markiert er dessen Verarbeitung nach vorausgehender Verlangsamung des Tempos im *ff* mit akzentbewehrten Oktaven unter vielstimmigen Akkorden. Danach verklingt der dreitaktige Schluss des Hauptthemakomplexes über chromatisch fallende Quartenschichtungen.[4]

[3]Vgl. Unterstimme T. 1 ...-3-4: *cis–fis-h* mit T. 9-10 ... - 12: *e-a-d*.

[4]T. 27-28 akkordisch: *gis/cis/fis, g/c/f, fis/h/e, f/b/es, e/a/d*; T. 29-30 als Kurve gebrochen: *fis/h/e, f/ais/dis, e/[a]/d*..

Der im Kadenzschritt V-I erreichte, über einem A-Dur-Nonakkord einsetzende Seitensatz basiert wie das Hauptthema auf einer viertaktigen Grundphrase.

Sonate für Klavier: Die Grundphrase des Seitensatzes

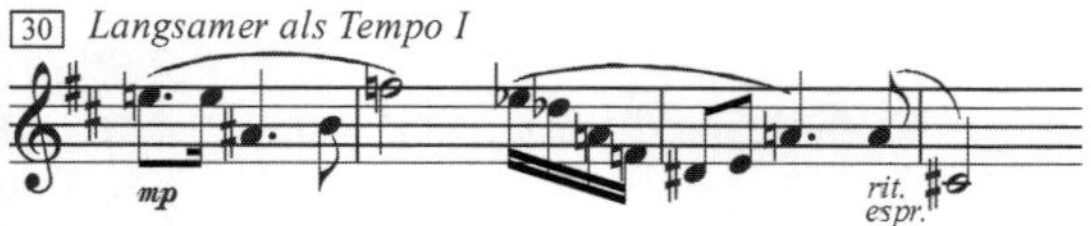

Im Gegensatz zur ersten Teilphrase des Hauptthemas wird die Seitensatzphrase sofort verarbeitet. Dies beginnt in den Nebenstimmen schon synchron zum Diskant und setzt sich danach noch in fünf weiteren Takten fort. Das Tempo dieser Verarbeitung ist im eintaktigen Wechsel starken Schwankungen unterworfen und führt nach zweifachem *accel./a tempo* mit einem *stringendo* markierten Überleitungstakt in das zweite unabhängige Motiv. Diese Komponente wirkt mit ihrem raschen Tempo, ihrer Sechzehntelsextole und ihren zwei Septsprüngen erregter und exzentrischer als alle vorausgehenden Komponenten.

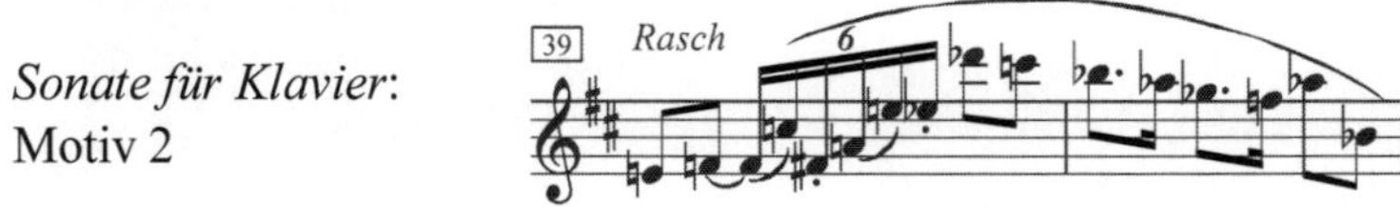

Sonate für Klavier:
Motiv 2

Wie Motiv 1 wird auch Motiv 2 in Engführung imitiert und nach einer entwickelnden Sequenz frei fortgesponnen. Mit dem Höhepunkt in T. 45 beginnt ein drastischer Abfall der Lautstärke (von *ff* zu *pp*), des Tempos (von einem zuletzt das *Rasch* übersteigenden Tempo bis hinab zum *Quasi Adagio*) und der Komplexität (indem die Substanz von T. 46 in drei Folgetakten allmählich liquidiert wird). Den Abschluss der Exposition bildet ab T. 50 eine Schlusskomponente, die nicht nur im Tempo, sondern auch in ihrer schlichten, homophonen Textur den größtmöglichen Kontrast zu den früheren thematischen Komponenten bildet:

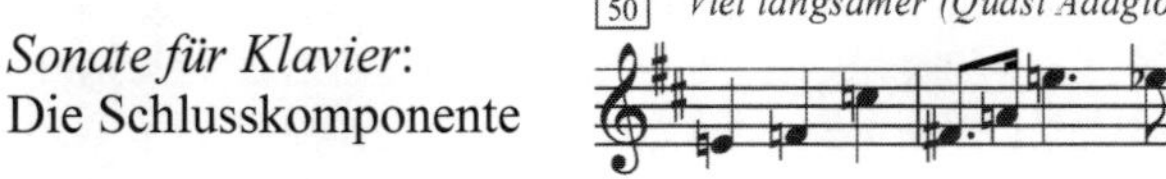

Sonate für Klavier:
Die Schlusskomponente

Auch dieser Zweitakter wird zunächst sequenziert und dann einem Nivellierungsprozess – Schönbergs "Liquidation" – unterworfen. Am Ende mutiert der Dreitonaufstieg des zweiten Taktes durch schrittweise Intervallanpassung zum Auftakt des Hauptthemas und leitet so zur Wiederholung der Exposition über. An deren Ende erwächst aus diesem Auftakt eine eintaktige Brückenfigur, die zum Beginn der Durchführung führt.

Die Durchführung zeigt die klassische Dreiteilung aus (1) thematischer Verarbeitung, (2) virtuoser Steigerung mit Integration einer durchführungseigenen Komponente und (3) Rückleitung. Abschnitt 1 (T. 57-71_1) beginnt *pp* und *Langsamer als Tempo I* mit einem Dreitonaufstieg, der sich anlässlich seiner Sequenz als entfernte Variante des Hauptthemakopfes entpuppt. Der Aufstieg ertönt ohne Punktierung und metrisch verschoben ohne die ursprüngliche Zieltonsynkope. Ergänzt von einer melodisch entspannten zweiten Hälfte, begleitet von gleichmäßigen Achtelgruppen und erweitert von einer entwickelnden Sequenz initiiert er zunächst einen zarten Fünftakter. Erst nach einem zweiten Anlauf durchlaufen Tempo und Dynamik eine Steigerungskurve. Den Zusammenhalt der beiden Segmente unterstreichen chromatisch absteigende Basslinien, die im Schlussglied des Abschnitts ganztönig verlängert werden.[5]

Auch der *Bewegt* überschriebene Abschnitt 2 (T. 71-100) beginnt mit einem im leisen Bereich bleibenden Fünftakter. Berg kombiniert hier den (leicht abgerundeten) Kopf von Motiv 1 mit der Hauptthema-Basisphrase ohne deren zuvor schon verarbeiteten Anfangstakt. Mit dem zweiten Anlauf beginnt auch hier eine Steigerung von Tempo und Dynamik, die nicht nur länger und intensiver ausfällt als im ersten Durchführungsabschnitt, sondern zudem mit einem durchführungseigenen Motiv gekrönt wird.

Sonate für Klavier: Das durchführungseigene Motiv

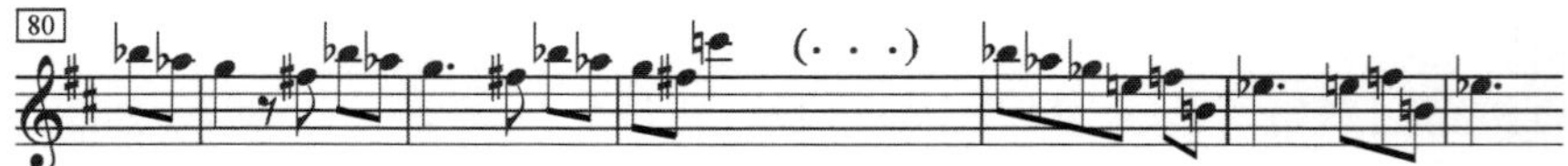

Die auf den Höhepunkt (der Durchführung und der ganzen Sonate) folgenden Takte 93-100 erinnern mit ihren Teilmotivsequenzen an T. 27-29 und mit ihrem langgezogenen *ritenuto e diminuendo bis pp* über vertikal gegenübergestellten Quartenakkorden an T. 45-49. Sie entsprechen somit den beiden Teilabschlüssen in der Exposition.

Im wieder langsamen und durchgehend leisen dritten Durchführungsabschnitt (T. 101-111) verarbeitet Berg den ersten Takt des Seitensatzes kombiniert mit dem ersten Takt von Motiv 2. Die beiden Teilkomponenten erklingen zunächst einmal nacheinander, dann zweimal in kontrapunktischer Gegenüberstellung. Schließlich treten, unter leichter Beschleunigung, Fragmente der Hauptthema-Basisphrase hinzu. So führt Berg im Stil einer klassischen Rückleitung in den Beginn der Reprise.

[5] Vgl. T. 58-61/63-69/69-71: *g-ges-f-e-es-d-cis-c*, *e-es-d-cis-c-h-b-a-as-g-fis-f-e*, *e-d-c-b-as*.

Die Reprise beginnt mit der nur in den Nebenstimmen variierten Wiederaufnahme der ersten beiden Teilphrasen des Hauptthemas, an die in T. 111-131 sofort eine abgewandelte Hauptthemaverarbeitung anschließt. Es folgt die Grundform und erste Verarbeitung von Motiv 1 in einer der Expositionsvorlage weitgehend ähnlichen Form (T. 132-137 ≈ T. 12-17). Bei der Wiederaufnahme des Seitensatzes ist die Intervallgestaltung des Kopfmotivs verändert; der Seitensatz hat, um mit Bergs eigenen Worten zu sprechen, inzwischen ein "Schicksal erlitten"[6] und infolgedessen seinen Anfang der Quart-Tritonus-Folge des kurz zuvor gleich dreimal gehörten Hauptthemas angeglichen.

Schon in diesem ersten selbständigen Werk überträgt Berg somit den Begriff des Schicksals auf die Musik. Ein Schüler Bergs berichtet von dessen Unverständnis angesichts einer unveränderten Wiederaufnahme einiger Komponenten in der Reprise eines Sonatensatzes: "Wie können Sie so etwas machen, bedenken Sie doch, was Ihre Themen und Motive inzwischen erlebt haben!"[7]

Ähnlich ergeht es Motiv 2, das – ebenfalls geprägt von dem, was es inzwischen "erlebt" hat – seine Einleitungstöne durch den Seitensatzkopf ersetzt und auch die ersten Intervalle der Sextole modifiziert. Zudem ist die Fortspinnung hier wesentlich ausgedehnter als in der Exposition, als wollte das zweite Motiv kompensieren, dass das erste in der Reprise nur einmal erklingen darf. Die Schlusskomponente ist ebenfalls durch eine in der Exposition nicht angelegte freie Umkehrung des melodischen Zweitakters erweitert, die sich in zwei Teilsequenzen fortsetzt.

Erst nachdem der abschließende Kadenzschritt zu der durch Mittelstimmenvorhalte hinausgezögerten Tonika wiederholt und damit bekräftigt worden ist, greift Berg das allerletzte Glied der Exposition auf: den in die Wiederholung der Exposition überleitenden Dreitonaufstieg des Hauptthemakopfes. Am Zielpunkt seiner drei enggeführten Oktavimitationen ertönt sogar noch einmal der erste Begleitakkord des Hauptthemas. Doch bei der ins höchste Register führenden vierten Imitation im vorletzten Takt weicht auch er schließlich dem reinen Tonikadreiklang.

[6]Vgl. seine Erläuterung in der Präambel zu seiner Analyse der *Lyrischen Suite*, z. B. in Frank Schneider, *op. cit.*, S. 236. Wie Constantin Floros beobachtet, betrachtete Berg das musikalische Kunstwerk als "einen Organismus, geradezu als ein Lebewesen, das eine Entwicklung durchmacht." (*Alban Berg. Musik als Autobiographie* [Wiesbaden: Breitkopf & Härtel, 1992], S. 102).

[7]Helmut Schmidt-Garre, "Berg als Lehrer", in *MELOS* 22 (1955), S. 40.

Die Exposition als struktureller Mikrokosmos

Betrachtet man die thematischen Komponenten der *Sonate für Klavier* mit Blick auf deren Module, so entdeckt man, dass Berg jedes Segment in eine – wenn auch äußerst knapp angelegte – Miniaturform gegossen hat. Dies beginnt mit dem Hauptthema, das sich ja unmittelbar als A B A'-Form zu erkennen gibt. Die Diskantkontur der Basisphrase besteht aus drei Figuren abnehmender Komplexität und Spannung über einer thematisch etablierten Hintergrundlinie:

[a] Der punktiert aufschießende Themenkopf baut sowohl metrisch mit seiner Synkope als auch tonal mit seinem alterierten "Dreiklang" aus Quart + Tritonus innerhalb einer großen Sept viel Spannung auf.

[b] Das ebenfalls dreitönige zweite Modul ist durch seine fallende Richtung, seinen (enharmonisch notierten) übermäßigen Dreiklang, seinen gleichmäßigen Achtelrhythmus und die eingeschobenen Tonwiederholungen bereits deutlich spannungsärmer.

[c] Der "erweiterte Seufzer", ein fallender Halbtonschritt mit verklingender Auflösungswiederholung, dessen Punktierung dem Metrum angepasst ist, fungiert als entspanntes Schlusssegment.

Sonate für Klavier: Die drei Module der Basisphrase

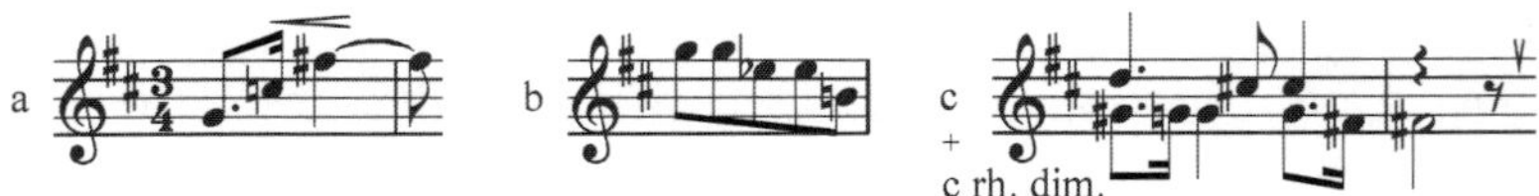

[x] Im Hintergrund steigt die Unterstimmenkontur zunächst chromatisch ab, im 'Alt' verdoppelt von einer Parallele in kleinen Septen. Phrasenübergreifend fällt der Bass in den Quintschritten *cis–fis–h.*

Modul [c] wird von der zweiten Stimme schon am Ende der Basisphrase zweimal in diminuiertem Rhythmus imitiert. Auch ertönt im Bass nach Ende der Diskantkontur eine tonale Variante von Modul [a] – quasi als Codetta der Phrase vor Bergs ausdrücklichen Zäsurzeichen. Die mit der Basisphrase eng verwandte dritte Teilphrase umfasst ebenfalls die Module [b] und [c diminuiert] über [x], wobei die chromatische Linie hier von einer unter ihre verlaufenden Parallele in großen Terzen verstärkt und verlängert ist[8] und der doppelte Quintfall als doppelter Quartenanstieg ertönt.

Überraschender als die Verwandtschaft der Themenphrasen A und A' ist jedoch, dass auch die auf den ersten Blick kontrastierend erscheinende zweite Teilphrase aus Varianten derselben Module gebildet ist.

[8]Vgl. T. 1-3: *cis-c-h-c* unter *h-b-a-gis* mit T. 9-10: *d-cis-c-h-b-a* über *b-a-gis-g-ges-f.*

Sonate für Klavier: Die Module in der Kontrastphrase des Hauptthemas

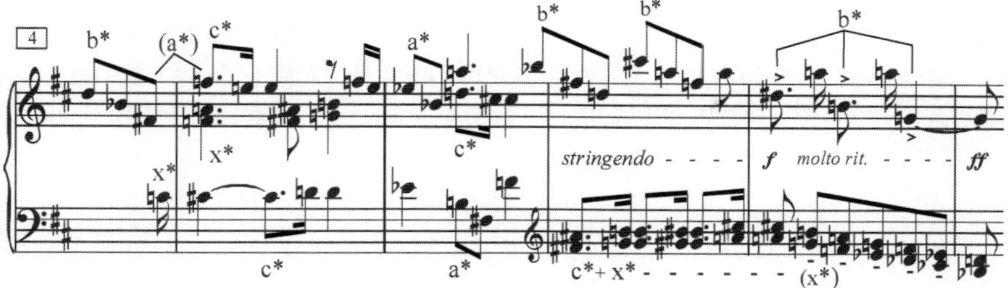

Wie die Einzeichnungen zeigen, besteht das mehrstimmige Gewebe der zweiten Teilphrase aus Varianten der drei Module: Der exzentrische Auftakt [a] ist in T. 4-5 nur durch sein Rahmenintervall vertreten, in T. 6 dann als "Zickzack-Dreiklang" unter Vertauschung seiner Anfangstöne und mit enggeführter Imitation. Der fallende übermäßige Dreiklang [b] erklingt ohne seine Tonwiederholungen dreimal direkt und gegen Ende ein viertes Mal unter einem Orgelpunktton. Die Punktierung des 'Seufzers' [c], hier stets rhythmisch diminuiert, durchzieht die Phrase abwechselnd in gerader und umgekehrter Richtung. In T. 7-8 verbindet ihre Sequenzkette sich mit der Umkehrung der chromatischen Parallele aus der Hintergrundlinie [x], doch tritt sie auch separat auf (so in T. 5, über dem rhythmisierten chromatischen Aufstieg in T. 4-6). Erst am Schluss der Verarbeitungsphrase kehrt die Terzenparallele zu ihrer ursprünglichen absteigenden Richtung zurück, wird dabei aber zur Ganztonskala gespreizt.

Die Struktur dieses Hauptthemas entpuppt sich somit als eine *sonate en miniature*: Es gibt eine 'Exposition' mit zwei gegensätzlichen 'Themen' und einer neutraleren Schlusskomponente, eine 'Durchführung' mit den typischen Segmenten – thematisch, virtuos steigernd, rückleitend – sowie eine 'Reprise' mit variierter Wiederaufnahme der thematischen Module über veränderter tonaler Basis.

Auch die Grundform des ersten unabhängigen Motivs enthält alle drei Module des Hauptthemas. In T. 11 und 14 bildet [c] in rhythmisch diminuierter Umkehrung den Rahmen der Komponente. Der übermäßige Dreiklang *c/e/gis* in der Mitte von T. 12 geht auf [b] zurück. Berg formt daraus die exzentrischere Zickzackform *e-c-gis*, die er auch bald darauf im Kopf der Hauptthema-Verarbeitung aufgreifen wird. Der anschließende Tritonussprung stammt aus dem Kopfmotiv des Hauptthemas. Einzig die horizontal frei gespiegelte Zickzackkontur in T. 13, die als Gegenstimme zur Unterstimmenimitation des Motivs erklingt, ist mit ihrem linearen Es-Dur-Dreiklang ungewöhnlich tonal.

Aus diesen Bausteinen bildet Berg eine sechstaktige 'Invention' im Kleinformat. Die beiden Diskanteinsätze beginnen auf der Tonikaparallele (D^7) und deren Dominante (A^7). Der erste wird ohne die Rahmensegmente in Engführung imitiert; der stark verkürzte zweite endet mit Teilsequenzen und -imitationen, deren Ende mit gegenläufiger Chromatik untermalt ist.

Sonate für Klavier: Motiv 1 als *invention en miniature*

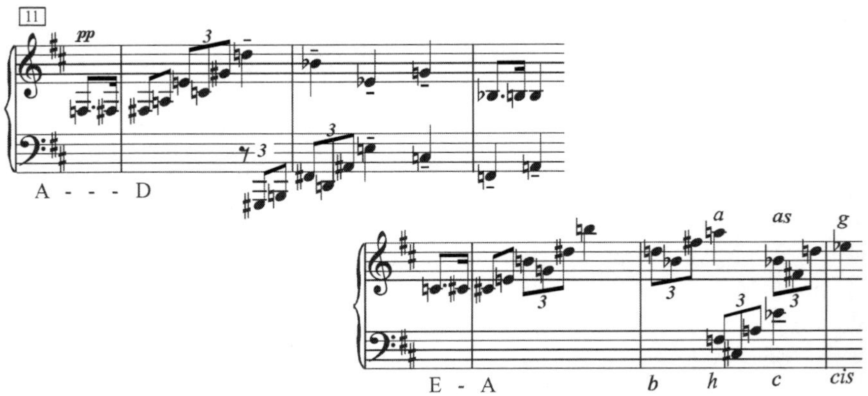

Auf diesen ersten Exkurs in die Polyphonie folgt unmittelbar ein zweiter: Berg setzt die erste Verarbeitung des Hauptthemas als rudimentäre Fugenexposition. Aus der Mittellage erhebt sich – nach dem variierten Themenkopf eine Oktave tiefer als zu Beginn der Sonate – die Basisphrase als *Dux*, begleitet unter ihren Modulen [b + c] von einer chromatisch fallenden Tritonusparallele. Der *Comes*-Antwort in der Oberstimme steht in der Mittelstimme die erste Hälfte der zweiten Hauptthemateilphrase als 'Kontrasubjekt' gegenüber. Ergänzend folgen drei Takte mit Teilsequenzen und -imitationen aus Subjekt und Kontrasubjekt.

Sonate für Klavier: Die Hauptthemaverarbeitung als Fugenexposition

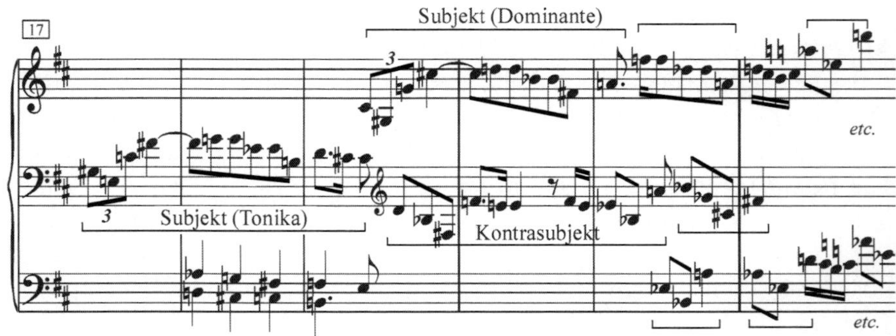

In T. 24-29 verarbeitet Berg das zweite unabhängige Motiv. Die ursprünglich polyphone Textur ist hier auf eine kurze Kontrapunktik in T. 27 beschränkt, während zu vollgriffigen, das $^{3}/_{4}$-Metrum unterstreichenden *ff*-Akkorden dreimal die erste Hälfte des Zweitakters erklingt, gefolgt von zunehmend kürzeren und tonal neutraleren Teilsequenzen. Der Rhythmus, der in den zwei ersten Takten durch Verschiebung und Diminution der zwei Anfangsnoten eine neue Prägnanz erhalten hat, weist auf die Polonaise als Gattungsvorbild hin.

Sonate für Klavier:
Der Beginn der
M2-Verarbeitung

im Rhythmus
einer 'Polonaise'

Auch den typischen Abschlussrhythmus , mit dem die Segmente einer traditionellen Polonaise schließen, adaptiert Berg in kreativer Weise, indem er die charakteristische Triolenfigur seines Motivs einem Prozess unterwirft, der nach dreitaktigem *diminuendo e ritardando* rhythmisch beruhigt endet. Dabei entspannt sich das Motiv tonal: Die Kombination aus übermäßigem Dreiklang + Tritonus weicht Quartenschichtungen, die zuletzt mit den schon seit T. 27 synkopisch begleitenden Doppelquarten der linken Hand verschmelzen:

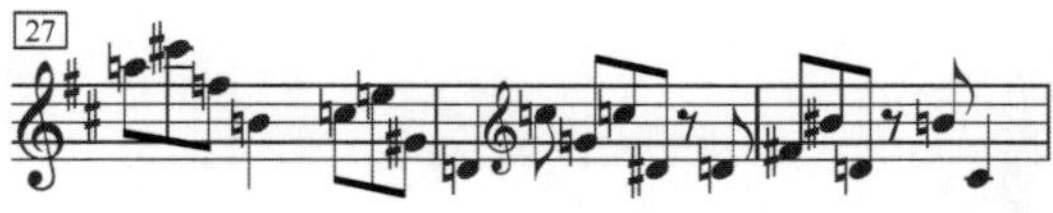

Sonate für Klavier:
Der Entspannungsprozess am Schluss
der 'Polonaise'

Auch der Seitensatz ist auffallend metrisch konzipiert. Er weist mit seiner typischen Rhythmusfigur aus punktierter Tonwiederholung und dem nachfolgendem Sprung, der oft zu einer Synkope führt, auf eine andere Gattung der höfischen Suite hin: die Sarabande.

Sonate für Klavier:
Die Grundphrase
des Seitensatzes
als 'Sarabande'

Hinsichtlich ihrer tonalen und rhythmischen Merkmale ist diese Komponente überraschend verwandt mit dem Hauptthema: Die Grundphrase ist eingerahmt von den Punktierungsgruppen der Module [a] ( ) und [c] ( ); der Themenkopf enthält den Tritonussprung aus [a], der hier zunächst fällt und dann, halbtönig verschoben, steigend 'korrigiert' wird; die abwärts eilende Sechzehntelgruppe durchläuft den übermäßigen Dreiklang von Modul [b]; und der steigende Halbtonschritt vor der abschließenden Punktierungsgruppe zitiert in Umkehrung den 'Seufzer' aus Modul [c]. Dazu erklingt über dem Bassliegeton in einer Art Tenorlinie das Hintergrundmodul [x] als *g-fis-f-e-dis.*

Die Verarbeitung der Bausteine innerhalb dieses auffallend konsonant wirkenden 'Sarabande'-Segmentes ist schlicht: In zwei sehr ähnlichen Zweitaktern spielt Berg im quasi-polyphonen Satz mit freien Imitationen der Punktierungs- und Sechzehntelgruppen. Zuletzt sorgt eine Kette aus drei von gis-Moll über h-Moll nach e-Moll führenden Sechzehntelgruppen bei starker Beschleunigung für einen drängenden Übergang in den Beginn des zweiten Motivs. Begleitet wird dieser Brückentakt von dem nun auf Achtelnoten zusammengezogenen, um drei Töne verlängerten chromatisch fallenden Bassgang aus dem Hintergrund der Seitensatzgrundphrase (vgl. T. 38-39: *g-fis-f-e-es-d-des-c*)

Ähnlich wie der Seitensatz mit dem Hauptthema ist auch das zweite Motiv mit dem ersten verwandt. Dies lässt sich am besten zeigen, wenn man sie auf demselben Anfangston einander gegenüberstellt. Im Folgenden ist Motiv 1 um 11 Halbtöne aufwärts transponiert. Man erkennt, neben den tonalen Entsprechungen an Beginn, Mitte und Ende (*e-f ... des ... ges-b*), Nachbarton-Analogien zwischen den auf halbverminderten Septakkorden basierenden Fünftongruppen und den umgekehrt analogen Tonpaaren *f-as* und *fis-a* unmittelbar vor dem Abschluss:

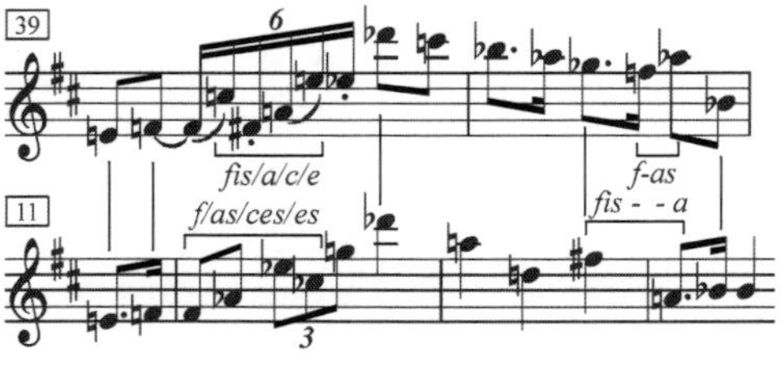

Sonate für Klavier: Die Verwandtschaft der beiden Motive

Die Verwandtschaft der beiden Motive geht dabei über die Ähnlichkeit der Bausteine hinaus und umfasst die analoge Struktur einer *invention en miniature.* Auch Motiv 2 wird, nachdem Bass und Oberstimme die Anfangsharmonie aus zwei übereinander gestellten Tritoni (*des/g, b/e*) zu F-Dur aufgelöst haben, im engen Abstand eines Viertelschlages leicht verkürzt imitiert. Der C-Dur-Septakkord am Ende des Zweitakters stabilisiert die Dominantharmonie und beschließt damit das erste Segment. Es folgt der zweite, noch stärker verkürzte Diskanteinsatz auf der Quint über einem in zwei Schichten verlaufenden chromatischen Abstieg,[9] und dann eine über drei Takte mächtig steigernde und beschleunigende Verarbeitung mit Teilsequenzen und Abspaltungen über synkopischen Nebenstimmenakzenten. Der Ausklang dieser Miniatur-Invention verbindet eine komprimierte Variante des Motivs mit der Figur der fallenden Sept und dem gedehnten 'Seufzer'. Dieser Takt wird zweimal oktavversetzt wiederholt, bevor ein Brückentakt in Vorbereitung des Folgenden nur den fallenden Septsprung isoliert.

Die Schlusskomponente der Sonatenexposition ist nach dem Überleitungstakt die dritte Ableitung aus dem Kopf von Motiv 2. Sie wird begleitet vom Septfall aus dessen Ende in chromatisch absteigender Kette unter chromatisch absteigenden Terzen.

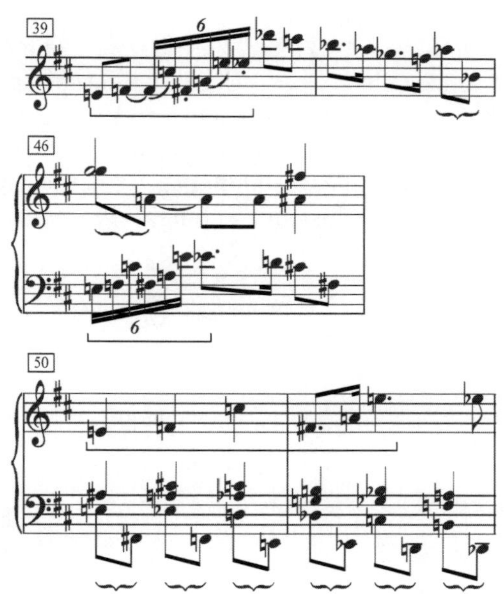

Sonate für Klavier: Zwei Ableitungen aus dem zweiten Motiv

Die fallende kleine Sept und die chromatisch absteigende Terzenparallele bestimmen auch die Fortsetzung dieser Schlusskomponente: Der Diskant des Zweitakters wird, trotz der *pp*-Vorgabe in Oktavverdopplung, eine kleine Sept aufwärts sequenziert, während die Terzenparallele der Mittelstimmen in drei Takten über eine kleine Sept chromatisch absteigt – zunächst in zögernden Synkopen, danach zu Achteln beschleunigt.[10]

Hinsichtlich ihrer Struktur repräsentiert diese Schlusskomponente die schlichteste unter Bergs Kleinformen: den mittelalterlichen Bar mit zwei analogen "Stollen" ergänzt um einen "Abgesang", in dem eine Teilsequenz sukzessive zum Modul [a] des Hauptthemas mutiert, das der Bass bereits zu Beginn des zweiten Stollens in Erinnerung gerufen hatte.

[9]Vgl. im untersten Register von T. 41-43 die Terzenparallele *as/c - g/h - ges/b - f/a - e/as* und darüber, als große, später kleine Sept, die Punktierungskette *g-fis-f-e-es-d-cis, d-cis-c-h.*

[10]Vgl. in T. 52-54: Abstieg *d/ges, des/f, c/e, ces/es, b/d, a/cis, as/c, g/h, fis/ais, f/a, e/as,* teilsequenziert und in der Vertikale variiert in T. 54-56 als *g...h, b...fis, f...a, e..as, es/g*).

Als Bilanz der vorausgehenden Analyse der kompositorischen Module lässt sich zweierlei feststellen: Erstens, dass Berg schon als 22-Jähriger Schönbergs Anspruch der "entwickelnden Variation" erfolgreich anwenden konnte, ohne dass das thematische Material seines Werkes im geringsten an Vielfarbigkeit einbüßen musste. Zweitens, dass er in seiner einsätzigen Sonate die Verpflichtung gegenüber den traditionellen Strukturvorgaben verbindet mit einer eigenwilligen, ebenso kreativen wie konsequenten kleinformalen Ausgestaltung jeder einzelnen Komponente. Dass es sich dabei nicht um eine nur interessante, aber unverbindliche Spielerei handelt, erhellt aus Bergs späteren Werken: Die Beobachtung, dass er sogar die Szenen seiner Oper *Wozzeck* in Gestalt musikalischer Kleinformen – von Suitensätzen über Sonaten- und Variationsformen bis hin zu Passacaglien, Inventionen und Fugen – komponiert, legt nahe, dass er die infrastrukturelle Gattungsgestaltung als wesentlich ansah und einen Verzicht darauf als einen Verlust an Deutungsvielfalt und Tiefe empfunden hätte.

Vier Gesänge nach Texten von Hebbel und Mombert op. 2

Für die Entwicklung von Bergs musikalischer Sprache erhellend ist die Entstehungszeit der vier Klavierlieder in teilweiser zeitlicher Parallele und Überschneidung mit seinen ersten "anerkannten" Instrumentalwerken. Wie Stephen Kett ausführt, begann Berg die Komposition des zweiten und dritten Liedes, denen er die Gedichte Nr. 56 und 57 aus der Sammlung *Der Glühende* seines Zeitgenossen Alfred Mombert (1872-1942) zugrunde legte, etwa zeitgleich mit der Arbeit an der Klaviersonate. Das erste Lied, in dem er ein Gedicht des Dramatikers Friedrich Hebbel (1813-1863) vertont, entstand bald nach der Vollendung von op. 1. Due Vertonung des vierten, erneut Momberts *Der Glühende* entnommenen Gedichtes fügte Berg erst Anfang 1910 hinzu, nachdem er bereits den ersten Satz seines Streichquartettes skizziert hatte.[1]

Da Berg mit diesen vier Gedichten literarische Vorlagen wählt, deren inhaltliche Aussage in hohem Maße deutungsbedürftig ist und die sogar oft – betrachtet man das einzelne Gedicht, ohne den Gesamtkontext der Werke seines Autors im Auge zu haben – mehr als eine Deutungsmöglichkeit in sich tragen, stellt er seine Vertonungen vordringlich in den Dienst einer textinterpretierenden Musiksprache, die aus den denkbaren Auslegungsnuancen jeweils eine auswählt, um sie in knapper kompositorischer Umsetzung auf ihre tieferen Sinnbezüge hin auszuloten. Angesichts der Überzeugungskraft, mit dem ihm dies gelingt, überrascht es, dass Berg nie wieder einen Klavierliederzyklus komponierte. So wurde Opus 2 zum Höhe- und Abschlusspunkt seiner fast 100 Stücke umfassenden frühen Lieblingsgattung.

Sucht man nach einem gemeinsamen Begriff oder Bild, einem verborgenen "roten Faden", der die vier Texte in Beziehung zueinander setzt, so fällt das Wort "Schlafen" ins Auge. Im ersten Gedicht wird es, als dessen eigentliches Thema, gleich zu Anfang dreimal voll Sehnsucht ausgerufen; zu Beginn des zweiten Textes erklingt es als emotional eher

[1]Vgl. Stephen W. Kett, "A Conservative Revolution: The Music of the Four Songs Op. 2", in Douglas Jarman, Hrsg., *The Berg Companion* (Boston: Northeastern University Press, 1989), S. 67-87 [69].

neutrale Zustandsbeschreibung; am Ende des dritten Liedes überrascht es, da man nach dem zunächst beschriebenen bewegten Treiben nicht erwartet, plötzlich von Schlafbefangenheit zu hören. Im vierten Lied schließlich findet sich anstelle des Wortes ein mit diesem metaphorisch wie psychologisch verwandter Begriff: "Stirb!" erklingt hier an exponierter Stelle, und die Schlussreflexion greift den Gegensatz von Schlafen und Wachen auf mit der Betrachtung: "Der Eine stirbt, daneben der Andere lebt: Das macht die Welt so tiefschön."

Anthony Pople glaubt in der von Berg letztlich gewählten Abfolge eine Gedankensequenz zu erkennen. Demnach heben die Texte an mit der Sehnsucht nach vollkommenem Schlaf. Sie fahren fort mit einer unfreiwilligen Reise, immer noch im Schlaf, "in mein Heimatland". Diese stellt sich später als Märchen von der Rückkehr eines Helden heraus, der "der Riesen Stärksten" im "dunklen Land" überwunden hat. Am Schluss steht die Ausmalung eines Fieberzustandes, dessen Erlösung wohl der Tod ist.[2]

Was aber kann Schlafen, über die rein biologische Regeneration hinaus, für einen Menschen bedeuten? Es kann die ersehnte, beglückend empfundene Ruhe und Stille sein, eine vorübergehende Einklammerung bedrängender Sorgen sowie ein Gefühl von Sicherheit und Geborgenheit. Es kann aber auch als lähmende, den Menschen oft gegen seinen Willen überfallende Macht empfunden werden, die ihn gewaltsam vom erregenden Puls des Lebens fernhält. Zugleich ist der Schlaf der verwundbarste Zustand des Menschen, der ihn all seiner für den Alltagskampf zugelegten Panzerung, seines Stolzes, aber auch seines Selbstmitleids entkleidet und ihn nur einfach menschlich – und damit fehlbar und schutzbedürftig – erscheinen lässt. Schließlich ist der Schlaf als Morpheus, Bruder des Todes, die Wurzel vielerlei trügerischer Bilder, die den Schläfer heimsuchen und deren illusionäre Gestalten (*morphe*) das Wirklichkeitsbewusstsein seines wachenden Erlebens hinterfragen, indem sie ihm eine zweite, ähnlich reich belebte Welt entgegensetzen.[3] Berg scheint es sich zur Aufgabe gemacht zu haben, in seinen vier Gesängen op. 2 den verschiedenen Bedeutungsebenen des Schlafes nachzuspüren und ihren emotionalen Erfahrungsgehalt auszuloten.

[2]Vgl. dazu Anthony Pople, "Vier frühe Werke: Diesseits und jenseits der Tonalität", in derselbe, Hrsg., *Alban Berg und seine Zeit*, deutsch von S. Gänshirt und U. Henseler (Laaber: Laaber-Verlag, 2000), S. 88-120 [102].

[3]Diese Parallelsetzung erscheint naheliegend nicht zuletzt angesichts der zur Zeit der Entstehung dieses Zyklus' in Wien lebhaften Diskussion um Freuds Thesen über Schlaf, Traumdeutung etc.

I Schlafen, Schlafen, nichts als Schlafen!

Dem ersten seiner *Vier Gesänge op. 2* legt Berg einen Text zugrunde, den er Hebbels elfteiligem Gedichtzyklus *Dem Schmerz sein Recht* entnahm. Darin thematisiert der in tiefer Armut aufgewachsene, lebenslang von Visionen eines unentrinnbaren Scheiterns heimgesuchte Tragödiendichter den menschlichen Schmerz, vor allem das Leiden am unerlösten Dasein, an Sinnleere und Zweifel, aber auch das Leiden aufgrund nicht wahrgenommener Möglichkeiten. Berg wählt das vierte Gedicht mit dem folgenden Text:

> Schlafen, Schlafen, nichts als Schlafen!
> Kein Erwachen, keinen Traum!
> Jener Wehen, die mich trafen,
> Leisestes Erinnern kaum,
> Dass ich, wenn des Lebens Fülle
> Nieder klingt in meine Ruh',
> Nur noch tiefer mich verhülle,
> Fester zu die Augen thu'![4]

Das hier besungene Schlafen bewegt sich zwischen zwei Bedeutungspolen: der ersehnten Ruhe mit vorübergehendem Abschalten infolge der Erschöpfung und der ängstlich herbeigesehnten Bewusstlosigkeit, die zum Selbstzweck wird, dem gegen die bedrängende Wirklichkeit abschirmenden Versinken in traumlose Fühllosigkeit.

Den Beginn der Komposition stellt Berg mit einem sehr langsamen Grundtempo und der als *ppp* markierten Ausgangslautstärke in den Kontext der ersten Auslegungsnuance. Die Entwicklung der agogischen, dynamischen und harmonischen Struktur jedoch sowie die Besonderheiten der melodischen Kontur und die Bogenform des Liedes, deren Außenglieder in krebsläufigem Bezug zueinander stehen, lassen im Verlauf die zweite Bedeutungsebene immer stärker in den Vordergrund treten.

Das Lied beginnt im 6/8-Takt mit einer Bassfigur, die sich sowohl in ihrer Bewegung als auch in ihrer orgelpunktartigen Grundtonwiederholung unschwer als charakteristische Wiegenliedbegleitung identifizieren lässt. Das sanfte Hin- und Herschwingen in der im zweiten Takt bestätigten Tonalität des reinen d-Moll drückt Spannungslosigkeit, Geborgenheit und Frieden aus und scheint so den Wunsch erfüllen zu wollen, der in der ersten Textzeile ausgesprochen wird.

[4] Friedrich Hebbel, *Gedichte: Ausgabe letzter Hand*, hrsg. v. Karl-Maria Guth (Berlin: Hofenberg, 2015), S. 142.

Dass dieser Schlaf jedoch keineswegs nur unhinterfragtes natürliches Bedürfnis ist, deuten die nächsten Takte an: Wie schon Mark DeVoto in seinem Kapitel über Berg als Liederkomponist schreibt, erweist sich dieses Lied als eines der ersten Beispiele in "chromatischer Tonalität": Das in der Tonartsignatur angekündigte d-Moll erklingt einzig in den zwei ersten und den zwei letzten Takten.[5] Dagegen führen die harmonischen Alterationen, die die beiden Sequenzen des zweiten Taktes im Klavier erfahren, in T. 5 zu der Tritonus/Quart-Schichtung *fis/c/f*, die im Wechsel mit ihrer Halbtontransposition *g/cis/fis* in ihrer Unbehagen verkörpernden Spannung die ganze zweite Verszeile bis einschließlich T. 10 beherrscht. Dasselbe Akkordpaar ist dem Gesang in der letzten Liedzeile erneut unterlegt, es tritt in den ersten Nachspieltakten wieder in den Vordergrund und erweckt so nachdrückliche Zweifel daran, ob der Schlaf für diesen ihn Ersehnenden wirklich nur Ruhe und kraftspendende Unterbrechung eines aktiven Tageserlebens bedeutet. Auch die Singstimme löst sich bald von ihrem anfänglichen, der Sprechmelodie entspannter Müdigkeit nachempfundenen großintervallischen Duktus aus fallender Sext und Quint. Sie verengt sich zunächst zum Tritonus, bevor sie sich im zweiten Vers unvermittelt zu einer chromatischen Figur zusammenzieht, die ängstlich kreiselnd den Schlaf zugleich als Flucht vor den Anforderungen des Lebens erkennbar werden lässt.

Vier Gesänge I: Der Schlaf als Flucht

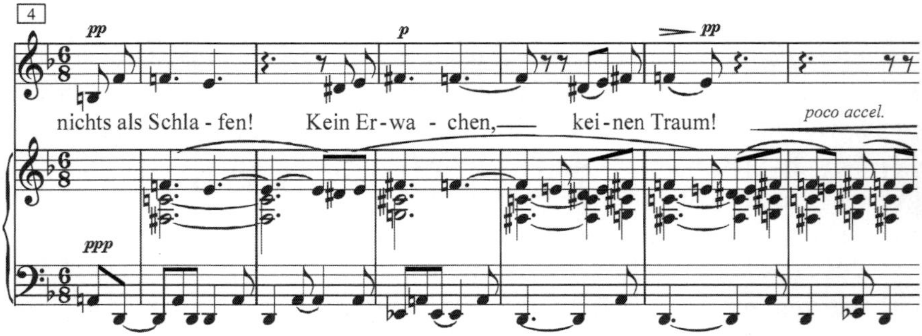

Der abschließend fallende Halbtonschritt, dessen Zielton auf keine harmonische Auflösung trifft, wirkt eher resigniert als entspannend. Dieser Seufzerabschluss erklingt zum ersten Mal bereits am Ende des dringenden Ausrufes "Nichts als Schlafen!", der den Fluchtcharakter des Schlafes

[5]Mark DeVoto, "Berg the Composer of Songs", in Douglas Jarman, Hrsg., *The Berg Companion* (London: Macmillan Press, 1989), S. 35-66 [43].

betont. Er wird im Verlauf des Liedes allein in der Singstimme zwölfmal aufgegriffen und zudem dort, wo der Gesang wie in T. 10 und ab T. 24 schweigt oder sich ausnahmsweise in entgegengesetzter Richtung bewegt, vom Klavier ergänzt.[6] Auch die ganze viertönige Clusterfigur *dis-e-fis-f* wird vom Klavier übernommen. Sie bildet, zuletzt verkürzt und dabei agogisch sowie dynamisch gesteigert, einen von Bedrängtheit und Angst bestimmten Übergang vor dem, was der wache Zustand bringen könnte. Ein weiteres Mal tritt die Clusterfigur auf, wenn der Text kurz vor dem Ende des Liedes erneut vom "Verhüllen" spricht (vgl. T. 20-21).

Bei der Beschreibung der Bedrohungen des Wachzustandes verwendet Berg sowohl koloristische als auch symbolische Mittel: Jene "Wehen" rufen ein heftiges Erschauern hervor, musikalisch versinnbildlicht als ein 64stel-Arpeggio, das plötzlich in den gleichmäßig wiegenden Achtelpuls einbricht und nach einem überraschend akzentuiertem *mf*-Beginn sofort wieder verklingt. Der Gedanke daran, wie diese Wehen "mich trafen", ruft ein ähnliches Erschauern hervor, während dem "leisesten Erinnern" an die erlittenen Kränkungen nur noch eine ganz kurze, zum *ppp* abgedämpfte Reminiszenz unterliegt. Gleichzeitig bewegt sich der Bass in halbtaktigen Schritten gegen den Uhrzeigersinn durch den Quintenzirkel (vgl. T. 11-12: *cis-fis-h-e*). Damit scheinen die Ankertöne wieder dem harmonischen Ruhepunkt der Tonikaquint *a-d* zustreben zu wollen, doch führt ihr Gang stattdessen, bedingt durch die chromatische Rückung in T. 12-13, zum verhängnisvollen *cis* der Wehen zurück (vgl. T. 13-14: *es* [= *dis*]-*gis-cis*). Dazu bildet die in T. 14 in den Vordergrund tretende melodische Kontur in Tenorlage mit *b-h-d-cis* ein gedehnt rhythmisiertes Echo der angsterfüllten Clusterfigur, die der Gesang in den Schlusstönen des "leisesten Erinnerns" spiegelt. Wenn schließlich in T. 13 die Singstimme, statt die Sequenz der Takte 11-12 fortzuführen oder auf anderem Wege zu einer Entspannung zu gelangen, den fallenden Halbtonschritt aus T. 12 wiederholt und zum ersten Glied einer neuen Phrase macht, suggeriert dies, dass es außer den erlittenen Kränkungen weitere Dinge geben könnte, die "niederklingen in meine Ruh".

"Des Lebens Fülle" birgt weitere Anstrengung. Nach einem plötzlich bewegten Aufwärtslauf erreicht die Singstimme gleich zweimal – "breiter werdend" – ihren höchsten Ton. Das Klavier untermalt die bedrückende Intensität, in der nur der Schlaf einen Ausweg verspricht, in volltönenden Akkorden, die mit *forte* die größte Lautstärke des Liedes erreichen. Die Klänge sind als gespiegelte Paare mit Oktavverschiebung angelegt, wobei

[6]Vgl. insbesondere die chromatisch fallende Basslinie in T. 14-16: *cis-c-h-b-a-as-g*.

je sechs der sieben Töne halbtönig fallen und steigen, während der in ihrem Inneren versteckte Grundton *d* wie eine heimliche Beschwichtigung durchklingt und damit gerade hier auf die Tonika verweist.

In den folgenden Takten setzt der Gesang dem vorausgehenden Aufschwung einen allmählichen Rückzug in die entspannteren Gefilde der tieferen Lage entgegen, unterstützt vom Diskant in stetem Diminuendo. Allerdings ist die ersehnte Ruhe, die mit fest verschlossenen Augen alles Unliebsame ignorieren will, offenbar nicht auf naheliegendem, direktem Weg zu erreichen. Wechselnde Mittelstimmen in Kombination mit der hier melodisch engagierten Unterstimme streben in immer neuen Zügen nach wie vor aufwärts.[7] Den Übergang zum letzten Vers gestaltet Berg wie schon den zwischen Vers 3 und 4, indem er den abschließend fallenden Halbtonschritt aus T. 21 wiederholt und zu einer neuen Phrase erweitert. Doch schon zuvor wird die abwärts führende, der d-Moll-Harmonie zustrebende Gesangskontur zweimal durch die Wiederaufnahme eines Phrasenendes aufgehalten. Die Sequenzen der fallenden Halbtongruppen führen, besonders durch ihre Verstärkung und Ergänzung im Diskant, zu einer Art musikalischem Enjambement der Gedichtzeilen, wobei Berg den Klavierpart hier durch explizite Zäsurzeichen markiert.

Ab T. 20 kehrt der Bass sehr allmählich zur Wiegenlied-Begleitung des Anfangs mit ihren pendelnden leeren Quinten zurück, und auch in der Gesangslinie wird endlich der Grundton *d* erreicht. Der abschließende Vers zusammen mit dem Nachspiel reproduziert als kaum variierter struktureller Krebsgang die wesentlichen melodischen Gesten aus den Anfangstakten des Liedes: die von *f* fallenden, schrittweise verengten Intervalle des Wunsches nach Schlaf, den dreimal kreiselnden Viertoncluster mit seiner abschließenden Teilwiederholung sowie den aufschießenden Gestus der Singstimme bei “Jener Wehen” (nun im Diskant, bezeichnenderweise zu den Worten “fester zu die Augen tu!”). Die mit dem Liedbeginn weitgehend identische Harmonik ist teilweise angereichert; der rhythmische Krebsgang kreuzt sich mit dem des Gesamtverlaufs.[8]

Mit diesem angesichts der Kürze des Liedes überraschend umfangreichen variierten Retrograd unterstreicht Berg auf augenfällige Weise den poetisch geäußerten Wunsch, alles möge einmal zum Ausgangspunkt, zur absoluten Ruhe zurückkehren.

[7]Vgl. T. 18-19: *ais-h-c-cis-d* unter *es-e* und *des-d-dis-e-f-fis*; T. 19-20: *h-c-cis-d* unter *d-dis-e-f* verschränkt mit *as-a-b* unter *c-des-d*.

[8]Vgl. hierzu die rhythmische Dehnung in T. 7-8, die Berg nicht an symmetrisch analoger Stelle, sondern erst in T. 22 zitiert, wo sie die Teilwiederholung aus T. 10 verzögert.

Vier Gesänge I: Die Spiegelungen des Anfangs im Ende

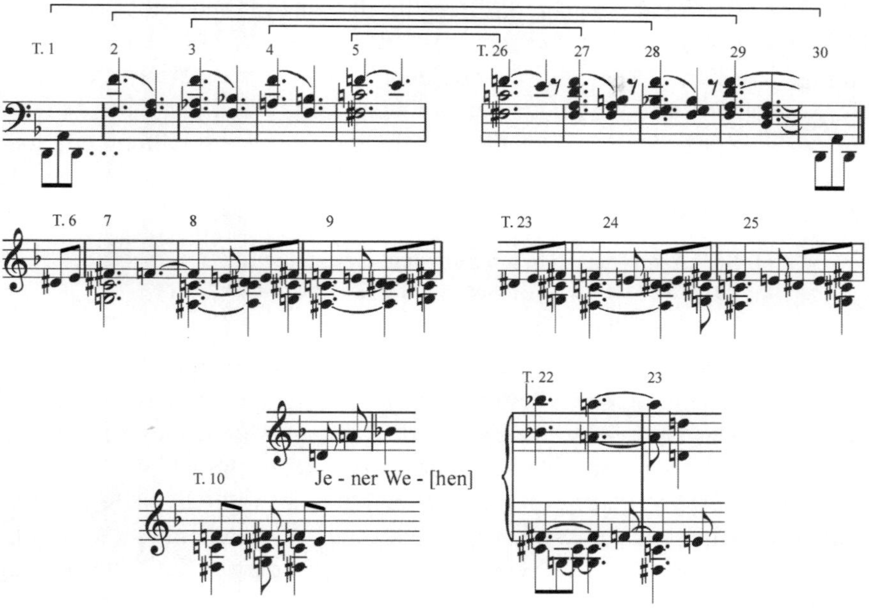

Bergs Deutung der literarischen Vorlage, soweit sie aus der Analyse der musikalischen Elemente rekonstruiert werden kann, enthält keinen Hinweis auf eine Beziehung auch dieses Schlafes zum Tod. Daran hatte aber offensichtlich der Dichter gedacht. In einem Brief an seine langjährige Geliebte Elise Lensing schrieb Hebbel am 29.11.1836:

> Das ist auch so ein Gedicht so recht aus meinem innersten Gemüth hervorgegangen; es atmet die Wollust des Todes, jene Wollust, die uns nur in unseren *schönsten* und in unseren *bängsten* Stunden beschleicht.[9]

[9]Felix Bamberg, Hrsg., *Friedrich Hebbels Briefwechsel mit Freunden und berühmten Zeitgenossen* (Berlin: Grote'sche Verlagsbuchhandlung, 1990), S. 30.

II Schlafend trägt man mich . . .

Das sehr kurze Gedicht, das Berg für das zweite Lied seines Klavierliederzyklus gewählt hat, berührt durch den starken Gefühlskontrast von Heimat und Ferne, Resignation und Sehnsucht. Dieser Polarität entspricht Berg in seiner Vertonung mit einer unabhängigen, ja fast diametral gegensätzlichen Behandlung zweier Ebenen: die melodische Gestaltung und die harmonische Struktur scheinen einen je unterschiedlichem Deutungsgehalt zu transportieren.

> Schlafend trägt man mich in mein Heimatland.
> Ferne komm ich her, über Gipfel, über Schlünde,
> über ein dunkles Meer in mein Heimatland.[10]

Schon der Wortlaut lässt eine literarische Deutung auf zwei Ebenen zu. Wörtlich genommen wirft der Text zunächst einige realistische Fragen auf: Wieso wird jemand schlafend irgendwohin getragen? Geschieht dies, um ihm seinen Weg zu erleichtern, oder etwa gegen seinen Willen? Aus der innerseelischen Perspektive betrachtet kann das Gedicht als Reflexion über Alter und Tod verstanden werden, deren Wieder-Eingehen in den Anfang des Seins von der Sehnsucht nach vergangenen Leidenschaften durchzogen ist.

Schon der Gefühlsgehalt des ersten Verses ist aus diesem allein nicht abzuleiten, bleibt doch der zentrale Begriff emotional vieldeutig. Ist das “Heimatland” für den Schlafenden ein Sehnsuchtsraum lebenslanger Geborgenheit oder ein Ort bedrückender Erinnerungen, an dem er in seiner Entfaltung festgelegt und beengt war und dem er daher auf der Suche nach anderen Möglichkeiten entflohen ist?

Die Gesangskontur, in die Berg diesen Vers kleidet, drückt mit ihrem synkopischen Beginn und der zweiteilig absteigenden Linie, die an die Katabasis-Bildungen in der musikalischen Figurenlehre erinnert, hilfloses Geschehenlassen aus. Dabei trennt der Sextsprung das passive Geschehen (“Schlafend trägt man mich”) vom aktiven Bekenntnis des lyrischen Ich (“mein Heimatland”), übertragen in einen diatonischen Abstieg durch den Tritonus *ces-f* gefolgt von kurzer Chromatik. In luftiger Ferne über der Gesangsstimme beginnend breitet sich parallel zu ihr eine expressive, durch eine Dreiklangsbrechung absteigende Diskantkontur aus. Beiden Linien gemeinsam ist nicht nur ihre fallende Richtung, sondern zudem die Tatsache, dass ihr Abschlussintervall dem des Anfangs gleicht – in beiden

[10] Alfred Mombert, *Der Glühende*, zweite veränderte Auflage (Minden i.W.: J. C. C. Bruns, 1902), S. 65.

Fällen enharmonisch notiert, im Gesangspart zudem unbetont unterbrochen (T. 1-2: *ces* ... *b*, T. 3-4: *h-b*), im Klavierpart im Oktavabstand (T. 1: *fes-es*, T. 4: *e-es*). Die zwei Komponenten werden zusammengehalten durch eine den halben Quintenzirkel von *b* nach *e* durchschreitende Linie der Basstöne, die in ihrer Konsequenz einen Eindruck von Unausweichlichkeit dagegensetzt. Damit führt Berg bereits in T. 1-4 die drei das ganze Lied bestimmenden Komponenten ein. Ausschnitte aus den beiden melodischen Konturen (markiert als [a] und [b] im Beispiel unten) werden im weiteren Verlauf des Liedes vielfach imitiert, transponiert und variiert.

Vier Gesänge II: Die Hauptphrase mit drei Komponenten

Die folgenden anderthalb Verse führen aus, wie man sich den Ausgangspunkt dieser Heimkehr und die zurückgelegte Wegstrecke vorzustellen hat. Doch bleibt auch dieser Textabschnitt gefühlsmäßig zweideutig. Meint der Dichter mit "Ferne" das verlockend Fremdartige oder aber einen Ort tiefster Verlorenheit, an dem die Empfindung abgeschnittener Wurzeln überwiegt? Repräsentieren Gipfel, Schlünde und dunkles Meer die Erlebnisvielfalt und Gefühlsintensität eines Lebens, das sich unbeschränkt durch Bindungen und Verpflichtungen entfalten kann, oder deutet Mombert in diesen schlaglichtartigen Bildern vielmehr den ungeheuer mühevollen Weg aus der Heimatferne zurück zum Vertrauten an?

Berg hat sich offenbar für die erste Interpretation entschieden: Das von der ersten zur zweiten Textzeile überleitende Zwischenspiel basiert auf der Kontur [a]. Dieses musikalische Emblem der Unfreiwilligkeit erfährt durch aufsteigende Sequenzierung, Tempobeschleunigung, Engführung der beiden Hände (ab T. 6) und Verkürzung der Sequenzabschnitte (ab T. 7) eine stringente Steigerung, die einem Aufbegehren gleichkommt.

Danach ist das Tempo spürbar schneller, die dynamischen Angaben verlangen *mf cresc.* und *espressivo*, und der Tonumfang ist nach oben hin um eine Quart erweitert. Die melodischen Konturen jedoch sind dieselben wie zuvor: Die Gesangskontur, von der Oberstimme der linken Hand in Oktaven verdoppelt, zitiert in weitausholenden Wellen mit "Ferne" und "Gipfel" als Höhepunkten das expressive Sehnsuchtsmotiv [b], in taktweisem Wechsel mit dem Klavierdiskant, der es dazwischen mit Imitationen des fremdbestimmten Motivs [a] kontrapunktiert. Als schließlich in T. 12 Diskant und Mittelstimme allein die Gegenüberstellung von Sehnsucht und Fremdbestimmtheit übernehmen, insinuieren die "Schlünde", dunkel in der unteren Mittellage der Singstimme klingend und stark gedehnt, eine intensiv empfundene Abgründigkeit.

Vier Gesänge II: Die bewegte Rückkehr

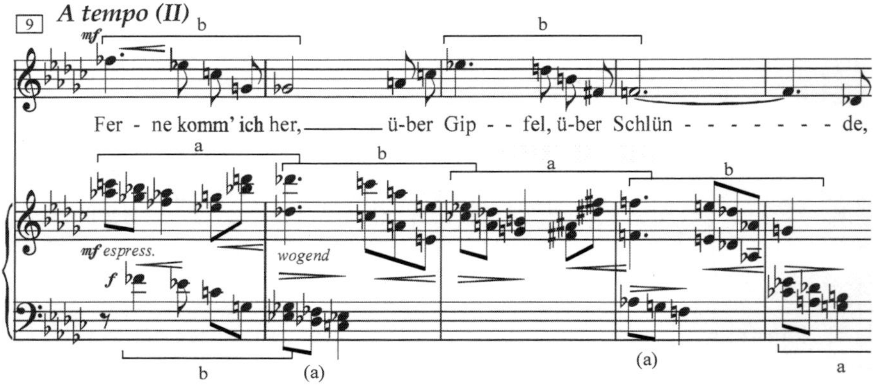

Das lautmalerische Abbild der "Schlünde" wird mit dem anschließenden Abstieg des Gesangsparts zum tiefsten Ton nur scheinbar fortgesetzt; nicht umsonst gehören diese Worte in der Textvorlage bereits zur letzten Zeile. Mag das "dunkle Meer" poetisch noch in die Reihe der aufregenden Erlebnisse gehören, die ein Heimatsuchender hinter sich lassen muss: Bergs Musik verweist eher auf die mit der Unergründlichkeit des Wassers assoziierten Gefahren, die es auf dem Weg in die Heimat zu überwinden gilt. Und so kleidet er die Worte "über ein dunkles Meer" in eine rhythmisch variierte Tritonustransposition der Kontur [a], unterstrichen von *diminuendo* und *ritardando.* Mit einem neuerlichen Sextsprung, einer ausdrücklichen Rückkehr zum *Tempo I* und einer rhythmisch gedehnten Wiederaufnahme der chromatischen Linie bei "in mein Heimatland" schickt sich das lyrische Ich ins Unabänderliche.

In der letzten Phrase des Klavierparts, die wie ein Nachspiel konzipiert ist, jedoch drei Takte vor dem Ende der Gesangskontur einsetzt, erklingt noch einmal das "Sehnsuchtsmotiv" – in der verlängerten Form von T. 1-4 mit der rhythmischen Dichte von T. 9-12. Gesang, Diskant, 'Alt' und 'Tenor' steigen chromatisch parallel abwärts, und auch der Bass betont die Beziehung zum Liedanfang, indem er die Quintenzirkeldurchschreitung aufgreift, die hier mit zwei (im Beispiel nicht gezeigten) Tritonussprüngen umspielt und um den Schritt zum *a* verlängert wird.

Vier Gesänge II: Die Ankunft in der Heimat als musikalische Reprise

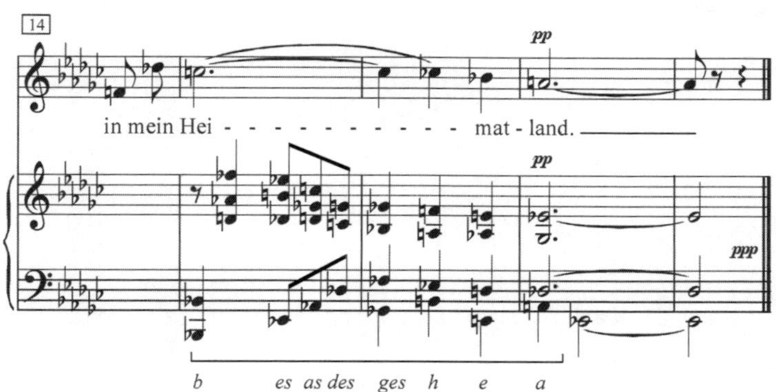

In dieser Weiterführung der Quintenzirkelkette im Bass um einen zusätzlichen Schritt verbirgt sich ein Hinweis auf die harmonische Anlage des Liedes. Der Basston *a* erklingt gleichzeitig mit dem Schlusston der Gesangskontur, die hier um einen Halbton verlängert ist und daher gleichfalls mit *a* endet. Da Berg dem Lied einerseits die Tonartsignatur mit sechs ♭-Vorzeichen voranstellt, andererseits in diesen zwei Abschlusstakten zum ersten Mal eine Andeutung von es-Moll erreicht, macht er mit dem doppelt eingesetzten tonikafremden Ton eine wesentliche Aussage.

Der Abschlussakkord des Liedes entpuppt sich als dessen fundamentaler Baustein. Im Sinne traditioneller Tonalität leitet sich der Klang mit den Tönen *es/g/a/des* vom Septakkord der picardisch aufgehellten Dur-Tonika ab, deren verminderte Quint *heses* als *a* enharmonisch verschleiert ist. So entsteht ein Klang, der seine Töne aus einer der beiden Ganztonleitern bezieht. Wie die harmonische Analyse zeigt, liegen die Ganztonakkorde auf *c* und *h* allen betonten Taktschlägen in den Segmenten T. 1-9 und T. 13-18 zugrunde. Um genau zu sein: Die Akkordgattung beherrscht 14½ der insgesamt achtzehn Takte des Liedes in konsequentem Wechsel. Ganztonakkorde fehlen allein in 3½ der vier Takte, in denen Gesang und Diskant einander das Sehnsuchtsmotiv zuspielen.

Vier Gesänge II: Die Ganztonklang-Harmonisierung

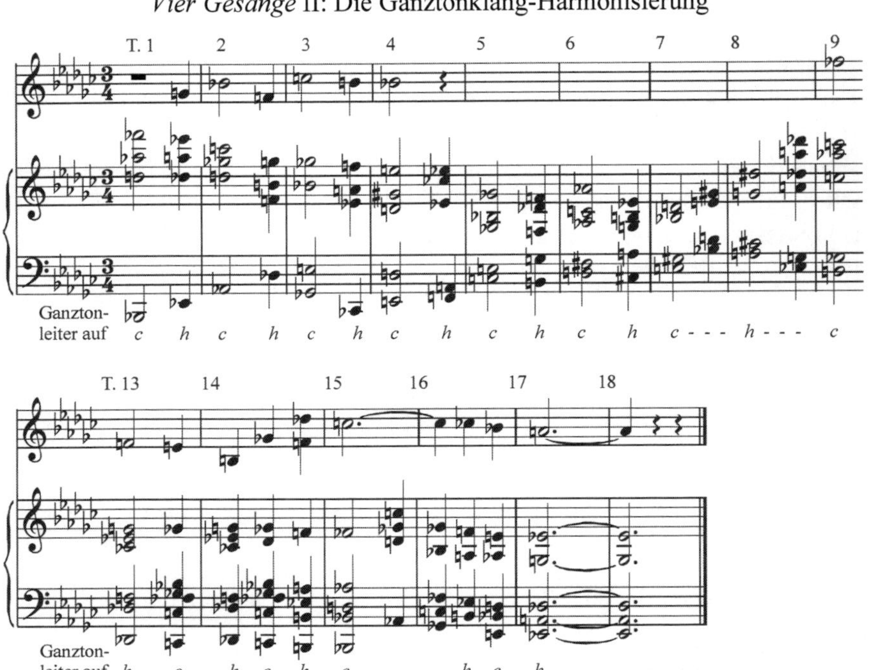

Die Harmonisierung der Abschnitte des Liedes, in denen die Fremdbestimmtheit des schlafend Heimgetragenen thematisiert wird, lässt sich auf zwei inhaltliche Aspekte hin ausdeuten. Als eine im Grunde endlos fortsetzbare Kette der beiden alternierenden Ganztonklänge hat der Ablauf weder Ausgangspunkt noch Ziel; in seiner orientierungslosen Gleichförmigkeit beschreibt er eine geradezu lähmende Situation. Berücksichtig man zusätzlich die spezifische Struktur der Akkordfolge, so enthält die Harmonisierung der rahmenden Liedabschnitte außerdem eine Erkenntnis, die sich dem lyrischen Ich erst anlässlich seiner Heimkehr erschließt: dass sein Leben wie von unsichtbarer Hand, nach einem erst aus der Distanz erkennbaren Plan geordnet ist.

So scheint es, als begreife Berg die Gegensätze von Heimat und Ferne als zwei einander ergänzende Hälften eines Lebensgefühls, das zwischen Sehnsucht und Resignation schwankt. Dieses Schwanken manifestiert sich überraschend in der Bassrhythmik der Abschlusstakte. Wo der Text mit der Rückkehr in die Heimat ein Zur-Ruhe-Kommen suggeriert, spaltet sich der abschließende Tonika-Grundton in eine Duolen-/Triolen-Kette, die alle Taktschläge durch Überbindungen verschleiert.

III Nun ich der Riesen Stärksten überwand

Das Gedicht, das Berg an die dritte Stelle seiner *Vier Gesänge op. 2* stellt, folgt in Momberts Zyklus unmittelbar auf die poetische Reflexion über Heimat und Ferne. Berg vertonte die beiden Texte zeitnah nacheinander und, wie gezeigt werden soll, als größere Einheit. Tatsächlich sind ihre Bilder komplementär. Der Schlaf und die Anspielungen auf das Fehlen selbstbestimmten Wollens bestimmen den Anfang des ersten und den Schluss des zweiten. Während das lyrische Ich im ersten ein Leben in unbestimmter Ferne zu erinnern vorgibt, das durch "Gipfel, Schlünde und ein dunkles Meer" sowie die darin eher vage angedeuteten Abenteuer mit dem allzu Vertrauten kontrastiert, ist das erregend Andere im zweiten ein "dunkelstes Land", in dem starke Riesen bekämpft werden müssen und aus dem heimzufinden nur dank übermenschlicher Führung gelingt.

Nun ich der Riesen Stärksten überwand,
mich aus dem dunkelsten Land heimfand
an einer weißen Märchenhand,
Hallen schwer die Glocken.
Und ich wanke durch die Gassen
schlafbefangen.

Berg paart die beiden Lieder in mehrfacher Hinsicht. Dies beginnt mit ihrer harmonischen Verwandtschaft: Die Tonartsignatur zeigt dort sechs, hier sieben ♭-Vorzeichen, wobei beide Lieder ihren jeweiligen Tonika-Akkord konsequent umgehen. Stattdessen erzeugt die Musik eine kreuzweise Beziehung: Der Septakkord über der Durtonika, mit dem das vorgeblich auf es-Moll bezogene opus 2 Nr. 2 endet, wird aus dem Blickwinkel des vierstimmigen *as*, das den ersten Taktschwerpunkt in opus 2 Nr. 3 betont, nachträglich zur dominantischen Hinführung. Allerdings schließt opus 2 Nr. 3 nicht in der Tonika von as-Moll, sondern nach chromatischen Rückungen und einem plagalen Bassfall in Es-Dur, der Durtonika des vorausgehenden Liedes.

Zudem verknüpft Berg die beiden Lieder durch die Abfolge der Tempi. Opus 2 Nr. 2 beginnt mit acht "langsam" markierten Taten, erreicht in der Mitte vier Takte emotionaler und dynamischer Erregtheit und endet mit einem wieder langsamen Segment. Dem fügt opus 2 Nr. 3 unter der Überschrift "Erst ziemlich bewegt, dann langsam" einen weiteren Wechsel hinzu, so dass sich die kombinierte Tempofolge A-B-A-B-A ergibt.

Ein metrisches Detail bestätigt, dass Berg die beiden im 3/4-Takt gehaltenen zentralen Lieder dieses Zyklus tatsächlich als zusammengehörig konzipiert hat: Opus 2 Nr. 2 endet trotz eines ganztaktigen Beginns in einem unvollständigen Schlusstakt mit nur zwei Taktschlägen; opus 2 Nr. 3 ergänzt den fehlenden dritten Taktschlag durch einen Beginn mit 1/4-Auftakt und endet dann ganztaktig.

Schließlich gibt es sogar eine motivische Verknüpfung. Die metrisch schwankende, ins Nichts verklingende und dann abrupt abbrechende Tonwiederholung, mit der der Klavierbass im Schlusstakt von opus 2 Nr. 2 überraschend vermittelt, dass die Rückkehr in das Heimatland möglicherweise nicht mit einem Gefühl ruhiger Sicherheit belohnt wird, breitet sich in opus 2 Nr. 3 erst richtig aus. Ton-, Quint- oder Akkordwiederholungen in Form von Duolen-Triolen-Ketten, in denen alle Taktschläge durch Überbindungen verschleiert sind, erklingen zu den Worten, die vom "Heimfinden aus dem dunkelsten Land" und vom "schlafbefangenen Wanken" sprechen.

Vier Gesänge II und III: Schwanken bei der Rückkehr in die Heimat

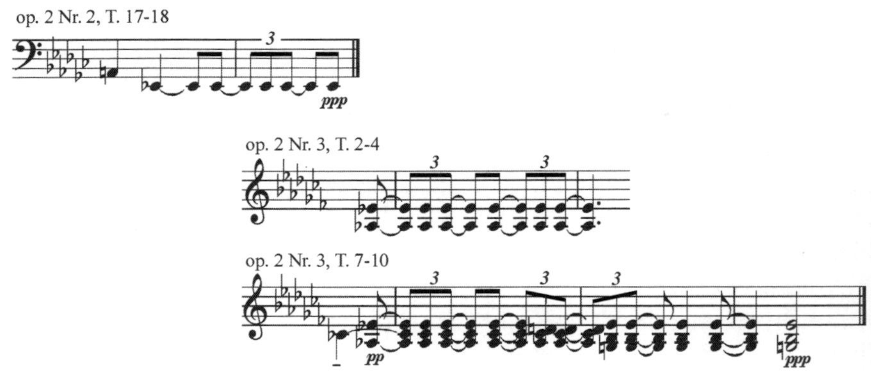

In beiden Abschnitten folgt die schwankende Figur auf eine Geste, die eingangs in dreistimmigem Unisono zur Behauptung, den stärksten Riesen überwunden zu haben, ertönt. Ihre zwei Imitationen in den Folgetakten deuten mit kontinuierlich reduzierter Stimmenzahl und Intensität an, dass sich das lyrische Ich hier wohl selbst Mut zuzusprechen sucht. Die Reprise dieser prahlerischen Geste ausgerechnet zur Wiederaufnahme der Ich-Aussage mit "und ich wanke" bestätigt, dass es sich hier trotz *forte*, Punktierungsfigur und akzentbewehrtem Tritonus um vorgetäuschte Selbstsicherheit handelt.

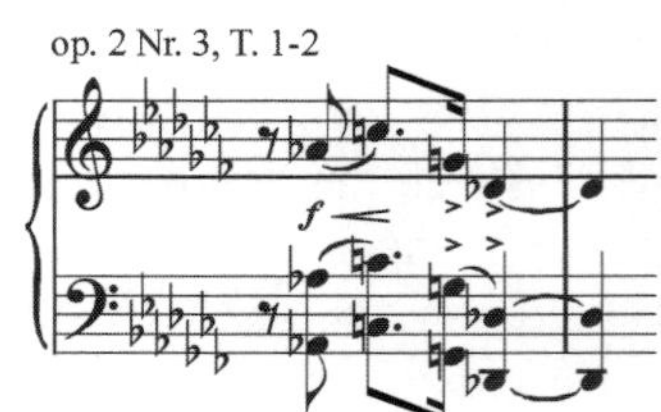

Vier Gesänge III: Die prahlerische Geste

Harmonisch entfernt sich die Musik dank der Imitationen dieser Geste bereits von der Tonart, als die wankende Figur noch am Grundton festhält: Während die Mittelstimme des Klavierparts in T. 2_3-4_1 durchgehend in *as/[ces]/es* ruht, deutet Berg in der ersten Imitation den Abschlusston enharmonisch um (*ces-es-b-fes* = *e*), in der zweiten dann sowohl Anfang als auch Ende (*es-g-d-as* = *dis-g-d-gis*). Vom dabei erreichten E-Dur führt die Musik, geleitet von der “weißen Märchenhand”, kadenzierend über den A-Dur-Nonakkord nach d-Moll – zum Tritonus-Gegenpol von as-Moll.

In dieser Gegenwelt hallen die schweren Glocken in reinen Quinten (Diskant: *a-d, a-d, a-d, b-es, h-e*), die fundierenden Klänge wechseln zwischen dem reinen Molldreiklang und der Quartenschichtung *h/e/a/d/g*, und die Singstimme schwingt sich in dreimal analog verzierten diatonischen Schritten ebenfalls zum sekundären Grundton *d* auf. Allerdings präsentiert die Akkordfolge unter den Glockenschlägen mit ihrer Rhythmik eine eigene Aussage: Die beiden zentralen Gedichtverse, in denen sich das lyrische Ich einer mythischen Führung anvertraut und mit Wohlklang belohnt wird, sind einer Augmentation des synkopischen Schwankens unterworfen, das die “Rückkehr zum Heimatland” charakterisiert.

Vier Gesänge III: Selbst die Märchenwelt kann keine Sicherheit bieten

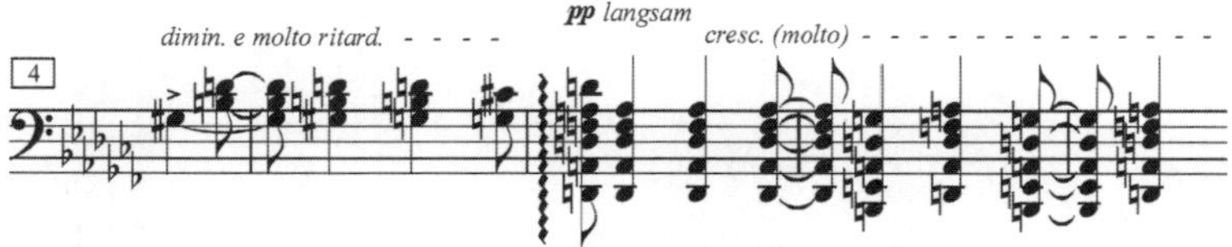

Indem der Klavierbass nun plötzlich die prahlerische Geste in ihrer ursprünglichen, von *as* ausgehenden Lage und im ursprünglichen oktavverstärkten *forte* dagegenstellt, schwingt die Musik den Fokus vom Wohlklang der Glocken abrupt zurück zum heimkehrenden Ich. Nachdem Berg die Verlängerung der Geste rhythmisch beschleunigt einbezieht und so in T. 9 noch einmal ein abschließendes *e* erreicht, macht er die enharmonische Umdeutung von T. 3-4 rückgängig: Die nachfolgende Imitation führt zum *fes*, das der Bass wiederholt und dann halbtönig zum *es* absenkt.

Während das vorausgehende Gedicht die Gefahren der Heimkehr “über Gipfel, über Schlünde” ausmalt, die Ferne selbst jedoch im Vagen belässt, zeigt sich diese hier als ein bedrohliches Land, dem man, auf sich allein gestellt, schwer wieder entkommt. In nur zwölf Takten unterstreicht Bergs Musik, dass fundamentale Unsicherheit beim Gedanken an die “Fremde” für ihn das eigentliche Thema der zwei kleinen, aufeinander bezogenen Mombert-Gedichte ist.

IV Warm die Lüfte

Die poetische Vorlage des Liedes opus 2 Nr. 4 ist die längste unter den von Berg für diesen Zyklus gewählten. Nach der äußerst knappen Gefühlsschilderung im ersten und der ebenfalls auf engstem Raum durchgeführten Schilderung einer psychisch/spirituellen Haltung zu Heimat und Ferne in den gepaarten Gedichten II und III mutet der vierte Text als eine fast episch breite Erzählung an.[11] Auffällig ist die komplexe Sprachebene, deren Bezüge auf den ersten Blick nicht eindeutig zu bestimmen sind:

Warm die Lüfte,
es sprießt Gras auf sonnigen Wiesen.
Horch! –
Horch, es flötet die Nachtigall...
Ich will singen:

Droben hoch im düstern Bergforst,
es schmilzt und glitzert kalter Schnee,
ein Mädchen im grauen Kleide
lehnt am feuchten Eichstamm,
krank sind ihre zarten Wangen,
die grauen Augen fiebern
durch Düsterriesenstämme.
“Er kommt noch nicht. Er lässt mich warten”...
Stirb!
Der Eine stirbt, daneben der Andere lebt:
Das macht die Welt so tiefschön.

Aus der Situationsschilderung eines lauen Sommerabends taucht das lyrische Ich auf mit dem Wunsch zu singen. Das derart auf einer zweiten Ebene gesungene Lied präsentiert eine Erzählung: den Bericht von einem kranken Mädchen und dessen Fieberfantasien. Ob es dieses Mädchen ist, das voller Verzweiflung ruft: “Er kommt noch nicht, er lässt mich warten”, bleibt ebenso offen wie die Frage, wer mit “er” gemeint ist und wessen Stimme gleich darauf wie befehlend “Stirb!” ruft. Die Schlussreflexion bietet einen wieder anderen Blickwinkel. Distanziert räsonierend nimmt sie das zuvor Geschilderte zum Anlass für eine zynisch wirkende Beurteilung des Lebens in einer Welt, deren Schönheit vermeintlich darauf beruht, dass Krankes Platz macht für Gesundes.

[11] Diether Haenicke (in “Alfred Mombert: Beobachtungen zur Form seiner Gedicht-Werke”, *The German Quarterly* 40/1 (1967), S. 41-57) attestiert Momberts Gesamtwerk eine “Entwicklung vom lyrischen Gedicht zum Epos” (S. 43) und erläutert dazu: “Lyrik wird hier in eine Form gefasst, die bis in unser Jahrhundert eigentlich der erzählenden Dichtung vorbehalten war.” (S. 44).

Momberts Ausgangsschilderung von warmen Lüften, sprießendem Gras und Nachtigallengesang evoziert ein heiter-beschauliches Genregemälde. In Bergs Vertonung dagegen bewegt sich der Klavierpart schon hier in schwer lastenden Vierteln über dumpfen Orgelpunktquinten. Die Intervalle der synchron fortschreitenden Stimmen sind voller kleiner Sekunden und großer Septen. Der Gesang setzt unbetont ein und bleibt aufgrund zahlreicher Synkopen metrisch unbestimmt. Die Schilderung der "sonnigen Wiesen" ist zwar der natürlichen Sprechmelodie nachempfunden, erhält jedoch durch Bergs Anweisung "nicht zunehmen", mit der er zu verhindern sucht, dass die Sängerin die in Achteltriolen steigenden Linien dynamisch unterstreicht, einen Anschein von Distanziertheit. Der Klavierpart verstärkt diesen Eindruck durch sein in sich sowie im Verhältnis zum Gesangspart zeitlich verschobenes auskomponiertes Accelerando, das in parallelen Septen aufwärts führt, aber ebenso wie die Singstimme "sehr zart" bleiben soll.

Schon im zweiten Takt erklingen zehn der zwölf Halbtöne; die Singstimme allein durchläuft in den sechs Takten ihrer Naturschilderung alle zwölf Halbtöne. Im Zusammenspiel mit der polyagogischen Textur des Abschnitts erzeugt dies einen Eindruck einer Schwüle, in der nicht einmal das Flöten des Vogels unbelastet wirkt. Zwar zitiert der Diskant mit seinem wiederholten *fis-gis-fis* in höchster Höhe die tröstliche Figur aus dem Mittelteil des vorausgehenden Liedes, und auch die Singstimme vermittelt, indem sie zum Wort "Nachtigall" sogar die ursprüngliche Punktierung hinzufügt, den Anschein von heiler Märchenwelt. Doch klingt die Flötenfigur, sobald alle anderen Stimmen nach der Aufforderung zum Horchen ihre Bewegung eingefroren haben, eher bedrückt. Sie bricht denn auch plötzlich ab und fällt über drei Oktaven in die Tiefe, als würde die Nachtigall vom Himmel stürzen. Deutet Berg die 'heile Welt' des heiteren Sommerabends womöglich als eine Fieberphantasie des todkranken Mädchens?

Auch der Satz "Ich will singen", der zunächst als frohe Ankündigung eines vollen Herzens erscheint, gewinnt einen anderen Sinn, wenn man die musikalische Interpretation Bergs hinzuzieht: Die freirhythmische Koloratur, die der Freude ungehinderter Entfaltungsfreiheit zu entspringen scheint, wird einzig von den Wiederholungen des fallenden Tritonus begleitet, mit dem der Gesang der vom Himmel stürzenden Nachtigall zuvor geendet hat. Dieses Tonpaar wirkt mit seiner dreimaligen rhythmischen Augmentation unter gleichzeitig zunehmender Lautstärke, die Berg als *pp, p, meno p, mp* spezifiziert, auf unheimliche Weise erstarrt. Seine Insistenz verleiht den Takten ein Gefühl bedrückender Stasis.

Mit der Überschrift "langsameres Tempo" markiert Berg den Beginn der zweiten Gedichtstrophe. Auffallend am zuvor angekündigten Gesang – dem "Lied im Lied" – ist die noch stärkere emotionale Anteilnahme der Musik am Textinhalt. Die Singstimme folgt zunächst erneut einem natürlichen Sprechrhythmus, hebt jedoch das Bild des "kalten Schnees" durch einen verlangsamten Sextsprung hervor, lautmalerisch unterstrichen von "spitz" markierten Staccato-Quinten in der hohen Oktave des Diskants. So entsteht der denkbar größte Gegensatz zur sonnigen Sommerwiese.

Das "Mädchen in grauem Kleide" ist im tänzerischen Rhythmus der Singstimme liebevoll gezeichnet, auch ihre "zarten Wangen" werden behutsam beschrieben. Dabei steigert sich die Gesangskontur in zunehmender rhythmischer Verdichtung, und in der Schilderung der fiebernden Augen und ihrer Angst einflößenden Trugbilder lässt tiefe Betroffenheit das Tempo binnen eines einzigen Taktes in *accelerando – ritardando – accelerando – ritardando* ausschlagen.

Der Klavierpart beteiligt sich "sehr ausdrucksvoll" an der Ausweitung ins Unheimliche: Die Bassquinten, die der Beschreibung der Sommerstimmung ein orgelpunktartiges Fundament unterlegt hatten, weiten sich zur Evokation des kranken Mädchens in gestaffelter chromatischer Gegenbewegung, und der Diskant initiiert ein dreitöniges Motiv, dessen zweites Intervall in fünf Schritten von der Prim zur großen Terz anwächst, während die Mittelstimmen paarweise auseinander streben.[12] Auch die Spitzentöne der Gesangskontur zeichnen die dramatische Erzählung mit einem chromatischen Anstieg durch die wesentlichen Worte nach, von *c* bei der ersten Erwähnung des Mädchens über *cis* (krank), *d* (Wangen) und *es* (fiebern) bis zum *e* ([Düsterriesen-]stämme). Die Schilderung in der dritten Person ist im Gesang symmetrisch umrahmt von großen Septen; sie beginnt mit *des* ↗ *c* und endet mit *e* ↘ *f*. Die derart mit allen Mitteln vorangetriebene Steigerung erreicht ihren Höhepunkt mit den im Fieberdelirium erschauten, dunkel und übergroß erscheinenden Baumstämmen, deren bedrohlichen Anblick das Klavier mit auseinander strebenden Glissandi (rechts auf den schwarzen, links auf den weißen Tasten über jeweils zwei Oktaven) im *crescendo molto* unterstreicht.

Darauf erklingt der Verzweiflungsschrei "Er kommt noch nicht, er lässt mich warten . . .", vom Klavier mit weitgriffigen *sffz*-Akkorden und wie entfesselt wirkenden, halb- oder sogar nur vierteltaktigen agogischen Kehrtwendungen hervorgehoben. Der hetzende Rhythmus abgehackter

[12]Vgl. T. 12-15, Bass: *fis-f-e-dis, e-dis-d, dis-d-cis* unter *cis-d-dis-e, dis-e-f*; Diskant: *c-fis-fis, c-fis-g, c-fis-gis. c-fis-a, c-fis-ais* über *a/h–as/c, b/c–a/cis, h/cis–b/d, c/d–h/es.*

höchster Noten in *ff* und *fff* verleiht der Stelle größte dramatische Ausdruckskraft, die durch das über eine weitere große Sept fallende Portamento der Singstimme einen schauerlichen Abschluss bekommt. Dabei sind die oktavgespreizten Sekunden, die in den Bassgängen zu Beginn des Liedes als Parallelen großer Septen und im "Lied im Lied" mehrfach als exzentrische Intervallsprünge über eine große Sept erklingen, anlässlich des Verzweiflungsausrufes im Klavierpart zu kleinen Nonen geweitet.

Mombert setzt diese zwei Sätze als einzige des ganzen Liedes in Anführungszeichen. Dies erstaunt, insofern zumindest die Ankündigung "Ich will singen" und der Ausruf "Stirb!" gleichfalls als wörtliche Rede erscheinen. Es handelt sich hier offenbar um eine Rede auf zweiter Ebene: So wie die zuvor angekündigte Schilderung ein "Lied im Lied" darstellt, spricht hier das im Lied evozierte Mädchen. Insofern der Ausruf auf dem Höhepunkt eines qualvollen Fiebers ausgestoßen wird, mag Berg die Ungeduld als den Wunsch nach Erlösung gedeutet haben – und den, der da warten lässt, als den Tod.

Ein Abbild dieser Erlösung ertönt sogleich in furchterregender Weise: Das Klavier strebt mit *martellato*-Terzen, die in Tritonussprüngen abwärts rasen, einem letzten dynamischen Höhepunkt auf dem Subkontra-*b* zu. In das folgende *molto rit.* und *diminuendo* hinein spricht die Sängerin, zwei Oktaven unter ihrem Verzweiflungsschrei, ein tonloses "Stirb!"

Scheinbar entrückt von aller vorangegangenen Dramatik, als Epilog nicht nur zu diesem Lied, sondern zum gesamten Zyklus, lässt Berg die Schlussbetrachtung folgen: *piano dolce* und *sehr ruhig* markiert er die Reflexion über die Welt, in der "der Eine stirbt, daneben der Andere lebt". Die Gesangskontur erhebt sich in natürlichem Rhythmus langsam bis zum *f*, dessen Fermatendehnung unterstreicht, dass genau "das" die Logik des Lebens ausmacht. Die Verlangsamung dieser Conclusion und ihre trotz der verhaltenen Stimmung großen Intervallsprünge hinterlassen den Eindruck beträchtlicher Beunruhigung über diese Art "Schönheit".

Sowohl für den Gesang als auch für den Klavierpart verzichtet Berg in diesem Lied auf thematische Arbeit. Vielmehr greift er harmonische Komponenten aus vorausgegangenen Liedern auf: Die Quartfortschreitung des Basses mit ihrem enharmonisch umgedeuteten Schlusston (vgl. T. 20-22: *b-es-as-des-ges-h*) und die chromatisch absteigenden Akkorde der rechten Hand sind werkimmanente Reminiszenzen.

Mit op. 2 Nr. 4 und dem Streichquartett begann für Berg die Phase des atonalen Expressionismus. 1912 nahm Kandinsky das Lied zusammen mit Schönbergs Maeterlincklied *Herzgewächse* und Weberns George-Vertonung "Ihr tratet zu dem Herde" in den Almanach *Der blaue Reiter* auf.

Der zyklische Zusammenhang der *Vier Gesänge*

Eine Betonung des Zyklischen ergibt sich aus tonalen Beziehungen wie der zwischen den beiden zentralen Liedern. Wie Bergs Skizzen zeigen, experimentierte er mit unterschiedlichen Transpositionen der einzelnen Lieder. Anthony Pople vermutet, dass in einem früheren Entwurf das vierte Lied eine kleine Terz höher erklingen sollte. Der Beginn von op. 2 Nr. 4 mit der Bassquint *es/b* würde dann als Fortsetzung des Es-Dur-Schlusses von opus 2 Nr. 3 gehört und seine abschließenden Dur/Moll-Septakkorde, dann über dem Ankterton *d*, als kreisförmiger Anschluss an die Akkorde in den Anfangstakten von opus 2 Nr. 1.[13] (Gegen diese tonal wünschenswerte Transposition sprechen allerdings aufführungspraktische Gründe, insofern der Gesangspart dann allzu unterschiedlich hoch gelegen hätte.)

Auch wiederkehrende Komponenten oder Akkorde stiften Zusammenhang, zumal wenn sie in struktureller Spiegelung erklingen. Kett weist darauf hin, dass Berg die auch in anderen Werken häufig eingesetzte Quart-Tritonus-Schichtung hier an symmetrisch korrespondierenden Stellen so über einen Basston stellt, dass ein quintloser Dur/Moll-Septakkord entsteht.[14] Zu Beginn des Zyklus, in der ersten Phrase des an d-Moll orientierten opus 2 Nr. 1, bildet dieser Akkord den Zielpunkt des dreimaligen Wunsches, endlich schlafen zu dürfen (vgl. T. 5: *d/fis/c/f*). Noch in demselben eröffnenden Zweizeiler erklingt derselbe Akkord weitere siebenmal.[15] Am anderen Ende des Zyklus beschließt Berg das bis dahin ohne tonalen Bezug fließende, über dem Basston *h* endende opus 2 Nr. 4 unter der in der rechten Hand chromatisch absteigenden und zuletzt in drei verschiedenen Oktavpositionen wiederholten Quart-Tritonus-Schichtung mit vier Takten des entsprechenden Dur/Moll-Septakkordes.[16] So schlägt er den Bogen zurück zum Anfang der Meditationen über den Schlaf und gibt zu erkennen, dass er dessen Bruder, dem Tod, offenbar dieselben Wesensmerkmale zuspricht: einerseits Ruhe und Frieden zu spenden, andererseits Zuflucht vor den konkreten Bedrängungen des Lebens zu bieten.

[13] Vgl. Pople, *op. cit.*, S. 102-103.

[14] Kett, *op. cit.*, S. 71.

[15] Vgl. *d/fis/c/f* in T. 8, 9, 10_1 und 10_4 sowie *es/g/cis/fis* in T. 7, 10_3 und 10_6. (Den Schlusston des Gesanges im das Gedicht beschließenden Vers "Fester zu die Augen thu!" bekräftig Berg mit *fis/c/f/d*, der Umkehrung desselben, in T. 25_1 wiederholten Akkordes.)

[16] Vgl. T. 20_3: *es/g/cis/fis*, T. 21_3: *des/f/h/e*, T. 22_1, 22_4, 23_3, 24_2, 24_4 und 25_2: *h/fis/es/a/d.*

Streichquartett op. 3

In seinem 1910 vollendeten ersten Streichquartett verbindet Berg die kreative Adaptation tradierter Formen mit der Entwicklung einer eigenen tonalen Sprache. Die zwei Sätze basieren auf den Bauplänen von Sonatensatz und Sonatenrondo. Die ungewöhnliche Beschränkung auf nur zwei Sätze scheint Berg zum Zeitpunkt der Kompositionen nicht als erklärungsbedürftig angesehen zu haben. Erst ein Vierteljahrhundert später, im Frühjahr 1935, schrieb er dem Geiger Rudolf Kolisch von seinen Überlegungen, das Diptychon eventuell durch einen kurzen Mittelsatz zu ergänzen.[1] Doch dazu kam es nicht, und so blieb das Kammermusikwerk in seiner unüblichen Zweisätzigkeit bestehen.

Im Streben nach einer eigenen musikalischen Sprache übernimmt Berg Schönbergs Forderung nach der "Emanzipation der Dissonanz". Diese Formulierung, die in Bergs letzten Studienjahren zunehmend in den Vordergrund trat, sollte sein Lehrer 1911 in seinem als *Harmonielehre* titulierten und als "Handwerkslehre" charakterisierten Lehrbuch für einen größeren Interessentenkreis publizieren und erläutern.[2] Darin plädiert Schönberg dafür, das menschliche Ohr durch Übung daran zu gewöhnen, Akkorde und Intervalle, die nicht von Terzenschichtungen abgeleitet sind, als den traditionellen Konsonanzen nur nachgeordnet, nicht aber unversöhnlich entgegengesetzt zu behandeln. Übermäßige Dreiklänge sowie verminderte und augmentierte Quarten, Quinten und Oktaven sollen als eine neue Kategorie von Nebenkonsonanten gehört werden.

Im letzten unter Schönbergs Aufsicht entstandenen Werk übersetzt Berg dies u.a., indem er die wesentlichen thematischen Komponenten und Gesten aus verbürgten Vertretern tonart-unverdächtiger Melodik bildet: Fragmenten der Halb- und Ganztonskalen oder horizontalen Auffaltungen chromatischer Cluster. Tritoni bieten sich ihm besonders als Rahmenintervalle oder für Hervorhebungen an, zumal sie als exakte Halbierungen der Oktave dem mathematischen Blick auf die Musik entgegenkommen, dem er sich – seiner romantischen Natur zum Trotz – anzuschließen bemühte.

[1]Brief zitiert in Erich Alban Berg, *Der unverbesserliche Romantiker. Alban Berg 1885-1935* (Wien: Österreichischer Bundesverlag, 1985), S. 140.

[2]Arnold Schönberg, *Harmonielehre* (Leipzig: Universal Edition, 1911), S. 15-17.

I

Der Kopfsatz des *Streichquartetts* präsentiert sich als kreative Adaptation der klassischen Sonatensatzform. Die Durchführung im Sinne einer sequenzierenden und/oder imitatorischen, oft dialektischen Verarbeitung mehrerer zuvor eingeführter thematischer Komponenten ist nicht auf den zentralen Abschnitt zwischen Exposition und Reprise beschränkt, sondern durchzieht den ganzen Satz. Kaum sind einige neue Gesten vorgestellt, werden sie auch schon in Beziehung zueinander gesetzt und dabei vielfach variiert. Daraus resultiert, dass der eigentliche Durchführungsabschnitt mit nur 24 Takten im Vergleich zur 80-taktigen Exposition überraschend kurz ausfällt.[3] (In späteren Adaptationen dieser Gattung wird Berg die Tendenz verstärken und auf die Konzentration der Verarbeitungen in einem zentralen Abschnitt zuletzt ganz verzichten.) Zunächst jedoch ist die klassische Struktur noch gut zu erkennen:

Exposition	Durchführung	Reprise	Coda
T. 0-79	T. 80-103	T. 104-178	T. 179-186

Das Hauptthema ist als Periode mit Schlussglied gebaut.[4] Im Vordersatz (T. $0\text{-}4_1$) führt die 2. Geige, zweistimmig homophon begleitet von Bratsche und Cello, im Nachsatz (T. $4_2\text{-}7_2$) die Bratsche, zweistimmig homophon begleitet von 2. Geige und Cello. Erst in der zweiten Hälfte des Nachsatzes tritt erstmals auch die 1. Geige hinzu, indem sie das allmähliche Ausklingen der anderen drei Stimmen mit einem Kontrapunkt überhöht. Im Schlussglied (T. $7_2\text{-}8$) vereinen sich alle vier Instrumente.

Rhythmisch ist das Hauptthema geprägt von seinem Kopfmotiv M1, das den Satz mit seiner verkürzten 32stel-Sextole in unvorbereitetem *forte* eröffnet. Der Zielton des Motivs ist mit *sfz* nachdrücklich betont, verklingt dann jedoch zu einem Liegeton, der zuletzt umspielt wird. Tonal besteht M1 aus einem Fünftonausschnitt der Ganztonleiter GT-*h*, die um einen

[3]Zur Taktzählung: Im Gegensatz zu der 1925 bei Universal Edition Wien gedruckten Erstausgabe und deren diversen Nachdrucken, in denen die auftaktige, weniger als einen Achtelwert umfassende 32stel-Sextole als T. 1 gezählt ist, setzt Ullrich Scheideler, der Herausgeber der 2015 bei Henle erschienenen Urtextausgabe, T. 1 mit dem Zielton der Sextole im ersten vollen Takt an. Auch der Taktzählungsfehler der UE in Satz II (zwischen T. 20 und 30 und daher in Partitur wie Stimmen alle weiteren Takte betreffend) ist bei Henle korrigiert. Leser einer der UE Ausgaben finden somit in Satz I durchgehend und in Satz II ab T. 30 eine Abweichung um einen Takt.

[4]Angesichts der Proportionen des Hauptthemas mit 3½ : 3½ : 1¼ Takten könnte man anstelle von Vordersatz, Nachsatz und Schlussglied auch von einer Miniatur-Barform mit Stollen, Gegenstollen und Abgesang sprechen.

chromatischen Durchgangston ergänzt und am Ende durch Vertauschung eines Tonpaares melodisch abgerundet wird. Der umrahmende Tritonus ist *f–h*:

Streichquartett I: Das Kopfmotiv M1 im Vordersatz des Hauptthemas

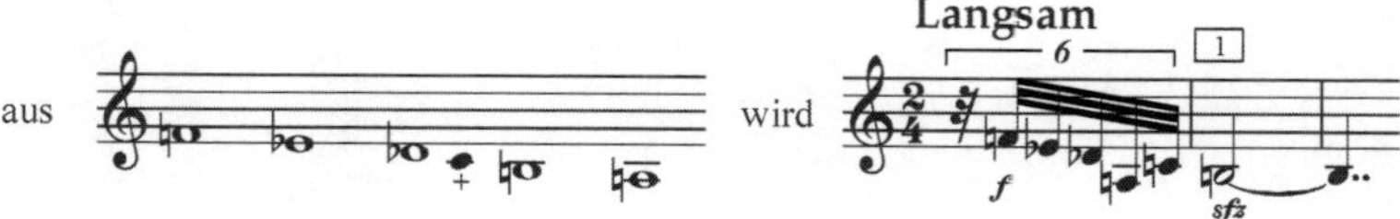

Im Nachsatz bildet die Bratsche die Sextole mit Zielton zunächst in gleicher Weise aus einem Fünftonausschnitt der alternativen Ganztonleiter GT-*c*, fügt jedoch eine Schlusserweiterung mit zwei weiteren chromatischen Zwischentönen hinzu. Der umrahmende Tritonus ist hier *as–d*:

Streichquartett I: Das Kopfmotiv M1 im Nachsatz des Hauptthemas

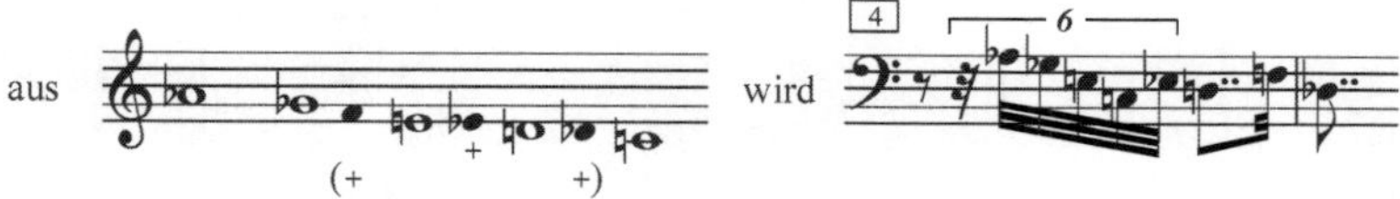

Den Nachsatz-Kontrapunkt der 1. Geige gewinnt Berg wieder aus GT-*h*. Diesmal ist der Fünftonausschnitt nicht durch einen chromatischen Durchgangston, sondern durch eine Auslassung im Skalenabstieg alteriert, und der Tausch des Tonpaares charakterisiert nicht den Schluss, sondern den Beginn. Der umrahmende Tritonus ist *es–a*. Mit dieser Komponente ergänzt Berg die unvollständige 32stel-Sextole mit Zielton von M1 um einen zweiten thematischen Rhythmus: 𝄾 ♩ ♪ | ♩.

Streichquartett I: Der Kontrapunkt im Nachsatz des Hauptthemas

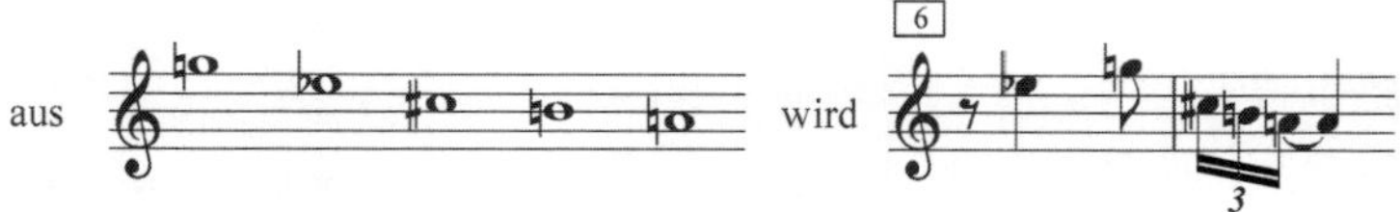

Im Vordersatz empfangen Bratsche und Cello den Zielton von M1 mit einer sehr leise getupften Andeutung kadenzierender Untermalung (vgl. den Quartfall zum *g*, mit dem das Cello den fehlenden sechsten Ton zur Ganztonleiter GT-*h* hinzufügt). Die Schlusstöne der drei Stimmen spalten sich sodann in eine Textur, die komplementärrhythmische Pendelpassagen mit einseitiger, in der führenden Stimme einmal auch beidseitiger chromatischer Spreizung verbindet. So entsteht durch die drei Instrumente der Eindruck eines latent sechsstimmigen Satzes:

Streichquartett I: Kadenzandeutung und Pendel mit chromatischer Spreizung

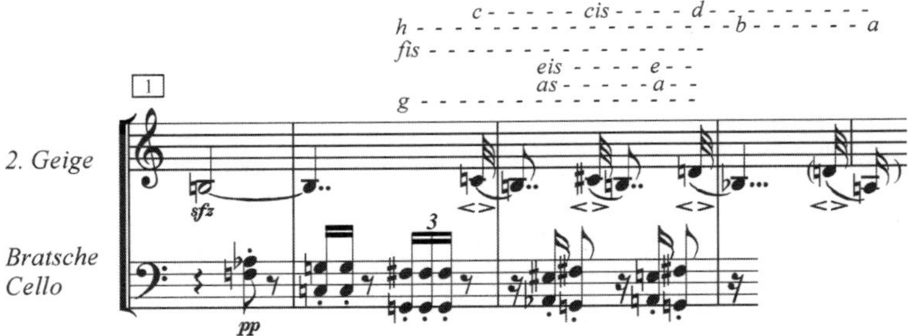

Eine ähnliche, wenn auch weniger expansiv gestaltete sechsstimmige Pendeltextur schließt sich in den drei unteren Stimmen an den erweiterten M1-Einsatz der Bratsche im Nachsatz an und begleitet dort auch den kontrapunktischen Beitrag der 1. Geige. Mit der Kombination aus modifizierten Ganztonausschnitten und chromatisch gespreizten Pendelflächen führt Berg somit schon in Vorder- und Nachsatz des Hauptthemas drei wesentliche Charakteristika dieses Satzes ein. Das Schlussglied verlässt die bis dahin herrschende freie Atonalität und endet – vor dem alle vier Stimmen vereinenden Zäsurzeichen – mit einem Klang, der als mit der Quart angereicherter a-Moll-Dreiklang gehört wird.

Anschließend führt Berg, in "etwas rascherem Tempo (*tempo II*)", eine Dreitongeste ein, die die Rolle des "ersten unabhängigen Motivs" übernimmt. M2 ist mit Halbton + kleiner Terz diatonisch und setzt sich damit von den vorausgegangenen ganztönigen Skeletten und chromatischen Spreizungen ab. Dabei übernimmt die Geste mit 𝄾♩ ♪| ♩. zunächst den Rhythmus des Nachsatz-Kontrapunktes, fügt jedoch unmittelbar zwei rhythmische Varianten sowie, zu Beginn des folgenden Segmentes in Bratsche und Cello, die M2-Umkehrung sowie zwei Verbindungen von Original und Umkehrung mit chromatisch gespreizten, rhythmisierten Pendeln hinzu:

Streichquartett I: Die diatonische Dreitongeste in vielseitigem Gewand

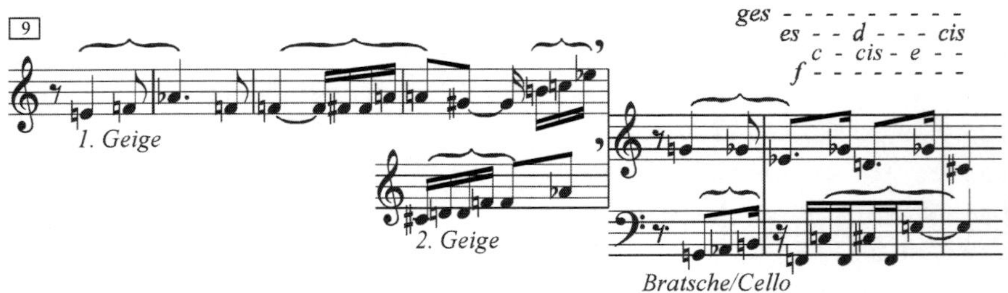

Schon der Einführung von M2 mit dessen zwei Varianten durch die 1. Geige in T. 9-12 hat das Cello dreimal das Hauptthemakopfmotiv M1 gegenübergestellt. Auf der Basis dieser Kontrapunktik entwickelt Berg nun zwei verarbeitende Segmente. Der Hauptthemakomplex präsentiert sich somit als A B A'-Form mit A (T. 0-13_1) als Einführung der Komponenten, gefolgt von einer zweiteiligen internen Durchführung. In Segment B (T. 13-26) herrscht M2 in zahlreichen Varianten einschließlich chromatisch gespreizter rhythmisierter Pendel neben nur drei Einwürfen von M1. In Segment A' (T. 26-39) dagegen dominiert M1 einschließlich seiner Verlängerungen in Halbtonspreizung und überstrahlt zuletzt alles. Dabei erzeugt Berg durch Zitate aus den ersten Takten des Satzes eine Art ‘Reprise’ innerhalb des Hauptthemakomplexes:

- Der M1-Einsatz der 1. Geige in T. 26-27, im hier beschleunigten Tempo als 16tel-Sextole notiert, entspricht tongetreu der Kontur aus T. 0-1.
- Die dreistimmig homophone Begleitung in T. 26-27 zitiert, rhythmisch diminuiert und neutralisiert, den identisch gesetzten ersten Einsatz von M2 aus T. 9-10, gefolgt von zunächst zwei, dann (zur Sequenz von M1) drei weiteren freien Transpositionen.
- Im Schlussritardando des Segmentes (T. 37-39) versetzt das Cello den um seinen Anfangston verkürzten Nachsatz-Kontrapunkt der 1. Geige aus T. 6-7 sowie dessen Weiterführung in T. 7-8 tongetreu und im originalen Rhythmus in die tiefere Oktave.

Dynamik und Tempo durchlaufen in Segment B eine kontinuierliche Intensivierung, mit Crescendo von *pp* bis *ff* und Accelerando besonders in der ganz auf die vielfältigen Varianten der Dreitongeste konzentrierten zweiten Hälfte. Segment A' beginnt im *ff* mit “bewegten Vierteln”, erreicht zu Beginn der vierstimmig gestaffelten M1-Imitationen mit *molto espr.* und *fff* den Höhepunkt des Hauptthemakomplexes und verklingt danach verlangsamend ins *ppp*.

Bezeichnend sind die Abschlussklänge dieser zwei durchführenden Segmente. In T. 26 ertönt eine sechsstimmige vertikale Schichtung, die mit *cis/es/f/g/a* einen Fünftonausschnitt aus GT-*h* präsentiert, in der Mitte des Klanges jedoch ausgerechnet das *h* selbst – den Zielpunkt des Hauptthemakopfmotivs M1 und damit einen thematisch hervorgehobenen Ton – durch dessen Halbtonnachbarn *b* ersetzt. Im Abschlussklang von T. 39 erklingt die Schichtung *e/gis/d/b*. Dies ist ein unalterierter Ausschnitt aus GT-*c*, der jedoch nur vier der sechs Töne umfasst und mit *c* und *fis* einen der Tritoni ausspart.

Thematik und Akkorde legen nahe, dass Berg Auszüge aus den zwei Ganztonleitern nicht nur melodisch als horizontale Skelette, sondern zudem als vertikalisierte Schichtungen einsetzt. Dabei scheint er ihnen Rollen zu übertragen, die in früheren Epochen von Dreiklängen mit Terzerweiterungen erfüllt wurden. Dietmar Holland vermutet sogar, dass Berg die beiden Ganztonleitern in seinem Streichquartett "planmäßig" in harmonischer Analogie zu 'Tonika' (GT-*h*) und 'Dominante' (GT-*c*) einsetzt.[5]

Die zweite Hälfte der Exposition beginnt in neuem Tempo ("Mäßig") und deutlich verfremdeter Klangfarbe. Im Cello sowie einen Takt später und eine große Sept höher imitierend in der Bratsche ertönt ein Staccatorhythmus aus am Steg gestrichenen Tonwiederholungen. Dazu treten einen weiteren Takt später die am Griffbrett spielenden Geigen mit einer diatonischen Duofigur, deren rhythmischer Einstieg 𝄾♩ ♪| ♪ an den Nachsatz-Kontrapunkt des Hauptthemas und die Dreitongeste M2 erinnert.

Streichquartett I: Die kleine Duofigur

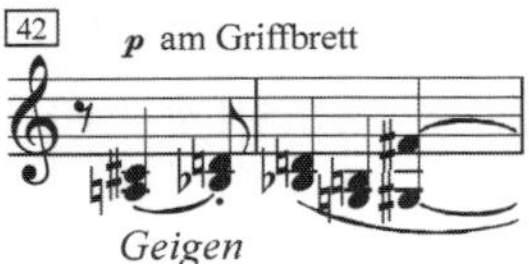

Die abschließende Sept wird durch eine Quint der Bratsche ergänzt zu einem vierstimmig fahlen, bald ritardierenden Liegeklang. Darüber erhebt sich eine Cellokontur, in der Berg die in M1 für die Ganztonleiter entworfene Idee einer Skala mit Versetzung einzelner Töne auf die chromatische Skala überträgt. Angesichts der Markierung des Einwurfes als *frei* ist Adornos Bezeichnung "Rezitativ" passend und hilfreich.[6]

Streichquartett I:
Das Cellorezitativ
(zwölftönig aus drei Halbton-Schichten)

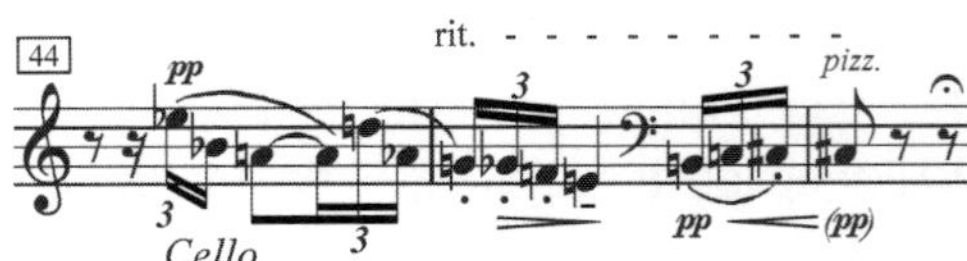

Nachdem dieses Cellorezitativ ritardierend und mit einem Pizzicato verklungen ist, endet das kurze Einleitungssegment des Seitensatzkomplexes unter einer Fermate mit dem fahlen Klang der Liegetöne *cis/g/a/dis*, der Vertikale eines Ausschnittes aus dem 'Tonika'-Akkord GT-*h*. Auch diesem Klang fehlen der 'Grundton' und sein Tritonus – die Töne *h* und *f*. Ein punktierter Quintaufschwung der Bratsche im vorletzten Takt, "*espr.*" markiert, nimmt den Kopf des führenden Seitensatzmotivs voraus.

[5] Dietmar Holland, "Dialektik der musikalischen Freiheit. Alban Bergs freie 'Atonalität' in seinem Streichquartett op. 3", in *Alban Berg Kammermusik II*, S. 29-37 [35].

[6] Adorno, *Der Meister* ..., S. 80.

Mit der Duofigur der zwei Geigen, dem Rezitativ des Cellos und dem präfigurierenden Aufschwung der Bratsche schickt Berg dem eigentlichen, substantielleren Seitensatzmaterial somit drei Kleinfiguren voraus, die alle vier Instrumente einbeziehen. Im umfangreicheren zweiten Abschnitt führt er zunächst zwei neue thematische Komponenten ein. Das eröffnende M3 ist zweistimmig angelegt. Dabei werden initiierende Quintsprünge um Ganz- bzw. Halbtonausschnitte ergänzt und umgehend als oktaviertes Echo variiert:

Streichquartett I: Der gespiegelte Seitensatz mit Variante

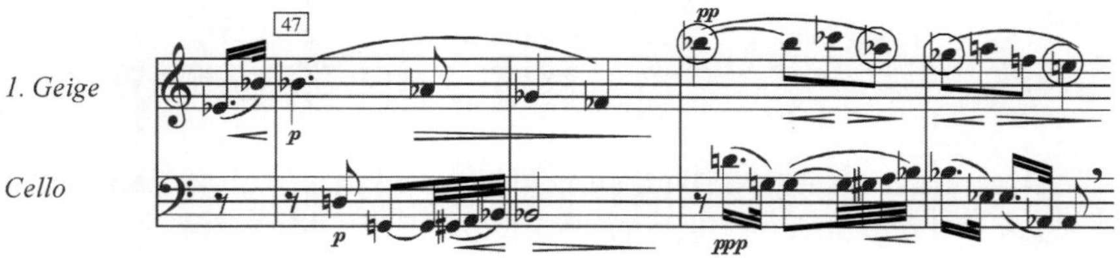

M4 verhält sich zum Seitensatzmotiv M3 wie M2 zum Hauptthema. Es besteht aus zwei komplementären Hälften: einem drei Töne umfassenden Kopf aus einem oktaviert wiederholten Zentralton und seinen oberen Halb- und Ganztonnachbarn sowie einem viertönig fallenden Ganztonausschnitt.

Streichquartett I:
Das unabhängige Motiv
im Seitensatzabschnitt

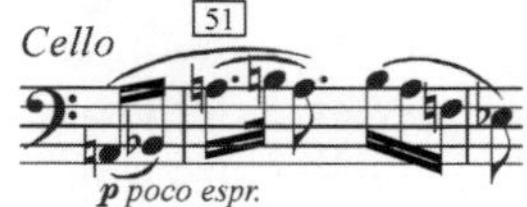

Unmittelbar anschließend an die Einführung von M4 im Cello und später kontrapunktiert von dessen Imitationen in der Bratsche und der 1. Geige greift das Cello sein Rezitativ auf, hier fünftaktig erweitert. Ein mächtig anschwellender Ganztonabstieg der 1.Geige über dreistimmigen Pizzicati führt zum dritten, mit 23 Takten umfangreichsten Segment der zweiten Expositionshälfte.

Dieses beginnt und endet mit einer Komponente, die sowohl angesichts ihrer Position im strukturellen Verlauf als auch mit Bezug auf ihre im Vergleich mit Hauptthema und Seitensatz größere harmonische Konsonanz als Schlussgruppenkomponente angesehen werden kann. Eingeführt in der Bratsche, besteht M5 aus einem synkopisch nachschlagenden Einsatzton, der von Geigen und Cello homorhythmisch im *ff* übertönt wird, gefolgt von einem Abstieg durch zwei Halbtöne und einen Ganzton. Dabei wird der zweite Halbtonschritt von einem aufwärts hüpfenden Durdreiklang verziert. Im Crescendo von *p* zu *f* folgt eine Teilsequenz, während sich die weiteren Synkopen der drei anderen Instrumente von *ff* zu *fff* steigern.

Streichquartett I: Die Schlussgruppenkomponente M5

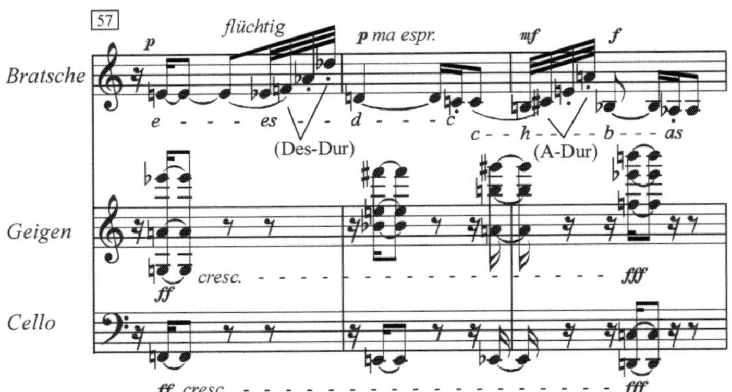

Nach kurzer Pendelverlängerung, die den wilden Ausbruch abrupt zu *langsam* und *ppp* abdämpft, erzeugen gestaffelte Einsätze des Seitensatzmotivs M3 und der erweiterten Duofigur aus T. 42-43 ein dichtes polyphones Gewebe, ergänzt um ein kaum variiertes viertaktiges Zitat aus dem Beginn des zweiten Segmentes (T. 72-75 ≈ T. 47-50). Danach, zum Abschluss der Exposition, greift das Cello die Schlussgruppenkomponente M5 erneut auf, die mit zwei Teilsequenzen vom *ppp* ins *pppp* verklingt. Die homophonen Synkopenschläge fehlen hier ganz. Stattdessen antwortet die 1. Geige auf die aufwärts huschenden Arpeggien des Cellos mit zunehmend verkürzten Spiegelungen, während die 2. Geige, hier klanglich führend, das Seitensatzmotiv M3 verlängert und allmählich auflöst.

Die nun folgende Durchführung kompensiert ihren begrenzten Umfang mit kleinteiliger Gliederung. Sie beginnt mit einer zweitaktigen Einleitung, die wie das kurze Einleitungssegment des Seitensatzkomplexes einen deutlichen Klangfarbenkontrast erzeugt. Die 1. Geige mit der aus dem Ende der Exposition im *ppp* übernommenen Schlussgruppenkomponente M5 wird durch drei über ihr tönende Flageolettklänge mit homorhythmisch nachschlagenden Synkopen geheimnisvoll eingefärbt. Erst zum Schlusston des Motivs versetzt Berg die drei Klänge in die normale Lage der Instrumente drei Oktaven tiefer, wo sie auf weiteren nachschlagenden Sechzehnteln gezupft werden. Als Begleitung des verkürzten Hauptthemakopfes M1 in der Bratsche leiten sie zum zweiten Durchführungssegment über, in dem M5 und seine Umkehrung (beide wie ursprünglich mit vorausgehender Synkope) eine vierstimmige Polyphonie mit dicht fallenden Akzenten bilden. Eine durchgehende Steigerung von Tempo und Dynamik führt zum dritten Durchführungssegment, das sich mit gestaffelten *sffz*-Synkopen unter dem wiederholten Kopf von M4 von *ff* nach *fff* aufbäumt. Während einer kurzen Überleitung, in der Tempo und Dynamik zu neuer Steigerung ausholen, stehen sich M4 und die aus der M5-Umkehrung isolierten fallenden Arpeggien gegenüber.

Im letzten Durchführungssegment schließlich (ab T. 97) greifen alle Stimmen ein Fragment des Cellorezitativs auf. Die 1.Geige steht hier als quasi solistisch beginnender, aber bald auf Teilwiederholungen reduzierter Kontrapunkt den drei anderen, homophon vereinten Stimmen gegenüber, die das Fragment einmal mit M5, dann nur noch mit dessen Ende verschmelzen. In der (von Berg als "Höhepunkt" markierten) Mitte von T. 100 setzt eine starke Rücknahme von Tempo und Lautstärke ein, während das Cello in die fallende Quartenschichtung *f-c-g* übergeht. Damit bereitet es einen nahtlosen Übergang zum Reprisenbeginn vor, in dem das, was zuvor als 'Andeutung kadenzierender Untermalung' identifiziert wurde, dem Hauptthemakopf nicht wie in T. 1 nur folgt, sondern zudem schon vorausgeht.

In der Reprise verwirklicht Berg seine Überzeugung, dass jede thematische Komponente im Verlauf des Satzes viel "erlebt" und insofern nie unverändert wiederkehren kann. Ganz neu ist die Verselbständigung einer zuvor nur begleitenden Figur: Berg isoliert die kadenzierende Untermalung, die in T. 1-2 den Themenkopf empfängt, und entwickelt sie zu einer charakteristisch rhythmisierten Figur:

Streichquartett I: Die Entwicklung der neuen Rhythmusfigur

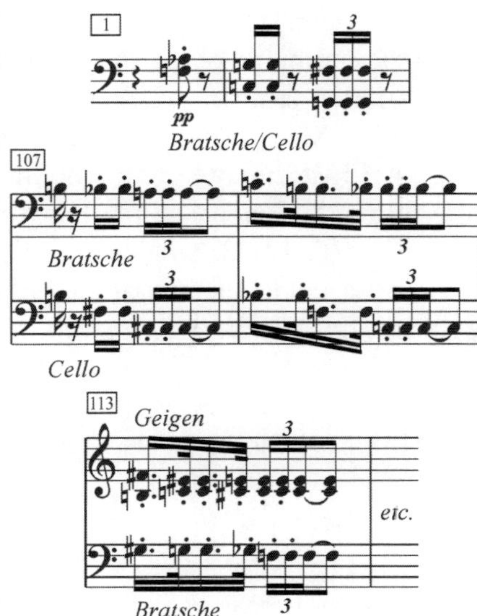

In den zwei Abschnitten der Reprise (T. 104-151 / 152-178) kehren die Komponenten der Exposition in neuer horizontaler Anordnung und veränderter vertikaler Kombination wieder. Als Einleitung wird die oben erneut gezeigte Begleitung aus T. 1 von Fragmenten der Duofigur und des Rezitativs unterbrochen; Berg verbindet hier also Elemente aus den ersten Segmenten von Hauptthema und Seitensatz.

Bei *Tempo II* greifen die drei höheren Instrumente die Einführung von M2 mit M1-Antwort aus T. 9-10 fast tongetreu auf. Wie dort folgt auch hier eine Verarbeitung der Dreitongeste in ihrer ursprünglichen Gestalt und ihrer Umkehrung, kontrapunktiert und gegliedert von Einwürfen des Hauptthemakopfes. Ähnlich wie in der Exposition, aber meist an anderer Stelle, verbindet Berg die verschiedenen Komponenten mit rhythmisiert gespreizten Pendeln und chromatischen Übergängen. Im Höhepunktsegment (T. 137-147) besinnen sich alle Stimmen auf den M4-Kopf, dessen polyphones Spiel sie mit vielen Wechseln des Tempos und unerwarteten Übergängen ins Pizzicato oder Spiccato neu beleuchten. Im viertaktigen Übergang zum zweiten Reprisenabschnitt ertönen die vorerst einzigen Erinnerungen an den Seitensatz: der Kopf der M3-Umkehrung im Cello mit variierter Imitation durch die in Großterzparallele geführten Geigen und darüber der (synkopisch verschobene) Ganztonabstieg als Quintparallele der Geigen mit Imitation im originalen Rhythmus durch eine Großterzparallele von Cello über Bratsche.

Der zweite Großabschnitt der Reprise beginnt erneut mit der aus T. 1-2 entwickelten neuen Rhythmusfigur, die hier in kanonisch gestaffelten Einsätzen ertönt, ergänzt um den Hauptthemakopf in der tonalen Lage von T. 0-1 und den Nachsatzkontrapunkt aus T. 6-7. Die folgenden 21 Takte entsprechen in ihrem Aufbau dem dritten Segment der Exposition: Die Schlussgruppenkomponente M5, erneut eingeführt zu nachschlagenden Synkopen der anderen drei Instrumente, umrahmt ein dichtes polyphones Gewebe, bei dem die führende Seitensatzkomponente M3 nun nicht wie zuvor mit der Duofigur aus T. 42-43, sondern mit dem zu Sechzehnteln augmentierten und teilweise in Großterzparallele geführten Hauptthemakopf kontrapunktiert wird. Im Ausklang zum *pppp* schließlich greift Berg alle Figuren, Spieltechniken und Klangfarben des Expositionsschlusses auf. So sind die rahmenden Taktgruppen des zweiten Reprisenabschnitts sowie ein Ausschnitt nahe der Mitte als variierte Wiederaufnahmen gut erkennbar:

vgl.T. 158-165[7], 172-174, 177-178 mit T. 59-66, 0-5, 76-79.

[7]Dabei sind T. 161-162 eine Echowiederholung von T. 159-160.

Die verbleibenden acht Takte fungieren auf der Ebene des Sonatensatzes als Coda, auf der Ebene des thematischen Materials als schrittweise Rückkehr zu einer Art Urzustand. Tonal bereitet Berg diesen Schlussabschnitt vor, indem er im Verlauf des zweiten Reprisenabschnitts durch chromatische Segmente im Cello und die in deren Zieltönen angedeuteten 'Kadenzschritte' eine unterschwellige tonale Stringenz erzeugt. Die Verwendung dieses Begriffes setzt allerdings voraus, dass in einer freitonalen Komposition überhaupt ein tonaler Ankerpunkt ausgemacht werden kann. Als Kandidat für Tonschritte, die diesen etablieren könnten, bietet sich der eröffnende Quartenfall des Cellos in T. 1-2 an. Dessen Zielton *g*, der im Ganztonausschnitt des Hauptthemakopfes fehlende Ton, repräsentiert nach Dietmar Hollands Vermutung die 'Tonika' des Satzes. Die Tatsache, dass die fundierende Geste zu Beginn der Reprise und am Schluss der Coda wiederkehrt, bestärkt diese Annahme.

Die chromatisch fallenden Linien im Cellopart des zweiten Reprisenabschnitts zielen auf die Töne *e*, *a* und *d*.[8] Zusammen mit dem vermuteten Ankerton des Satzes wären sie im traditionellen Harmonieverständnis als *e–a, d–g* oder VI-II, V-I zu lesen. Interessanterweise hinterfragt Bergs Cello jedoch ausgerechnet das *d*, den Repräsentanten der angenommenen 'Dominante', mit *des*, dem Tritonus über *g* und damit einem weiteren intervallischen Grundpfeiler des Satzes. Dieses *des* ertönt sowohl in T. 172 als Zielton einer chromatisch fallenden Linie als auch überwältigend oft in der Coda, wo es in T. 179 den ersten aktiven Ton des Cellos und in T. 182 (als *cis*) den Abschluss des die Coda eröffnenden dreitaktigen Segmentes mit seiner variierten M1-Augmentation bildet. So ist es nur konsequent, dass auch der Abschluss der Coda, in dem der Hauptthemakopf und die ihn empfangende kadenzierende Geste ins höchste Register versetzt sind, mit dem Ton *des* angereichert ist:

Streichquartett I: Der Abschluss des ersten Satzes

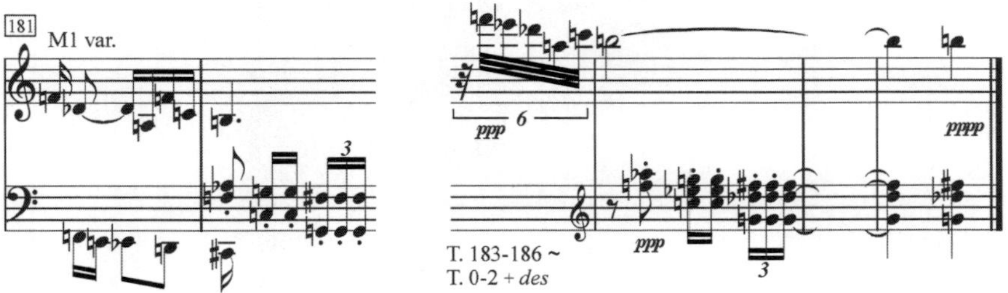

[8]Vgl. Cello T. 152-158: *b-a-as-g-ges-f—e*; T. 164-170: *g-fis-f-e-es-d-cis-c-h-b-a*; und wie im Wettstreit zwischen zwei Zieltönen, T. 171-175: *e-es-d-des, fis-f-e-es-d, f-e-es-d.*

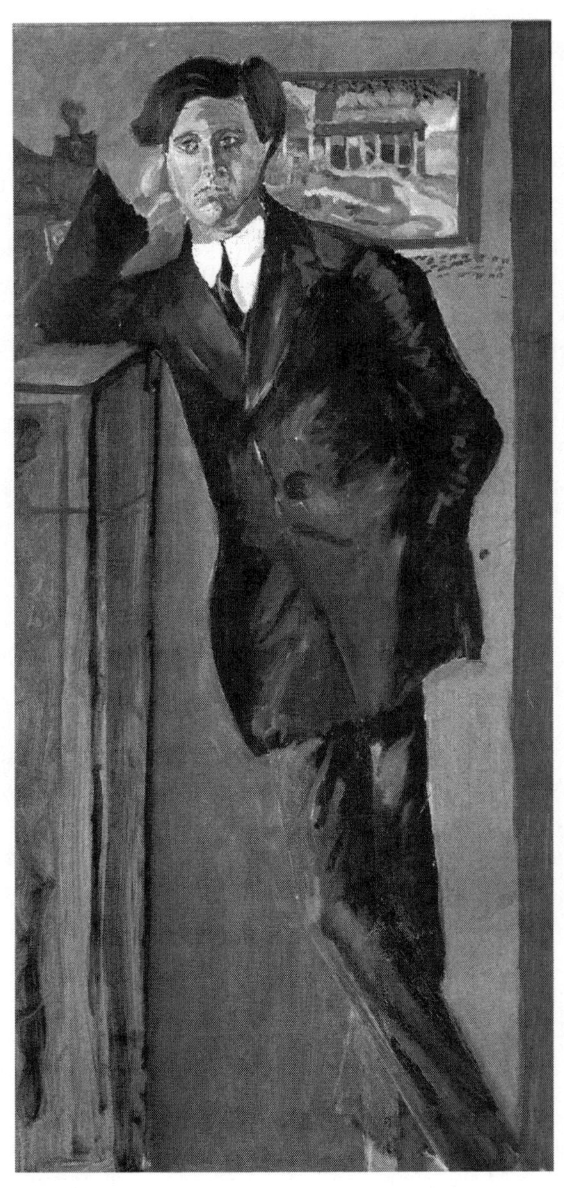

Alban Berg, porträtiert im Jahr 1910
zur Zeit der Entstehung des Streichquartetts
von seinem Lehrer und Mentor Arnold Schönberg

II

Der in seinem Grundtempo bewegtere zweite Satz basiert auf einem wesentlich freieren Bauplan als der erste. Adorno bezeichnet ihn im Vorspann seiner Analyse als Rondo,[9] löst diese Ankündigung jedoch nicht wirklich ein und spricht stattdessen von "Durchführung" und "Reprise". Floros geht davon aus, "dass Berg auch bei der Konzeption dieses Satzes den Grundriss der Sonatensatzform, die er mit rondoartigen Elementen bereicherte, vor Augen hatte".[10]

Tatsächlich fallen mehrere Segmente ins Auge, die in Tempo und/oder Stimmung von ihrer Umgebung abgesetzt sind und ohne die thematisch führenden Komponenten verlaufen. Damit scheinen sie auf Episoden oder Couplets zu verweisen, die in einem typischen Rondo von einem wiederkehrenden Refrain gegliedert würden. Der Refrain jedoch ist hier keineswegs eindeutig, vor allem bezüglich der Frage, durch welche Komponente er thematisch repräsentiert wird. Ist es, wie Adorno nahelegt, die Arabeske, mit der die 1. Geige in T. 1-2 den Satz *f sehr heftig* eröffnet und die sie in T. 48-50 und T. 152-154 in derselben Lage aufgreift? Oder ist es vielmehr, wie Floros meint, das prägnante Bassthema, das Bratsche und Cello in T. 4-6 vor dem Hintergrund einer mit Flageoletts eingefärbten Tonwiederholung einführen? Und welche Rolle spielen für die Struktur die schon am Satzanfang vorausgenommenen Ableitungsformen dieser beiden Themen? Wie die weitere Analyse zeigt, vertraut Berg die Führungsrolle der Refrains offenbar den beiden Konturen an – eine Rolle, die sie im Eröffnungsrefrain gemeinsam, später im freien Wechsel ausüben.

Refrainthema 1, die Arabeske der 1. Geige, basiert auf chromatischen Clustern. Verbindet man den Krebs des Dreitonfalles mit den folgenden sieben Tönen und ignoriert die Oktavversetzungen, so erhält man eine zehntönige, durch eine übermäßige Sekunde unterbrochene Skala. Im ersten Einsatz ergänzen Bratsche und Cello die fehlenden Halbtöne *h* und *c*.

Streichquartett II: Refrainthema 1 (Rth 1)

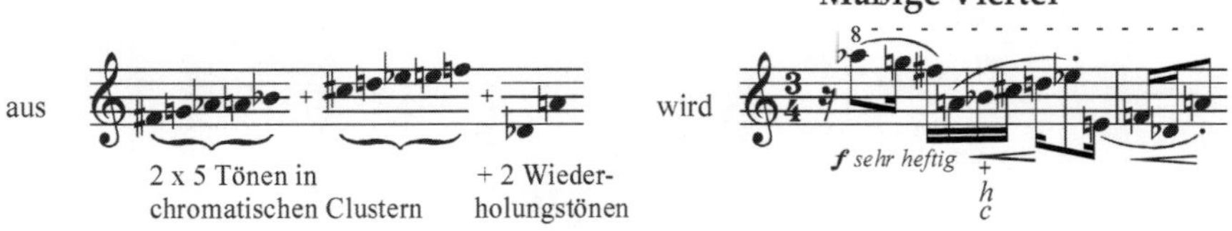

[9]Adorno, *op. cit.*, S. 69.

[10]Floros, *op. cit.*, S. 162.

In Refrainthema 2 steigert Berg die Intensität (durch das Unisono der tieferen Instrumente), das Tempo ("Bewegter") und die Dynamik (*fff*). Diese majestätische Komponente hat zwei unterschiedliche Vorläufer. Der aus der Ganztonleiter GT-*c* gewonnene fünftönige Kopf ist tonal eng verwandt mit dem Nachsatzkontrapunkt im Hauptthema des ersten Satzes: Beide durchlaufen eine große Terz, einen Tritonus und zwei Ganztonschritte innerhalb eines Tritonusrahmens. Und ähnlich wie sich im ersten Satz die tonal verwandte Komponente als Kontrapunkt zum Nachsatz des Hauptthemas aufschwingt, ertönt im zweiten Satz zur Verlängerung des ersten Refrainthemas eine Antizipationsvariante des zweiten Themas. In ihr führt Berg eine neu rhythmisierte Quinttransposition des Themenkopfes in die untransponierte Dreitongeste mit geändertem Abschlusston.

Streichquartett II: Refrainthema 2 (Rth 2) mit Vorläufern

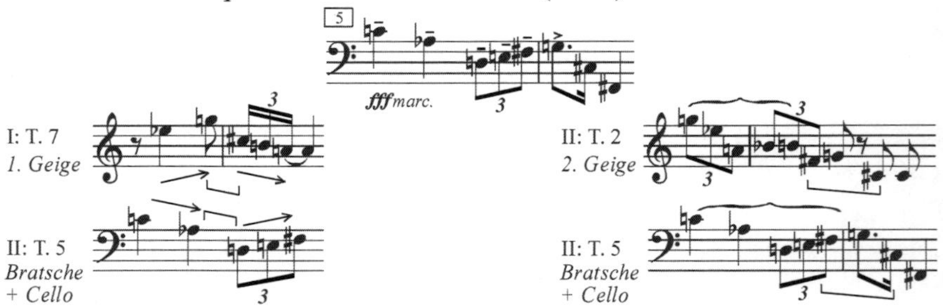

Am Ende des Eröffnungsrefrains fügt die über den anderen Stimmen liegende Bratsche auch für Rth 1 eine Variante hinzu. Die Ähnlichkeit ist zunächst vor allem gestisch, da die Halbtöne zu Ganztönen vergrößert sind und der Schluss gänzlich abweicht. Doch wird die Verwandtschaft im Verlauf des Satzes bestätigt, indem die synkopisch crescendierende Tonwiederholung, die diese Variante stets einleitet, später auch allen Wiederaufnahmen des originalen ersten Refrainthemas vorausgeht.[11]

Streichquartett II: Refrainthema 1-Ableitung und Anfangsverlängerung

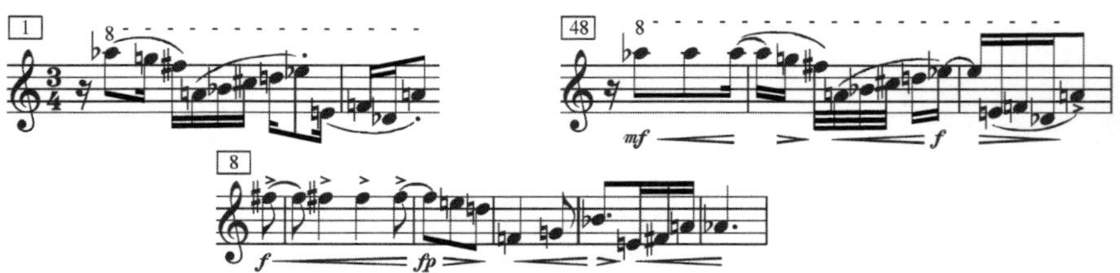

[11] Im vorletzten Refrain leitet Berg sogar Rth 2 mit einer Variante dieser synkopischen Tonwiederholung ein; vgl. in T. 207-209 das über den anderen Instrumenten klingende Cello.

Akzeptiert man die Annahme einer alterierenden Refrainrepräsentanz durch die beiden oben erläuterten thematischen Komponenten, so ergibt sich für einen ersten Überblick die folgende Gliederung des Satzes:

ab T.	1	4	23	48	61	152	182	207	224
	Rth 1	Rth 2	Rth 2	Rth 1	Rth 1	Rth 1	Rth 2	Rth 2	Rth 1
	Vl. I	Vla/Vc	Vl. II	Vl. I	Vc	Vl. I	Vl. I	Vc	Vc

Im Hintergrund und als Verlängerung der zwei Themen und ihrer Ableitungen führt Berg zwei Prozesse ein, die von der Idee des Pendels inspiriert sind. Beim ersten handelt es sich um die schon aus dem Kopfsatz des Werkes bekannten rhythmisierten Pendelpassagen mit chromatischer Spreizung, die sich auch hier in der Verlängerung verschiedener Komponenten finden, z.B. nach Rth1 und Rth 2 in den ersten Takten:

Streichquartett II: Rhythmisierte Pendel mit chromatischer Spreizung

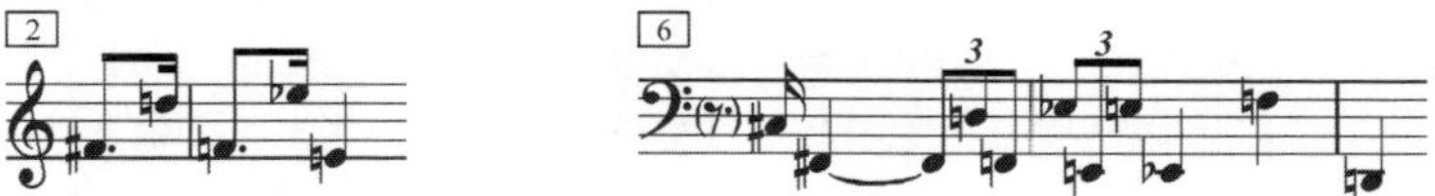

Der zweite flächige Prozess erklingt erstmals in T. 4-8. Es ist eine Art Klangkissen: eine ausgedehnte Tonwiederholung, die – von den Geigen initiiert, von der Bratsche weitergeführt – mit nachschlagenden Flageoletts eingefärbt ist und später durch chromatische Bewegung der *ordinario* gespielten Töne ebenfalls gespreizt werden kann.

Streichquartett II: Das flageolettgefärbte Klangkissen

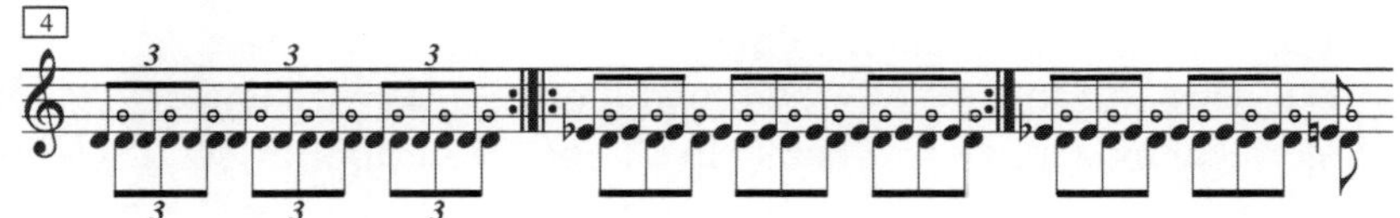

Dies ist das primäre thematische Material des Satzes. Bevor auch die wiederkehrenden sekundären Komponenten in den Blick genommen werden, bietet es sich an, aus den bisherigen Erkenntnissen erste Schlüsse zu ziehen. Im Vordergrund steht die Beobachtung, dass sich in der Abfolge der Refrainthemeneinsätze zwischen T. 61 und T. 152 ein auffällig großer Abstand zeigt. Auch legen die weiteren Auftritte des flageolettgefärbten rahmenden Klangkissens Korrespondenzen nahe, die Auskunft über die Struktur des Satzes geben können. Es gilt also, den möglichen Zusammenhang zwischen der "Lücke" in der Reihe der Refrainthemeneinsätze und Ort und Art der Einsätze des flageolettgefärbten Klangkissens zu eruieren.

Die erste Wiederaufnahme des Klangkissens folgt unmittelbar auf den in T. 61 beginnenden Refrainthemaeinsatz. In T. 65 initiiert die Bratsche eine wie zuvor triolisch angelegte Tonwiederholung auf *d* im Wechsel von *ordinario* und Flageolettgriff. Die 2. Geige übernimmt das Muster ab T. 67 mit Liegetonunterbrechung und ohne chromatische Spreizung, crescendiert kurz und verklingt dann zusammen mit den drei anderen Stimmen nach dreitaktigem *rit. e dim.* ins *ppp*. Das darauf abrupt folgende *sffz* im vierstimmigen Unisono und der Tempowechsel zu "Sehr bewegt" deuten auf den Beginn eines neuen Abschnittes ab T. 73 hin.

Auch im Rahmen dieses zweiten Großabschnittes spielt die flageolettgefärbte Tonwiederholung eine rahmende Rolle. Sie erhebt sich in der Bratsche aus dem gemeinsamen *g*, wo sie im Verlauf von T. 74-77 eine Spreizung über *as*, *a* und *b* zum *h* vollführt. Schon bevor die Bratsche sich zu einem ersten *as* erhebt, setzt die 2. Geige mit diesem *as* zur Auftaktfigur *as↗es↘d* ein und entwickelt aus dem Zielton eine Imitation der Tonwiederholung mit Spreizung. Die kanonartige Staffelung setzt sich mit der 1. Geige und dem (über den anderen Instrumenten tönenden) Cello fort. So erklingt in T. 73-79 ein in der Quintfolge *g-d-a* aufsteigendes Klangkissen, das die 2. Geige nach kurzer Unterbrechung erneut aufgreift und über dem Ton *e* in T. 82-89 mit Spreizung bis zur großen Sext verlängert.

Auf diese umfangreiche, durch eine Quintfolge aufsteigende Variante folgt erst in T. 149-151 der nächste Einsatz des Klangkissens. Er ist als stark verkürzte Umkehrung des vorigen konzipiert: Die auf das Cello beschränkte flageolettgefärbte Tonwiederholung auf *a-d-g* (mit Zielton *c*) verläuft in fallenden Quinten, und auch die chromatische Spreizung steigt abwärts. Damit schließt sich ein Rahmen um den Abschnitt T. 73-151.

Der verbleibende dritte Großabschnitt des Satzes wird erneut von der flächigen Komponente eingerahmt. In T. 166-172 ertönt in der 2. Geige (mit kurzer Verdopplung durch die Bratsche) die Variante mit Liegetonunterbrechung und ohne chromatische Spreizung, die das Ende des ersten Abschnitts charakterisiert. Als rahmendes Gegenstück am Schluss greift in T. 231-233 auch die 1. Geige die flageolettgefärbte Tonwiederholung auf *d* noch einmal auf.

So ergibt sich für einen Überblick des Satzes ein an die A B A'-Form angelehnter Bauplan mit drei fast gleich umfangreichen Großabschnitten:[12]

A = T. 1-72   B = T. 73-151   A' = T. 152-233

[12] Angesichts der Tatsache, dass die im 3/4-Metrum notierten Takte 1-8 gegenüber den später überwiegenden 3/8-Takten doppelte Ausdehnung haben, ist die Diskrepanz im Umfang sogar kleiner, als es die Taktzahlen nahelegen.

Innerhalb des Abschnittes A finden sich zwei Arten von Passagen, die als Episoden mit den Refrainthemaeinsätzen wechseln. Einige sind von sekundären Komponenten bestimmt, die später aufgegriffen werden; in anderen bleiben alle wiederkehrenden Figuren auf das lokale Segment beschränkt. Wo solch lokales Kontrastmaterial zwei aufeinander folgende Episoden verbindet, lässt es den trennenden Refrainthemaeinsatz nur als Unterbrechung erscheinen. Für die vier Episoden in A sieht dies so aus:

Unmittelbar anschließend an die oben beschriebene Einführung der primär thematischen Komponenten, nach dem Ende der Rth 1-Ableitung in der Mitte von T. 13, stellt Berg zwei neue Kleinfiguren vor, die er mit "führend" markiert: einen hemiolisch punktierten Aufstieg durch eine diatonische Skala gefolgt von einer ebenfalls aufsteigenden Dreiklangsbildung aus großer Terz und Quint. Der hemiolische Aufstieg wird erst in Abschnitt B verarbeitend aufgegriffen; den Terzquintaufstieg dagegen verlängert das Cello zu einer kleinen Struktur, die von den Geigen imitiert wird, jedoch auf diese Episode beschränkt bleibt. Erst in der folgenden Episode entwickelt Berg aus diesem 'Dreiklang', gespiegelt und beidseitig erweitert, die *grazioso*-Figur, die später eine wichtige Rolle spielt.

Streichquartett II: Hemiolische Skala, Terzquintfolge und *grazioso*-Figur

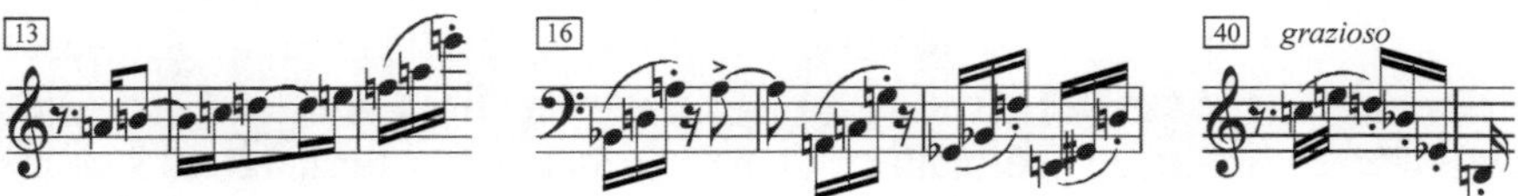

Im Anschluss an den Refrainthemaeinsatz ab T. 23 führt Berg drei kleine Komponenten ein, die sich durch ihre Klangfarbe von der primären Thematik unterscheiden. Die erste ist eine Oktavschwungfigur, die aufgrund ihrer Flüchtigkeit, hohen Lage und Zerrissenheit trotz der Quartenfolge *f-c-g* zu Beginn und des diatonischen Schlussgliedes *a-gis-fis-e* nicht als Kantilene gehört wird. Ihre crescendierenden und accelerierenden Teilsequenzen führen zu einem überraschenden *Molto ritenuto*, in dem wuchtig im *fff* fallende Tritoni in Bratsche und Cello unter vierstimmig am Steg tremolierten Halbtonschritten der Geigen mit zweistufigem, dramatisch diminuierendem Nachhall verklingen. Im neuen Tempo (Langsam) fügt Berg zwei eintaktige Kleinfiguren hinzu, die hier kaum auffallen, aber im weiteren Verlauf des Satzes aufgegriffen werden. Die erste, ein von einem Quartaufsprung unterbrochener chromatischer Abstieg, ist eine Geste in unbestimmt fahl klingendem, mit Dämpfer gespieltem Unisono aus Bratschen-Pizzicato und Bogenholzstrichen im Cello. Die zweite ist die oben gezeigte *grazioso*-Figur mit Imitation in Engführung.

Streichquartett II: Oktavschwungfigur, verhallender Dialog und fahle Geste

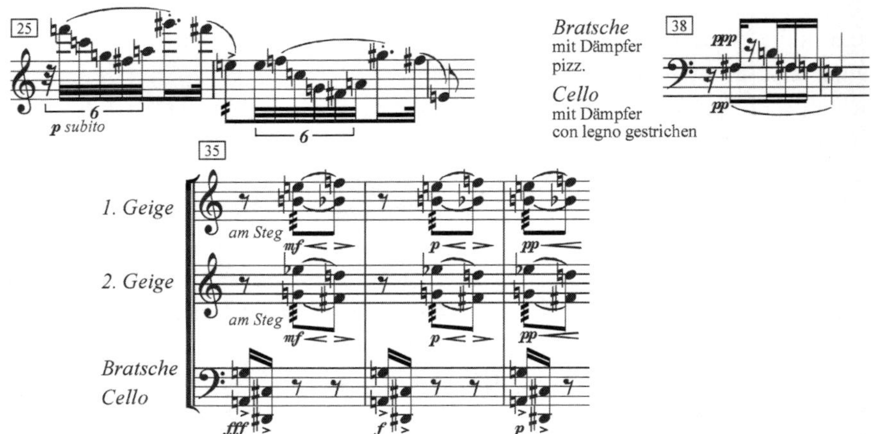

Aus diesen Komponenten des sekundären thematischen Materials einschließlich der beiden Refrainthema-Ableitungen bildet Berg die ersten zwei Episoden. Danach zeigt sich ein deutlicher Wechsel. Die Passage, die mit dem Auftakt zu T. 51 beginnt und bis zum Ende des Großabschnitts A reicht, ist als dreiteilige Form angelegt, in die sich der Refrainthema-1-Einsatz des Cellos in T. 61-63 leise und fast wie verschämt einfügt. Diese 'Doppelepisode mit Refrain-Einsprengsel' wird in ihren Rahmenteilen von gestaffelten Sprüngen übermäßiger Quinten beherrscht.[13] Im Zentrum stehen unter der Überschrift "Breit" ein leiser Dreitakter in komplementärer Sechzehntelbewegung und seine variierte Wiederholung, jeweils eingeleitet von ausladenden konkaven Arpeggiokurven.

Abschnitt B ist mit seinen drei in Tempo und Dynamik deutlich abgesetzten Segmenten als Anlehnung an die aus Sonatensätzen bekannten Durchführungen zu erkennen. Das erste Segment (T. 73-119) verarbeitet äußerst kraftvoll einige der zuvor eingeführten Komponenten. Die Wellenkämme der unruhigen Agogik lauten "Sehr bewegt", "Sehr aufgeregt", "Presto" und "Poco presto", die Dynamik wechselt abrupt zwischen *ff* und *pp.* Thematisch auffällig ist die rhythmische Nivellierung der enggeführten *grazioso*-Imitation in Bratsche und Cello zum begleitenden Ostinato (T. 80-88), der verkürzte 'verhallende Dialog' (T. 92-93) und die vierstimmig kanonische Staffelung der 'fahlen Geste' (T. 112-115). Dazu tritt in der Mitte die Refrainthema-1-Ableitung, die nach zwei Einsätzen in der 1. Geige als Engführung in Bratsche und Cello endet.

[13]Vgl. in T. 49-51 die Oktavimitation *des-a*, in T. 63-64 variiert zu *des-a/e-as, cis-a/e-as.*

Das zweite Durchführungssegment (T. 120-142) verbleibt fast durchgehend im *pp*. Es beginnt "Sehr ruhig und mäßig" mit Viertaktern, in denen ein Instrument nach dem anderen den hemiolisch punktierten Skalenaufstieg aus T. 13-14 aufgreift, begleitet von gleichfalls hemiolisch rhythmisierten Septen- bzw. Sekundparallelen und abgerundet mit Tremolotakten. Fallende Portamenti unterstreichen die leicht wehmütige Stimmung. Nach einer Zäsur ist das Tempo "Noch ruhiger", die Geigen streichen ihre Töne mit dem Bogenholz, und auch die punktierten Skalen kehren ihre Richtung um und fallen, zuletzt chromatisch. Im letzten Viertakter leitet ein abruptes *molto accelerando e crescendo* in das dritte Durchführungssegment über.

Die Rückleitung zur primären Thematik (T. 143-151) greift mit *ff* und "Sehr bewegt" zunächst die Intensität des ersten Durchführungssegmentes auf. Doch schon bald zieht die 1.Geige ihre anfängliche Tongruppe auf ein Sekundpendel zusammen und überführt dieses (in einer auskomponierten Beschleunigung bei gleichzeitigem *molto ritenuto*) in einen Triller, der den bevorstehenden Übergang ankündigt. Dazu verschränken 2. Geige und Bratsche die Umkehrung der *grazioso*-Figur zu einer Ketten-Engführung, die crescendierend in den Abschnitt A' einmündet.

Ob dieser Abschnitt als "Reprise" des ersten aufgefasst werden kann, ist eine Frage des Ermessens. Der Aufbau aus je vier "Refrains" mit nachfolgenden Episodenpassagen ist in A und A' analog, wobei sich nur der Umfang aller Segmente unterscheidet. Für eine Reprise sprechen zudem die tonal identische Eröffnung der 1. Geige mit Refrainthema 1 und die stark modifizierte, aber doch gut erkennbare Variante des "Breit" überschriebenen Episodensegmentes.[14]

Auch dass die sekundär thematischen Komponenten in neuer Anordnung und zum Teil stark modifizierter Form wiederkehren, ist durchaus mit dem Strukturmodell einer Sonatenhauptsatzform zu vereinbaren. Führend ist aufgrund verstärkter Präsenz der 'verhallende Dialog', der den Abschnitt A nur einmal in seiner auf drei Takte beschränkten Grundform gliedert (Notenbeispiel S. 98), in Abschnitt A' jedoch in gleich drei Einschüben erklingt: zunächst im Gewand eines neuen rhythmischen Musters und somit stark verändert und verlängert, beim zweiten Einwurf näher am Original und zuletzt, wie im Rückblick, nur noch als rudimentäres Echo.[15] Ebenfalls verstärkt ist die Variante des zweiten Refrainthemas. Während

[14]Vgl. T. 201-207 mit T. 55-61.

[15]Vgl. die 'Grundform' in A: T. 35, 36, 37 mit den Wiederaufnahmen in A': T. 172-173, 174-175, 176-177 mit Entwicklung, T. 218, 219, 220-221, 222-223 und T. 227-228.

sie in Abschnitt A nach ihrer Antizipation in T. 2-3 nur zweimal aufgegriffen wird, wirkt sie hier betont und zeigt besonders mit ihrem dreistimmig homophonen Einsatz in parallelen übermäßigen Dreiklängen eine ganz neue tonale Farbe.[16] Die *grazioso*-Figur kehrt nach ihrem nivellierten Einsatz als ostinate Begleitung im ersten Durchführungsabschnitt zunächst in ihrer ursprünglichen Gestalt wieder, bevor sie erneut rhythmisch modifiziert wird,[17] und die ‘fahle’ Geste bildet mit ihrer Parallele aus (hier am Steg) gestrichenen und gezupften Tönen einen Rahmen um eine kleine dreiteilige Staffelung.[18] Im Gegenzug reduziert Berg die Präsenz der Oktavschwungfigur. Hatte er ihr zuvor mit fünf Einsätzen viel Raum gegeben, so greift er hier nur die zwei halbtönig verschobenen letzten Einwürfe auf.[19]

Zwei weitere Beobachtungen lenken den Blick auf ein zusätzliches Strukturmodell. Vor dem Ende von Abschnitt A und nach der Eröffnung von Abschnitt A' erklingen Passagen, in denen die prägnanten thematischen Komponenten keine Rolle spielen. In beiden durchzieht die flageolettgefärbte Tonwiederholung auf *d* in ihrer Variante mit Liegetonunterbrechung und ohne chromatische Spreizung jeweils mehrere Takte, und beide sind Teil einer ‘Doppelepisode’, auf deren Binnengrenzlinie ein dynamisch auffallend zurückgenommener Refrainthemaeinsatz als ‘Einsprengsel” ertönt, ohne sie spürbar zu gliedern.[20] Die Kombination erzeugt den Eindruck einer spiegelsymmetrischen Entsprechung, die in der Beziehung zwischen Exposition und Reprise eher ungewöhnlich ist.

Gänzlich neu ist schließlich die fünfzehntaktige Verankerung im Ton *cis* mit beidseitiger Halbtonreibung im ersten Episodensegment von A'.[21] Thematisch sorgt Berg kurz vor Ende des Satzes noch für Überraschungen,

[16]Vgl. die Rth 2-Ableitung in A: T. 44-45 (1. Geige) und T. 47-48 (2. Geige), dagegen in A': T. 186-187 (Bratsche), T. 196-197 (Cello), T. 199-200 (1. Geige/Bratsche/Cello), Cello von 2. Geige imitiert mit Schlussabweichung in T. 200-201.

[17]Vgl. T. 195-196, 198-199, 201-202 und 204 (zweimal in gleichmäßigen Notenwerten).

[18]Vgl. T. 191-194: 1.+ 2. Geige; 2. Geige/1.Geige/Bratsche; 2. Geige + Cello.

[19]Vgl. A: T. 45-46, 46-47 (Bratsche von *b*, 2. Geige von *a*) mit A' T. 187-188, 188-189 (1. Geige von g, Cello von *fis*).

[20]Vgl. T. 154-183 mit T. 61-72, insbesondere den im *piano* gezupften Einsatz der 1. Geige in T. 182-183, der den Ablauf des variierten Zweitakters in den anderen drei Instrumenten (T. 178-179 ≈ 180-181 ≈ 182-183 mit Fortspinnung) nur überhöht, aber nicht unterbricht, mit dem gleichfalls *piano* ertönenden Einsatz des Cellos in T. 61-63.

[21]T. 155-158, Cello: *cis* // 1. Geige—Bratsche—2. Geige: c; T. 159-165, 1. Geige: *cis*; T. 166-169, 1. Geige/Cello: *cis* // 2. Geige (anfangs mit Bratsche) *d*;
T. 170-173, Cello: *cis* // 1. Geige: *d*.
Das *cis* steigt in T. 155-160 durch fünf Oktaven und fällt wieder in T. 166-168.

indem er zweimal den Hauptthemakopf aus dem 1. Satz seines Streichquartettes zitiert: zuerst gefolgt von einer Andeutung der dortigen 'kadenzierenden Untermalung' durch die Bratsche, danach als lineare Übernahme nicht nur des Motivs, sondern auch seiner ursprünglichen Verlängerung mit chromatisch gespreizter Leitton-Umspielung.[22]

Tonal ankert der Satz gut hörbar in *d*, mit sekundärer Verstärkung durch dessen Tritonus *as*. Die Vorherrschaft von *d* ist in den flageolettgefärbten Tonwiederholungen unmittelbar zugänglich. Sie wird zudem am Schluss des Satzes zweifach unterstrichen: Im *Pesante* von T. 218-223 ertönt *d* als Gegenstimme der 1. Geige zum 'verhallenden Dialog' der drei anderen Instrumente, ein indirekter Liegeton in Form dreier in umspielten Oktavsprüngen fallender Taktschwerpunkte. Im Schlusstakt schließlich überrascht das vierstimmig aufschießende Arpeggio mit einem unerwartet konsonanten reinen d-Moll-Zielakkord in der Höhe. Der sekundäre Ankerton *as* durchzieht den Satz dagegen in großräumigen Stufen. Er markiert die prominenten Einsätze des ersten Refrainthemas in T. 1, 61, 102 und 152 und beschließt den Satz auf dem letzten Sechzehntel der Musik mit einem clusterartigen Vierklang unter *as* als Spitzenton.

Adorno erkennt in diesem Streichquartettsatz ein erstes Beispiel dessen, was er als Bergs "latente, spezifische Idee" ansieht:

> Durch die Überlagerung der Rondoform mit der Durchführungsfunktion aber, und ebenso auch die zahlreichen langsamen Interpolationen, die das Haupttempo relativieren, wird Bergs Quartettfinale zu einer Struktur, die konkret mit den herkömmlichen kaum noch etwas gemein hat. Die Berufung aufs Rondo wird dort sinnlos, wo das Rondothema nicht länger das stiftet, woran jene Form selber ihren Sinn hatte, das emphatische Gefühl der Wiederkunft eines Gleichen, gewissermaßen Unverlierbaren, des wahrhaften Refrains. Auch der Hinweis auf Reprisen verschlägt dort wenig, wo die wiederholten Bestandteile selber schon so aufgelöst und abgewandelt sind, dass ihre Identität kaum mehr wahrgenommen wird; wo kein Gefühl architektonischer Symmetrie mehr darauf anspricht. Durch die Komplexität der motivischen Arbeit ebenso wie die sich überlagernden Formideen wird das Stück, trotz und wegen der Gebundenheit jeder Note darin, zu ungebundener Prosa.[23]

[22]Vgl. T. 169-172: 1. Geige = Kopfmotiv mit Bratsche = "kadenzierende" Begleitintervalle und T. 228-231: 2. Geige = Kopfmotiv mit chromatisch gespreizter Verlängerung.

[23]Theodor W. Adorno, *Quasi una fantasia* [*Gesammelte Schriften 16*] hrsg. von Rolf Tiedemann (Frankfurt: Suhrkamp, 1978), S. 420-421.

Das Gesellenstück als Emanzipation

Bis heute gilt das Quartett, das der 25-jährige Alban Berg gleichsam als Abschlussarbeit am Ende seiner Ausbildung bei Arnold Schönberg schrieb, als ein Meilenstein der Moderne. Wie schon Hans Ferdinand Redlich in einer ersten Überblicksstudie schrieb: "Es enthält *in nuce* alle Charakteristiken von Bergs reifem Stil in erstaunlich früher und prophetischer Vorschau der künftigen Eigenentwicklung. Was ihm an lyrischer Zartheit – so charakteristisch für den Berg der *Wozzeck*-Zeit und ihrer Folge – etwa abgeht, das ersetzt es durch explosive dramatische Unmittelbarkeit."[24] Und Mosco Carner fügt hinzu:

> [Das Streichquartett] ist in seiner Neuinterpretation der klassischen Sonaten- und Rondoform, in der thematischen Erfindung, der kontrapunktischen Behandlung und der Manipulation der von Schönberg entwickelten Variationstechnik ein großartiges Werk und wurde als solches beim Salzburger Kammermusikfest gewürdigt. Dass es im Schatten der etwa 16 Jahre später entstandenen *Lyrischen Suite* steht, ist zu bedauern. Bergs op. 3 [...] hat einen jugendlichen *Elan*, eine Frische und Unmittelbarkeit der emotionalen Projektion, die in der weicheren Musik seines späteren Streichquartetts unweigerlich fehlen.[25]

Nach der ersten künstlerisch befriedigenden Aufführung durch das Havemann-Quartett beim Salzburger Kammermusikfest am 2. August 1923, die von Zuschauern wie Kritikern mit großer Begeisterung aufgenommen wurde, beschrieb Berg seiner Frau den eigenen Eindruck von dem Werk:

> Es war künstlerisch der schönste Abend meines Lebens [...]. Trotz meiner großen Aufregung [...] schwelgte ich in dem Wohlklang und der feierlichen Süße und Schwärmerei dieser Musik. Du kannst Dir's nach dem, was Du bisher gehört hast, nicht vorstellen. Die sogenannt wildesten und gewagtesten Stellen waren eitel Wohlklang im klassischen Sinn.[26]

[24] Hans Ferdinand Redlich, *Alban Berg. Versuch einer Würdigung* (Wien: Universal Edition, 1957), S. 62. Redlichs Einschätzung, "dass der II. Satz eine Art Durchführung zur Exposition des I. repräsentiert" (S. 63), wird gern zitiert, wartet jedoch bis heute auf eine Konkretisierung, die über die Beobachtung nur entfernt ähnlicher Thematik hinausgeht.

[25] Übersetzt nach Carner, *op. cit.*, S. 120.

[26] Helene Berg, Hrsg, *Alban Berg. Briefe an seine Frau* (München: Langen,1965), S. 522.

Fünf Orchesterlieder nach Ansichtskarten-Texten von Peter Altenberg op. 4

Drei Jahre nach der Entstehung der *Vier Gesänge op. 2* komponierte Berg 1911-1912 fünf Lieder nach Aphorismen des Wiener Dichters Peter Altenberg (alias Richard Engländer, 1859-1919).[1] Es war das erste Werk, mit dem Berg aus dem übermächtigen Schatten Schönbergs heraustrat, und sein erstes Orchesterwerk nach dem Ende seines Studiums.

Zwei der Lieder, die Nummern 2 und 3, erlebten ihre Uraufführung bereits am 31. März 1913 in einem von Schönberg dirigierten Konzert im Großen Musikvereinssaal, dessen Programm außerdem Anton Weberns *Sechs Stücke für Orchester op. 6*, eine Auswahl von Alexander Zemlinskys *Sechs Gesängen nach Gedichten von Maurice Maeterlinck op. 13*, Schönbergs *Kammersinfonie Nr. 1* sowie das erste von Gustav Mahlers *Kindertotenliedern*, "Nun will die Sonn' so hell aufgehn", umfasste. Zu diesem krönenden Abschluss kam es jedoch nicht, da das Wiener Publikum auf die Ballung moderner Musiksprache in diesem Konzert mit einem derartigen Krawall reagierte, dass das Konzert abgebrochen werden musste und als "Skandalkonzert" in die Geschichte einging.

Für Berg noch bedrückender als der Unmut der bürgerlichen Konzertbesucher war Schönbergs schonungslos geäußerte Kritik an den Liedern. Anlass für dessen Missfallen war offenbar vor allem die aphoristische Kürze der Lieder. Was der frühere Lehrer darüber hinaus beanstandete, ist nicht überliefert; es lässt sich jedoch annäherungsweise rekonstruieren aus einem späteren Brief Bergs an Schönberg, in dem er schreibt:

> Schließlich beherzigte ich natürlich die Kritik, die Sie an der Geringfügigkeit und Wertlosigkeit meiner damals neuen Kompositionen übten und das, was Sie an meinen Auszügen tadelten, in den nun folgenden Arbeiten: den Orchesterstücken und der Kammersymphonie.[2]

[1] Aus Altenbergs Sammlung *Texte auf Ansichtskarten* in *Neues Altes* (Berlin: Fischer, 1919). Zur Beziehung der beiden Männer vgl. David P. Schroeder, "Alban Berg und Peter Altenberg: Intimate Art and the Aesthetics of Life", in *Journal of the American Musicological Society* 46/2 (1993), S. 261-294.

[2] Brief von November 1915; Typoskript im Staatlichen Institut für Musikforschung Berlin.

Die Zurechtweisung entmutigte Berg derart, dass er sich um keine weiteren Aufführungen der Orchesterlieder bemühte. Erst 1952, siebzehn Jahre nach seinem Tod, wurde der ganze fünfteilige Zyklus in Rom uraufgeführt; seither wird er von Kritik und Publikum hoch geschätzt.

Angesichts der Begeisterung, die Schönberg in der Einführung zu Weberns Bagatellen op. 9 speziell für die Kürze in dessen Stücken geäußert hatte – "einen Roman durch eine einzige Geste, ein Glück durch ein einziges Ausatmen auszudrücken" – befremden seine Einwände gegen die Kürze von Bergs op. 4 Nr. 2 und 3. Tatsächlich versuchten sich alle drei Komponisten der Neuen Wiener Schule in den Jahren zwischen 1909 und 1914 an musikalischen Miniaturen. Für Schönberg und Berg blieb dies eine vorübergehende Phase; nur Webern, dessen Naturell die stark komprimierte Äußerung am meisten entgegenkam, blieb länger bei äußerster Knappheit.[3] Ein Überblick über die Länge der in diesem Zeitraum entstandenen Stücke zeigt, dass Bergs Miniaturen keineswegs aus der Reihe fallen:

	Anzahl der Takte
Webern	
Fünf Sätze für Streichquartett op. 5	55, 13, 23, 13, 26
Sechs Stücke für großes Orchester op. 6	19, 27, 11, 40, 26, 25
Vier Stücke für Geige und Klavier op. 7	9, 24, 14, 15
Zwei Lieder nach Gedichten von Rilke op.8	14, 18
Sechs Bagatellen op. 9	10, 8, 9, 8, 13, 9
Fünf Stücke für Orchester op. 10	12, 14, 11, 6, 32
Drei kleine Stücke für Violoncello u. Klavier op. 11	9, 13, 10
Schönberg	
Sechs kleine Klavierstücke op. 19	17, 9, 9, 9, 13, 15
Berg	
Fünf Orchesterlieder op. 4	38, 11, 25, 32, 55
Vier Stücke für Klarinette und Klavier op. 5	12, 9, 18, 20

In Altenbergs äußerst komprimierten *Texten auf Ansichtskarten* geht es um das Verhältnis des Menschen zu der ihn umgebenden und bestimmenden Natur. Mit einem Minimum an Worten schildern die Kurzgedichte die Natur als Verwandte der Seele (Nr. 1) oder als Maßstab des Menschen bei dessen Suche nach Läuterung und aus sich selbst zu gewinnender Kraft (Nr. 2), das All als ein Bezugssystem, in dessen Dimensionen irdische Probleme ihre Bedeutung einbüßen (Nr. 3), menschliche Hilflosigkeit und Resignation angesichts der offensichtlichen Sinnleere und orientierungslos verrinnenden Unbestimmtheit des Daseins (Nr. 4) und den nur in der menschenfernen Natur zu findenden Frieden (Nr. 5).

[3]Vgl. Kathryn Bailey, "Bergs aphoristische Stücke", in Anthony Pople, Hrsg., *op. cit.*, S. 121-133 [121-125].

I Seele, wie bist du schöner

Für das erste Lied im Zyklus wählte Berg einen vierzeiligen Text, in dem Altenberg die wechselnden Stimmungen der Seele analog zu den sich wandelnden Bedingungen der Natur beschreibt.

> Seele, wie bist du schöner, tiefer, nach Schneestürmen.
> Auch du hast sie, gleich der Natur.
> Und über beiden liegt noch ein trüber Hauch,
> eh' das Gewölk sich verzog.

Schneestürme sind bedrohlich; sie bedecken momentan alles Grüne und Blühende, peitschen die Lüfte auf und stellen oft sogar eine Gefahr für das Leben dar. Ähnlich erfährt der Mensch innere Stürme und vorübergehende Eiseskälte. Wenn sie nachlassen, bleibt zunächst eine Bedrückung, eine leichte Verzagtheit angesichts solchen Ausgesetzseins. Erweist sich die Bedrohung jedoch als überwunden, so ist die Dankbarkeit für die Schönheit des Lebens und den wiedererlangten Frieden umso tiefer.

Bergs Vertonung unterlegt diesem Text einen höchst ungewöhnlichen Bauplan. Betrachtet man den musikalischen Verlauf zunächst losgelöst vom Text, so erkennt man eine Sonatensatzform mit

- vertikalisierter Exposition (T. 1-5),
- umfangreicher Durchführung (T. 6-20_2),
- horizontal ausgebreiteter Reprise (T. 20_3-29_2) und
- substantieller Coda (T. 29_3-38).

Bezüglich der Textvertonung dagegen ertönt zunächst ein instrumentales Vorspiel, das sich über gut die Hälfte des Stückes erstreckt (T. 1-20_2), ergänzt von zwei gesungenen Zweizeilern (in der Reprise und den ersten drei Takten der Coda) und einem sehr ruhigen orchestralen Nachspiel.[4] Die Proportionen relativieren sich allerdings insofern, als Exposition und Durchführung in 4/8-Takten stehen, Reprise und Coda dagegen im 4/4-Metrum. Damit ergibt sich eine ungefähre Dreiteilung aus einem Vorspiel von 80/8, dem die Analogie postulierenden Zweizeiler von 72/8 und der Schlussbetrachtung mit Nachspiel von 76/8. Ein wieder anderes Verhältnis erzeugen Bergs Tempi, die mit ♪ = ca. 96 in T. 1-15 beginnen und sich danach sukzessive verbreitern, über ♪ = 80 bzw. ♩ = 40 in T. 18-29 bis zu ♩ = 60 in den ersten drei Takten der Coda und einem ohne Metronomangabe nur als "langsam" charakterisierten Nachspiel.

[4]Vgl. hierzu Nicholas Chadwicks Aufsatz "Thematic Integration in Berg's Altenberg Songs" (*Music Review* 29, S. 300-304), in dem diese formale Tatsache erwähnt, jedoch nicht im Einzelnen ausgewiesen wird.

In der Exposition präsentiert Berg drei thematische Komponenten – allerdings nicht, wie gewohnt, nacheinander, sondern in kontrapunktischer Gegenüberstellung. Die führende, hier als Motiv [a] bezeichnet, besteht aus fünf Achteln in großer anderthalbfacher Wellenbewegung; sie erklingt *portato* in Piccoloflöte und 1. Klarinette, außerdem im Glockenspiel mit synkopisch um 1/16 nachschlagendem Xylophon sowie ornamentiert mit abwärts gerichteten Großterztrillern in einer Hälfte der auf dem Griffbrett streichenden 1. Geigen. Dieses Motiv wird wie alle weiteren Komponenten der Exposition in derselben Gestalt und Instrumentierung mehrfach wiederholt. Da jedoch der 5/8-Umfang nicht kongruent ist mit dem 4/8-Metrum, ergibt sich ein metrisch jeweils verschobener Phrasierungseinschnitt. Es ist bezeichnend für Bergs streng nach innerer Logik konzipierten Aufbau, dass das vierte Ende dieses Hauptmotivs, das mit dem Ende des fünften Taktes zusammenfällt und damit die metrische Ordnung wieder herstellt, zugleich das Ende der Exposition markiert.

Die sonst in Expositionen nachgeordnete Hauptthemaverarbeitung ertönt hier ebenfalls synchron, in anderen Instrumenten aus den Gruppen der Streicher und Holzbläser. Die 2. und 3. Klarinette zusammen mit je einer Hälfte der Bratschen spielen Motiv [a'], die rhythmische Diminution des Hauptmotivs. Da Berg deren Umfang um zwei 16tel-Pausen erweitert, ergeben sich im Zusammenspiel mit der Originalform zehn verschiedene Engführungsdistanzen. In den beiden Flöten (in Flatterzunge) und den geteilten 2.Geigen (im Pizzicato) erklingt dazu die Begleitfigur [x], ein unregelmäßiges Kleinterztremolo *dis-fis*, das sich im Gegensatz zu den Motivformen [a] und [a'] ins 4/8-Metrum einfügt.

Den Holzbläsern und Streichern gegenübertretend stellen die zwei Trompeten im Wechsel eine zweite thematische Komponente vor. Motiv [b] ist dank seines schnellen 3fach-Zungenschlages sehr instrumententypisch. Mit seinem Dreitoncluster *gis-a-g* und seinem Umfang von 3/16 steht es in deutlichem Gegensatz zum langsamen, großintervallischen Motiv [a].

In der dritten Instrumentengruppe, die im Hauptmotiv durch Glockenspiel und Xylophon vertreten ist, stellt Berg ein drittes Motiv und eine weitere Begleitfigur auf. Die Celesta präsentiert Motiv [c], von der Harfe jeweils im Viertelnotenabstand verkürzt imitiert. Die in 32steln huschende Figur ist in ihrem gezackten Verlauf mit Motiv [a] verwandt, in ihrer aus den chromatischen Clustern *g/as/a/b* + *c/cis/d* bezogenen Kontur und dem abschließenden fallenden Ganztonschritt dagegen mit Motiv [b]. Auch ihr 3/8-Umfang gleicht dem von Motiv [b], ist allerdings um 1/16 verschoben. Das Klavier steuert mit einem wiederholten Akkordschlag die Begleitfigur dieser Gruppe bei. Wie [x] ist auch [y] metrisch konzipiert.

Altenberglieder I: Die thematischen Komponenten[5]

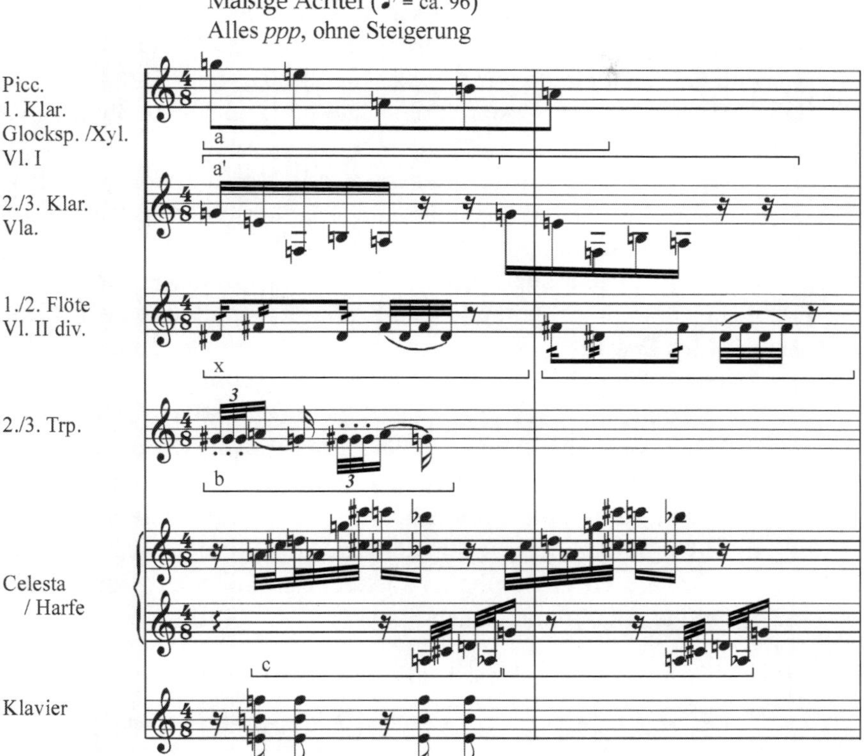

Altenberglieder I: Metrische Staffelung und Kontrapunktik in der Exposition

T. 1 2 3 4 5
a a a a
a' a' a'
x x x x x
b b b b b b b
c c c c c c c
y y y y y

[5]Die Struktur als Sonatensatz und die Anlage des thematischen Materials dieser Exposition mit ihrer konsequent an Instrumentengruppen orientierten Kontrapunktik wird meines Wissens in den bisherigen Untersuchungen zu diesem Lied nirgends erwähnt. Mark DeVoto in seiner bahnbrechenden Analyse des Werkes erwähnt die Motive und ihre Lage im mittleren bis obersten Register, jedoch nicht die bestechende Logik von Struktur und Klang. Vgl. dazu ders., *Alban Berg's Picture Postcard Songs* (S.l., s.n., 1969), S. 8.

Der Durchführungsabschnitt dieser ungewöhnlichen Sonatensatzform gliedert sich in die konventionellen drei Segmente:

- die Verarbeitung der thematischen Komponenten (T. 6-11),
- deren Liquidation mit Steigerung und Höhepunkt (T. 12-18)
- und die Rückleitung zur Reprise (T. 18-20).

Die Verarbeitung des thematischen Materials und dessen Steigerung geschieht auf drei Ebenen:

1. durch sukzessive Aufwärtssequenzierung der fünf Komponenten, teilweise verbunden mit einer Änderung der Intervallstruktur,
2. durch auskomponiertes Accelerando, und
3. durch Herausbildung einer aus Motiv [b] erwachsenden und in das Hauptmotiv [a] mündenden Klangfarbenmelodie, die ab T. 9 von den Bratschen mit vielfarbiger Verdopplung getragen wird. Verstärkt und klanglich variiert durch die gestaffelt hinzu tretenden Stimmen des 2. Fagotts, der drei Oboen und der Celli erhebt sich die Kantilene bis zum Höhepunkt im *fff*, den die anderen Stimmen mit abwärts stürzenden halb-, ganz- und anderthalbtönigen Skalen unterstreichen. In ihrem Verlauf durchschreitet die Klangfarbenmelodie – in konsequenter Abfolge, jedoch ohne die Strenge von Schönbergs späterem Serialismus – alle zwölf Halbtöne der chromatischen Skala.[6]

Altenberglieder I: Die erste Klangfarbenmelodie als Zwölftonreihe

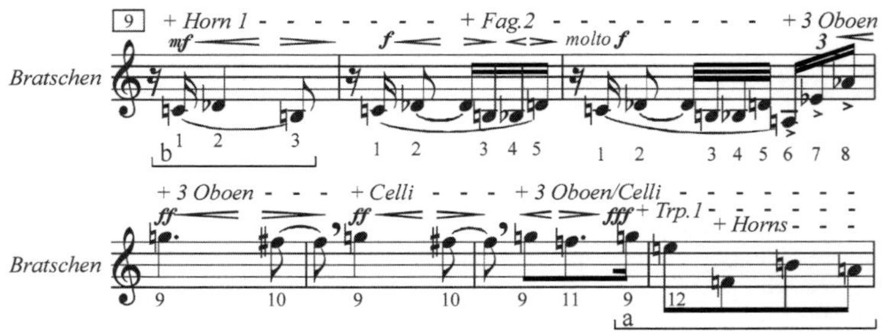

[6]In seinem Aufsatz "Some Notes on the Unknown *Altenberg Lieder*" (in *Perspectives of New Music* 5/1 (1966), S. 37-74 [48]) kommentiert Mark DeVoto diese Zwölftonmelodie mit den Worten: "It is probably the first overtly dodecaphonic melody written by any of the three great Viennese, antedating the much more serially employed twelve-tone melody in *Wozzeck*, Act I, Scene 4, and also the as yet invisible twelve-tone melody in Schoenberg's unfinished *Jakobsleiter*." Vgl. dazu außerdem Rudolf Stephan, *Neue Musik: Versuch einer kritischen Einführung* (Göttingen: Vandenhoeck & Ruprecht, 1973), S. 41: "Indem [...] eine beliebige aus dem zwölftönigen Klangzentrum abgeleitete Tonfolge konstitutiv für die Melodik der Komposition wird, ist eine entscheidende Vorstufe der Zwölftonmusik erreicht."

Im Kontext des erwähnten Abwärtssturzes liquidiert Berg die Motive in den anderen Stimmen durch Verkürzung, Zusammenziehung und rhythmische Beschleunigung zu Tremolo- bzw. Trillerketten. Dieser Gesamtorchestertriller (besser bekannt aus Bergs "Reigen", dem zweiten seiner *Drei Orchesterstücke* op. 6) bereitet im Anschluss an den Höhepunkt der Klangfarbenmelodie den sekundären Höhepunkt zu Beginn von T. 18 vor. Unter letzten Bläsertrillern leitet die hier binnen eines einzigen Taktes von *fff* zu *ppp* verklingende, im doppelten Unisono gesetzte leere Sept *a/g* den dritten Durchführungsabschnitt ein – die Entspannung und Rückleitung zur Reprise, die in T. 20 in großer Ruhe einsetzt.

Wie in allen Sonatensatzformen Bergs stellt die Reprise auch hier das thematische Material der Exposition in ganz neuer Weise dar. Der Unterschied ist vieldimensional: Das Tempo ist langsamer und die Taktlänge verdoppelt; die Instrumente setzen nur allmählich und eher zaghaft ein, behalten dabei auch zunächst noch die Chromatik des Durchführungsendes bei und deuten allein durch vorsichtige dynamische und rhythmische Steigerungen an, dass hier ein neuer Abschnitt beginnt. Der Eintritt des Gesanges, die allmähliche Wiederaufnahme der Expositionskomponenten und die Entwicklung neuer Motive aus den beiden Begleitfiguren der Exposition verleiht dieser Reprise ein ganz eigenes Gesicht, das dennoch die innere Verwandtschaft mit seinem Vorbild nie aus den Augen verliert. Die Singstimme, noch eingebunden in die herrschende Chromatik, tritt mit zwei kaum hörbar gesummten Tönen hinzu, als könne sie sich nur mühsam aus der Sprachlosigkeit des Vorspiels lösen, stellt dann die Anrede der "Seele" über vier Ganztonklänge und umspielt schließlich eine Variante von Motiv [b] sowie eine Paraphrase von Motiv [a],[7] kontrapunktiert vom tongetreu zitierten Motiv [c] im Kontrabass mit imitierenden Celli und Bratschen. Die beiden Begleitfiguren [x] und [y] werden als Schlussglieder in neue Figuren integriert; dazu gleich mehr.

Die dynamische Steigerung, die Berg für diese Reprise vorschreibt – im Gesang vom stimmlosen *ppp* in T. 20 bis zum *ff* in T. 25 – lässt diesen Abschnitt in emotionaler Hinsicht zugleich als ein gerafftes Pendant zur großen Steigerung der Durchführung wirken; die in *sempre ff* zu singende Motiv [a]-Paraphrase steht dabei in direkter Entsprechung zum Motiv [a]-Zitat, das in T. 14-15 im Unisono der Bratschen, Oboen und Celli das Crescendo zum sekundären Höhepunkt einleitet.

[7]Zu "wie bist du schöner" in T. 23 erklingt *as-as-as-d...c*, eine ornamentierte und mit Quartversetzung der Motivhälften veränderte Variante von *gis-gis-gis-a-g* aus Motiv [b]; zu "du hast sie gleich der Natur" umspielt der Gesang Motiv [a] mit *g-e-[cis-e]-f-h-a*.

Diese Parallele wird auf zweierlei Weise bekräftigt. Augenfällig ist dies zunächst durch die Anlage des Orchesterzwischenspiels, das sich in T. 26-29 an die große Steigerung der Reprisenzeile anschließt. Es lässt sowohl hinsichtlich der Durchführungsarbeit der thematischen Komponenten als auch bezüglich seiner rhythmischen Verdichtung und dynamischen wie agogischen Intensivierung eine den Takten 15-18 analoge Funktion erkennen.

Zugleich wird die zweite Hälfte der Reprise über dem zu "Schneestürmen" einsetzenden orgelpunktartigen Paukenwirbel auf *d* durchzogen von zwei Figuren, die in Varianten der beiden Begleitmuster aus der Exposition münden. Die erste geht von der fallenden Sept am Schluss der ersten Gesangszeile aus, die um die quinttransponierte kleine Terz von [x] zur Viertonfigur erweitert wird.[8] Daraus weben verschiedene tiefe Holz- und Blechbläser, erst im Schlussglied verdoppelt von den tiefen Streichern, eine zweite Klangfarbenmelodie. Anders als die erste in T. 9-15 ist diese Kontur nicht zwischen zwei thematischen Komponenten ausgespannt; vielmehr durchläuft sie in neun Varianten eine serialisierte Intervallkette aus kleiner Sept – kleiner Sekunde – kleiner Terz – kleiner Sekunde, wobei jedes Intervall fallen oder steigen kann. Damit durchzieht sie den Hintergrund der "Auch Du"-Aussage und des auf sie folgenden Zwischenspiels in sowohl rhythmisch auskomponierter als auch agogischer Beschleunigung, mit einer Andeutung unerbittlicher Konsequenz, bevor sie wie diese in einen vielstimmigen und wieder breiteren *ff*-Höhepunkt einmündet.

Altenberglieder I: Die zweite Klangfarbenmelodie als serialisierte Intervallkette

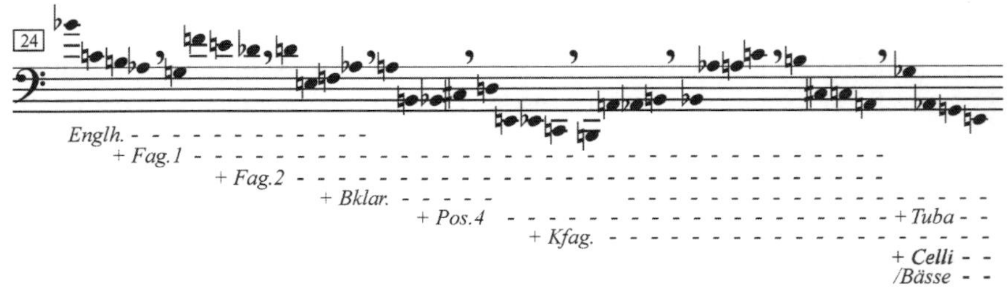

Synchron mit "Auch du" einsetzend, stellen Flöten und Oboen einen Fünftonfall vor. Dieser mündet in eine Transposition der Quint/Tritonus-Schichtung, die das Klavier in der Exposition als Akkord [y] beigesteuert

[8] Der Gesang beendet den ersten Vers mit der vom Englischhorn verdoppelten fallenden Sept *b-c*. Verlängernd spielen Englischhorn und Fagott die Terz *h-as*, eine Quinttransposition des *fis-dis* aus [x].

hat. Diese Figur wird von den hohen Holzbläsern im Zuge des allgemeinen *molto accelerando* fünfmal aufsteigend und in zunehmender Stimmenzahl sequenziert, bevor die sechste Sequenz sich dem plötzlich verlangsamten Höhepunkt der anderen Komponenten anschließt.[9]

In ihrer Schlussbetrachtung zu Beginn der Coda scheint die Singstimme mit einer Dreifachtonwiederholung gefolgt von einem steigenden Halbtonschritt zunächst an Motiv [b] erinnern zu wollen, dessen über einem indirekten Orgelpunkt steigende Linie sie in ständiger Verlangsamung und Intervallvergrößerung bis zur inneren Ruhe verklingen lässt. Dabei nehmen die Töne dieser Kontur das prominente Passacaglia-Thema aus dem fünften Lied des Zyklus, “Hier ist Friede”, voraus – als einen zusätzlichen Hinweis auf die Stimmung wohltuender Ruhe, die sich in dieser Coda einstellt.

Die Coda kompensiert in gewisser Weise das, was der Reprise im Vergleich zur Exposition am deutlichsten fehlt: das ruhige Verharren auf derselben Tonhöhe. Der ganze Abschnitt ankert in dem schon gegen Ende der vorangehenden Steigerung erstmals zaghaft angeschlagenen, dort aber im *ff* der Bläser und Streicher ungehört verklungenen Harmoniumakkord, einer Oktavtransposition des Klavierakkordes aus Begleitfigur [y]. Dieser Klang setzt zur Begleitung der abschließenden Gesangszeile viermal neu an, in jedem Takt ein wenig früher als im vorangehenden, und durchklingt dann das Nachspiel des Orchesters. Nachdem alle anderen Instrumente mit ihren Motivreminiszenzen verstummt sind, bleibt der orgelartige Klang als einziger Ruhepunkt nach dem Tumult übrig.

Auf der Basis der obigen Analyse lässt sich die Beziehung der Vertonung zur Aussage des “Ansichtskartentextes” folgendermaßen deuten: Das große Orchestervorspiel schildert in einem mächtigen Stimmungsgemälde das Psychogramm äußerster Bedrohung, die in eine kathartische Lösung aller Spannung führt. Dem Toben entfesselter Kräfte, in der Textur der Exposition mit ihren polymetrischen Phrasierungen angelegt und in der Durchführung mit ihrer Verschmelzung der Motive zur Steigerung geballt, folgt die plötzliche Ruhe, die die Seele im Gleichklang mit der Natur “schöner, tiefer” klingen lässt. Dies löst in der Seele ein analoges Toben innerer Gewalten aus und lässt sie in der Reprise den Entladungsprozess der Natur nacherleben. Erst die Beruhigung nach diesem zweiten, inneren Sturm ist die eigentliche. Sie befreit die Seele von ihren Spannungen und lässt sie sinnieren über das, was beiden – Natur und Seele – gemeinsam ist.

[9]Flöten und Oboen spielen in T. 25-26 [*es-d*]-*c-fis-h*. Sie enden so mit der Quinttransposition des wiederholten Klavierakkordes *e/h/f* aus [y].

II Sahst du nach dem Gewitterregen den Wald?!?!

Auch in dem Ansichtskartentext, den Berg im zweiten Lied seines Zyklus vertont, geht es um die Analogie von menschlichem Befinden und Naturvorgängen. Erneut fordert Peter Altenberg dazu auf, sich ein Beispiel zu nehmen an der reinigenden Kraft eines 'Unwetters'. Dabei gilt es, die meteorologische Reinigung und Regeneration ins Metaphorische zu übertragen.

> Sahst du nach dem Gewitterregen den Wald?!?!
> Alles rastet, blinkt und ist schöner als zuvor.
> Siehe, Fraue, auch du brauchst Gewitterregen!

Für seine musikalische Deutung setzt Berg hier weder ein bekanntes Struktur- oder Genremodell noch die Charakterisierung mit thematischen Komponenten ein. Vielmehr sind die elf Takte des Liedes geprägt durch große Zartheit (neben einem einzigen *mf* bewegen sich die Stimmen durchwegs zwischen *p* und *pppp*), eine kammermusikalische Besetzung unter der Führung von Instrumenten im 'menschlichen' Register (vor allem Horn und Bratsche/Cello) und auffällige Spiegelungsprozesse. Dazu tritt ein oft verschleiertes, aber umso suggestiveres Kreisen um 'indirekte Zentraltöne' – indirekt deshalb, weil sie streckenweise konsequent ausgespart, aber umso nachdrücklicher umgarnt werden, um an anderer Stelle die Funktion eines Grundtones zu übernehmen.

Der erste indirekte Zentralton in op. 4 Nr. 2 ist *f*. Er erweist sich im Rückblick als Grundton, insofern das Lied mit einem sehr leise gezupften *f* der zwei Solokontrabässe endet. Auch in den bis dahin unbegleiteten Gesang der ersten Liedzeile klingt *f* in dreifacher Oktave aus Klavierbass und Bratschenflageolett als Pausenschlag hinein. Schließlich endet die zehntönige Gesangskontur selbst mit *eis*, dem enharmonischen Pendant zu *f*.

Altenberglieder II: Vers 1 mit geheimem Fokus auf *f*

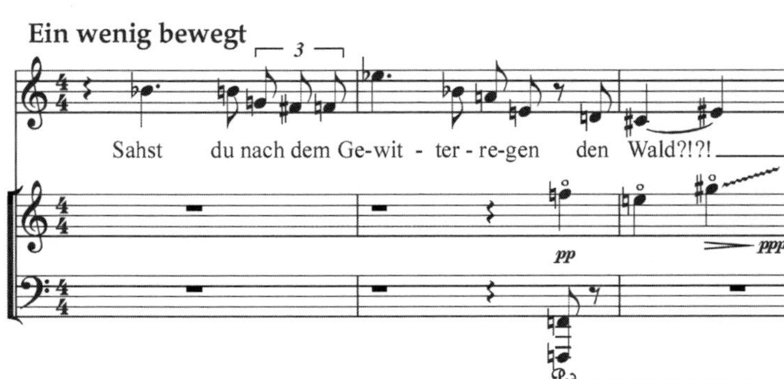

Verstärkt wird dieser Zentralton im Gesang durch den Anfang mit der Quart *b* und den Quartengang *f-es-b* zu "Gewitter", was angesichts der zahlreichen Quartenschichtungen in diesem Lied als gültiges Indiz für tonale Ankerung angesehen werden darf, sowie das (ebenfalls in einem Quartfall erreichte) *e*, mit dem die Gesangslinie vor der kurzen Binnenpause quasi leittönig zum instrumental folgenden *f* hinleitet.

Die zweite Zeile beginnt mit Bergs typischer keilförmig gespreizter Gesangskontur – hier *fis* ↘ *e* ↗ *g* ↘ *es* ↗ *as* ↘ *d* ↗ *a* – die auf *f* als ihren impliziten (bzw. auf das vorausgehende *eis* als stumm nachklingenden) Ausgangston zurückverweist. Danach dienen der crescendierend betonte Terzanstieg *a-c*, der Quartfall *b-f* an exponierter Stelle vor der Pause und der Melodieschluss auf *a* einer ersten Bekräftigung, die in T. 7 unter einer Fermate durch den F-Dur-Nonakkord des Orchesters stabilisiert wird.

Die dritte Gesangszeile schließlich vermeidet den Ton *f* ganz, präsentiert aber umso auffälliger zwei seiner tonalen Bezugspunkte: In T. 8 folgt auf *a-e*, den Quartfall von der Durterz zum Leitton, als variierte Sequenz vor einer neuerlichen Binnenpause die verminderte Quart *es-h*. Da Berg die Kontur nach der Pause mit *b* fortsetzt, wird dieses *h* als sekundärer Leitton zum *b* gehört; die zwei Hälften der Cellogruppe lösen denn auch nacheinander ihr in der Imitation der Singstimme ebenfalls erreichtes *h* zum *b* auf. Dass nicht nur der Schluss der Zeile, sondern schon deren Mitte tatsächlich in Bezug auf *f* konzipiert ist, zeigen auch die Celesta-Arpeggien, die in sequenzierten und dabei anwachsenden Quartenschichtungen auf den Zentralton zielen.[10]

Im zentralen Liedvers kündigt sich der zweite indirekte Zentralton an: *cis*, der einzige von der elftönigen Gesangskontur ausgesparte Halbton. Im Orchester erhält der Ton umso größere Bedeutung: als Zielton der Celli und 2. Geigen ab T. 5 Mitte, als Tonwiederholung im Wechselklang der 1. Geigen ab T. 5 Ende, überlappend fortgeführt erst in der Harfe, dann im Triller des 2. Horns, und schließlich bekräftigt vom 1. Horn sowie als Zielton der sequenzierten Quartenschichtung im Solocello.[11] Als wollte er die Bedeutung dieses Tones durch den Klang der leeren Saite besonders färben, weist Berg die 1. Geigen an: "D-Saite auf Des herabstimmen".

[10]Vgl. Celesta T. 8-9: *a-d, es-as-des, d-g-c-f.*

[11]Schon DeVoto ("Some Notes ...", S. 40) weist darauf hin, dass Berg die sequenzierte Quartenschichtung *e-a-d, b-es-as-des* (mit oder ohne Auflösung im fallenden Ganztonschritt) im ersten Lied als Entwicklung der Celestafigur [c] entwickelt hat (vgl. dazu *Altenberglieder* I, T. 9 über *b* und danach chromatisch ansteigend bis T. 14), bevor er sie im zweiten Lied einfügt und im fünften Lied noch einmal aufgreift (mehr dazu später).

Neben den zahlreichen Quartengängen spielt Berg in diesem Lied mit Klangfarbenketten großer Terzen, deren Imitation jeweils im Abstand einer kleinen Terz – sei es vom tieferen oder höheren Ton des Intervalls aus – erfolgt. Die Intervalle ertönen anfangs in ruhiger horizontaler Brechung, verdichten sich dann zunehmend und treten schließlich nur noch als Zusammenklänge auf. Dabei spiegelt die fallende Fünf-Terzen-Kette in T. 8-11 tonal den Fünf-Terzen-Aufstieg der Hörner und Bratschen in T. 5 und rhythmisch, in ihrer schrittweisen Verlangsamung von 2/8 bis 6/8, die allmähliche Kontraktion aus T. 3-4.

Altenberglieder II: Die Terzenketten

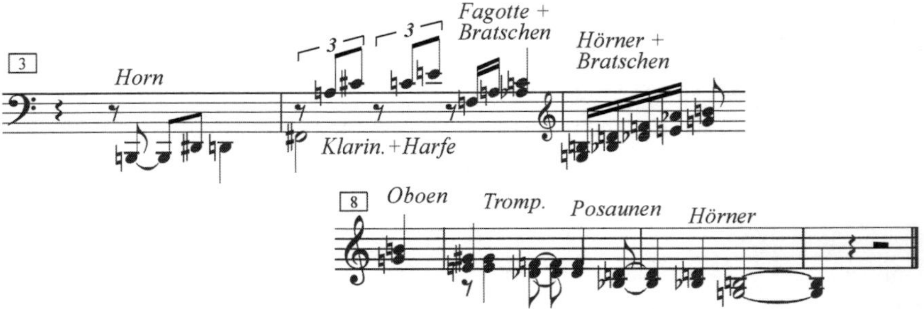

Eine zweite Art der Imitation erklingt in der dritten Gesangszeile – bezeichnenderweise im Kontext des Wortlautes “auch du ...”, der schon im vorausgegangenen Lied die Metaphorik der Natur auf den Menschen übertragen hatte. Zwei Solocelli, sehr leise am Steg spielend und anfangs von den übrigen Celli verdoppelt, bilden mit der gesungenen Kontur einen Kanon im 3/8-Abstand. Eine dritte Art der Spiegelung ertönt zum melismatisch gedehnten Wort “schöner”, zwischen den Terzenketten und der ersten Quartenschichtung: zwei Flöten (T. 5-6), imitiert von zwei Posaunen (T. 6-7), spreizen die zuletzt erreichte Terz *g/h* crescendierend zu *f/es* – womit sie den F-Dur-Nonakkord vorausnehmen – und diminuieren dann zurück zu *g/h*.

Mit all diesen Imitationen und Spiegelungen, die fast das gesamte Tonmaterial des Orchesters erfassen, unterstreicht Berg die Aussage des Altenberg-Textes: Der menschliche Läuterungs- und Selbsterneuerungsprozess wird nur dann erfolgreich sein, wenn er dem der Natur zu gleichen sucht. Wie die Vorherrschaft der im ‘menschlichen’ Register angesiedelten Instrumente Horn, Bratsche und Cello betont, ist der Mensch Teil der Natur und kann nur, wenn er Reinigung und Regeneration zulässt, Ruhe und innere Schönheit finden.

III Über die Grenzen des All

In dem Kurztext Peter Altenbergs, den Berg für das dritte Lied seines Zyklus wählt, weitet sich der Blick des Menschen über die ihn umgebende Natur hinaus.

> Über die Grenzen des All blicktest du sinnend hinaus;
> Hattest nie Sorge um Hof und Haus!
> Leben und Traum vom Leben, plötzlich ist alles aus – – –.
> Über die Grenzen des All blickst du noch sinnend hinaus!

In seiner Sehnsucht nach allumfassendem Verständnis der Wirklichkeit und des Lebenssinnes hat der Mensch sogar die Grenzen des Kosmos zu überschreiten gesucht. Die Muße dafür bietet ihm seine privilegierte Position im Alltag. Doch die Hoffnung auf eine erkennbare Sinnhaftigkeit des irdischen Daseins wird in dieser allergrößten Perspektive erst recht zunichte gemacht; die Lebensbedingungen bleiben endlich und die Gesetze des Kosmos bieten keine Antwort auf letzte Fragen des Menschen. Denn wie die rahmende Abschlusszeile zeigt, bleibt der Mensch auch nach dieser essentiellen Enttäuschung ein Suchender und Träumender.

Die Musik, die Berg für diesen Text entwirft, legt eine Betrachtung aus ganz unterschiedlichen Blickwinkeln nahe. Die Gesangskontur des ersten sowie des fast identischen vierten Verses scheint die Weitung des Blickes nachzuzeichnen: Nach einem Beginn mit zwei chromatisch fallenden Dreitonzügen spreizt sich die Linie bis zur kleinen Sext unter dem Ausgangston und zur kleinen Sept darüber – wobei Berg das "Sinnen" als wesentlichen Aussageaspekt durch ein Melisma hervorhebt. Die Erläuterung der unbelasteten Situation des Sinnenden im zweiten Vers klingt dagegen mit ihrem dreimal wiederholten Großterzaufstieg wie ein Kinderreim. (Im Kontext der naiven Sinnsuche weist diese Darstellung betonter Sorglosigkeit voraus auf das "Hopphopp" des verwaisten Kindes in der letzten Szene des *Wozzeck*.) Die dritte Gesangszeile liefert mit ihrem Beginn in Form einer rhythmisierten Transposition der zwei chromatisch fallenden Dreitonzüge den Bezug zum erhofften Resultat des über alle Grenzen hinaus blickenden Sinnens, die Suche nach dem "Traum vom Leben". Tonlos gesprochen und von aller Einbettung in die Instrumentalstimmen verlassen folgt die Ernüchterung: "Plötzlich ist alles aus".

Entscheidender noch als vom Gesangspart wird dieses Lied bestimmt von der harmonischen und rhythmischen Struktur der Abschnitte sowie den elementaren Texturwechseln. Schon vor dem Gesang einsetzend ertönt als Hintergrund des ersten Verses ein von solistischen Bläsern gespielter Zwölftonakkord, der in jeweils grundlegend veränderter Besetzung viermal wiederholt wird. Die vertikale Schichtung, die als "Klangfarbenakkord" in die Bergforschung eingegangen ist, wechselt ihre Farbe im 4/4-Rhythmus und stellt dabei dem 3/4-Metrum des Liedes (und damit der einleitenden Erläuterung der Singstimme) eine alternative Wirklichkeit gegenüber. Von zwei Ausnahmen im Kontrafagott abgesehen wird dabei keiner der Töne mehr als einmal von demselben Instrument übernommen; vielmehr ändert Berg die Instrumentierung in jeder der fünf Realisierungen des Akkordes so vollständig, dass ein kaum fassbares, unwirklich anmutendes Klangerlebnis entsteht – eine Andeutung dessen, welch unerschöpfliche Vielfalt an Schattierungen und Nuancen im dodekaphonen Zusammenklang selbst bei jeweils identischer Oktavlage der zwölf Halbtöne möglich ist.

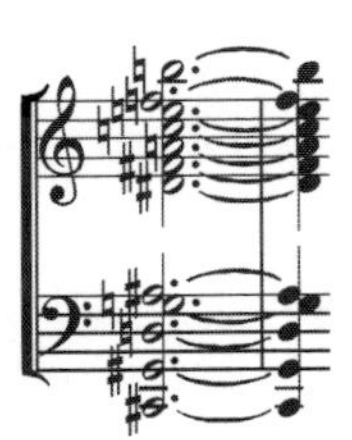

Altenberglieder III: Zwölftonakkord mit Farbwechsel in T. 1-6

		I	II	III	IV	V
12.	*h*$_5$	Es-Klarinette	Flöte	Oboe	Trompete	B-Klarinette
11.	*f*$_5$	B-Klarinette	Es-Klarinette	Trompete	Oboe	Flöte
10.	*e*$_5$	Flöte	Oboe	Es-Klarinette	B-Klarinette	Trompete
9.	*c*$_5$	Oboe	Trompete	Flöte	Es-Klarinette	Englischhorn
8.	*a*$_4$	Trompete	Fagott	B-Klarinette	Flöte	Horn
7.	*fis*$_4$	Englischhorn	B-Klarinette	Fagott	Bassklarinette	Es-Klarinette
6.	*dis*$_4$	Bassklarinette	Englischhorn	Posaune	Horn	Oboe
5.	*ais*$_3$	Horn	Posaune	Englischhorn	Basstuba	Bassklarinette
4.	*g*$_3$	Fagott	Basstuba	Bassklarinette	Englischhorn	Posaune
3.	*d*$_3$	Posaune	Kontrafagott	Kontrafagott	Fagott	Basstuba
2.	*gis*$_2$	Basstuba	Bassklarinette	Horn	Kontrafagott	Kontrafagott
1.	*cis*$_2$	Kontrafagott	Horn	Basstuba	Posaune	Fagott

Nachdem die ersten vier Einsätze des Akkordes dynamisch und agogisch "ohne jeden Ausdruck" gespielt werden sollen, bricht der fünfte mit einem kleinen Crescendo jedes Instrumentes in der Reihenfolge aufsteigender Tonhöhe und im Abstand je einer Achtelnote ab. Die Harmonie verklingt also nicht; sie wird gleichsam weggewischt. Übrig bleibt allein die den höchsten Ton haltende B-Klarinette, die damit ein tektonisch und ausdrucksmäßig ganz konträres Segment einleitet.

Der sowohl rhythmischen als auch tonalen Ruhe der dodekaphonen Akkorde, in die sich auch die Gesangskontur – als nachträglich in eine etablierte Ordnung eintretendes Element – mit ihrer getragenen, frei atonal konzipierten elftönigen Melodielinie eingefügt hat, wird abgelöst durch eine bewegte, spannungs- und emotionsgeladene Atmosphäre.

Diese beginnt in T. 8 nach dem gestaffelten Verstummen der tieferen Akkordtöne, indem die B-Klarinette das Schlussintervall der Gesangszeile, die fallende große Sext, zunächst in der höheren Oktave imitiert und dann mit einer dramatischen Oktavspreizung sequenziert. Weitere synkopisch einsetzende fallende Sexten, verstärkt durch eine nach der Wiederaufnahme des Ausgangstempos deutliche Beschleunigung innerhalb von nur zwei Takten, plötzliche Akzente sowie eine drastische Zunahme der Lautstärke zu *ff* und *sffz* lassen diese vier Takte als eine Explosion starker Emotionen erscheinen, während der Text von Sorgenfreiheit spricht. Ironisch erscheint dabei der von unterschiedlichen Instrumentengruppen aufgegriffene Einsatz zweier Klänge in Tritonus-Terz-Schichtung, mit denen Berg einerseits das Intervall der fallenden großen Sext mit einer jeweils dramatischen Schwellung dreistimmig intensiviert, andererseits dem fast zynisch wirkenden Terzengeklingel der Singstimme den Rückhalt zweier halbverminderter Septakkorde bietet.

Altenberglieder III: Dramatisch fallende Sexten und naive Sorglosigkeit

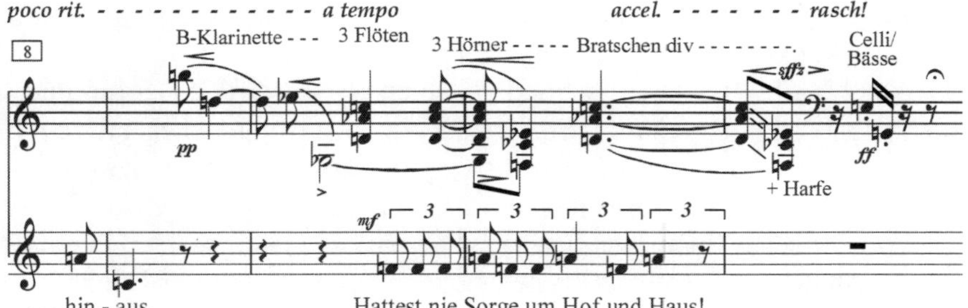

Doch so schnell, wie sich dieser Ausbruch entladen hat, verkehrt sich die Stimmung auch schon in ihr Gegenteil: Das Tempo wird lähmend, mit momentan reinem C-Dur und b-Moll stellt sich trügerische Harmonie ein,[12] und der rhythmische Puls verliert sich in kleinsten Einheiten: Den Vierteln des Liedanfangs stehen in der tonlos gesprochenen Zeile vier- bis sechsmal kleinere Notenwerte gegenüber. Dabei scheint die Musik den größeren Zusammenhang aus den Augen zu verlieren, ganz zu schweigen vom Blick "über die Grenzen des Alls hinaus": Zu Beginn von T. 13 wünscht Berg einen Taktwechsel zugunsten eines 9/8-Metrums, das jedoch in den zäh vor sich hin tickenden Sechzehnteltriolen, mit denen erst die Hörner, dann das Harmonium die b-Moll-Terz wiederholen, kaum nachzuempfinden ist.

[12]Für C-Dur vgl. T. 11-12: Pauke, Fagott, Bassklarinette, Celli und Bässe; für b-Moll vgl. T. 13-14: Fagott, Hörner, Harmonium, Streicher + Posaunen, Harfe.

Auch die Singstimme, die angesichts von "Leben und Traum vom Leben" dem b-Moll-Klang eine variierte Transposition des Liedbeginns bei "Über die Grenzen des All" einzupassen versucht, scheint aus dem Takt geraten, von Pausen zerrissen und dynamisch orientierungslos.

Mit dem Bratschen-Pizzicato zu Beginn von T. 16 kommen nicht nur Aufruhr und lähmende Zersetzung zu einem abrupten Ende, sondern die Musik selbst. Zum tonlosen Sprechgesang der Gesangsstimme schweigen die intonierenden Instrumente (die Bläser sogar für den Rest des Liedes). Nur das allerleiseste Tamtam-Tremolo zeigt an, dass noch ein Abschluss folgen wird.

In den fortdauernden Tamtamwirbel hinein beginnen die Streicher schließlich, aufsteigend im Abstand je eines halben Taktes und verdoppelt von der Celesta, den Zwölftonakkord des Anfangs zwei Oktaven höher als zuvor und im Flageolett neu zu errichten. In die wachsende aber gänzlich spannungslose Harmonie hinein wiederholt die Singstimme sehr verhalten die Melodie ihrer ersten Verszeile – wobei Berg es der Sängerin oder dem Sänger freistellt, das ursprünglich im mittleren Register liegende abschließende *c* zu "[hin-]aus!" im *ppp* zwei Oktaven höher zu singen – und damit eine ganz konkrete Grenzüberschreitung anzudeuten.

Die Musik lässt darauf schließen, welches Menschbild Berg in Peter Altenbergs Vierzeiler erkennt. Eingebunden in die ewig gleichen, sich ewig wandelnden Bedingungen des Kosmos (symbolisiert durch den Zwölftonakkord in wechselnder Instrumentation) weitet der Mensch seinen Blick, von chromatischer Enge in statischer Bewegung zu synkopischer Dehnung und melismatischer Freiheit bei zunehmend größeren Intervallen. Die Selbstbeschwichtigung mit der Betonung des angeblich sorgenfreien Daseins unterläuft das Orchester mit einer Schicht dynamisch und agogisch äußerst aufgeregter Imitationen, deren schnellstmöglich erreichter Explosionspunkt die Versicherungen der Gesangsstimme Lügen straft. Die Folge ist eine Lähmung aller Bewegungen, in die der Gesang trotz allerlei hilfloser dynamischer Anstrengungen verschluckt zu werden droht. In der emotional nicht mehr nachzuempfindenden Dehnung der Takte wird der Mensch zum Spielball seiner Emotionen, ist ausgeliefert und letztlich verloren, wie das Verstummen aller gestimmten Instrumente und der Absturz der Stimme in die Tonlosigkeit unterstreicht.

Erst bei erneuter Versenkung in über den Menschen hinausweisende Sinnbezüge, verkörpert durch die allmähliche Neubildung des kosmischen Zwölftonakkordes, kann der Mensch den Weg zurück finden in die prästabilierte Harmonie seines Ausgangspunktes.

IV Nichts ist gekommen, nichts wird kommen

Der Vierzeiler, den Berg im vierten Lied seines Zyklus vertont, ist erfüllt von Melancholie und der Erfahrung allumfassender Vergeblichkeit. Nach Anreden an die Seele im ersten, eine “Fraue” im zweiten und ein unspezifisches Du im dritten Lied spricht das lyrische Ich hier erstmals für sich selbst. Dabei beschreibt es das Leben als ein Warten auf etwas, das – offenbar von außen und ohne eigenes Zutun – “kommen” muss. Da dies nicht geschieht, bietet sich dem in Passivität gefangenen Ich nur ein nihilistischer Ausblick auf eine zäh fließende Zukunft ohne erkennbaren Sinn. Die Beschreibung des eigenen Haares und Gesichtes deutet auf eine von Selbstmitleid erfüllte, einzig um die Klage über die mangelnde Unterstützung der Welt kreisende Person.

> Nichts ist gekommen, nichts wird kommen für meine Seele.
> Ich habe gewartet, gewartet, oh – gewartet!
> Die Tage werden dahinschleichen, und umsonst wehen
> meine aschblonden seidenen Haare um mein bleiches Antlitz!

Musikalisch vereint Berg in diesem Lied Aspekte aller anderen Lieder des Zyklus, lässt diese jedoch in einem besonders trostlosen Licht aufscheinen, so dass etwas wie ein zutiefst pessimistisches Resümee der vorher ausgeführten Gedanken entsteht.

Zu den ersten Worten des Altenbergtextes erklingt eine Tonfolge, die in enger Verwandtschaft zum Thema der cis-Moll-Fuge aus dem ersten Band von Bachs *Wohltemperiertem Klavier* steht:

Altenberglieder IV: Der Beginn mit Anlehnung an Bach

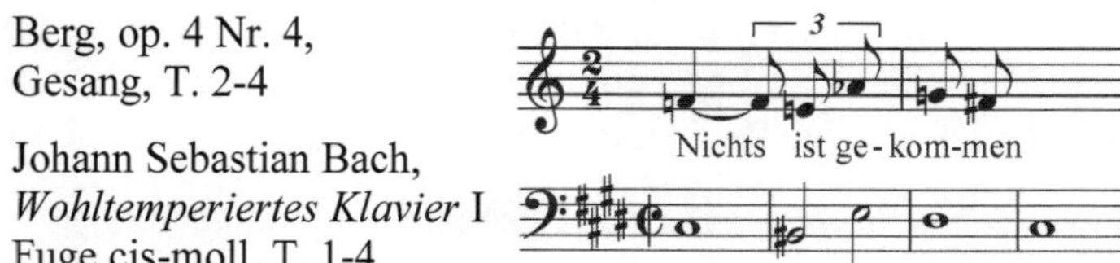

Während jedoch Bachs Thema nach dem spannungsvollen Schritt der verminderten Quart diatonisch in seinen Ausgangspunkt zurücksinkt, endet Bergs intervallisch zunächst identische Linie unaufgelöst mit dem Halbton, der den chromatischen Cluster vervollständigt. Auch die Wiederholung der Kontur, die durch den erweiternden Absprungton zur Sext noch gequälter klingt, scheint zunächst auf dem *fis* ausklingen zu wollen. An die endlich doch noch erfolgende Auflösung nach *f* schließt sich sofort die letzte Teilphrase an, die auf *e*, dem Leitton zum Anfangston, schließt. Es entsteht der Eindruck, die Phrase könnte gleich noch einmal von vorn beginnen, um erneut nach einer Möglichkeit der Auflösung zu suchen. Damit überträgt Berg die oft als Klageschleifen empfundenen Wiederholungen defaitistischer Gesprächspartner in die Gestaltung der Gesangskontur. Im Kontext des gesamten Zyklus wird deutlich, wie sehr sich dieser quälende Zustand unaufgelöster Spannung von der positiven Zielbezogenheit aller Töne auf *f* in der Eröffnung des zweiten Liedes unterscheidet.

Altenberglieder IV: Unerlöstes Kreisen

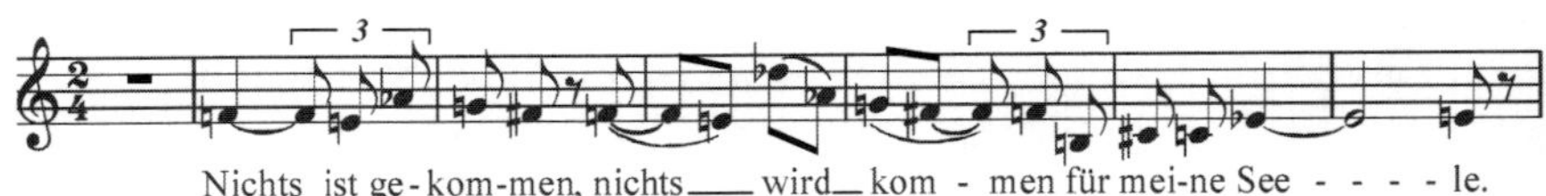

Begleitet wird diese Liedzeile zunächst einzig von einer Soloflöte, die zweimal in großer Höhe ein lang gehaltenes leises b_6 mit leichtem Nachdruck nach h_6 auflöst. Mit diesem Ton stellt Berg einen Zusammenhang her mit dem Schluss des vorausgegangenen Liedes, dessen “All-Harmonie” von demselben *h* vervollständigt wurde. Einen weiteren Bezug zum dritten Lied erzeugt Berg durch den Akkord der Takte 9-15, der von wechselnden Instrumentengruppen in einander überlappenden Einsätzen wiederholt wird. Durch den starken dynamischen Ausschlag jeder Stimme entsteht allerdings hier innerhalb des gleich bleibenden Klanges der Eindruck wogender Erregtheit, der einen krassen Gegensatz bildet zur Statik und emotionsfernen Schattierungsfluktuation der Takte, die dem Sinnen des “über die Grenzen des Alls hinaus” Blickenden unterlegt waren.

Die Gesangskontur, die in diesen Akkord hinein einsetzt, variiert die Tonfolge, die gesungen schon in der Coda des ersten Liedes erklungen war. Sie wird im Xylophon begleitet von einer schlichteren Form, die das instrumentale Thema der Passacaglia im fünften Lied vorausnimmt.

Altenberglieder IV: Varianten einer Fünftonkontur

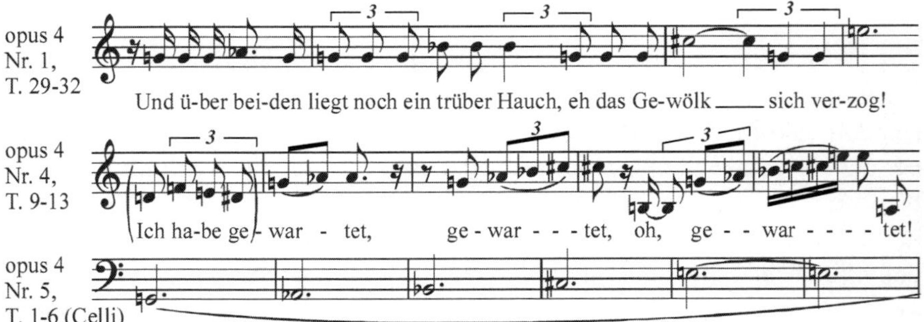

Berg macht sich hier die dramatische Steigerungskraft des Anstiegs in augmentierenden Intervallen zunutze. Im ersten Lied hatte er die Linie, verbunden mit einem rhythmisch auskomponierten Ritardando, zu einer Aussage der inneren Ruhe und Gelassenheit gestaltet.

Auch in den folgenden Takten weist das vierte Lied eine Beziehung zum ersten auf: Die in verschiedenen Modi und polyrhythmischer Struktur absteigenden, in auskomponierte Ritardando-Triller mündenden Holzbläserstimmen erinnern an den Liquidationsabschnitt der Durchführung im dortigen Sonatensatz. Hier jedoch folgt nicht erquickende Ruhe, sondern erstickende Monotonie: Gedämpfte Blechbläser setzen die Ritenuto-Triller fort, der Gesang formt zu den Worten "Die Tage werden dahinschleichen" die Tonfolge des chromatischen Clusters von "Nichts ist gekommen" um, und nach einem plötzlichen *forte*-Stoß der Hörner senkt sich wieder die bedrückende Stimmung eines lang gehaltenen, innerlich jedoch unruhigen Akkordes über das Lied.

Die letzte Gesangszeile ist erfüllt von Resignation. Nach einem sich aufbäumenden Intervallsprung fällt sie in ungleichmäßigen Wellen abwärts, das Intervall zunächst chromatisch füllend und dann ganztönig zum *heses* absinkend, das in *pppp* verhauchend auf *as*, dem tiefsten Ton des ganzen Zyklus, endet. Das Orchester ist nach und nach ganz verstummt. Dies trifft letztlich sogar die drei Oberstimmenkantilenen in Oboe (T. 23-24), Klarinette (T. 25-26) und Flöte (T. 27-31), die einen kurzen Augenblick lang wie verloren über dem stehenden Akkord schweben. Während die beiden ersten chromatisch fallend abbrechen, steigt die Kantilene der Flöte diminuierend und ritardierend wieder auf, um mit dem Halbtonanstieg *b–h* ihre Geste vom Liedanfang – nun eine Oktave höher – aufzugreifen.

Überspitzt ausgedrückt könnte man sagen: Berg charakterisiert dieses Lied durch die Verweigerung charakteristischer Merkmale. Es gibt keine eigene thematische Komponente, keine in sich geschlossene oder stringent entwickelte Form, keine besonderen harmonischen oder rhythmischen Wendungen, die als Eigenart gerade dieses Stückes gelten könnten, keine Besonderheiten der Dynamik oder Agogik, keine koloristischen Effekte – nichts Eigenes. Alle benennbaren Details sind Zitate anderer Lieder, kleine Ausschnitte anderer Gemälde, die hier zu einer neuen Gestalt zusammengefügt werden. Diese verleiht in ihrer quälend ziellosen, nirgends hinführenden Kreisform (vgl. die Beziehung des Endes zum Anfang sowohl des ganzen Liedes als auch der ersten Liedzeile) einem Gefühl Ausdruck, das Altenbergs Aphorismus in den beiden zentralen Worten "Nichts" und "umsonst" zusammenfasst: einem Gefühl von Vergeblichkeit und wegloser Zukunftsperspektive.

V Hier ist Friede

Als abschließenden Text des Liederzyklus wählt Berg einen Fünfzeiler, der den Frieden – und gemeint ist nicht nur der äußere, sondern vor allem auch der innere Friede – an die Abwesenheit der Menschen knüpft. Friede bedeutet hier: Befreiung von einem Leid, das weder vom erlöst Weinenden selbst begriffen noch von einem anderen ermessen werden kann. Die Metapher für den endlich erreichten Seelenfrieden entstammt erneut der Natur: Da das Leid als sengendes Feuer empfunden wird, verspricht die Kühlung durch schmelzenden Schnee die ersehnte Linderung. Die resignative Akzeptanz vermittelt dabei eine Andeutung von Friedhofsstille.

> Hier ist Friede. Hier weine ich mich aus über alles!
> Hier löst sich mein unfassbares, unermessliches Leid,
> das mir die Seele verbrennt ...
> Siehe, hier sind keine Menschen, keine Ansiedlungen.
> Hier ist Friede! Hier tropft Schnee leise in Wasserlachen ...

Berg konzipiert das Finale seiner fünf Orchesterlieder, wie er schon in der Satzüberschrift verrät, als Passacaglia. Mit der Wahl dieser Form, die Frescobaldi und andere Komponisten des Barock oft als Schlusssatz einer Suite wählten, macht er zugleich eine Aussage über das Lied und den Liederzyklus insgesamt: Es handelt sich um Variationen über eine ostinate Tonfolge, die durch die Gegenüberstellung mit anderen Themen zwar vielfache Modifikationen erfährt, sich dabei jedoch als bleibend gültige Grundlage erweist. Der Zyklus als Ganzes, verglichen mit einer Suite, legt somit die Suche nach einem alle fünf Lieder verbindenden Grundgedanken nahe, der – über die bereits erwähnte Gemeinsamkeit der altenbergschen Textinhalte hinaus – die Komposition als eine 'Folge' von Reflexionen mit einer bestimmten Zielrichtung erkennen lässt.

Bevor jedoch diese Frage erörtert werden kann, gilt es, Bergs thematische Arbeit in dieser Passacaglia zu analysieren und dem Zusammenhang zwischen Thematik, Struktur und Textur einerseits und der literarischen Aussage andererseits nachzuspüren. Wesentlich für alle Komponenten ist, dass es sich ausnahmslos um Reminiszenzen der vorausgehenden Lieder handelt, die deren thematischem Material meist notengetreu entnommen, doch oft erst im Kontext dieses Finales in ihrer tieferen Bedeutung erkennbar sind.

Das ostinate Passacagliathema, das Bassklarinette und Celli in T. 1-6 einführen, umfasst fünf Töne, die in ganztaktigen Schritten und nur wenig augmentierten Intervallen aufsteigen: *g-as-b-cis-e*. Es wird *pp (ohne cresc.)*, jedoch in gleichzeitig drei verschiedenen Artikulationsweisen vorgestellt:

legato (auf einem Bogen?) von einer Hälfte der Celli, mit jeweils neuem Zungenstoß für jede Note von der Bassklarinette und in *pizzicato*-Vierteln mit anschließender Pause von der anderen Hälfte der Celli. Die Verbindung von rhythmischer und dynamischer Gleichförmigkeit mit klanglicher Differenzierung bestimmt den Charakter des Themas: Es wächst gelassen und gleichsam organisch aus seinem Grund heraus, wird jedoch zugleich in jedem seiner Schritte präsent.

Die Fünftonfolge hat drei Vorläufer im Zyklus: die zwei bereits erwähnten in der Singstimme sowie eine dritte instrumentale, die in doppelter Hinsicht abstrahiert, jedoch umso umfangreicher ist. Diese (erst im Rückblick erkennbare) früheste Antizipation zieht sich durch das erste Drittel des ersten Liedes, als wollte Berg andeuten, dass sie dem gesamten Zyklus als geheimes Grundthema dient. Das dort führende Motiv [a] ruht in der 'Exposition' des in Sonatenhauptsatzform angelegten Liedes auf *g*, durchläuft dann in den Aufwärtstranspositionen der 'Durchführung' in kürzer werdenden Abständen die Anfangstöne *as, b, cis* und *e*, bis sich die fünf Töne am Ende des großen Crescendos für die Dauer eines ganzen Taktes zu einem Zusammenklang formieren.[13]

Die beiden gesungenen Varianten der Fünftonfolge greifen die in der instrumentalen Version angelegte agogische Anlage auf (vgl. Notenbeispiel S. 120 unten). In der Coda des eröffnenden Liedes umspielt die Singstimme zu den Worten "Und über beiden liegt noch ein trüber Hauch, eh das Gewölk sich verzog" die untransponierte Kontur. Dabei macht sie den Ausgangston *g* als nach jedem Intervallschritt erneut aufgesuchten Repetitionston zu einer Art Orgelpunkt, über dem sich die steigende Linie in zunehmend langsamen Schritten erhebt.[14] Die im vierten Lied erklingende Variante kehrt diesen agogischen Prozess um: Zu den vom Xylophon verdoppelten Worten "(Ich habe ge-)wartet, gewartet, oh, gewartet" stürmt die Fünftonfolge in dreimaligem Anlauf von *g* aus immer weiter nach

[13]Vgl. opus 4 Nr. 1, Motiv [a] in T. 1-5: *g-e-f-h-a*, T. 6-9: *as-f-fis-c-b*, T. 9-10: *b-g-as-d-c*, T. 11-12: *cis-ais-h-f-es*, T. 12 (verkürzt): *e-cis-d*. Berg gestaltet die Motivdurchführung somit als drei vollständige und zwei verkürzte Transpositionen des späteren Passacagliathemas: Ton 1: *g-as-b-cis-e*, Ton 2: *e-f-g-ais-cis*, Ton 3: *f-fis-as-h-d*, Ton 4: *h-c-d-f*, Ton 5: *a-b-c-es*. Auf dem Höhepunkt des Crescendos in T. 14 ertönt der Fünfklang *g/as/b/cis/e* vertikal. Vgl. dazu Mark DeVoto (*Picture Postcard Songs*), S. 55 und Wolfgang Martin Stroh, "Alban Bergs Orchesterlieder", in *Neue Zeitschrift für Musik* 130 (1969), S. 89-94.

[14]Die 1. Solovioline verlängert die Fünftonfolge um zwei weitere Töne, die die wachsenden Intervallschritte mit einem Quart- und einem Tritonussprung ergänzen. Die Celesta verdoppelt die sieben Töne, wobei sie durch Spaltung der Töne in Tonwiederholungen und deren auskomponiertes Rallentando das Versinken ins Nichts erfahrbar macht.

oben, wobei die Segmente diesmal im wachsenden Crescendo eine rhythmische Beschleunigung erfahren, die durch Bergs *poco accelerando* noch verstärkt wird.

In der Passacaglia von Lied V stellt Berg diesen Varianten, in denen er die Spannungsrichtung gegensätzlich ausdeutet, nun eine dynamisch und agogisch neutrale Themenkontur gegenüber, die sich erst im Verlauf des Liedes unter dem Einfluss der kontrapunktierend hinzutretenden Gegenthemen zu vielfältigen Variationstypen differenziert.

Aus dem langen Schlusston des Passacagliathemas erhebt sich in T. 5-9 als erstes Gegenthema im Flötenportato und Harfenflageolett eine ruhige Linie, die sich anfangs chromatisch nach oben und unten spreizt. Die Tonfolge zitiert Ausschnitte der zwölftönigen Klangfarbenmelodie unter Führung der Bratschen, die in der 'Durchführung' des ersten Liedes die Motive [b] und [a] verknüpft, hier ergänzt um ein überzähliges *f*:

Altenberglieder V: Das erste Gegenthema, zitiert aus Lied 1

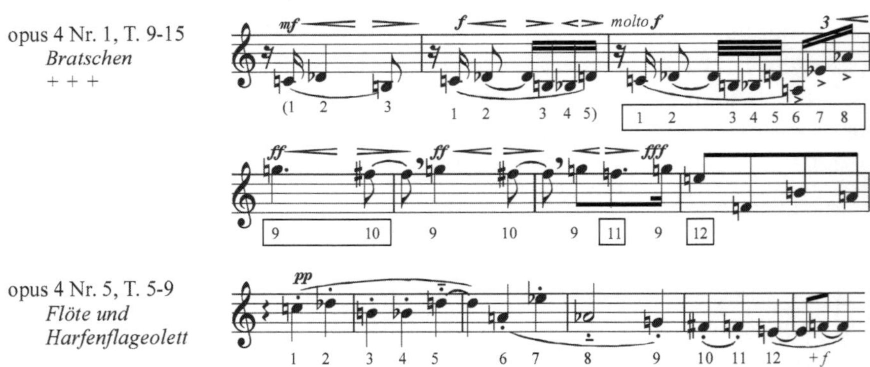

Enggeführt mit dieser Variante der Tonfolge, die im ersten Lied den Höhepunkt des Schneesturmes vorbereitet, hier aber maximal beruhigt klingt, erhebt sich in den Bässen, einer Posaune, einem Fagott und dem Kontrafagott das zweite Gegenthema. Es besteht aus zwei steigenden Quartenschichtungen gekrönt von einem 'Seufzer', der halbtönig fallenden Auflösung des Zieltones. Diese Tonfolge, die Berg in der Durchführung des ersten Liedes als Entwicklung des Celestamotivs [c] antizipiert,[15] hat ihren melodisch prominenteren Vorläufer in der Figur des Solocellos, die das Ende der ersten Hälfte des zweiten Liedes markiert:

[15] Berg entwickelt das Celestamotiv in chromatisch steigenden Schritten, adaptiert aber schon deren ersten (auf *b*) in seiner vierten Wiederholung zur Quartenschichtung und führt diese dann über *h, c, cis, d, dis, es, e, f, fis* und *g* zunehmend verdichtet zum Höhepunkt auf *gis.*

Altenberglieder V: Das zweite Gegenthema, zitiert aus Lied 1 und 2

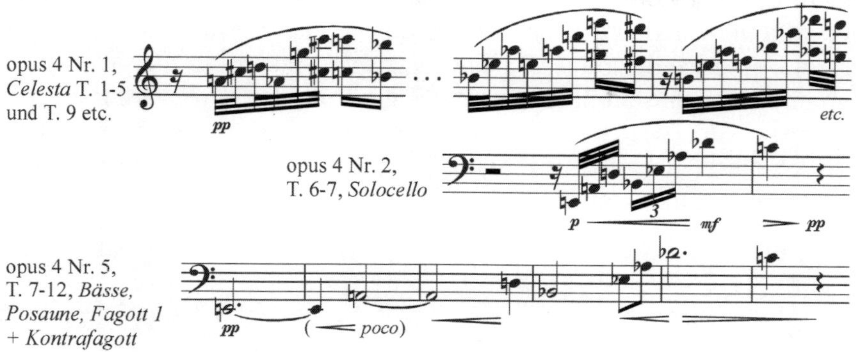

Auch dieses Gegenthema erklingt in der Passacaglia in rhythmisch und dynamisch beruhigter Form, wenngleich es die erste Komponente dieses Liedes ist, der Berg eine gewisse Ausdruckentwicklung gestattet. So ist es denn auch dieses 'Quartenthema', das eine erste Verdichtung der thematischen Arbeit in der Passacaglia einleitet. Während seines dritten Crescendos setzen gleichzeitig sowohl die Bratschen und das 1. Horn mit dem zwölftönigen ersten Gegenthema als auch die Celli und das 2. Horn mit einer Paraphrase des (jetzt durch den Ton *f* ergänzten) Passacagliathemas ein. Akzente im Cello und die synchron ertönende unverzierte Gestalt des Themas im gestopften 3. Horn unterstreichen den Einsatz.

Altenberglieder V: Die Passacagliathema-Paraphrase

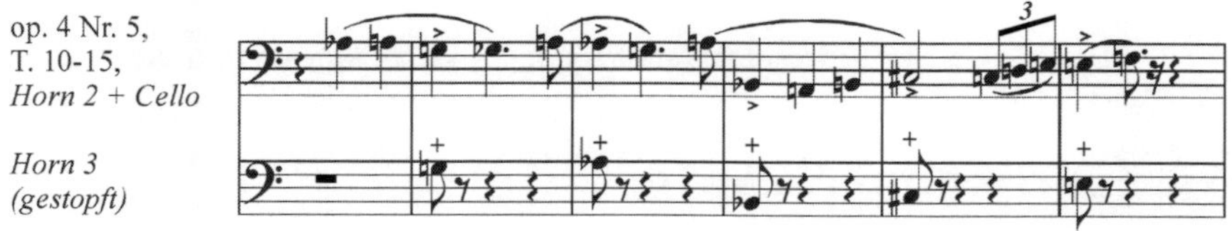

Die Instrumentierung dieses Themeneinsatzes erinnert an die des zweiten Liedes – auch dort stehen Hörner, Bratsche und Celli im Vordergrund des orchestralen Geschehens – und verstärkt damit den bereits durch das Quartenthema angedeuteten Rückblick auf die empfohlene Läuterung im Gewitterregen.

Parallel zu dieser Paraphrase stellt Berg das dritte Gegenthema vor. Es erklingt in einer Oberstimmenkantilene, die in kaum abweichender Gestalt und ebenfalls von der Oboe im dritten Lied eingeführt wurde, geht aber hier von *f* aus, dem der Zwölftonkontur überzählig angehängten Ton.

Charakteristisch ist der bogenförmig gebrochene übermäßige Dreiklang. Auch für diese Komponente enthält das den Zyklus eröffnende Lied eine bedeutsame Antizipation: Die Worte "Seele, wie bist du schöner" in der ersten Gesangszeile ertönen zu einer Variante der Kontur, die sich nur im chromatisch auf- statt absteigenden Beginn und im tonal variierten und ornamentierten zweiten Dreiklang unterscheidet. In der Passacagliaversion ist auch diese Komponente maximal beruhigt und legt erstmals auch der zweiten Bogenform den übermäßigen Dreiklang zugrunde:

Altenberglieder V: Das dritte Gegenthema, zitiert aus Lied 1 und 3

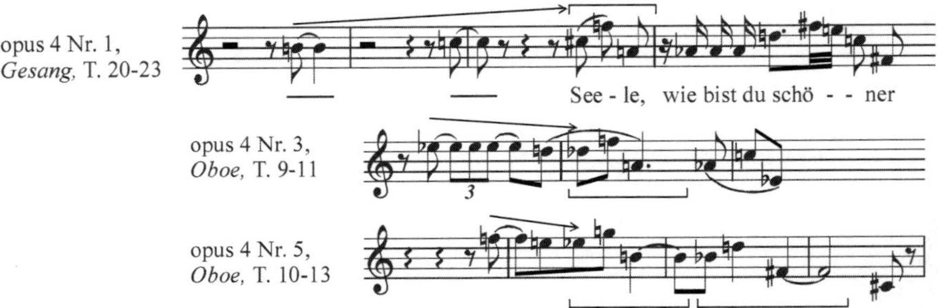

Überlappend mit dem Ende dieses dritten Gegenthemas setzt eine Transposition des Passacagliathemas in jambischer Rhythmisierung ein, *con sordino* gespielt von den 2. Geigen mit zarter Einfärbung durch die Celesta. Zugleich initiiert die Posaune mit dem abgespaltenen Schluss des Gegenthemas ein kurzes Imitationsgeflecht, das den Einsatz des Gesanges mit dem charakteristischen "Friedens-Motto" vorbereitet.

Altenberglieder V: Vom dritten Gegenthema zum Gesangseinsatz

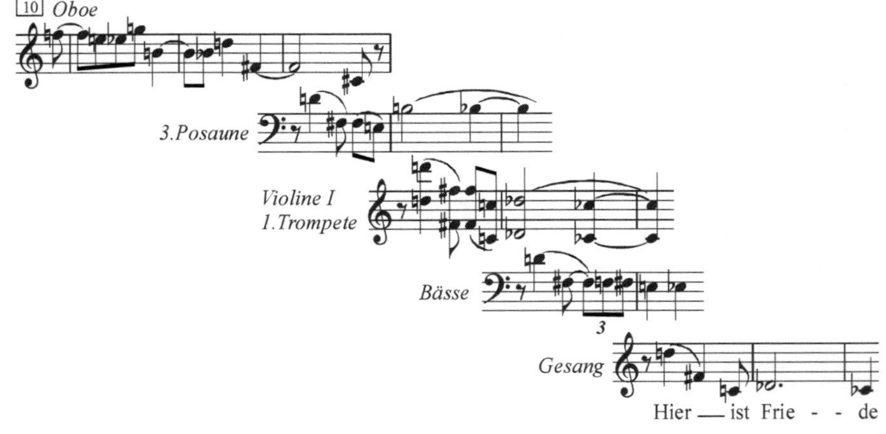

Begleitet wird diese Vorbereitung des Gesangseinsatzes durch eine zweite Motivabspaltung, ein Spiel der tiefen Instrumente mit einem Fünftonfragment (Ton 6-10) aus dem zwölftönigen ersten Gegenthema. Es erklingt ab T. 12 in 1. Horn/Bratsche mit Oktav-Engführung durch die Tuba und ähnlich noch einmal ab T. 17 transponiert in den Celli mit Imitationen im 1. Fagott und Kontrafagott. Durch alles zieht sich eine chromatische Linie, die vom *a3* in Horn und Bratsche eine Oktave bis zum *a2* der Bässe (T. 19_3) absteigend zur Fortsetzung der ersten Verszeile führt. Die zwei Töne, zu denen das Wort "Friede" erklingt – der Kernbegriff dieses Liedes und zugleich das Hoffnungsziel, auf das alle fünf Texte zusteuern – werden eingefärbt von oktavierend fallenden Tupfern in Klavier, Glockenspiel und Celesta.

Die Klage der zweiten Vershälfte beginnt mit der Wiederholung der drei vorausgegangenen Töne. Diese ergänzt Berg, rhythmisch erneuert und teilweise von der Trompete verdoppelt, zum Zitat der ersten neun Töne aus dem zwölftönigen ersten Gegenthema:

Altenberglieder V: Die Singstimme zitiert aus dem ersten Gegenthema

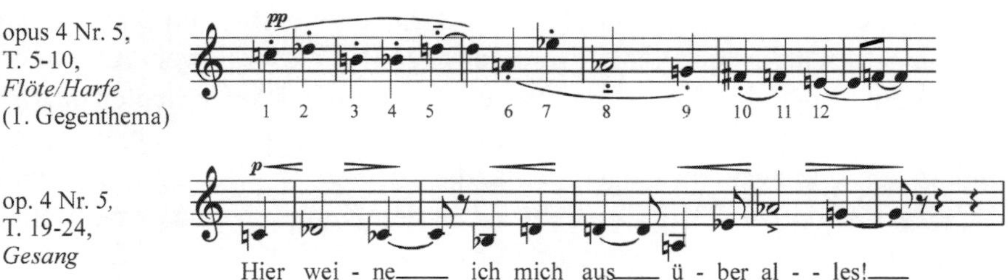

Das Passacagliathema, das zum ersten Segment des Gesanges fehlt, setzt in der kurzen Pause erneut ein (vgl. in T. 18-19 die pausendurchsetzte Kontur der Bassklarinette, mit Repetitionston verdoppelt in der Harfe).

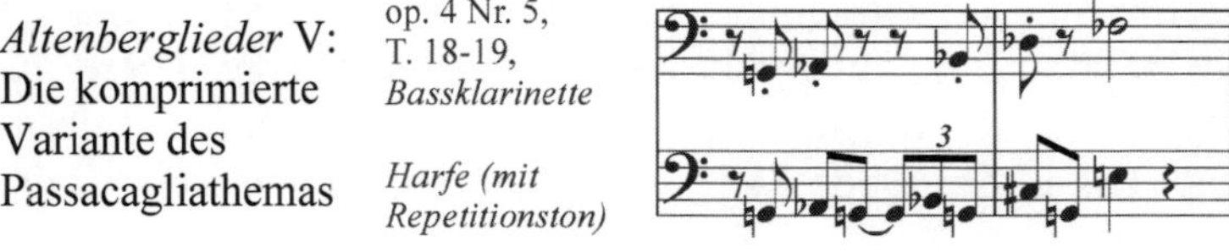

Altenberglieder V: Die komprimierte Variante des Passacagliathemas

Zum oben gezeigten, das "Weinen über alles" ansprechenden zweiten Segment des Gesanges gerät das Passacagliathema in Aufruhr: In fünf Instrumenten – Kontrafagott, 4. Horn, Tuba, Klavier und Harfe – erklingt seine originale Gestalt, in leichte Unruhe versetzt durch Staffelung der Tonschritte. Synchron erzeugen Transpositionen in Sechzehnteldiminution durch vielschichtige Engführung in fast allen anderen Orchesterstimmen eine machtvolle Verdichtung, die Berg mit *poco accelerando* sowie einer dynamischen Steigerung bis zum *sffz* in T. 25 zu einem mächtigen ersten Höhepunkt führt.

Mit dem Ritardando zum *a tempo I* greift nun auch die Singstimme das Passacagliathema auf, indem sie es in größer werdenden Abschnitten rückwärts durchläuft, bis sie zu den Worten "unermessliches Leid", vom Englischhorn verdoppelt, die volle Krebsform erreicht. Leise kontrapunktierend erklingen die Quartengänge des zweiten Gegenthemas (T. 25-27: Tuba-Bassklarinette/Harfe, T. 26-28: Solovioline), das leicht variierte erste Gegenthema in seiner auf neun Töne begrenzten Form (T. 26-29: Solobratsche) sowie kurze Triller in einer Folge aus 1. Klarinette, 1. Flöte und 3. Horn.

Zum Höhepunkt der Verzweiflung über das "Leid, das mir die Seele verbrennt" verlängert die Singstimme den vollständigen Krebsgang des Passacagliathemas über den höchsten Ton von dessen fünftöniger Gestalt hinaus – bezeichnenderweise zu einer vielfachen Repetition des Tones *f*, den Berg schon dem zwölftönigen ersten Gegenthema (sowohl bei dessen Einführung in T. 5-10 als auch in der 1. Variation durch Horn/Bratsche in T. 10-15) erweiternd angehängt hatte, was ihm eine besondere Bedeutung verleiht. Das Orchester füllt den verzweifelten Ruf dieser Erweiterung und die darauf folgende dreitaktige Pause des Gesanges im erneuten *poco accelerando* mit einer dreiteiligen Kontrapunktik aus Passacagliathema und erstem wie zweitem Gegenthema, die auf den *sfffz*-Schlag in reinem A-Dur zu Beginn von T. 35 zustrebt. Allen drei Komponenten gemeinsam ist dabei die Aufsplitterung jedes Tones in eine vielfache, größtenteils sogar von Instrument zu Instrument verschieden ausgestaltete Repetitionsfigur.[16]

In die anschließende, von einem Harfenglissando entrückte Stille hinein setzt der Gesang mit einer Themenverschmelzung ein: Das Segment "Siehe, hier sind keine Menschen" ist eine untransponierte Variante dessen, was im zweiten Lied des Zyklus zu den Worten "Siehe, Fraue, auch du" erklungen war. Beginnend mit "keine Menschen" erwächst daraus eine Variante des in der Oboe begleitenden dritten Gegenthemas mit seinen

[16]Das Passacagliathema erklingt in Piccolo und Xylophon in seiner einstimmigen Grundgestalt (mit Repetitionston *g*), während es von Flöten, Klarinetten, Hörnern, Posaunen, Bratschen und Celli akkordisch unterlegt wird. Das erste Gegenthema beginnt in je einer Trompete und Posaune zu am Steg tremolierenden Geigen, gewinnt im Verlauf weitere Blechbläser hinzu und endet erweitert, wobei Berg dem zuvor eingeführten *f* hier noch ein *e* anhängt. Die Quartengänge des zweiten Gegenthemas erklingen in ruhigem Rhythmus in Bassklarinette, Tuba und Bässen, durch Repetitionen ergänzt von den drei Fagotten.

bogenförmig gebrochenen übermäßigen Dreiklängen.[17] Über dessen zweiter Imitation in den Celli endet der Gesang zu dem Wort "Ansiedlungen" mit den drei letzten Tönen des Passacagliathemakrebses, *b-as-g*.

Altenberglieder V: Der ersehnte Ort, in thematischer Einbettung

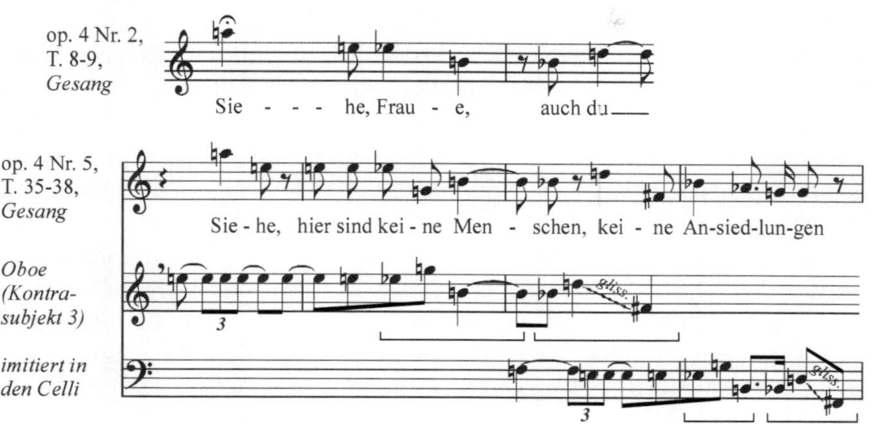

Schon zu Beginn dieser Begrüßung des menschenleeren Sehnsuchtsortes sind erstmals alle Orchesterstimmen mit Ausnahme der Bässe in den "Passacaglia-Akkord" *g/as/b/cis/e* – den Zusammenklang der Fünftonfolge – eingeschwenkt. Es folgt eine reprisenähnliche Wiederaufnahme des Prozesses aus T. 13-16: Die aus dem Ende des dritten Gegenthemas gewonnenen Motivabspaltungen dienen als Vorbereitung für die nächste Gesangszeile. Diese ist, ähnlich wie die erste des Liedes, als erneute Verschmelzung des 3. mit dem 1. Gegenthema konzipiert: Die vom Gesang aufgegriffene Abspaltungsvariante, das in Wort und Melodie identische "Hier ist Friede", wird ergänzt von der zweiten Hälfte des zwölftönigen ersten Gegenthemas, dessen einlinig chromatisch absteigendes Ende hier um vier weitere Halbtonschritte verlängert ist. Verdoppelnd ertönt eine Klangfarbenmelodie aus Geigen, 1. Fagott und Klavier, die dieses Gegenthema mit den zwei fehlenden Tönen *b* und *d* vervollständigt und damit zugleich den Verschmelzungsprozess unterstreicht, indem sie die doppelte Herkunft der Töne *des-ces* offenlegt. Kontrapunktiert wird die abschließende Gesangzeile einzig von den Quartengängen des 2. Gegenthemas in Bassklarinette und Harfe – einem Ausschnitt aus der Klangkombination,

[17] In vollem Umfang ertönt dieses Gegenthema zugleich gestaffelt in den 1. Geigen, dem 1. Horn und den Celli, gefolgt von teilweise variierten Motivabspaltungen ähnlich T. 13-15.

die mit derselben thematischen Komponente bereits nach dem ersten Vers erklungen war.

Den freien Wiederaufnahmeprozess setzt Berg fort mit dem Passacagliathema, das erst nach dem Ende des Gesanges und des abschließenden Ritardandos erneut auftritt: Hörner und Celli spielen – "noch langsamer" – eine etwas gekürzte Form der Variante aus wachsenden Krebssegmenten, die im Gesang zu den Worten "Hier löst sich mein unfassbares, unermessliches Leid" erklungen war, begleitet von einem gleichförmig pochenden *g* in Harfe und Bässen und untermalt mit dem Tamtam. Den erwarteten Spitzenton *e* allerdings ersetzt Berg mit einem *f*. Derselbe Ton bildet auch den fünffachen Ausgangspunkt der rückläufigen, d.h. zunehmend kürzeren freien Transpositionen des Themenkrebses der Blechbläser und wird damit in seiner Bedeutung als Zentralton ohne traditionelle Grundtonfunktion bekräftigt.

Der am Ende des Passacagliathemaeinsatzes über dem Orgelpunkt-*g* und unter dem genannten *f* erklingende Fünfklang *fis/a/h/d/f* besteht aus fünf Halbton-Vorhalten zum Passacaglia-Akkord *g/as/b/cis/e* und läutet damit die kurze Coda ein. In ihr vollziehen die gedämpften Streicher die Vorhaltauflösung Ton für Ton, parallel zu den (oben erwähnten) nacheinander einsetzenden fünf Blechbläsern, deren Figuren, in chromatischen Schritten endend, ebenfalls gestaffelt in die Töne des Passacagliathemas münden. Das Erreichen des in der letzten Themenparaphrase umgangenen, nun umso überzeugender wirkenden Schlusstones *e* unterstreichen die Holzbläser mit zwei Versionen des Fünfklanges, bestätigt von kurzen Tupfern in Klavier und Harfe.

Getreu seiner Vorliebe für Zahlenspielerei hat Berg dieses Lied rund um die Zahl 5 konzipiert. Es ist das fünfte im Zyklus und zählt mit seinen drei Gegenthemen und dem notengetreu aufgegriffenen Gesangsmotto "Hier ist Friede" fünf wiederkehrende thematische Komponenten, deren kürzeste – das Motto selbst – ebenfalls fünftönig ist. DeVoto glaubt sogar, eine grobe Fünftaktigkeit im Bau der musikalischen "Variationen" konstatieren zu können.[18] Zugleich deuten die thematischen und strukturellen Entsprechungen (T. 13-30 ≈ 37-50) zwischen der Themeneinführung, einem kurzen zentralen Segment und dem akkordischen Ausklang eine frei spiegelsymmetrische Fünfteiligkeit des ganzen Liedes an.[19]

[18] DeVoto, *Picture Postcard Songs*, S, 43-55: vgl. Variation I = T. 10-15, II = T. 16-20, III = T. 21-25, IV = T. 26-30, V = T. 30-34, VI = T. 35-40, VII = T. 40-44, VIII = T. 45-49.

[19] Die Zahl 5 findet sich auch in Lied I mit seinen 5 Komponenten [a], [b], [c], [x] und [y], von denen [a] fünftönig ist, und in Lied III mit seinen 5 Farben des Zwölftonakkordes.

Das Finale als Bilanz

In Anbetracht der Ausgangslage des Liederzyklus – der ausgebuhten frühen Teilaufführung, der ablehnenden Haltung des Lehrers und Mentors Schönberg sowie Bergs eigener Weigerung, das Werk zu seinen Lebzeiten jemals für Konzerte oder eine Drucklegung freizugeben – kann man über ihren Ausdrucks- und Ideenreichtum sowie ihre kompositorische Stringenz nur staunen. Wie die ausführlichen Darlegungen dokumentieren, steht die musikimmanente Qualität dieses Liederzyklus nicht in Frage. Bereits vor mehr als einem halben Jahrhundert fällte Mark DeVoto als erster gründlicher Analytiker des Werkes ein Urteil, das unverändert Bestand hat:

> Die *Altenberglieder* zeigen eine vollkommene Meisterschaft in Bergs erstem Versuch, für Orchester zu schreiben, und einen überragenden Grad an Originalität in ihrem kompositorischen Aufbau. Sie sind ein Werk, das technisch und geistig mit jeder Musik von Schönberg oder Anton Webern aus dieser Zeit harmoniert. Alle Eigenschaften, die Schönbergs *Erwartung* und dessen *Fünf Stücke für Orchester* (beide 1909) berüchtigt gemacht haben – "Atonalität", Extreme der Deklamation, ein üppiger Orchesterklang – , machen auch die *Altenberg-Lieder* bemerkenswert. [...]
>
> Die *Altenberglieder* sind nicht nur ein reifes Werk und ein Meisterwerk, sondern auch eine herausragende frühe Manifestation des ganz individuellen Formansatzes, der fast allen Werken Bergs eigen ist.[20]

Um, *pars pro toto*, für das Finale des Zyklus zu erschließen, welche Bedeutung Bergs Auswahl und Umgestaltung der aus den vorausgegangenen Liedern übernommenen thematischen Komponenten zukommt und welche Bedeutungsverschiebungen sich in den Varianten, Paraphrasen und Themenverschmelzungen niederschlagen, erscheint es reizvoll, Genealogien der Themen zu erstellen und die einzelnen Wandlungsstufen im Licht der in den zugeordneten poetischen Aussagen repräsentierten poetischen und psychologischen Hintergründe zu deuten.

Das fünftönige Passacagliathema wird in seiner Vertonung als Codazeile des ersten Liedes zu den Worten "Und über beiden liegt noch ein trüber Hauch, eh das Gewölk sich verzog" in den Zusammenhang der Schlussreflexion eines Aphorismus gestellt, der die inneren Konflikte des

[20] Übersetzt nach DeVoto, *Picture Postcard Songs*, S. 3-4.

Menschen, seine "Stürme", im Vergleich mit den Stürmen der Natur als Spannungen lösend und Frieden bringend erkennt. Dies wird jedoch nicht verstanden als ein gleichsam abrufbarer Prozess nach Art eines *deus ex machina*, unter dessen Einfluss zuvor unlösbar scheinende Probleme sich in nichts auflösen, sondern als den Menschen in seiner Menschlichkeit belassend, einschließlich aller Anzeichen des überstandenen "Sturmes".

Im Kontext des Resignation und Hilflosigkeit ausdrückenden vierten Liedes stellt die Textzeile, die Berg mit der zweiten Herkunftsform des Fünftonthemas vertont – "Ich habe gewartet, gewartet, oh, gewartet" –, die einzige Aussage aktiver Hinwendung an eine positive Perspektive dar. Inmitten aller Seufzer und Klagen, die die Schuld an Vergeblichkeit und Wertleere letztlich auf andere schieben, hat der Mensch doch zumindest in seinem aufnahmebereiten Warten seine Abkapselung durchbrochen, seine Nöte als heilbar, wenn auch einer hilfreichen Hand bedürftig, erkannt.

Auf der Basis dieser zwei Textbezüge trägt die fünftönige Kontur in ihrer Funktion als die Passacaglia ankerndes Thema schon in die instrumentale Einleitung des abschließenden Liedes die Deutung einer menschlichen Befindlichkeit hinein, die ihre Verwundbarkeit akzeptiert und sich erwartungsvoll der in Natur und Kosmos beispielhaft vorgezeichneten Erlösung öffnet.

Das zwölftönige erste Gegenthema hat seinen Ursprung in derjenigen Figur, die den unmittelbaren Ausbruch des "Sturmes" im ersten Lied einleitet. Die rhythmisch ausgeglichenere, auch durch die Begrenzung des Tonraumes ruhiger wirkende Gestalt, in der sie in der Passacaglia eingeführt wird, trägt in ihrem Beginn mit einem chromatischen Cluster zwar noch die Komponente des Gefühlskonfliktes in sich, doch scheint dieser als eine dem Menschen in seiner heilsamen Wirkung nun vertraute Qualität integrierbar geworden zu sein. Dass Berg das zwölftönige Thema durch ein überzähliges *f* ergänzt, das er noch dazu durch unterschiedlich rhythmisierte, asynchrone Tonwiederholungen in Klarinette und Harfe verlängernd unterstreicht, fällt bei einem Komponisten der Neuen Wiener Schule unweigerlich besonders auf.

Horn und Bratsche imitieren das erste Gegenthema im unmittelbaren Anschluss, kontrapunktisch zum zweiten Einsatz des Passacagliathemas, das sich in dieser Gegenüberstellung verändert. Der erwartungsvoll hoffende Mensch liefert sich dem Ansturm seiner Gefühle aus; der Puls beschleunigt sich und die Linie wird durch einen plötzlichen Sprung verzerrt, doch bleibt die Grundidee, wie das gestopfte 3. Horn andeutet, auch in dieser Austragung eines inneren Konfliktes erhalten.

Das durch steigende Quartengänge charakterisierte zweite Gegenthema symbolisiert in seiner ursprünglichen Form die Regenerationskraft des Menschen. In der Cellofigur, die vor dem Fermatenschluss der ersten Hälfte des zweiten Liedes die Aussage "Alles rastet, blinkt und ist schöner als zuvor" bekräftigt, ist es als Expansionsgeste konzipiert: Sowohl die wachsenden Notenwerte als auch das ausdrückliche *molto ritardando* erzeugen eine Verbreiterung, die durch dynamische Schwellung die Qualität eines Aufblühens erhält, bevor sie sich sanft in einen F-Dur-Nonakkord auflöst. Dieser Zielklang wirkt in seiner reinen Tonalität nicht nur überraschend konsonant, sondern ankert zudem im Ton *f*, der diesem Lied als 'geheimer Zentralton' unterliegt und den Zustand des In-sich-Ruhens und der Läuterung repräsentiert.

Die rhythmisch beschleunigte, agogisch gegenläufige und in der Metrik des herrschenden 3/4-Taktes gleichsam schwingende Variante, in der das Quartenthema in die Passacaglia eintritt, wirkt vollends heiter und gelöst. Zu dem Vertrauen in die aller Natur innewohnenden Selbsterneuerungskräfte gesellt sich der Bezug zur geheimen 'inneren Mitte': Nur so scheint es erklärlich, dass Berg im Hintergrund des Themas auch hier wieder dem in seiner Zwölftönigkeit eigentlich streng begrenzten ersten Gegenthema ein überzähliges *f* anhängt. Als Antwort auf diese heitere Herausforderung klingt in T. 12-14 auch das Passacagliathema gelöster: Die übergroße Ernsthaftigkeit seines gleichförmigen Aufstiegs weicht der Beschwingtheit einer jambischen Rhythmisierung, die zudem von der Celesta 'himmlisch' eingefärbt wird.

Das dritte Gegenthema des Finale geht in seinem Kern zurück auf den bogenförmig gebrochenen übermäßigen Dreiklang, der zum ersten gesungenen Wort des Zyklus – das *cis-f-a* in "Seele [wie bist du schöner]" – ertönt. Mit der hier verwendeten umfangreicheren Kontur erinnert Berg an das dritte Lied des Zyklus. Dort erklingt die Kantilene in der Oboe an einer Stelle, da der Mensch seinen Platz im übergeordneten kosmischen Zusammenhang hinter sich zu lassen droht mit der Gefahr, sich dabei in alltäglichen und ohne relativierenden Maßstab überdimensional wirkenden Problemen zu verlieren. Diese Bedeutungsnuance der Komponente geht zunächst fast unverändert in die Passacaglia ein. Zwar wirkt die Kontur hier infolge des Fehlens der einleitenden Tonrepetition etwas weniger haltlos, doch der synkopische Beginn und die sich ametrisch aufbäumenden Schwellungen der nun zweifachen bogenförmig gebrochenen übermäßigen Dreiklänge zeigen erneut alle Anzeichen großer emotionaler Erregung.

Die zwölf Takte, in denen Berg das Passacagliathema und dessen drei Gegenthemen einführt, wirken für Hörer wie aus einem Guss. Grund dafür ist eine Besonderheit der Komponentenverknüpfung. In der Eröffnung dieses Liedes bildet die Einführung der vier instrumentalen Komponenten zwei gestaffelt übereinander liegende Stränge. Das abschließende *e* des Passacagliathemas, das in Bassklarinette und einer Hälfte der Celli bis in den Beginn von T. 7 hinein weiterklingt, geht nahtlos in den Einsatz des zweiten Gegenthemas über, der vom eine Oktave tiefer liegenden *e* ausgeht. Ähnlich wird das *f*, das in T. 10 dem Einsatz des ersten Gegenthemas in Flöte und Harfe angehängt ist und in Tonwiederholungen von Klarinette und Harfe verlängert wird, zum Anfangston des in der Oboe eingeführten dritten Gegenthemas. Diese horizontale Komponentenverknüpfung wird dem gewählten Formmodell der Passacaglia in unerwarteter Weise gerecht, insofern sie die eigentliche und vollständige Einführung der Thematik deutlich von deren Variationen abgrenzt. Erst mit dem Abspaltungsmotiv, das eine Posaune aus dem Ende des dritten Gegenthemas entwickelt, beginnt die Verarbeitung des thematischen Materials. Dabei übernimmt nicht nur die fragmentarische Figur selbst mit ihren instrumentalen Imitationen, sondern auch die mottoartige Gesangszeile "Hier ist Friede" den synkopischen Beginn und die betont ruhige Ergänzung, als wollte Berg wie in einem Brennglas den Schmerz und dessen Lösung zusammenfügen.

Das Passacagliathema bleibt von der Konfrontation mit der Haltlosigkeit allzu enger Selbstbezogenheit nicht unberührt: In seiner Antwort auf das initiierende "Hier ist Friede" ist es auf den Bruchteil seiner ursprünglichen Größe geschrumpft und wie ängstlich an den orgelpunktartigen Repetitionston geklammert. In diese Situation hinein trifft die Fortsetzung der Gesangszeile, die mit den Worten "Hier weine ich mich aus über alles" zu Ton 1-9 des zwölftönigen ersten Gegenthemas unzählige überstandene innere Kämpfe andeutet. Auf die Verschmelzung der zwei auf verschiedene Weise beunruhigenden Elemente reagiert das Passacagliathema in höchstem Maße alarmiert: Die Erregung dieser ursprünglich der Gelassenheit verpflichteten Komponente steigert sich zu vielfältigen Diminutionsformen, die sich überstürzen und einander ins Wort fallen, so dass das große Engführungscrescendo der Takte 20-24 den suchenden Menschen in haltloser Verwirrung zeigt, hineingesteigert in Gefühle, die er nicht mehr beherrscht.

Ein kurzes Innehalten, ermöglicht durch das Ritardando in T. 25, lässt eine Distanzierung und den Versuch eines Neuanfangs zu: Kaum hat das

Quartenthema zu seinem ursprünglichen Ausdruck innerer Stärke und Ausgeglichenheit zurückgefunden und ein zweifaches lang getrillertes *f* in Flöte und Horn die Erinnerung an den geheimen Zentralton des Zyklus, die kraftspendende innere Mitte, evoziert, da klingt auch das Passacagliathema erneuert: Noch bebend infolge der gerade erst überwundenen äußersten Orientierungslosigkeit bewegt sich die Linie in allmählich höher hinauf schnellenden, doch jedes Mal zur Basis zurückkehrenden Schwüngen – über den ursprünglichen Fünftonraum hinaus bis zum *f*, auf dem sie in voller Intensität verweilt. Der erwartungsvoll hoffende Mensch hat zu seinem Anliegen zurück gefunden. Er bekennt sich zu seinem Leid und stimmt gleichzeitig mit großer Erleichterung seiner Erlösung zu. So ist es sicher alles andere als ein Zufall, dass Berg diese erneute Variante des Passacagliathemas den Worten "Hier löst sich mein unfassbares, unermessliches Leid" unterlegt.

In der folgenden Dreifachgegenüberstellung des Passacagliathemas mit seinen beiden ersten Gegenthemen (ab T. 30) zeigt sich jetzt eine Art Erfahrungsaustausch zwischen den Komponenten. Das Quartenthema übernimmt in Tuba und Bässen zunächst die ursprünglich gleichmäßigen Dreiviertelnoten des Passacagliathemas, greift aber im weiteren Verlauf den in der Bassklarinette von Anfang an gewählten jambisch beschwingten Rhythmus auf. Das von Trompete und Posaune verdoppelte und in den Geigen tremolierte zwölftönige 1. Gegenthema verzichtet auf seine metrischen Verschiebungen und gleicht seinen Anfangsrhythmus den Jamben an. Getragen von dieser heiteren Gelassenheit ertönt auch das Passacagliathema nun in vielfältigen Varianten, die mit ihrer wiederholten Rückkehr zum Grundton *g* an die Aussage in der Coda des eröffnenden Liedes – "Und über beiden liegt noch ein trüber Hauch, eh das Gewölk sich verzog" – anknüpfen. Die mächtige Steigerung, von den drei Themen gemeinsam im großen Crescendo und *poco accelerando* aufgebaut, ergibt sich logisch aus den im wahrsten Sinne des Wortes vereinten Kräften der drei thematischen Komponenten: Auf der Basis gelassener Konfliktbewältigung und eines heiteren Bewusstseins innerer Kraft fühlt der sich öffnende Mensch Zuversicht, Stärke und eine innere Harmonie, die sich tonal im Zielklang der gewaltigen Steigerung, einem reinen A-Dur-Akkord, manifestiert.

Während die folgende Gesangszeile die Hinwendung zur menschenleeren, unberührten Natur beschreibt ("Siehe, hier sind keine Menschen, keine Ansiedlungen"), erinnert die thematische Gestaltung mit mehreren Einwürfen des dritten Gegenthemas und seiner Aufnahme auch in die gesungene Linie noch einmal an die Verstrickung des Menschen in seine Alltagssorgen. Diese erscheinen jedoch jetzt, im Kontext der durch das einleitende Quartenintervall vermittelten Ausgeglichenheit und der ruhigen Hoffnung des Passacagliathemas, auf den ihnen zukommenden Platz verwiesen. Auch die mit dem erneuten Zitat aus dem zwölftönigen ersten Gegenthema in Gesang mit Fagott und Klavier evozierten inneren Kämpfe klingen unter dem Einfluss des Quartenthemas einlinig abfallend aus, um der letzten Variante des Passacagliathemas Raum zu geben. Diese verkörpert in ihrer Kombination des (an die Jamben-Variante erinnernden) heiter schwingendem Rhythmus mit einer beständigen Orientierung am Grundton die innere Ausgeglichenheit, die am vorläufigen Ende allen Suchens erreicht ist. Der mit Tamtam-Begleitung als Orgelpunkt in Harfe und Bässen pochende Grundton und der von der Linie des Passacagliathemas anstelle des erwarteten Zieltones *e* abweichende, betont hervorgehobene Zentralton *f* verstärken diesen Eindruck.

Mit dem Passacagliaakkord, der wie die All-Harmonie am Ende des dritten Liedes schrittweise entsteht, hat die Komposition alle Darstellungsformen einer auf Erlösung hoffenden Erwartung durchschritten. Doch dies ist noch nicht alles: Der nach *einem Viertel des instrumentalen Nachspiels* in T. 51 erfolgende Schritt vom Vorhaltklang *fis/a/h/d/f* zum Passacagliaakkord repräsentiert dabei eine den Zyklus übergreifende symmetrische Spiegelung, indem er den nach *drei Vierteln des instrumentalen Vorspiels* im eröffnenden Lied gehörten gegenläufigen Schritt umkehrt, mit dem der in op. 4 Nr. 1, T. 14 erstmals formierte Akkord *g/as/b/cis/e* in T. 15 zu *fis/a/h/d/f* fortschreitet.

In der Zusammenschau der Ergebnisse einer musik-immanenten Analyse von thematischem Material, Textur und Aufbau mit den für diesen Zyklus gewählten Aphorismen Peter Altenbergs ergibt sich somit ein vielschichtiges Bild dessen, was sich als Bergs Reflexion über den Menschen und seinen Ort in der Welt interpretieren lässt. Unter diesem Deutungsaspekt erscheinen die fünf "Ansichtskarten-Lieder" als eine Anthropologie *en miniature*, deren Subtext entgegen dem zunächst eher pessimistischen Eindruck der Texte einen behutsam optimistischen Ausblick zulässt: ein Vertrauen auf die Ordnung in Natur und Kosmos.

Vier Stücke für Klarinette und Klavier op. 5

Bergs einziges Instrumentalduo, fünf Jahre nach der Klaviersonate entstanden, geht in vieler Hinsicht den gegensätzlichen Weg:

- dort ein einsätziges Klavierwerk in Sonatensatzform, hier "vier Stücke", deren Struktur keiner bekannten musikalischen Gattung nachgebildet ist;
- dort ein ungebrochener Fluss über 180 Takte, hier die extreme Kürze von 12 + 9 + 18 + 20 Takten, die Berg zudem explizit durch "ausgiebige Pausen" getrennt wünscht, so dass den etwa sieben Minuten klingender Musik insgesamt mehr als eine Minute interner Stille gegenübersteht;
- dort h-Moll als (wenn auch über weite Strecken nur implizit präsente) Grundtonart, hier keinerlei Bezug auf eine Tonart oder einen allen vier Stücken gemeinsamen Anker;
- dort klar gegeneinander abgegrenzte, in der Exposition sogar als Miniaturformen gestaltete thematische Komponenten, hier kurze melodische Gesten mit ineinander übergehenden, manchmal miteinander verschmelzenden Varianten;
- dort Imitationen und Kontrapunktik neben begleitenden Passagen, hier eine Textur in drei bis vier "Strängen", wobei der Klarinette im Klavier die Rechte und Linke meist deutlich getrennt gegenüberstehen, auch wenn Berg den Part des Klaviers vereinzelt in drei Systemen schreibt oder in einer Dichte konzipiert, die die Beteiligung beider Hände im oberen System erfordert und zugleich die im unteren System notierte Musik in zwei Stränge spaltet.

Gemeinsam ist beiden Kompositionen aus Bergs früher Phase die Vielzahl der dynamischen und agogischen Anweisungen sowie die Vorliebe für melodische Figuren, die als Alterationen konsonanter Vorbilder gehört werden können. So beginnen beide Werke mit einer (rhythmisch identischen) großintervallischen Dreitongeste, die eine Quart nicht mit einer reinen Quint zur Oktave, sondern mit einer halbtönig verkleinerten bzw. vergrößerten Quint zur verminderten bzw.
augmentierten Oktave ergänzt.

Op. 1 und op. 5 Nr. I:
Tonal alterierte
Eröffnungsgesten

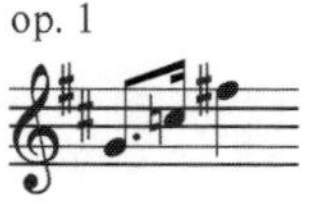

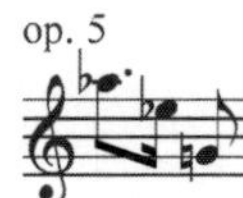

I *Mäßig*

Das zwölftaktige erste Stück basiert auf drei melodischen Gesten und drei Ankertönen. Die zunächst unbegleitete Klarinette setzt ein mit dem oben gezeigten großintervallischen Dreitonfall, dessen Rahmenintervall die Oktave halbtönig überschreitet. Ergänzend spielt sie einen im Staccato aufsteigenden a-Moll-Dreiklang, in dessen Folge die Variante des Dreitonfalles zum konsonanten Dreiklang gespreizt ist: *as-es-g* wird hier zu *a-d-fis*. Eine zweite Variante der Geste erklingt am Ende von T. 5 im Klavierbass (*b-es-a*), eine noch stärker modifizierte Form am Ende von T. 6 (*f/g-as/b-es*). Diese erweist sich dank ihres Zieltones *es* als Ankündigung der Wiederaufnahme der ursprünglichen Intervallfolge: In T. 8 spielt die Klarinette mit *e-h-es* die Tritonustransposition der Eröffnungsgeste, die Berg allerdings durch eine zusätzliche Oktavversetzung dehnt, bevor die Imitation des Klavierdiskants im darauffolgenden Takt mit dem Fall über die Quart zur augmentierten Oktave das ursprüngliche Muster wiederherstellt und damit in der *molto espressivo* markierten Hauptstimme zumindest melodisch eine Andeutung von “wie am Anfang” erzeugt.

Die zweite melodische Geste nimmt ihren Ausgang von T. 2. Hier ertönt im Diskant die aus Halb- und Ganzton gebildete Kurve *a-b-as*, eine Permutation des chromatischen Dreitonschrittes *as/a/b*. Sie wird nach der Interpolation der zweistimmigen Bassgeste über *g-b-d* (einer Imitation des aufsteigenden a-Moll-Dreiklanges der Klarinette) zehnfach imitiert und transformiert. Zunächst erklingt sie in der Klarinette im selben Rhythmus eine Oktave höher, dann in dreistimmiger Asynchronizität: als Umkehrung in der Klarinette (*a-as-b*), stark gedehnt in der Oberstimme der Linken (*h-b-c*) und als Umkehrungskrebs im Bass (*d-c-cis*). Weitere Transformationen folgen im Diskant in T. 4-5 (*cis-h-c*), T. 6-7 (*b-a-h*) und T. 7-8 (*a-gis-b*) sowie am Ende von T. 9 in erneuter asynchroner Gegenüberstellung: Klarinette *as-ges-g*, Diskant *es-d-e*, Bass *d-c-cis*.

Die dritte melodische Geste ist ein zweitöniges Pendel der Klarinette. Es beginnt halbtönig in zwei Segmenten (T. 3: *cis-d-cis-d*, T. 4: *dis-e-dis-e*), weitet sich dann zur rhythmisierten und accelerierenden Kleinterzfolge (T. 4-5: *f-d – f-d-f-d — f-d-f-d-f, des-b-des-b-des-b*) und endet in T. 6 mit dem Halbtontriller *a/gis*. Varianten des Pendels sind die ausgedehnten Umspielungen des Diskants von *e* in T. 2-4 (*e-es, e-es-e, f-e, f-e-es*) und von *a* in T. 7-9 (*gis-a, gis-b-a, h-a, cis-a, d-a*).

Dieses dichte Gewebe aus melodischen Gesten wird gestützt von drei Ankertönen: *a, d* und *e*. Schon in T. 1-2 erklingen *a* und *e* als Eckpunkte des diminuierend aufsteigenden a-Moll-Dreiklanges, und mit *a-d* beginnt die gespreizte erste Variante des Dreitonfalles. Der Ton *a* initiiert sodann das Original der Halb-/Ganzton-Kurve in T. 2 sowie dessen Imitation und Umkehrung in der Klarinette über dem umspielten *e* des Diskants und einem Binnenorgelpunkt *d* in T. 3_3-4. Die Klarinette setzt auftaktig zu T. 4 mit *d-a* ein und übernimmt später im selben Takt den Binnenorgelpunkt *d* für ihr Terzpendel. Gleichzeitig bewegt sich eine zweite Diskantstimme zu einer den ganzen T. 5 durchklingenden Tonwiederholung auf *a*. In T. 6 beendet die Klarinette ihr Crescendo zum *fff* mit einem durch Tremolo und Flatterzunge verstärkten machtvollen Abstieg von *a* nach *e*. Auch in T. 7-9 herrschen alle drei Ankertöne: *d* in der Klarinette als *sfz*-Zielton des aufschießenden Arpeggios und als *ff*-Auftakt sowie als drei Oktaven tieferer Zielton (nach noch tieferer Vorausnahme im Klavierbass), im Diskant das oben erwähnte umspielte *a* und in beiden Instrumenten ein *e* als Einsatzton der "reprisenartigen" Tritonustransposition des originalen Dreitonfalles. In der sechstönigen Akkordwiederholung von T. 10-12 dienen die drei Ankertöne in Form der Quartenschichtung *e/a/d* als Zentrum.

Es gibt drei Schlusswendungen; sie fallen in die Takte 6, 9 und 12. In T. 6 ist mit "Ganz langsam. *Rit.*", einem *fff* in allen Strängen und einer starken Verdichtung des erstmals homorhythmisch geführten Klaviersatzes eine Zäsur erreicht. Allerdings schert die Klarinette zuletzt aus. Zwar verläuft ihr Abstieg anfangs mit *a-gis[b-g]-fis* in freier Oktavparallele zum Klavierbass, doch fügt sie mit *f* und *e* eine Verlängerung hinzu, während der Diskant mit seinem melodischen Auftakt und kurz darauf der Bass mit seinem erstmals zum *es* zielenden Dreitonfall schon Neues beginnen. In der Mitte von T. 9 schreibt Berg nach einer Akkordwiederholung im auskomponierten Accelerando unter *Poco accel ...Rit.* plötzlich über alle Systeme Fermaten und "kurzer Halt". Dies würde als Abschluss gehört, wäre da nicht die notengetreue Imitation des *e-h-es*-Falles der Klarinette vor der Zäsur, mit der der Diskant nach der Zäsur noch einmal ansetzt.

Den letztgültigen Abschluss spart Berg für die drei Schlusstakte auf. Hier errichtet er einen zehntönigen Klang, der die Klaviertastatur vom tiefsten *h* bis zum höchsten *gis* überspannt. Aus der am Ende von T. 9 einsetzenden emotionslosen Tonwiederholung der Klarinette auf dem tiefen *g* und dem Tritonus *c-fis* im unteren Register des Klaviers bildet er die Quart-Tritonus-Schichtung *g-c-fis* (das Modul [a] der Klaviersonate!); ab T. 10 Mitte stellt der Akkord im hohen Register mit *f/b/e* und *a/d/gis* zwei Transpositionen dieser Schichtung darüber. Erst vor dem letztem Ertönen der drei Schichtungen tritt sehr leise das Subkontra-H hinzu.

II *Sehr langsam*

Das zweite Stück ist mit nur neun Takten in der Partitur das kürzeste, jedoch aufgrund seines zweimal sehr langsam beginnenden und jeweils noch abnehmenden Tempos in der Spieldauer etwas länger als das erste.[1] Auch in anderer Hinsicht spielt Berg hier mit Zeitwerten und ihrer Variabilität.

Dies beginnt mit der im *ppp* wiederholten Terz *d/fis*, die das Stück im Klavierbass als unterste Schicht eröffnet und im Diskant als dann oberste Schicht beschließt. Im Verlauf der 21 Anschläge, die der ersten Unterbrechung der Terzenkette in T. 4_2 vorausgehen, durchläuft das Intervall zehn verschiedene Tondauern. Dabei werden fast alle Taktschläge durch Überbindungen verschleiert.[2] Dennoch erkennt man ein rhythmisches Muster, das Anfang und Ende des eröffnenden Abschnitts umrahmt und in den Schlusstakten erneut aufgegriffen wird:

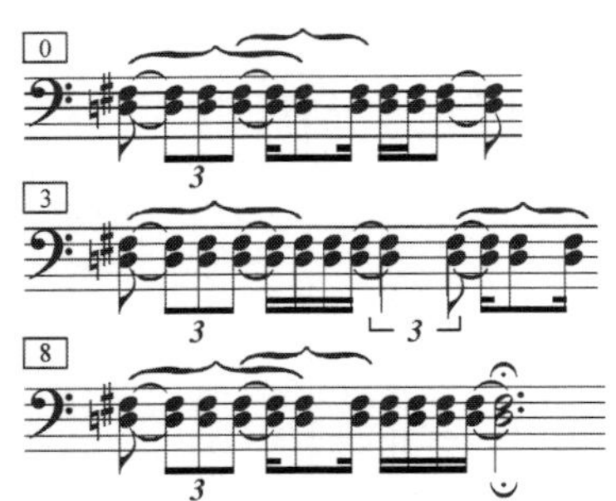

Vier Stücke II:
Das rhythmische Muster der Terzwiederholung

Zu dieser Terzenkomponente treten zwei weitere Muster im Klavier, die ebenfalls mit variablen Tondauern spielen. Fast genau in der Mitte der eröffnenden Terzenpassage setzt der Diskant mit einem Akkordpendel ein, das einen c-Moll-Sextakkord mit der vertikalisierten Quinttransposition des eröffnenden Dreitonfalles aus dem vorausgegangenen Stück paart.[3] Ganz am Schluss gesellen sich auch die nun aus der Wiederholungsfolge befreiten Terzen der Linken hinzu; zugleich entsteht der erste Zusammenklang mit der Klarinette:

Vier Stücke II:
Das Akkordpendel

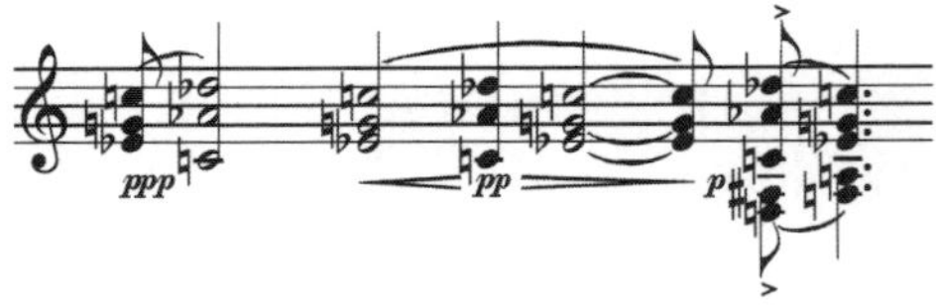

[1]Vgl. T. 1: Sehr langsam, T. 3: Etwas langsamer, T. 4: Zeit lassen, Rit., T. 5: A tempo (nicht eilen), T. 6: Rit. – – – – , T. 8: Noch langsamer.

[2]Um einen Eindruck der in diesem Stück herrschenden metrischen und rhythmischen Freiheit zu vermitteln, werden die Exzerpte ohne Taktstriche wiedergegeben.

[3]Vgl. Op. 5, Nr. 1, T. 1: *as*↘ *es*↘*g* mit Op. 5, Nr. 2, T. 2 etc.: *des*↓*as*↓*c*.

Nach drei überleitenden Akkorden, die das Akzentmuster der Pendel fortsetzen, fügt das Klavier ein drittes, nun beidhändiges Muster hinzu, dessen drei Diskantakkorde mit einem c-Moll-, einem terzlosem *b/f*-Intervall und einem abrundenden E-Dur-Dreiklang überraschend konsonant wirken. Zusammen mit den homorhythmischen Bassintervallen wird dieses Muster zunächst dynamisch intensiviert wiederholt, verliert dann jedoch plötzlich an Substanz und wird zuletzt gleichsam abwärts weggewischt.

Vier Stücke II: Das homorhythmische Muster

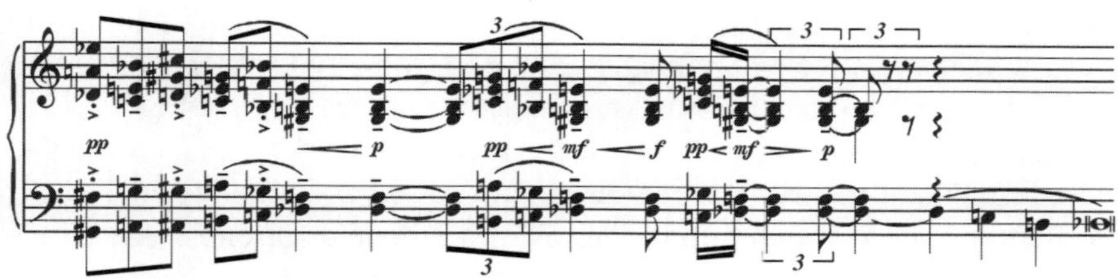

Die rahmende Chromatik – der in Septparallele aufsteigende Bass der Überleitung und der chromatisch absteigende Ausklang in der untersten Stimme – verbindet dieses zweite Muster mit der konstituierenden Terz: Die Septenparallele setzt unter deren *fis* ein und das abschließende *b* wird, von zwei tieferen Oktaven sehr leise verstärkt, zur Basis des übermäßigen Dreiklanges *b/d/fis*.

Die einzige Stimme, die sich wenigstens teilweise außerhalb dieser Muster und Pendel bewegt, ist die der Klarinette. Ihre Arabeske beginnt ruhig und durchaus metrisch. Allerdings wiederholt sie den dreitönigen Abschluss ihres ersten Phrasensegmentes und schickt ihrem zweiten einen gleichsam stockenden, dreifach vorweggenommenen Auftaktton voraus. Den Dreitonabschluss des zweiten Segmentes wiederholt sie sogar zweimal in Vergrößerung, bevor sie den Abstieg beendet. Der allerdings mündet überraschend mit *d-fis, d-fis* in die herrschende Terz, die sogleich vom Diskant – nun als oberste Stimme – aufgegriffen wird.

Vier Stücke II: Die drei Segmente der Klarinettenarabeske

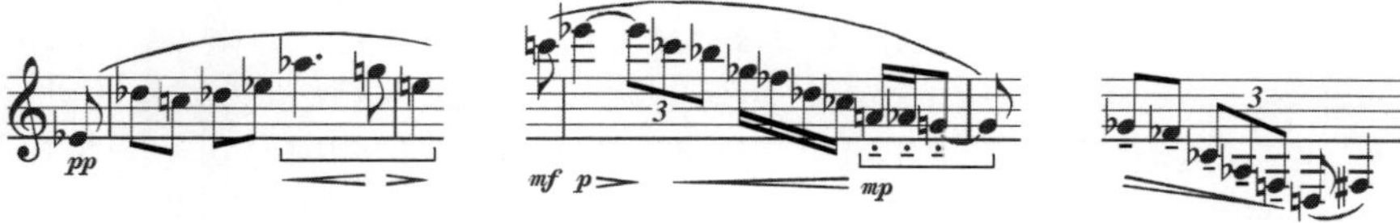

So erweist sich dieses minimalistische Stück als eine überraschend geschlossene kleine Studie in Rhythmen und Varianten.

III *Sehr rasch*

Das achtzehntaktige dritte Stück besteht aus vier durch Pausen und Tempowechsel deutlich abgegrenzten Segmenten. Nach einem kürzeren ersten Segment (T. 0_6-3_5), das "Sehr rasch" beginnt und nur in den letzten zwei Achteln ein wenig nachgibt, sind die verbleibenden drei Segmente im Notentext etwa gleich umfangreich, könnten sich jedoch im Höreindruck kaum stärker unterscheiden. Das zweite Segment (T. 3_6-8) beginnt *a tempo* mit zwei auftaktigen Anschlägen des Klaviers, die Berg mit einem 7/16-Abstand frei neben das 6/8-Metrum stellt, und verliert dann allmählich an Schwung, bis es mit einem unbegleiteten Klarinettenton unter einer "ziemlich lange" markierten Fermate verklingt. Im dritten Segment (T. 9-13_3) weicht das 6/8-Metrum vorübergehend einem 3/4-Takt, zu dem die Musik "Langsam" einsetzt, nach fünf Vierteln mit *poco rit.* zusätzlich an Tempo verliert und nach weiteren fünf Vierteln mit einem längeren *rit.* auf einen sich weitenden und dabei ins Nichts diminuierenden Kumulationsklang zustrebt, auf dem sie mit einer "sehr lang" gewünschten Fermate zum Stillstand kommt. Genauso flüsternd, aber unvorbereitet rasch beginnt das vierte Segment (T. 13_3-18). Die "Sehr hastig" überschriebenen Sechzehnteltriolen lassen in ihrem Drängen nur kurz nach, bevor sich ihre drei Abschlusstakte mit einem als "Immer noch rascher – – –" bezeichneten Flatterzungen-Abstieg der Klarinette ins Nichts stürzen. Alle vier Segmente beginnen zwischen *pp* und *ppp*, und das ganze Stück verbleibt im Raum zwischen dem *piano*-"Höhepunkt" in T. 5-6 und dem dreifachen Verklingen ins *pppp* (notiert in T. 7-8 und T. 18, impliziert auch in T. 12).

Den Anschluss an das im Zyklus vorangegangene Stück erzeugt Berg durch quasi-thematische Übernahmen. Das Klavier beginnt mit einer transponierten Krebsumkehrung der Tonfolge, die den übermäßigen Dreiklang am Schluss des zweiten Stückes initiiert hat: *d*↘*b*↗*fis* wird zu *c*↗*gis*↘*e*. Die in op. 5 Nr. II konstituierende Terz *d/fis* erklingt hier in zwei Passagen einen Ganzton tiefer als *c/e*, vgl. das Klarinettenpendel in T. 5-6 und den Wiederholungsanschlag des Diskants in T. 13-15. Dazu gibt es Fortspinnungen eines tonalen Musters mit oder ohne rhythmische Varianten, in die Berg sogar eine Zahlenspielerei integriert: In T. 10-12 ertönt die *vier*fach ametrisch wiederholte *Fünf*tonkurve *h-d-f-b-as* der Klarinette in gleichmäßigen Achteltriolen über dem *fünf*fachen *Vier*tonaufstieg *g-cis-fis-h* im Bass, dessen Tondauern von Vorschlagsnotenlänge über triolische Achtel, duolische Achtel und triolische Viertel zu (ametrisch platzierten) Vierteln anwachsen.

Der umgekehrte Prozess, eine rhythmische Zusammenziehung, charakterisiert mit je drei Tonpaaren die Rahmentakte: In T. 2 schickt die Klarinette den nachschlagenden Achteln *d, e* und *g* als je halbtönigen Anstoß erst eine Achtel, dann eine Sechzehntel und zuletzt eine Vorschlagnote voraus. Dieselbe rhythmische Abfolge erklingt im Klavier in T. 16 sowie, in Flatterzungen-Variante, in der Klarinette in T. 17.

Andere rhythmische Verläufe sind in sich stabil, unterlaufen jedoch das notierte Metrum. So hört man in T. 0-3 als Resultat des Zusammenspiels der beiden Instrumente drei identische Gruppen gefolgt von einem metrisch passenden Abschluss: ♫♫♫♪, ♫♫♫♪, ♫♫♫♪, ♫♪ ♪ ♪ – eine Folge von vier 4/8-Gruppen, die zuletzt durch zwei Achtel Pause frei ergänzt werden, jedoch ohne jeden Bezug zum notierten 6/8-Takt bleiben. Auch im zweiten Segment konterkariert Berg das vorgezeichnete Metrum durchgehend mit seinen Rhythmen. Der Klavierakkord auf dem ersten Taktschwerpunkt – der übermäßige Septakkord *g/h/dis/fis*, den ein Bassvorschlag als Quintsextakkord in *h* zu ankern sucht – initiiert zunächst eine Wiederholung, die dem 6/8-Takt mit ♩. ♪. ♪. eine Vierteilung unterlegt. Danach schält sich aus der Oberstimme die Dreitongeste *f-f-as-e* heraus, die in zweifachem Echo nachklingt: 10/16 später eine Oktave höher als *as-e* und noch einmal 10/16 später eine weitere Oktave höher als einfaches *as*, von der Klarinette mit einem viel tieferen *e* ergänzt. Derweil geht der übermäßige Dreiklang auf *g* in Sechzehntel-Synkopen mit mehrfach alterierter Terz über, während die Klarinette mit ihrem chromatischen Abstieg *fis–f–e—* in auftaktigen Tonpaaren im Muster ♪♩. ♪♩. ♪♩ 𝅗𝅥 eine von beiden Schichten unabhängige eigene Rhythmik verfolgt.

Tonal treten vor allem chromatische Linien und einzelne Ankertöne in den Vordergrund. Dies beginnt in T. 1-3, wo der Klavierbass seinen chromatischen Abstieg von *e* zunächst über das tiefere *e* hinaus fortsetzt, bevor er im Auftakt zu Segment 2 auf dem Weg zum vorschlagartigen *h* doch wieder den Ton *e* bestätigt. Wenig später ergänzt die Klarinette ihr Terzpendel *e-c* durch den oben erwähnten Dreitonabstieg *fis–f–e—*, während über ihr das aus dem Diskantklang herausgelöste Tonpaar *as-e* (der enharmonisch notierte Großterzfall *gis-e*) durch die Oktaven steigend den Ankerton bekräftigt. Das vierte Segment beginnt erneut mit der Terz unter *e*. Danach wechseln chromatische mit ganztönigen Linien; vgl. in T. 15-18 den Aufstieg *e—f-fis-g-as* im Diskant, die mit Oktavsprüngen durchsetzte Chromatik *d-es-e-f-fis-g-as—a* im Bass sowie das abschließende *fis-f-e-es-d* der Klarinette. Letzterem geht der aus dem zweifachen *cis-h* in T. 15 entwickelte Ganztonabstieg *cis-h-a-g-f-es-cis-h-a-g* voraus. So scheint am Schluss des Stückes alles vom Ankerton *e* weg zu fliehen.

IV *Langsame Viertel*

Die Beziehung des Finale zu den drei vorausgegangenen Stücken ist komplex. Unmittelbar auffällig ist die Eröffnung in T. 1-4 mit der vom Metrum unabhängigen Rhythmisierung des zehnfachen Klavierakkordes, dessen 3/8-Dauern dem notierten 4/4-Takt eine unabhängige Ordnung gegenüberstellen. Sie wird im "Wie am Anfang" markierten Neubeginn in T. 11/12 mit triolisch notierten aber gleich lang klingenden Akkorden aufgegriffen.[4] Mit dieser betonten Infragestellung des Metrums knüpft Berg an die oben diskutierten ametrischen Passagen aus Nr. III an.

Auch bezüglich tonaler Bezugspunkte legt die Eröffnung den Grund für wesentliche weitere Entwicklungen. In T. 2 und T. 3-4 greift Berg in seiner chromatischen Melodik zudem Merkmale auf, die in Nr. III u.a. Anfang und Ende der Basskontur bestimmen. Die Ausgangstöne der zwei Klarinettenkonturen, *h* und *cis*, kehren in T. 10-11 (Klavier) und T. 11-12 (Klarinette) wieder als dreifaches Tonpaar – in Umkehrung des dreifach fallenden *cis-h* der Klarinette am Ende von Nr. III. Dabei durchläuft der Rhythmus eine sukzessive Dehnung (das auftaktige *h* wächst von einer Vorschlagsnote bzw. einer ausgeschriebenen 32stel über eine Sechzehntel zur Achtel), in Umkehrung der in Nr. III T. 2 und 17 gehörten sukzessiven rhythmischen Zusammenziehung von je drei Tonpaaren.

Vier Stücke IV: Besonderheiten in den Anfangstakten der zwei Hälften

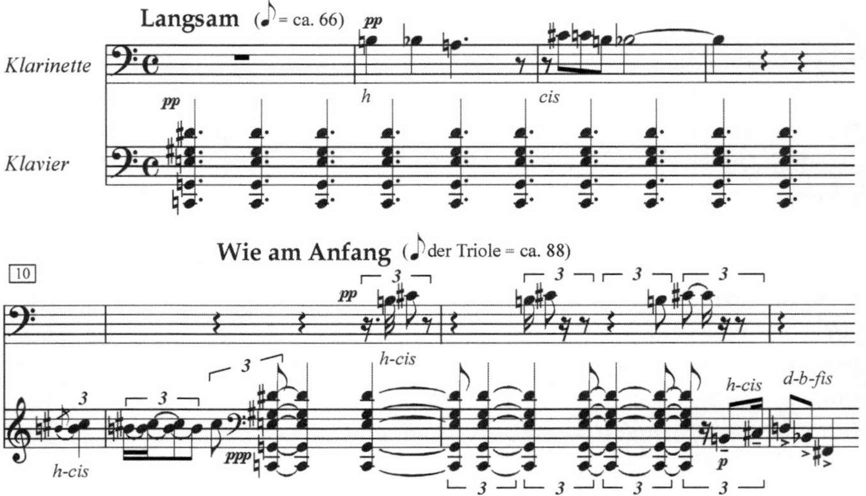

[4]Berg vermerkt in einer Fußnote zu "Wie am Anfang" ausdrücklich, dass "das anfängliche punktierte Viertel dem jetzigen Triolenachtel + Viertel entspricht".

Das rhythmisch gedehnte *h-cis* im Diskant, das die Klarinette hier eine Oktave tiefer imitiert, hat seinerseits Vorläufer. Das Tonpaar selbst resultiert aus einer Klavierpassage in T. 9-10, in deren Verlauf *h/cis* als Intervall im Zentrum einer homorhythmischem Textur zwölfmal ametrisch angeschlagen wird, während die im Tritonusabstand darüber und darunter beginnenden Außenstimmen sich chromatisch trillernd auf diesen Kern zusammenziehen.[5] Die allmähliche chromatische Kontraktion der Außenstimmen wiederum geht auf ein Vorbild im ersten der *Vier Stücke für Klarinette und Klavier* zurück, wo, wie schon Diether de la Motte zeigt,[6] die Klarinette in T. 8-9 die Ecktöne ihrer latenten Zweistimmigkeit chromatisch zusammenzieht.[7]

Kaum ist der "Neuanfang" verklungen, da initiiert dasselbe Tonpaar eine weitere Oktave tiefer im Klavier die einzige melodische Komponente des Stückes: die Fünftongruppe *h-cis-d-b-fis*. In ihr kombiniert Berg das inzwischen als thematisch gehörte *h-cis* mit dem fallenden übermäßigen Dreiklang aus dem Schluss von Nr. II. Die Fünftongruppe erklingt in T. 12-16 fünfmal in zunehmendem Abstand und zunehmender Lautstärke, unterbrochen von Fragmenten eines chromatischen Viertonzuges der Klarinette (mehr dazu unten) und flächig tremolierten Klavierpendeln.

Auch auf andere Charakteristika der vorausgehenden Stücke bezieht Berg sein Finale. Chromatische Linien, wie sie in der Bassstimme von Nr. III beobachtet wurden, sind nicht auf die schon erwähnten fallenden Tongruppen der Klarinette in den Eröffnungstakten beschränkt, sondern setzen sich im Anschluss an die oben gezeigten analogen Passagen fort. Auf die unbegleitete Klarinettenkantilene, die an die Eröffnung anschließt und den melodisch geprägten Teil des Stückes initiiert, antwortet das Klavier in T. 6, indem der Diskant zunächst die Halbton-Tritonus-Triole der Klarinette imitiert. Daraus entwickelt sich sodann ein chromatischer Aufstieg, den der Bass überlappend aufgreift und eine Oktave tiefer mit kleinen Unterbrechungen weiterspinnt.[8]

[5]Vgl. im Klavier das zweite Triolenachtel in T. 9: Diskant *g* über *cis*, Bass *f* unter *h;* langsame Zusammenziehung ab T. 9 Ende, beschleunigt in T. 10.

[6]Diether de la Motte, "Voraussetzungslose Analyse. Alban Berg: Vier Stücke für Klarinette und Klavier op. 5, Nr. I", in ders., *Musikalische Analyse* [mit kritischen Anmerkungen von Carl Dahlhaus] (Kassel: Bärenreiter, 1968), S. 131-145 [136].

[7]Vgl. Nr. I, T. 8-9: *c*...[↓ 8va] *h*...[↓ 8va] *b...a-as...g* über *d...es...e-f...ges-g*.

[8]Für die Imitation vgl. Klarinette T. 5_4: *es-d-as* zu Diskant T. 6_1: *c-h-f*. Für die Chromatik vgl. T. 6-8, Diskant: *f-fis-g-gis-a-b*, Bass: *h-c-des-*(*e*)*-d-es-e, h-c-cis, fis-g-gis*.

An analoger Stelle setzt im Anschluss an die angedeutete Reprise und die unbegleitete Einführung der thematischen Fünftongruppe im Klavier die Klarinette in T. 13 mit dem oben kurz erwähnten viertönigen Auszug aus der aufsteigenden chromatischen Skala ein. Dieser ertönt, unterbrochen von Pausen und Teilwiederholungen an überraschender aber logisch konsequenter Stelle, bis T. 16 insgesamt zwölfmal.[9]

Der Zentralton *e*, der neben *a* und *d* die Nr. I ankert und in Nr. III als Zentrum und Ziel sowohl des eröffnenden *c-gis-e* als auch in den Terzen *as-e* und *c/e* in vielfältiger Weise aufgegriffen wird, bestimmt in Nr. IV drei Passagen: die kleine Kantilene der Klarinette in T. 4-6, deren Teilphrasen in *e* münden, das erste Akkordpendel des Klaviers in T. 8-9 und, als Ausgangston des chromatischen Viertonzuges *e-f-fis-g* der Klarinette, den Höhepunkt des Stückes in T. 13-16:

Vier Stücke IV: Nachklänge des zentralen Tones *e*

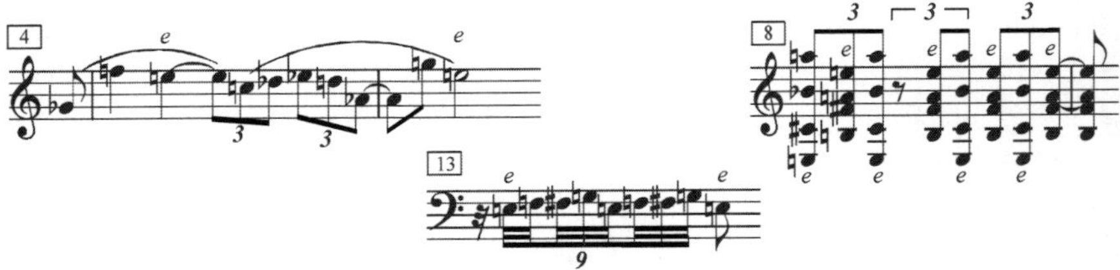

Der großintervallische Aufstieg, mit dem die Klarinette ihre erste Kantilene melodisch ausdrucksvoll eröffnet, kann als Variante der ersten Klarinettenphrase in Nr. II gehört werden. Der dort in T. 5-8 antwortende mehroktavige Abstieg über drei Takte ist hier in T. 18-19 auf drei fallende Septen zusammengezogen.

Kurz vor diesem Abschluss verbindet Berg die in T. 12-13 eingeführte thematische Fünftongruppe mit den drei Tönen, die der Höhepunktpassage sodann als rhythmisiertes Basspendel unterliegen (vgl. T. 14-15: *es-as-c*) zu einem Absturz in die extremste Tiefe der Klaviertastatur. *fff*-Anschläge bringen Töne und Obertöne eines stumm gegriffenen Flageolettakkordes zum Schwingen, über dessen Nachklang die Klarinette – "noch langsamer" und "ganz frei" – ihre letzten fallenden Septen verklingen lässt.

[9] Vgl. T. 13: Töne 1-4, 1-4, 1 [Pause]; T. 14: Töne 2-4, 1-4, 1-2 + 1-2 (oktaviert) [Pause]; T. 15: Töne 3-4, 1-4, 1-3 + 1-3 (eine Oktave höher) + 1-3 (zwei Oktaven höher) [Pause]; T. 16: Töne 4, 1-4, 1-4 + 1-4 (1 Oktave) + 1-4 (2 Oktaven) + 1-4 + (3 Oktaven höher).

Die *Vier Stücke für Klarinette und Klavier* als zyklisches Werk

Als Bilanz aus den vielen Detailbeobachtungen der oben präsentierten Analyse lässt sich über diese miniaturhafte Suite aus expressionistischen *Moments musicaux* Folgendes festhalten:

- Das erste der *Vier Stücke für Klarinette und Klavier* verarbeitet drei melodische Gesten, die sich um drei Zentraltöne ranken, wobei der Ablauf durch zwei unvollständige Schlusswirkungen gegliedert, aber erst nach der dritten überzeugend vollendet ist.
- Für das agogisch wie dynamisch sehr zurückhaltende zweite Stück – das "Adagio" des Zyklus – entwirft Berg drei im Klavierpart wiederholte Gesten. Diesen stellt die Klarinette eine dreioktavige, mehrfach unterbrochene, aber als Ganzheit entworfene Arabeske gegenüber, bevor sie zum Schluss in das Ausgangsintervall des Partnerinstrumentes einstimmt.
- Im scherzoartigen dritten Stück wird ein zunehmend verlangsamendes Zentrum, das durch eine wachsende Anzahl wiederholter Kleinfiguren gekennzeichnet ist – eine Art Trio mit verschleierten Grenzen – von deutlich rascheren Rahmensegmenten umschlossen, deren Basskonturen auf fallender Chromatik beruhen.
- Das vierte Stück greift wie in einem Rückblick Textureigenschaften und Komponenten der drei vorausgehenden auf, wobei es einzelnen Strängen längere und schon beim ersten Hören unmittelbar einprägsame Entwicklungen erlaubt.

Allen vier Stücken gemeinsam sind ausgedehnte Pendelbewegungen, die zwei Töne, zwei Intervalle oder zwei Akkorde in mehrfachem Wechsel aneinanderreihen. Dabei erprobt Berg alle Möglichkeiten von Rhythmus und Textur: Die Pendel können einen der drei Stränge allein betreffen oder auch die beiden Systeme des Klaviers zusammenziehen; auch können sie rhythmisch statisch sein oder eine fortschreitende Entwicklung der Notenwerte durchlaufen. Ein zweites, ebenfalls alle vier Stücke durchdringendes Merkmal sind chromatische Linien, die direkt oder indirekt verlaufen und oft durch Oktavversetzungen unterbrochen sind.

Hinsichtlich der Wechsel in Tempo und Dynamik vermitteln Bergs *Vier Stücke für Klarinette und Klavier* den Eindruck eines frei gestalteten Palindroms. Mit 20 Takten und ca. drei Minuten Spielzeit entspricht Nr. IV in etwa der Summe aus Nr. I + II. Diese Entsprechung wird verstärkt durch die Beobachtung, dass das vierte Stück in sich zweigeteilt ist. Da die etwas längere erste Hälfte durchwegs langsam verläuft, die Ruhe in der zweiten Hälfte dagegen bald von einer virtuos bewegten und machtvoll steigernden viertaktigen Passage durchbrochen wird,[10] ergibt sich für Spieldauer und Dynamik eine interessante Spiegelbildlichkeit mit Nr. I + II. Das dritte Stück ähnelt in seiner äußerst zurückgenommenen Dynamik den beiden benachbarten und ergänzt mit seinen stark beschleunigten Rahmensegmenten zugleich den spiegelsymmetrischen Eindruck:

I	II	III	IVa	IVb
ca. 1'20"	ca. 1'45"	ca. 1'	ca. 1'45"	ca. 1'10"
p < fff > pppp	*ppp < p > ppp*	sehr rasch / langsamer / langsam / sehr hastig / immer noch rascher	*pp > pppp*	*ppp < sfffz > pppp*
		pp < p > ppp > pppp		

Adorno erkannte in Bergs Entwicklung musikalischer Materialien eine zweifache Bewegungsrichtung: Dem Werden folgt unweigerlich die Reabsorption ins Nichtsein.[11] Letzteres zeigt sich bereits in diesem relativ frühen Werk in den Schlusswendungen. Nr. I endet mit der auskomponierten Verlangsamung einer Akkordwiederholung unter einem expliziten Ritardando im Diminuendo zum *pppp*, Nr. II mit der auskomponierten Beschleunigung einer Intervallwiederholung unter den Hinweisen “Noch langsamer” und “Zeit lassen” im *ppp*, Nr. III mit der auskomponierten rhythmischen Verdichtung der Tonpaare im Diminuendo zum *pppp* unter der Tempoangabe “Immer noch rascher” und Nr. IV mit dem “Noch langsamer” und “ganz frei” markierten Klarinettenabstieg im Diminuendo zum *pppp* über einem “so leise als möglich” anzuschlagenden letzten Klavierakkord. Wie Peter Schatt zu Bergs lyrischer Grundhaltung in den *Vier Stücken* schreibt, “erwecken diese Erscheinungen den Eindruck, als lasse sich der Komponist gleichsam willenlos lauschend in den Strom der Zeit zurücksinken, dessen Vergänglichkeit er zuvor gerade ein Stück durchaus gestalteter Erinnerung entgegenzustellen versucht hatte.”[12]

Dazu passt der wiederholte Umschlag von Bewegung in Statik. So sind die *Vier Stücke für Klarinette und Klavier* nicht nur aphoristisch kurz, sie legen zudem ein Versiegen des Zeitflusses als wünschenswert nahe.

[10] T. 1: Langsam, T. 3: ein wenig zögernd, T. 5-6 Noch langsamer, rit., zögernd; T. 10-11: Rit. – – – – // T. 11: Wie am Anfang, T. 12: Rit. – –, T. 13: Viel bewegteres Tempo, T. 16: Rit., Molto rit., T. 17: Wieder sehr langsam, T. 18: Noch langsamer, T. 19: rit.

[11] “Er verfügt über eine besondere Technik, die geprägten thematischen Gestalten, durch ihre eigene Entwicklung, ins Nichts zurückzurufen.” Adorno, *Berg: Der Meister ...*, S. 12.

[12] Peter W. Schatt, “Zahl, Symbolik und Kryptogrammatik in Alban Bergs *Vier Stücken für Klarinette und Klavier*”, in *Archiv für Musikwissenschaft* 43/2 (1986), S. 128-135 [129].

“Schließe mir die Augen beide” in zweifacher Vertonung

1906 lernte Berg Helene Nahowski kennen, die er nach vierjähriger, angesichts seiner unsicheren finanziellen Situation in den Augen der Brauteltern zunächst unerwünschter Werbung am 3. Mai 1911 heiraten durfte. Im Frühjahr 1907 schenkte er ihr seine erste Vertonung des Gedichtes “Schließe mir die Augen beide” aus Theodor Storms 1851 veröffentlichter Sammlung *Sommergeschichten und Lieder*.[1] Eine zweite Vertonung des Textes entstand 18 Jahre später für seine zweite große Liebe. Dies lässt Liebeslyrik vermuten, doch setzt Storm tatsächlich einen anderen Akzent:

Schließe mir die Augen beide
Mit den lieben Händen zu!
Geht doch Alles, was ich leide,
Unter deiner Hand zur Ruh.

Und wie leise sich der Schmerz
Well’ um Welle schlafen leget,
Wie der letzte Schlag sich reget,
Füllest du mein ganzes Herz.

Mit seinem Wunsch nach einem passivem Schließen der Augen, nach sanfter Unterstützung bei der Beruhigung des Leidens und dem Schlafenlegen eines unspezifischen, aber offenbar grundlegenden Schmerzes fügt sich das Gedicht in den Reigen von Bergs *Sieben frühe Lieder*, in deren unmittelbarer zeitlicher Nähe es entstand. Die bereits in den Titelworten angedeutete Nähe des Schlafes zum Tod – nur Toten drückt man ja die Augen zu – bestätigt Storm in der vorletzten Zeile, als er vom “letzten Schlag” des Herzens spricht. Die Bedeutung des geliebten Menschen ist konzentriert auf die Fürsorge: Der müde Blick des lyrischen Ich richtet sich nicht auf eine gemeinsame Zukunft und die Erinnerung an schöne Stunden, sondern einzig auf die ersehnte Linderung des Schmerzes und eine (endgültige) Beendigung des Leidens.

[1]Die 1955 bei Universal Edition publizierte und 1960 nachgedruckte Fassung UE 12241 der zwei Lieder weist den Entstehungszeitpunkt der früheren Vertonung auf der Basis von Redlich (*op. cit.*, S. 43) als 1900 aus. Reich (*op. cit.*, 1985, S. 104) nennt abweichend das Jahr 1907. Letzteres Datum wird in der Forschung heute übereinstimmend zugrundegelegt. Zur Schenkung s. *Alban Berg: Briefe an seine Frau* (München: Langen-Müller, 1965), S. 7.

Die Vertonung für Helene

Bergs erste Vertonung des Theodor-Storm-Liedes ist ein schlichtes Klavierlied im romantischen Stil. Es beginnt und endet in reinem C-Dur, sucht diese Tonika auch zwischendurch immer wieder auf. In Storms erstem, durch Kreuzreim gekennzeichneten Vierzeiler bewegt sich die Singstimme ausschließlich in syllabischen Achtelnoten, mit Viertelnoten für die männlichen Versenden "zu" und "Ruh". Ungewöhnlich ist das Metrum: Berg fügt die vier poetischen Hebungen jedes Verses in 5/4-Takte ein, denen das Klavier in den ersten drei Takten jeweils einen C-Dur-Dreiklang vorausschickt. Auffällig sind auch die dichte, immer wieder chromatisch durchsetzte Führung der vier bis fünf Stimmen und die vielen, z.T. überraschend angesteuerten Zwischendominanten.

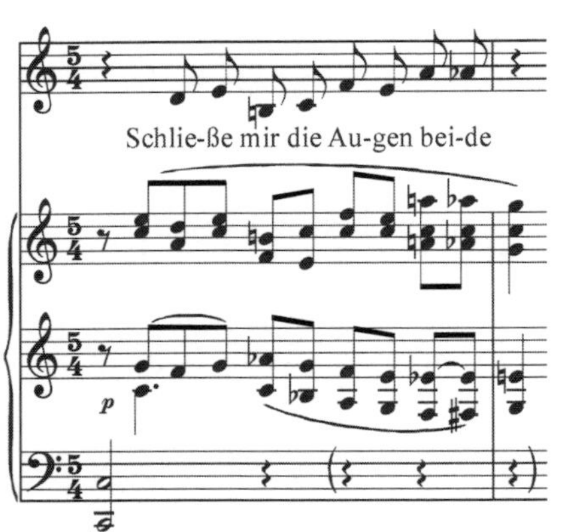

Erstfassung für Helene, 1907: Stimmführung im Klavierpart von T. 1-2

Die erste Liedhälfte endet im Gesang auf dem Grundton *c*, gestützt von der Tonikaparallele a-Moll. In der Vertonung des zweiten Vierzeilers reiht Berg die vokalen 8/8-Segmente ohne Pausen aneinander. Dabei verschiebt er die Gesangsphrase, wie seine Bögen zeigen, nicht nur gegen das 5/4-Metrum, sondern auch gegen die Phrasierung des oktavierten Diskants, der mit *poco crescendo* ins hohe Register steigt, sowie gegen den wieder anders gegliederten Part der linken Hand. Zuletzt erzeugt er durch poetisch und metrisch gleichermaßen verschobene Wiederaufnahmen überraschende Beziehungen zum ersten Vierzeiler: Die Gesangskontur zu Vers 7, "wie der letzte Schlag sich reget" ist eine (ins Moll spielende) Variante von Vers 2, "mit den lieben Händen zu", und die erste Manifestation des (musikalisch teilwiederholten) Schlussverses, "füllest du mein ganzes Herz", greift – sogar einschließlich des Klavierparts – "mir die Augen beide" aus Vers 1 auf. Bergs Wiederholung der Schlussworte "mein ganzes Herz" rundet die zuletzt ametrisch behandelten Takte 5-9 mit einer harmonisch und rhythmisch konventionellen Kadenz ab und sorgt mit der raumzeitlichen Trennung von den Anspielungen auf die Todesstunde zugleich dafür, dass zuletzt doch die Liebe im Vordergrund steht.

Die Vertonung für Hanna

Hanna Fuchs-Robettin, die mit einem Prager Industriellen verheiratete Schwester des Dichters Franz Werfel, war Bergs zweite große Liebe und die Muse seiner letzten zehn Lebensjahre. Berg lernte sie im Mai 1925 kennen, als er anlässlich der Proben zur Prager Aufführung seiner *Wozzeck-Bruchstücke* in ihrem Haus zu Gast war. Dabei entwickelte sich eine tiefe, wenn auch angesichts der Lebenssituation beider aussichtslose Liebe.

Noch im selben Jahr nahm er sich das viele Jahre zuvor für Helene vertonte Storm-Gedicht erneut vor und konzipierte für Hanna eine gänzlich veränderte zweite Fassung. Wie um mit dieser Arbeit einen auch künstlerisch neuen Lebensabschnitt zu beginnen, wandte er hier erstmals die von seinem früheren Lehrer Schönberg entwickelte Zwölftontechnik an. Das Resultat seiner Arbeit widmete er offiziell seinem Kollegen und Freund Alexander Zemlinsky. Zusammen mit der noch nicht veröffentlichten ersten Fassung bot er diese sodann Emil Hertzka, dem Leiter der Universal Edition, die 1926 ihr 25-jähriges Bestehen feiern wollte, als Festgabe an. Die zweite Fassung von "Schließe mir die Augen beide" hat somit drei Bezugspersonen: Hanna Fuchs als implizite Adressatin der Liebesbotschaft, Alexander Zemlinsky als expliziten Widmungsträger und die Universal Edition als Empfängerin eines Festbeitrages.

Wie wenig später seiner *Lyrischen Suite* legt Berg dieser Liedfassung die 1921 von seinem Schüler Fritz Heinrich Klein entdeckte Allintervallreihe zugrunde.

Die Allintervallreihe, entdeckt von F. H. Klein, aufgegriffen von Berg

Anzahl der Halbtöne
1 8 3 10 5 6 7 2 9 4 11

Ein Anstoß für die Wahl gerade dieser Reihe mag gewesen sein, dass Klein sie in dem Artikel, der seine Entdeckung enthüllt,[2] in der Transposition vorstellt, deren Eckpunkte die Töne *f* und *h* sind – Hannas Initialen. Der schicksalsgläubige Berg sah darin wohl einen Fingerzeig. Auch reizte den von jeder Art Symmetrien, Palindromen und Spiegelungen faszinierten Komponisten zweifellos der besondere Bau dieser Reihe. Wählt man zwischen einem Ton und dem folgenden (oder dessen Oktave) den jeweils geringsten Abstand und übersetzt die Abstände nach der Anzahl ihrer Halbtonschritte in Zahlen, so ergibt sich eine palindromische Halbtonkette:

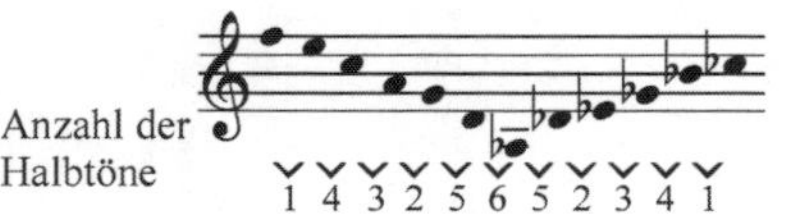

[2]F. H. Klein, "Die Grenze der Halbtonwelt", in *Die Musik* XVII/4 (Januar 1925), S. 281-286.

Berg setzt die Allintervallreihe ausschließlich untransponiert ein. Der Gesangsstimme legt er die Originalform (O_0) zugrunde, im Klavierpart ergänzt um ein Gewebe aus komplementärrhythmischer Mehrstimmigkeit und Kontrapunktik, das auf kreisförmigen Verschiebungen der Reihe um die Hälfte, ein Viertel oder ein Drittel basiert. Akkordische Vertikalisierungen kleiner Reihenausschnitte entstehen durch Überbindungen oder gezielte Setzungen, wie die Vertonung von Vers 1-2 beispielhaft zeigt:[3]

Das Storm-Lied als Zwölftonstudie: Vers 1

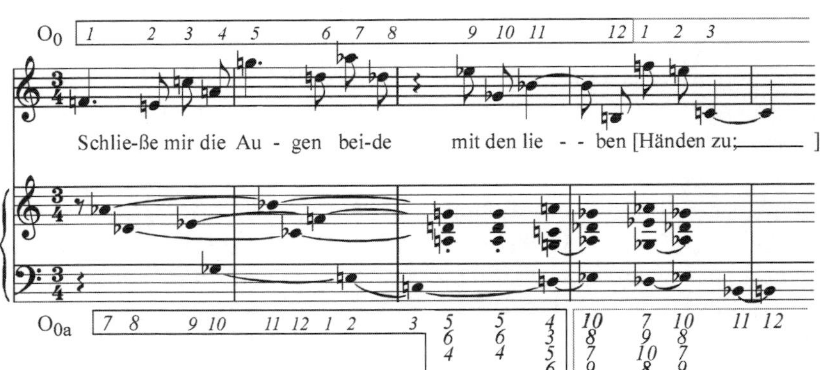

Das Klavier markiert die Strophenenden mit unterschiedlichen, aus Arpeggien kumulierenden und pedalisierten Zwölftonschichtungen. In der Liedmitte erklingt Ton 4-12 unter Ton 1-3 (bzw. 1-5); am Schluss setzt Berg die Abfolge erstmals in dieser Vertonung frei gemischt ein:

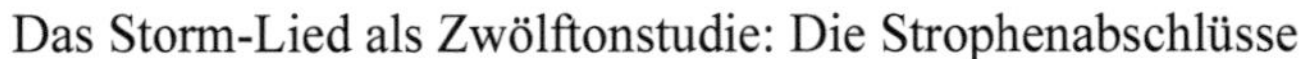
Das Storm-Lied als Zwölftonstudie: Die Strophenabschlüsse

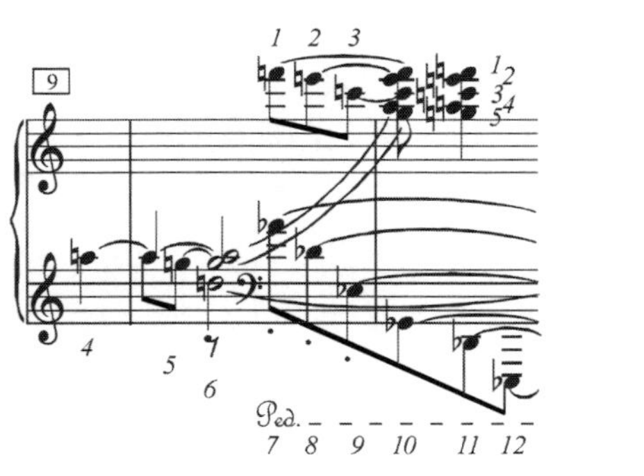

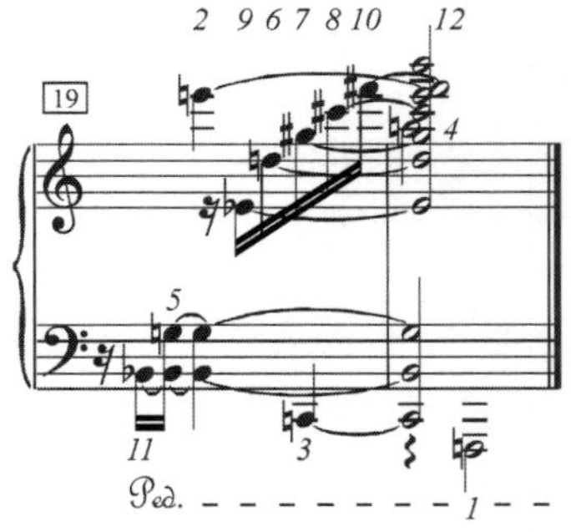

[3] Als O_{0a} bezeichne ich hier die mit dem zweiten Hexachord beginnende Transformation der Originalreihe.

Beide Schlussakkumulationen münden in Akkorde mit fünfeinhalb Oktaven Umfang. Deren Rahmentöne sind beziehungsvoll gewählt und bekräftigt: Während in T. 10 das hohe *f* erst durch den Wiederanschlag des vertikalen Fünfklanges hervorgehoben wird und der abschließende Basston als *ces* notiert ist (was den Bezug zu Hannas Initialen verschleiert), ist der krönende Ton des Akkordes in T. 20 als *h* geschrieben und wird von einem sehr leisen *f* geankert.

Trotz der für Berg ungewohnten kompositionstechnischen Restriktionen enthält der Klavierpart auch dieses kurzen Musikstückes ganze fünf seiner geliebten horizontalen Spiegelungen. Sie betreffen vor allem den Verlauf der linken Hand, reichen jedoch einmal bis in den Diskant hinein:

vgl. T. 4-6: *b-h-f-e-c | c-e-f-h-b*
T. 6-9: *es-des-as-d-g-a-g-d-as-des-es*
T. 12-13: *g-ais/cis/fis-g-ais/cis/fis-g-ais/cis/fis-g*
T. 13-14: *e-a/b-e-a/b-e*
T. 14-15: *d-es/as-d*

Die tonale Anlage der Gesangsstimme ist trügerisch schlicht. Berg macht sich zunutze, dass Storms vierhebiges Versmaß dank seiner vier männlichen und vier weiblichen Endungen genau 60 Silben zählt – aus dodekaphoner Sicht: 5 x 12. Diese dem Reimschema und der Semantik entgegenlaufende Einteilung überträgt er auf den Vokalpart:

Das Storm-Lied als Zwölftonstudie: 60 Silben, gesungen in fünf Reihen

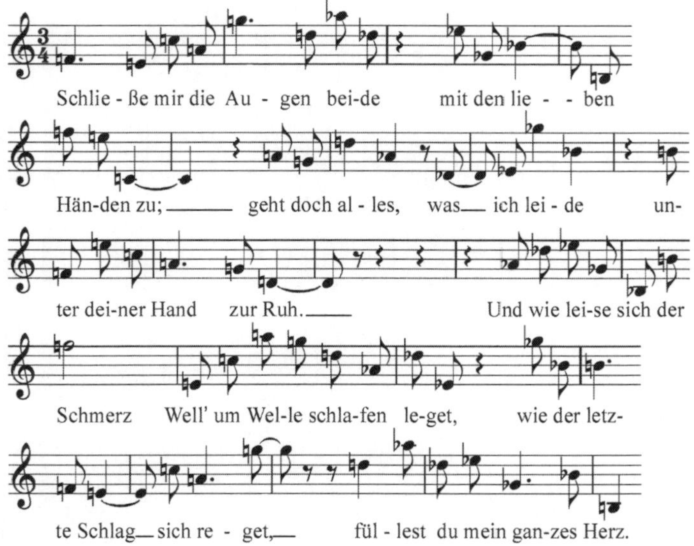

Da Berg jedoch Rhythmus und Pausenunterbrechungen entsprechend der Gedichtvorlage wählt, steht die Absurdität der Übertragung von acht poetischen Versen auf fünf tonale Reihen dem Höreindruck nicht im Wege. Und während er in der melodischen Linie des zweiten bis vierten Reihenzitats auf größtmögliche Eigenständigkeit setzt, jeweils mehrere Tonschritte durch Oktavierung verfremdet und zudem den elf im Original enthaltenen Intervallen drei größere hinzufügt,[4] unterlegt er dem letzten Reihenzitat wieder die ursprüngliche Allintervallfolge – wenn auch in neuer rhythmischer Gestaltung. So ergibt sich im Gesangspart für die fünf Varianten der Originalreihe ein Aufbau aus 'Exposition' (1 x Ton 1-12), 'Durchführung' (3 x Ton 1-12) und 'Reprise' (1 x Ton 1-12).

Wie die Analyse zeigt, bewegen sich Gesangskontur und Klavierpart in diesem Lied in zwei getrennten Welten – Welten, die so unvereinbar erscheinen wie die Liebe zwischen Alban Berg und Hanna Fuchs und die familiäre und gesellschaftliche Situation der beiden. Zwar zeichnet die Singstimme rhythmisch den Sprachduktus des Textes nach, doch folgt ihre tonale Anlage Gesetzen, von denen Storms Gedicht nichts weiß. Dagegen unterstützt der Klavierpart die Struktur des poetischen Textes bis hin zur kumulativen Ruhe am Ende der beiden Strophen. Besonders mit dem Abschlussklang zwischen den beziehungsvollen Rahmentönen, dem Spitzenton *h* und dem tiefen *f*, scheint Berg die geheime Botschaft zu verbinden, dass Hanna Fuchs tatsächlich "sein ganzes Herz" zu füllen vermag.

[4]Vgl. in T. 4: *h3-f5* = 17 Halbtöne, *e5-c4* = 15 Halbtöne und T. 17: *es4-ges5* = 14 Halbtöne.

Lyrische Suite für Streichquartett

Fünfzehn Jahre nach Vollendung seines ersten Streichquartettes wandte Berg sich erneut dieser Besetzung zu. Hatte er zuvor Kritiker und Publikum mit seiner auf zwei Sätze beschränkten Form überrascht, so erweitert er diesmal die im klassischen Vorbild drei- bis viersätzige Anlage zu der schon in Beethovens Spätwerk verwirklichten Sechsteiligkeit. Mit dem Titelwort "lyrisch" betont er einerseits den intendierten Charakter, andererseits den Bezug zur *Lyrischen Sinfonie* seines Freundes Alexander Zemlinsky, dem er seine *Lyrische Suite* widmet und deren Hauptthema er tongenau zitiert. Die Worte Rabindranath Tagores, die Zemlinsky in diesem Thema vertont, lauten "Du bis mein Eigen, mein Eigen". Gesungen vom männlichen Protagonisten im Verlauf des der Sinfonie zugrunde liegenden Liebesdialogs, markiert der Refrain im dritten Gesang den innigen Höhe und Wendepunkt einer Entwicklung, die von Sehnsucht über Vertrautheit und Liebe zur Erkenntnis der Unmöglichkeit einer Beziehung, zu Resignation und Verzicht führt. Als wesentliche Aussage wird das Thema in der instrumentalen Coda in Erinnerung gerufen.[1] Die am 4. Juni 1924 in Prag unter Zemlinskys Leitung uraufgeführte Liedsinfonie hinterließ großen Eindruck, der in den Jahren 1925-26, als Berg an seiner zweiten Streichquartettkomposition arbeitete, noch ganz lebendig war.

In seiner bereits erwähnten analytischen Einführung, überschrieben "Neun Blätter zur *Lyrischen Suite für Streichquartett*",[2] erläutert Berg die gewählte Entwicklung der Tempi sowie seine besondere Anwendung der Zwölftontechnik. Hinsichtlich der Tempi – *Allegretto gioviale, Andante amoroso, Allegro misterioso, Adagio appassionato, Presto delirando, Largo desolato* – zeichnet das Werk Bergs typische keilförmige Spreizung zu den beiden Extremen nach: Die Sätze I, III und V beschleunigen sich von *Allegretto* über *Allegro* zu *Presto*; die Sätze II, IV und VI verlangsamen sich von *Andante* über *Adagio* zu *Largo*.

[1] Siehe dazu S. Bruhn, "Alexander Zemlinsky: *Lyrische Symphonie* für Sopran, Bariton und Orchester in 7 Gesängen nach Gedichten von Rabindranath Tagore" in dieselbe, « *Dunkel ist das Leben* ». *Liedsinfonien zur Vergänglichkeit von Mahler bis Penderecki* (Waldkirch: Gorz, 2020), S. 69-110.

[2] Vgl. Schneider, *Alban Berg: Glaube, Hoffnung und Liebe. Schriften zur Musik*, S. 236-253.

Hinsichtlich der Kompositionstechnik kündigt Berg einen konsequent palindromischen Aufbau an, in dem sechs in Zwölftontechnik entworfene Sätze bzw. Satzabschnitte mit sechs "frei atonal" konzipierten alternieren:

I	II	III A	B	A'	IV |	V A	B	A'	B'	A"	VI
12t.	frei	12t.	frei	12t.	frei |	frei	12t.	frei	12t.	frei	12t.

Symmetrie und Palindrom finden sich auch in anderen Parametern des Werkes, so in der Grundform der für dieses Werk erneut gewählten Allintervallreihe. Diesen horizontal spiegelnden und damit quasi die zeitliche Entwicklung aufhebenden Formen steht gleichbedeutend Bergs Überzeugung gegenüber, dass nicht nur Menschen und ihre Beziehungen zueinander, sondern auch thematische Komponenten im Zuge mehrerer Wiederaufnahmen wesentliche Entwicklungen durchmachen – dass sie, wie er es ausdrückt, im Verlauf eines Werkes "ein Schicksal erleiden".

In der *Lyrischen Suite* gilt dies sogar für die Zwölftonreihen, denen Berg damit eine sekundär thematische Bedeutung zuspricht. Explizit äußert er sich hierzu nur in Bezug auf seine Ur-Reihe, die alle Sätze durchzieht (im Folgenden R1). Sie beginnt im Kopfsatz in der oben erläuterten palindromischen Intervallanordnung, durchläuft jedoch in späteren Sätzen eine Entwicklung, die sich in einem zweistufigen Prozess niederschlägt. Berg schreibt dazu:

> Die Reihe verändert sich im Verlauf der 4 Sätze durch Umstellung einiger Töne. (Diese Veränderung [ist] unwesentlich in Hinblick auf die Linie, wesentlich aber in Hinblick auf die Charaktere – "Schicksal erleidend".)[3]

Lyrische Suite: Reihe R1 und ihre "schicksalhaften" Veränderungen

R1	f	e	c	a	g	d	as	des	es	ges	b	h
R1, Quarttransposition	b	a	f	d	c	g	des	ges	as	h	es	e
R1a	b	a	f	h	c	g	des	ges	as	d	es	e
R1a, Terztransposition	des	c	as	d	es	b	e	a	h	f	ges	g
R1b	des	c	as	d	f	a	e	b	h	es	ges	g

[3]Schneider, *op. cit*, S. 236.

Und Berg fährt fort:

> Verknüpfung der einzelnen Sätze geschieht – abgesehen davon, dass die 12ton-Reihe eine solche Verknüpfung herstellt – dadurch, dass jeweils 1 Bestandteil (1 Thema oder 1 Reihe, 1 Stück oder 1 Idee) in den folgenden Satz hinübergenommen wird und der letzte wiederum auf den 1. zurückgreift. Natürlich nicht mechanisch, sondern ebenfalls im Verhältnis der großen Entwicklung (Stimmungssteigerung) innerhalb des *ganzen* Stückes ("Schicksal erleidend!")

Die unabhängigen Reihen, die eine Verknüpfung zwischen den Sätzen erzeugen, stellt Berg nicht vor. Dabei sind sowohl deren erster Auftrittsort als auch die durch sie verknüpften Aspekte höchst aufschlussreich. Wenn Berg in seinen "Neun Blättern zur *Lyrischen Suite* für Streichquartett" sechs der zwölf Sätze bzw. Abschnitte des Werkes als in tonaler Hinsicht "frei" kennzeichnet und sie sechs nach der Zwölftonmethode komponierten gegenüberstellt, scheint er anzudeuten, dass er im Kontext der freien Atonalität auf Reihenordnungen verzichtet. Tatsächlich kommen jedoch auch dort im Kontext bedeutsamer thematischer Komponenten mehrere vollständige Zwölftonreihen vor, die ebenfalls verarbeitet werden. Es sind vor allem die Nebenstimmen und Überleitungen, die "frei" angelegt sind. In dieser Studie werden die von Berg selbst ausgewiesenen Varianten seiner Ur-Reihe, wie oben schon geschehen, als "R1a" und "R1b" gekennzeichnet, die unabhängigen Zwölftonreihen dagegen in fortlaufender Nummerierung (Reihe 2 bis Reihe 5).

Berg verwendet seine Reihen nicht nur fortlaufend von Ton 1 bis Ton 12, sondern bezieht oft kreisförmige Verschiebungen mit ein. Hinzu kommen Ableitungen, bei denen er eine Reihe in einander ergänzende Exzerpte von 7 + 5 oder 6 + 6 Tönen teilt. Diese erklingen entweder in zwei Instrumenten komplementärrhythmisch und bilden so eine mehrfarbige Reihe, oder sie folgen aufeinander und sind als Derivate der ursprünglichen Reihe nicht mehr zu erkennen. Berg bezeichnet diese Exzerpte als "Halbreihen". Sein satzbezogenes Beispiel für 7 + 5 Töne zeigt, abstrakt dargestellt: Aus **1** 2 3 **4** **5** 6 **7** 8 9 10 **11** **12** wird entweder

1____4 5__7____10 11 12 oder 1 4 5 7 11 12 2 3 6 8 9 10
  2 3____6__8 9______

Diese alternativen Reihen ordnet Berg durchaus thematisch zu. Einige setzt er auch satzübergreifend ein und unterwirft sie dabei manchmal sogar gleichfalls einer Entwicklung, die das implizite 'Programm' des Werkes spiegelt.

Dieses 'Programm' ist die semantische Schicht hinter den Tönen und Strukturen. Seit den Analysen und Funden, die Constantin Floros und George Perle Mitte der 1970er-Jahre fast zeitgleich jedoch unabhängig voneinander veröffentlichten,[4]ist der autobiografische Gehalt des Werkes bekannt. Es erzählt in der Art eines musikalischen Tagebuches von Bergs leidenschaftlicher aber aussichtsloser Liebe zu Hanna Fuchs-Robettin, unter liebevoller Erwähnung ihrer zwei Kinder, zu denen Berg große Zuneigung fasste: den zu Beginn ihrer Bekanntschaft mit Berg siebenjährigen Munzo und die damals dreieinhalbjährige Dorothea. Hannas Schwägerin Alma Mahler-Werfel und Bergs damaliger Schüler Theodor W. Adorno fungierten als Boten der Liebesbriefe Bergs. Adorno erinnert sich:

> In der Zeit, in der ich bei ihm war, spielte die Geschichte mit Hanna, der Schwester Werfels; er hat mich als postillon d'amour benutzt. [...] Die ganze Affäre war hoffnungslos von Anfang an, da sie einerseits mit einem ungeheuren Pathos belastet war, andrerseits weder Berg seine Frau noch Hanna ihren Mann und ihre zwei Kinder verlassen wollte.[5]

Die Familie Fuchs-Robettin floh 1938 vor den Nationalsozialisten in die USA, wo Hanna 1964 starb. Im Nachlass ihrer Mutter fand die Tochter Dorothea ein Exemplar der Taschenpartitur, das Berg für Hanna mit ausführlichen handschriftlichen Randnotizen versehen hatte. Als George Perle diese 1977 auswertete, boten sie eine unerwartete Bestätigung der semantischen Analyse, die Constantin Floros zwei Jahre zuvor auf Basis der musikalischen Details erstellt hatte. Perles Bericht und Transkript konnte Floros' Deutungen in zahlreichen Aspekten verifizieren, sie aber auch um konkrete biografische Zuweisungen bereichern. Im selben Nachlass fanden sich zudem 14 Briefe von Berg an Hanna, die Floros später herausgab.[6]

[4]Constantin Floros, "Das esoterische Programm der Lyrischen Suite", in *Hamburger Jahrbuch für Musikwissenschaft* I (1974); zitiert nach der Fassung in H.-K. Metzger et al., Hrsg., *Musik-Konzepte*: *Alban Berg Kammermusik I* (München: edition text + kritik, 1981), S. 5-48. George Perle, "The Secret Program of the Lyric Suite", in *The International Alban Berg Society Newsletter* 5 (1977); erweiterte Fassung in *The Musical Times* (1977); hier zitiert aus "Das geheime Programm der Lyrischen Suite" in *Alban Berg Kammermusik I*, S. 49-74.

[5]Adorno in Henri Lonitz, Hrsg., *Theodor W. Adorno: Briefe und Briefwechsel 1925-1935*, Bd. II (Frankfurt: Suhrkamp, 1997), S. 335.

[6]Constantin Floros, *Alban Berg und Hanna Fuchs: Die Geschichte einer Liebe in Briefen* (Zürich: Arche, 2001). Vgl. auch Gerhard Fischer, *Amour fou: Hanna Fuchs, Alban Berg und ein Streichquartett, genannt Lyrische Suite* (Wien: Transmediale Gesellschaft Daedalus, 2009).

I – *Allegretto gioviale*

Eine Entsprechung sowohl zum emotionalen Verlauf der Tempi als auch zur Symmetrie der tonalen Anlage fand Berg in Fritz Heinrich Kleins 1921 entwickelter Allintervallreihe, die er bereits seiner Zweitvertonung von Theodor Storms Gedicht "Schließe mir die Augen beide" zugrunde gelegt hatte. Diese besondere Zwölftonanordnung, die alle elf Intervalle vom Halbtonschritt bis zur großen Sept enthält, galt zu der Zeit als einzig mögliche Allintervallreihe. Klein hatte sie zusammen mit dem sogenannten "Mutterakkord" entwickelt, einer Vertikalisierung, die ebenfalls aus zwölf verschiedenen Tönen und elf verschiedenen Intervallen gebildet ist.[7] Erst 1937 fügte Ernst Krenek eine zweite hinzu, der später weitere folgten.[8]

Im Kopfsatzhauptthema unterstreicht Berg die Intervalle zudem durch ihre Richtung, indem er die Tonpaare mit 1, 3, 5, 7, 9 und 11 Halbtönen Abstand fallend setzt, alle Schritte mit geradzahligen Halbtongrößen dagegen steigend:

Lyrische Suite I:
Die Originalform der Reihe:

Diese Reihe ist in sich symmetrisch, insofern die zweite Hälfte eine Tritonustransposition der ersten Hälfte darstellt:

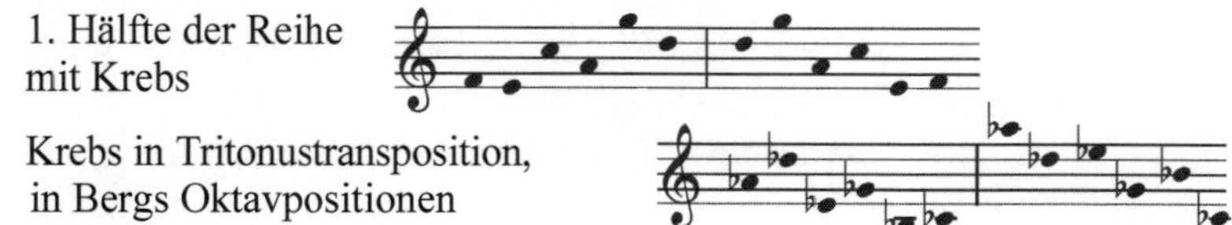

1. Hälfte der Reihe mit Krebs

Krebs in Tritonustransposition, in Bergs Oktavpositionen

Wie Berg betont, ist jede Hälfte der Reihe aus verzahnten Folgen von Quinten und Quarten gebaut. Dadurch ergibt sich eine interessante Beziehung zum Quintenzirkel: Die erste Hälfte der Reihe enthält eine Hälfte des Quintenzirkels (*f, c, g, d, a, e*), die zweite Hälfte in symmetrischer Anordnung die komplementäre zweite Hälfte (*ces, ges, des, as, es, b*).

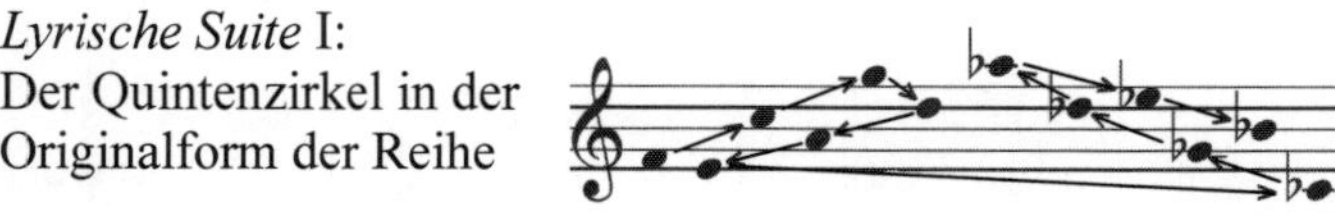

Lyrische Suite I:
Der Quintenzirkel in der Originalform der Reihe

[7] Vgl. die Schlussakkumulation in der Zweitvertonung von "Schließe mir die Augen beide": *f1/c2/b2/g3/es4/d5/gis5/a5/cis6/e6/fis6/h6* mit 7-10-9-8-11-6-1-4-3-2-5 Halbtönen.

[8] Vgl. Manuel Gervink, "Die Strukturierung des Tonraums. Versuche einer Systematisierung von Zwölftonreihen in den 1920er bis 1970er Jahren". In K. W. Niemöller et al., *Perspektiven und Methoden einer Systemischen Musikwissenschaft* (Frankfurt: Lang, 2003), S. 323-334.

Im Kopfsatz macht Berg sich den Bezug seiner Reihe zum Quintenzirkel und zur verschränkten Quint-/Quartenfolge einerseits und deren Kontur aus Aufstieg und Abstieg andererseits auch jenseits dodekaphon basierter Tongruppen zunutze. Insbesondere stellt er hier mehrfach ein zwölftönig entworfenes Segment horizontal einem Quintenzirkelblock gegenüber oder unterlegt zwölftönigen Phrasen einen Quint/Quart-Gang, der zuweilen sogar den Auf-/Abstieg der Originalform der Reihe gestisch imitiert. Zuletzt zeichnet sich die Reihe dadurch aus, dass sie in zwei spiegelsymmetrisch entsprechenden Segmenten (Ton 4-3-2 und 9-10-11) Dreiklänge enthält. In der Originalform sind dies a-Moll und es-Moll; in der Umkehrung (*f-ges-b-des-es-as-d-a-g-e-c-h*) werden daraus Ges-Dur (auch notiert als Fis-Dur) und C-Dur.[9]

Aus diesen Materialien bildet Berg Konturen und Klänge, Texturen und thematische Komponenten, die seinem Anspruch an die Erprobung der dodekaphonen Kompositionsweise ebenso zu genügen haben wie seinem Empfinden für Ästhetik und überzeugende Struktur. Bevor die wesentlichen Zwölftonbausteine in der ersten Hälfte des Kopfsatzes vorgestellt und Bergs spezifische Adaptationsweisen der Dodekaphonie erläutert wird, soll daher zuerst das auf den Hörer wirkende Klangerlebnis dieser 35 Takte, die der Komponist selbst als "Exposition" in einem "Sonatensatz ohne Durchführungsabschnitt" kennzeichnet, dargestellt werden.

Gleich zu Beginn unterstreicht Berg die Rolle der Quint/Quartfolgen für seine Allintervallreihe, indem er der Einführung des Hauptthemas durch die 1. Geige eine homophone Einleitung der anderen drei Instrumente vorausschickt, deren Akkorde jeweils Ausschnitte aus dem Quintenzirkel zum Klingen bringen. In einem synkopischen Rhythmus, der das *gioviale* im Satztitel auszudrücken scheint, durchlaufen die ersten drei Akkorde viertönige Segmente des Zirkels: *f/c/g/d, a/e/h/fis* und *des/as/es/b*; der vierte Akkord fügt sechstönig eine ganze Quintenzirkelhälfte hinzu: *c/g/d/a/e/h*.[10] Es folgt, anfangs unbegleitet, das Hauptthema, das durch seine Artikulation mit Legato-Tonpaaren, zentralem Haltepunkt, *staccato*-Tonwiederholung und Schlussakzenten einprägsam charakterisiert ist.

[9] In den von Berg bevorzugten Tritonustranspositionen von Reihe und Umkehrung treten dieselben Dreiklänge auf, in den seltener verwendeten Transpositionen um eine kleine Terz tiefer oder höher ergeben sich, ebenfalls identisch an symmetrisch analoger Stelle, die Dreiklänge von c-Moll / fis-Moll in der Reihe und A-Dur / Es-Dur in der Umkehrung. Insgesamt stehen Berg somit in den engen Grenzen seiner bevorzugten Reihentransformationen Dur- und Molldreiklänge auf *c, es, ges/fis* und *a* zur Verfügung.

[10] Im ersten und vierten Akkord erklingen die Töne der Quintenzirkelsegmente in aufsteigender Anordnung, im zweiten und dritten Akkord mit vertikaler Vertauschung.

Lyrische Suite I: Das Hauptthema am Satzbeginn

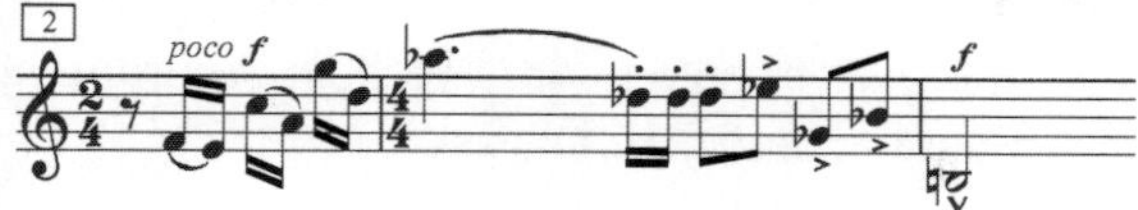

Der Schlusston des Hauptthemas bildet seinerseits ein Tonpaar mit seinem Halbtonnachbarn, der jedoch (wie Berg ausdrücklich in der Partitur vermerkt) vom Cello übernommen und fortgeführt wird. Diese Fortführung bildet den melodischen Strang der Hauptthema-Ergänzung, die von den drei anderen Instrumenten überraschend konsonant mit einem homophonen Akkordschritt von Ges-Dur nach a-Moll begleitet wird. Diese Begleitung erklingt anschließend, viel leiser, erneut in der tieferen Oktave, während die 2. Geige ein gestisches Echo der Cellofigur anstimmt.

Lyrische Suite I: Die Hauptthemaergänzung

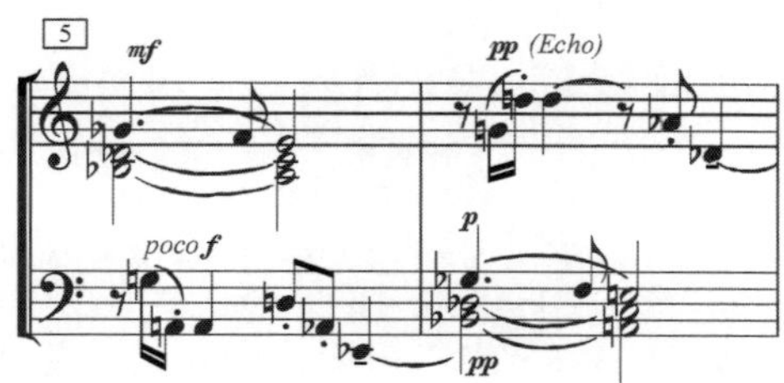

Dieses gestische Echo leitet über zu einer der für Berg typischen thematischen Entwicklungen. Schon in seinen frei atonalen Werken hatte er betont, dass Themen nie unverändert wiederkehren können, weil sie im musikalischen Verlauf notwendig "ein Schicksal erleiden". Die Zwölftontechnik fordert (und ermöglicht) nun ein neues Verständnis von thematischer Verwandtschaft. Sofern sich der Komponist nicht darauf beschränken will, den Wiederaufnahmen einer Komponente stets dieselbe Reihenform oder eine ihrer Transpositionen zugrunde zu legen, sofern also nicht wie in der tonalen Musik die melodisch-intervallische Identität im Vordergrund steht, stellt die gestische Verwandtschaft den Bezug her. Diese zeigt sich in weitgehender Beibehaltung des rhythmischen Verlaufs bei nur angedeuteter Ähnlichkeit der Gesamtkontur.

Ein neues Beispiel gestischer Verwandtschaft findet sich in der ersten Hauptthemaverarbeitung. In T. 7-11 erklingt ein dreistimmiger Engführungskanon mit fünf in halbtaktigem Abstand einsetzenden Hauptthema-Varianten. Die Einleitung durch Quintenzirkel-Akkorde, die dem ersten Hauptthema-Einsatz vorausgeht, ist hier ersetzt durch einen gezupften

Quart/Quint-Gang des Cellos in der thematisch vorgegebenen Kurvenform: *b↗es↗as↗des↗fis↗h↗*, *e↘a↘d ↘g↘c↘f* und durch einen ritardierenden Ausklang, in dem die Instrumente in absteigender Anordnung eine Hälfte des Quintenzirkels untereinander schichten.[11]

Lyrische Suite I: Das Hauptthema und seine gestisch verwandte Ableitung

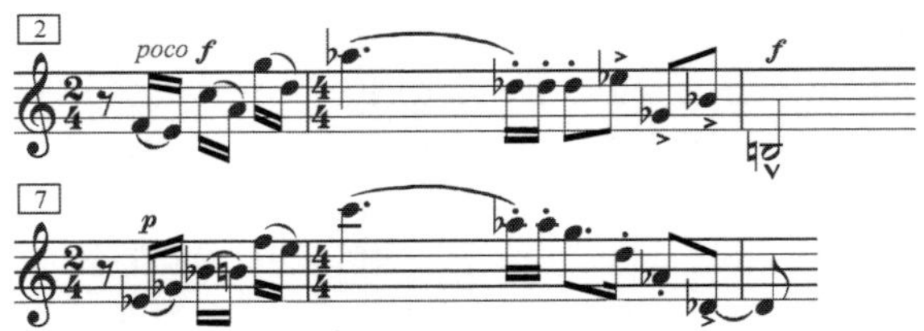

Die fünfte abwärts gerichtete Kumulation lenkt die Aufmerksamkeit auf das Cello. Aus dessen Basston erhebt sich eine zweieinhalbtaktige, *molto espr.* markierte Kantilene, die nach fünf eher engen Intervallschritten plötzlich exzentrisch ausschlägt. Begleitet wird sie von einer homophonen Textur, in deren vier Segmenten (♪♪♩ ,♪♪♩. ,♪♪♩ ♪, ♪♪♪♩.) Geigen und Bratsche mit ihrem wiederholten *pizz., pizz., arco* einen starken farblichen Kontrast erzeugen. Es folgt eine Parallele, die – überraschend für Zwölftonpuristen, aber nicht für Berg – fast gespenstisch konsonant wirkt: Aus dem synkopisch gestrichenen Anfangston in T. 15 schält sich, in gezupft weitergeführter homorhythmischer Vierstimmigkeit, eine Folge aus verminderten Septakkorden gefolgt von kurzen Parallelen in kleinen Terzen und großen Sexten,[12] bevor die vier Stimmen in frei polyphones Spiel übergehen. Ein nur minimal verändertes Hauptthemazitat der 1. Geige beschließt den ersten Abschnitt der Exposition.

In T. 23 setzt der Seitensatz ein, den die 2. Geige unter Einbeziehung eines Bratschentones in zwei analogen Takten anstößt, bevor die beiden Instrumente den großintervallischen und ausdrucksmächtigen, mit einer Anspielung auf den Hauptthemaschluss endenden Dreitakter der 1. Geige mit Tritonusparallelen untermalen.[13]

[11] Vgl. die Quintenzirkelhälfte *h-fis/ges-des-as-es-b* in den Quarten bzw. Quinten von T. 12: Geigen *b/es* + *des/ges*, dann Bratsche *as/es*, zuletzt Cello *h/fis*.

[12] Zur Parallele der verminderten Septakkorde in weiter Lage vgl. T. 15 Mitte-16 Mitte: *as/d/h/f, g/cis/b/e, es/a/ges/c, c/fis/es/a, b/e/des/g, h/f/as/d.* Zur Terzenparallele vgl. 1. Hälfte T. 17: 2. Geige/Bratsche, zur Sextenparallele vgl. 2. Hälfte T. 17: 1. Geige/Bratsche.

[13] Für die Tritonusparallelen vgl. T. 25-26: 2. Geige/Bratsche (von *b/e* bis *h/f*). Für die Hauptthemaanspielung vgl. Rhythmus und Akzente der 1. Geige in T. 27-28 mit T. 2-3.

Lyrische Suite I: Der zweiteilige Seitensatz

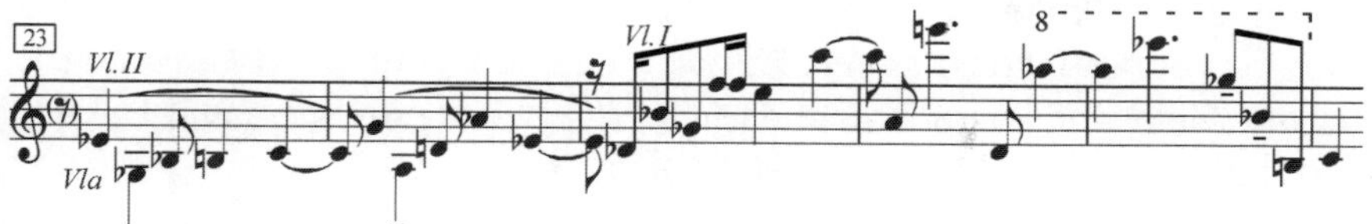

Eine Überleitung der *brillant* markierten 1. Geige, die anfangs dank spärlicher Begleitung cadenza-artig wirkt, mündet in den Schlusssatz. Hier initiiert das Cello eine Folge diatonisch aufsteigender Skalenabschnitte, deren Wechsel von C-Dur und Fis-Dur die anderen Instrumente aufsteigend übernehmen, bis die oberen drei, verzahnt in Sechzehntelstaffelung, kontinuierlich beschleunigend dem Takt zustreben, den Bergs "Tempo I" als Beginn der Reprise deklariert.

Der Übergang ist aus gleich zwei Gründen alles andere als eindeutig: Zum einen ist die Hauptthemaverarbeitung bei dieser offiziellen Wiederaufnahme weiter entfernt von dessen ursprünglicher Form als alle anderen Ableitungen. Zum anderen greift das Cello den gezupften Quart/Quint-Gang, den es in T. 7-9 der ersten Hauptthemavariante unterlegt, hier schon anderthalb Takte vor dem Ende der Exposition und damit einen ganzen Takt in die Reprise hineinreichend wieder auf. So beginnt die zweite Satzhälfte nicht nur fast unmerklich; der vom Komponisten erwähnte Neubeginn erscheint auf den ersten Blick sogar geflissentlich verschleiert. Erst der genaue Blick auf die beiden Hälften des Quintenzirkels, die Berg durch den plötzlichen Sprung über eine oktavierte Quint wirkungsvoll trennt, zeigt die tonale Untermauerung der Zäsur: Die zweite Hälfte des Quart/Quint-Ganges ist die transponierte Krebsumkehrung der ersten. Dabei fällt der Spiegelungspunkt exakt auf die Schnittstelle zwischen den zwei Großabschnitten des Satzes.

Lyrische Suite I: Der Bassübergang als transponierte Krebsumkehrung

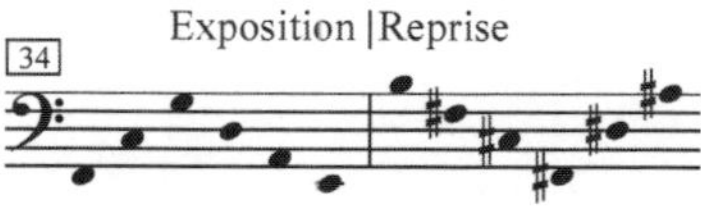

Zugleich erinnert dieser Bassgang an die dodekaphone Basis des Satzes: die Quintenfolge in der zugrunde liegenden Ur-Reihe, deren zweite Hälfte, wie oben erläutert, ebenfalls die Krebsumkehrung der ersten ist (vgl. Notenbeispiel S. 159 Mitte).

In einem zweiten Schritt soll die bislang thematisch und strukturell analysierte Kopfsatz-Exposition nun unter dem Blickwinkel von Bergs Anwendung der Zwölftontechnik neu betrachtet werden.

Berg verwendet acht Transformationen der unveränderten Allintervallreihe: zusätzlich zur Originalform (O_0) und deren Umkehrung (U_0) die Transpositionen beider auf den Tritonus (O_6 und U_6) sowie, etwas seltener, auf die Kleinterzen darüber und darunter (O_3 und U_3 sowie O_9 und U_9). Im "magischen Quadrat" der Reihe stellt sich dies so dar:

Lyrische Suite I: Bergs Auswahl im "magischen Quadrat" der Allintervallreihe

	U_0	U_{11}	U_7	U_4	U_2	U_9	U_3	U_8	U_{10}	U_1	U_5	U_6
O_0	f	e	c	a	g	d	as	des	es	ges	b	h
O_1	ges	f	des	b	as	es	a	d	e	g	h	c
O_5	b	a	f	d	c	g	des	ges	as	h	es	e
O_8	des	c	as	f	es	b	e	a	h	d	ges	g
O_{10}	es	d	b	g	f	c	ges	h	des	e	as	a
O_3	as	g	es	c	b	f	h	e	ges	a	des	d
O_9	d	des	a	ges	e	h	f	b	c	es	g	as
O_4	a	as	e	des	h	ges	c	f	g	b	d	es
O_2	g	ges	d	h	a	e	b	es	f	as	c	des
O_{11}	e	es	h	as	ges	des	g	c	d	f	a	b
O_7	c	h	g	e	d	a	es	as	b	des	f	ges
O_6	h	b	ges	es	des	as	d	g	a	c	e	f

Da das Rahmenintervall der Reihe ein Tritonus ist, sind neben O_0 auch die ersten drei der genannten Transformationen – U_0, O_6 und U_6 – zwischen *f* und *h* bzw. *h* und *f* ausgespannt.[14] Bergs Präferenz für die vier Kleinterztranspositionen schlägt sich im Satz in kurzen Parallelführungen nieder; vgl. in T. 15-17 und 25-26 die konsonant klingenden Einsprengsel in verminderten Septakkorden, kleinen Terzen, großen Sexten und Tritoni.

[14]Dasselbe gilt für die Krebs- und Krebsumkehrformen, die in dieser symmetrischen Reihe die genannten Transpositionen verdoppeln: $K_0 = O_6$, $K_6 = O_0$, $KU_0 = U_6$, $KU_6 = U_0$.

In die linearen Zitate der vier Reihentransformationen zählt Berg auch nahe Varianten: die kreisförmige Verschiebung der Reihe um ⅔ (O_0* im Kanon der ersten Hauptthemaverarbeitung, T. 7-11: Ton 9-12 + 1-8), den Stimmtausch in der Reihenmitte (T. 15-18), die Übernahme eines Reihentones durch eine benachbarte Stimme (T. 23-24), die Weitergabe einer Reihe an ein anderes Instrument (T. 24-26) und die vertikale Ausbreitung eines Reihenschlusses in mehrere Partnerstimmen (T. 33). Hinzu kommen der Doppelbezug eines Schlusstones als neuer Anfangston, die Binnenwiederholung eines Tonpaares (beides *passim*) sowie die Vertikalisierung sukzessiver Reihensegmente zu homophonen Akkorden (T. 13-15).

Lyrische Suite I: Die Reihe in der Exposition

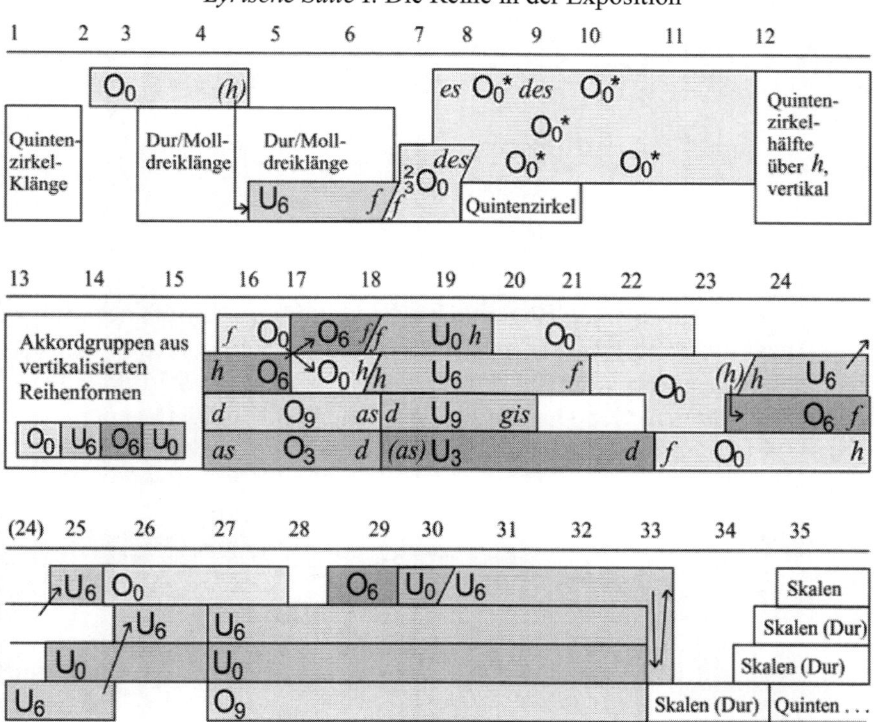

Diese Reihensetzungen umgibt Berg mit horizontalen und vertikalen Manifestationen des Quintenzirkels sowie (kurz nach Beginn) konsonanten Dreiklängen und (am Ende der Exposition) sechstönig aufwärts eilenden Ausschnitten aus den Skalen der Tritonusverwandten C-Dur und Fis-Dur. Im allerletzten, crescendierenden Viertel des Abschnittes verbindet er diese Skalen zu einer Parallele in übermäßigen Dreiklängen.

Wie schon erwähnt, weicht die Reprise von der Exposition am deutlichsten in ihren Anfangstakten ab: Während das Cello seinen Quintenzirkelgang mit dessen doppelt gespiegelter zweiter Hälfte vervollständigt, erklingen Teile des Hauptthemas verteilt auf 1. und 2. Geige: Die 1. Geige, anfangs von der Bratsche in Terzenparallele verdoppelt, zitiert Rhythmus und Kontur des zweiten und dritten Thementaktes (vgl. T. 36-37 mit T. 3-4), während die 2. Geige die ersten zwei Drittel der Originalform dagegensetzt. Eine Ergänzung der Themengestalt durch den gestisch erkennbaren Themenbeginn fügt Berg erst in T. 41-42 hinzu.

Lyrische Suite I: Die Hauptthemaeröffnung in Exposition und Reprise

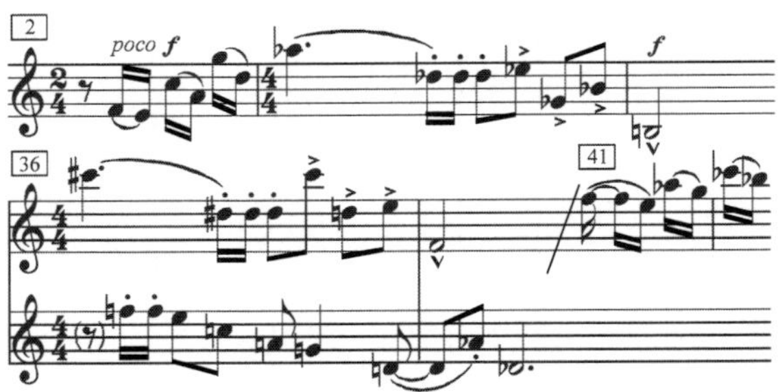

Der von konsonanten Begleitakkorden dominierte Zweitakter, der in der Exposition auf die Einführung des Hauptthemas folgt, ertönt hier als Einschub – derart umgestaltet, dass zusätzlich zu den im Vorbild enthaltenen Dreiklängen Ges-Dur und a-Moll auch die beiden anderen in Originalform und Umkehrung enthaltenen Dreiklänge, es-Moll und C-Dur, ertönen.

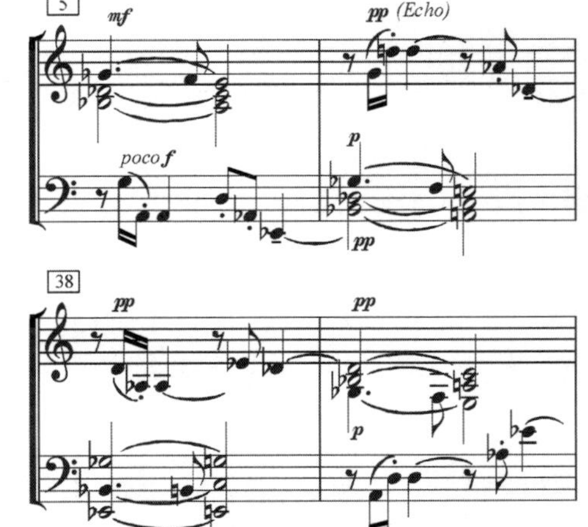

Lyrische Suite I:
Die konsonante Hauptthemaergänzung

in Exposition

und Reprise

Auch die Bausteine der ersten Hauptthemaverarbeitung trennt Berg in der Reprise. Der Quintenzirkelgang des Cellos, der zuvor dem Beginn des Engführungskanons in T. 7-11 unterlegt war, erklingt jetzt unter Trillern und Tremoli der Geigen in hohen Lagen von Bratsche und Cello als innovative Zweistimmigkeit: Jedes Instrument spielt Dreitongruppen aus dem Quintenzirkel, auf- und wieder absteigend, während die komplementäre Linie des Zusammenklingens dabei gleichzeitig das Hauptthema in seiner ursprünglichen Kontur und Rhythmik aus T. 2-3 erzeugt.

Lyrische Suite I: Quint/Quart-Gang in Bratsche und Cello in Themengestalt

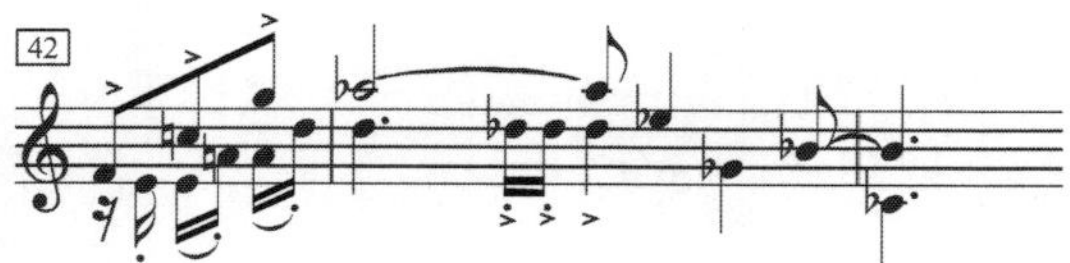

Erst danach folgt die Kanonvariante des Hauptthemas, die hier alle vier Instrumente einbezieht. Sie ist in Kontur und Rhythmik eng verwandt mit ihrem Vorbild in der Exposition, aber reihentechnisch neu entworfen.[15]

Lyrische Suite I: Die neue Kanonvariante des Hauptthemas

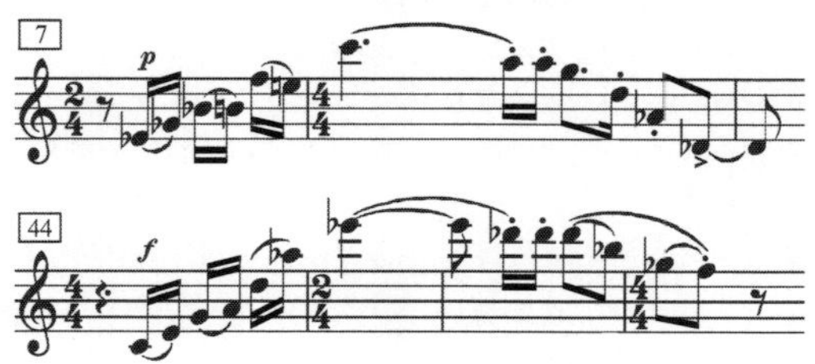

Danach erhält zunächst der aus einer vertikalisierten Quintzirkelhälfte gebildete Takt 12 sein Gegenstück in T. 48, sodann die homophone Textur mit wiederholtem *pizz., pizz., arco* als farblich kontrastierende Begleitung einer Kantilene, die hier die 2. Geige übernimmt.

Nachdem die Reprise zuvor das vorgegebene Material erweitert hat, komprimiert sie es nun in gleichem Maße: Anstelle der vierstimmigen Pizzicato-Parallele und der freien Polyphonie mit krönendem Hauptthemazitat bereitet hier nur eine leiser gestrichene und im Verlauf zunehmend beruhigte Version der Parallele den Übergang zum Seitensatz vor.

[15] Während Berg für die Kanonvariante in der Exposition die um 2/3 verschobene Originalform O_0 einsetzt, legt er hier die Tritonusumkehrung U_6 zugrunde, die jeweils aus einem (noch nicht zugehörigen) *h* erwächst. Das Ergebnis ist eine Dur-Aufhellung der Variante.

Der Seitensatz selbst ist eine fantasievolle Kombination aus weitgehend entsprechenden, aber im Register versetzten Segmenten und einer vertikalen Spiegelung des exzentrischen Schlusses:

Lyrische Suite I: Der Seitensatz in Exposition und Reprise

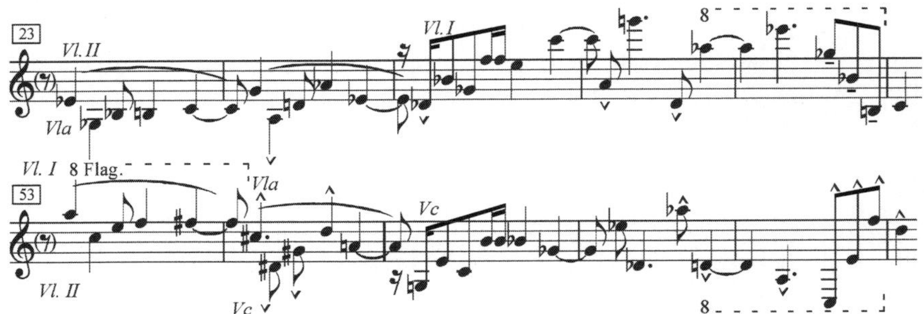

Im Schlusssatz konkurrieren neuerliche Quintenzirkelgänge, die sich hier über sechs Takte und alle vier Instrumente ausdehnen,[16] mit allerlei modalen Varianten der sechstönigen Skalenausschnitte. In diesen holt Berg u. a. die kurzen zweistimmigen Terzen- und Sextenparallelen sowie die vierstimmige Parallele aus verminderten Septakkorden nach, die er in der Verkürzung der Überleitung zum Seitensatz ausgelassen hatte.[17]

Ein einziger Schlusstakt rundet die durchführungslose Sonatensatzform ab. Mit seiner homophonen Textur, seiner synkopischen Rhythmik, die die beiden Taktschwerpunkte ausspart, und der erneuten (wenn auch nicht ganz so konsequenten) Schichtung von Quintenzirkelhälften[18] kann er als Pendant zum Eröffnungstakt gehört werden, mit dem er somit einen Rahmen um den ganzen Satz bildet.

Schon Constantin Floros weist darauf hin, dass der Kopfsatz genau 69 Takte zählt und damit Bergs Vorstellung vom eigenen Lebensschicksal unterstreicht (3 x 23).[19] So darf man im Blick auf die in der *Lyrischen Suite* musikalisch symbolisierte Liebesgeschichte vermuten, dass der "joviale" Einleitungssatz das noch unbelastete Ich des Liebenden vor dem Beginn der leidenschaftlichen Verwicklung repräsentiert.

[16]Vgl. 2. Geige T. 61-63: *g-c-f-b-es-as, des-ges-as-ces* (übernommen vom Cello:) *-h-e-a-d*; vgl. Cello T. 64-66: *f-c-g* (übernommen von 1. Geige:) *-g-d-a-e-h-fis-cis-gis-dis-as*.

[17]Vgl. die Terzen-/Sextenparallele der Geigen in T. 63-64 + 64-65 mit Bratsche/2. Geige T. 17 und Bratsche/1. Geige T. 17-18 sowie die vierstimmige Parallele T. 68_4 mit T. 15-16.

[18]Vgl. T. 1, 2.-4. Achtel: *f/c/g/d/a/e* (+ *cis*), 4.-7. Achtel: *h/fis/cis/gis/dis/ais* (+ *f/g*).

[19]Constantin Floros, "Das esoterische Programm", S. 19.

II – *Andante amoroso*

Dem zweiten Satz geht in Bergs annotiertem Handexemplar eine an Hanna gerichtete Erläuterung voraus:

> Dir und Deinen Kindern ist dieses "Rondo" gewidmet: eine musikalische Form, in der die Themen (namentlich Deines) – den lieblichen Kreis schließend – immer wiederkehren.[20]

Bergs Bemerkung, dass "die Themen" immer wiederkehren, entspricht zwar nicht ganz der klassischen Rondostruktur mit einem Refrain zwischen meist unterschiedlichen Episoden, beschreibt seine Konzeption des Satzes jedoch sehr gut. Wie Perle berichtet, ordnen die in drei Farben gehaltenen Einzeichnungen im Handexemplar das erste Thema (eingeführt in T. 1-15) Hanna zu, das zweite (vgl. T. 16-34) ihrem Sohn Munzo und das dritte (vgl. T. 56-80) ihrer "Dodo" genannten kleinen Tochter Dorothea.

Entsprechend seiner eigenen Schicksalszahl 23 setzt Berg auch für Hanna ein numerisches Symbol ein. Schon Floros vermutete, dass dies die Zahl 5 sein müsse: Tatsächlich umfasst das 1. Thema im *Andante amoroso* 15 Takte, die folgenden drei Segmente 25 + 15 + 25 Takte, und der ganze Satz 150, und im ebenfalls Hanna in den Vordergrund stellenden *Presto delirando* des fünften Satzes setzt Berg seine fünf Abschnitte durchgehend aus Fünftaktgruppen zusammen.[21]

Adorno, der von den Randnotizen für Hanna nichts wusste, jedoch mit der Liebesgeschichte selbst eng vertraut war, betonte als Erster, dass der kompositorische Erfindungsreichtum gänzlich unabhängig von seinem biografischen Hintergrund zu beurteilen ist:

> Die *Lyrische Suite*, eine Programmmusik mit verschwiegenem Programm, hat mit zahllosen Anspielungen die ganze Geschichte verkomponiert, ohne dass übrigens jene Anspielungen [...] der Qualität den leisesten Abbruch getan hätten; im Gegenteil, das höchst verführerische Werk empfing seinen Elan aus jenem Hintergrund.[22]

Unter diesem Blickwinkel sollen Material, Textur und Struktur dieses "Rondos über drei Themen" nun analysiert und gedeutet werden.

[20]Perle, *op. cit.*, S. 58.

[21]Floros, *op. cit.*, S. 18. In seinen Annotationen nennt Berg die 10 als Hannas Zahl. Dem widersprechen jedoch die zahlreichen und auffälligen Vielfachen der 5.

[22]Adorno, "Aufzeichnungen über Berg" (1955), zitiert in Heinz-Klaus Metzger/Rainer Riehn, "Statt eines Nachworts zur Kontroverse", in *Musik-Konzepte 9: Alban Berg Kammermusik II* (München: edition text + kritik, 1979), S. 8-10 [10].

Das 1. Thema des *Andante amoroso* suggeriert mit seinem moderat bewegten 6/8-Metrum die Stimmung einer Romanze, bietet dabei aber zugleich ein anschauliches Beispiel für die Verknüpfung von Thematik und Reihentechnik. Die 15 Takte umfassen nicht nur zahlreiche wiederkehrende Motive und Figuren, sondern zudem zwei sowohl von der Ur-Reihe als auch voneinander unabhängige Zwölftonreihen sowie – am anderen Ende des Spektrums – zwei überraschend diatonisch wirkende Komponenten.

Lyrische Suite II: Motive und ergänzende Figuren im 1. Thema

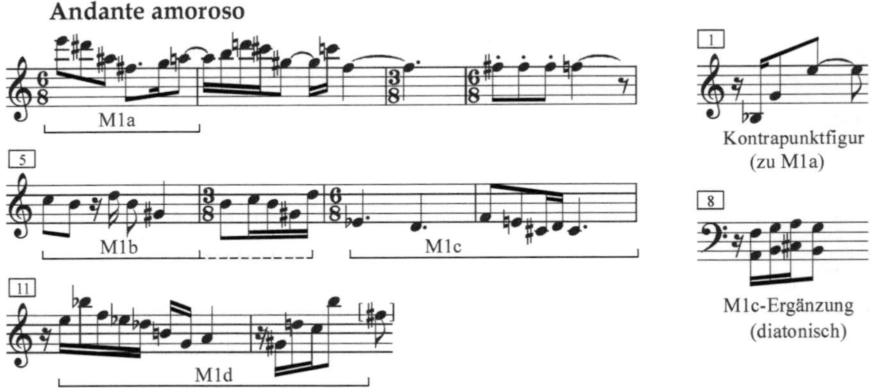

Die in T. 1-3 eingeführte, in T. 4 extradodekaphon verlängerte Reihe 2 (*e-dis-ais-fis-g-a-h-d-cis-gis-c-f*) weist eine für Berg typische Besonderheit auf: Sie enthält Dreiklänge, tonale Dreitongruppen und konsonante Intervalle. Dazu gehören im ersten Drittel die fallende Dreiklangsumkehrung (vgl. Ton 2-3-4: *dis-ais-fis* = dis-Moll), im zweiten Drittel ein steigender Dreiklang mit diatonischem Durchgangston (Ton 5-6-7-8: *g-a-h-d* = G-Dur) sowie am Reihenende eine weitere, hinter enharmonischer Notation versteckte Dreiklangsumkehrung (Ton 10-11-12: *gis-c-f* = f-Moll). Zudem erhält die tonale Dreitongruppe *e-dis-ais* (Ton 1-2-3) in der rhythmisch diminuierten Sequenz *d-cis-gis* (Ton 8-9-10) eine Art Echo. Kein Tritonus verfremdet die Romanzenmelodie, die damit ein uneingeschränkt liebliches Bild der bewunderten jungen Frau zeichnet. Die Zwölftonfolge der Reihe 2 unterliegt den Hauptthemaeinsätzen dieses Satzes mit ihrer Originalform, drei Transpositionen und einer Umkehrung.

M1d, die letzte Komponente vor dem neutralen Schluss des Hauptthemakomplexes, basiert auf *e-b-f-es-des-h-g-a-gis-d-c-*[*fis*], einer weiteren unabhängigen Zwölftonfolge. Reihe 3 zeichnet sich durch drei Tritoni aus

(Ton 1-2, 9-10, 11-12), enthält jedoch in Ton 2-3-4-5: *b-f-es-des* = b-Moll wie die das Hauptthema eröffnende Reihe 2 einen Dreiklang mit diatonischem Durchgangston. Allerdings verwendet Berg sie mit einer kleinen Anpassung: Da der zwölfte Ton, *fis*, im selben Takt nacheinander in den drei anderen Instrumenten erklingt, ersetzt Berg ihn durch *h* – den einzigen der zwölf Töne, der in diesem Takt fehlt.[23] (Wenn Berg später für das Cello in T. 48-49 und für die 2. Geige in T.49-50 die Quinttransposition von Reihe 3 einsetzt, endet sie jeweils mit dem dodekaphon "richtigen" Ton.)

Andere Komponenten, die gleichfalls später im Satz verarbeitend aufgegriffen werden, sind tatsächlich tonal "frei". Die exzentrisch gespreizte, rhythmisch einprägsame Kontrapunktfigur dehnt mit *b/g/e* einen verminderten Dreiklang; in M1b umspielt und variiert die 1. Geige mit *d/h/gis* einen zweiten. M1c beginnt wie eine Transposition der Tonsignatur BACH, wird dabei jedoch von der Bratsche in verminderten Oktaven maximal dissonant verdoppelt. Wie zur Versöhnung beschließen 2. Geige und Cello den ersten Achttakter mit der diatonischen Sextenparallele der M1c-Ergänzung. In einer kurzen Verarbeitung verknüpft die 1. Geige in T. 9-10 M1a + M1b über der Kontrapunktfigur des Cellos, die ihrerseits in eine M1a-Variante übergeht. 2. Geige, Bratsche und Cello begleiten M1d homorhythmisch, bevor sie und bald auch die 1. Geige zum Abschluss des Themenkomplexes in Skalenparallelen aus konsonanten Septakkorden übergehen.

Das 2. Thema, charakterisiert durch einen beschleunigten 3/8-Takt in homophoner Textur, wirkt wie ein Ländler. Die rhythmisch identischen Viertakter von Vorder- und Nachsatz (T. 16-19, 20-23) bestehen aus je einer zweitaktigen Hemiole und einem wiederholten Takt mit Zupfbassbegleitung.

Lyrische Suite II: Munzos Thema als Ländler

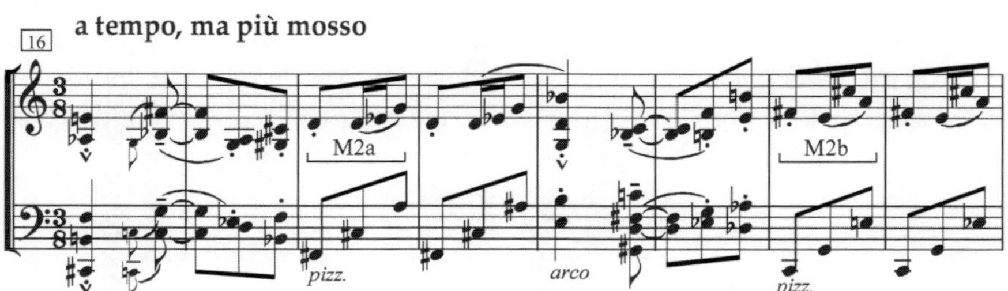

[23]Auf Bergs "Anpassungen" einer gewählten Reihe im Sinne der Vermeidung von Tonverdopplungen werde ich in der Analyse von Satz III ausführlicher zurückkommen.

Die führende Stimme dieses Themas hat Berg erneut zwölftönig angelegt: *e-fis-a-cis-d-es-g-b-c-f-h-*[*as*]. Allerdings werden die Töne 5-6-7 einer dem Tanzgenre geschuldeten Binnenwiederholung unterworfen, und anstelle von Ton 12 permutiert Berg zweimal das erste Drittel der Reihe (Ton 2-1, 4-3). Wenn zu Beginn der nun folgenden Themaverarbeitung die Bratsche die Figur dieser Permutation frei imitiert, wählt Berg eine wieder andere dodekaphone Grundlage. Diesmal handelt es sich um die erste Variante seiner Ur-Reihe: In der Kleinterztransposition ertönt hier, nach Tausch des 4. und 10. Tones, die Tonfolge *as-g-es-a-b-f-h-e-fis-c-cis-d*. Kennzeichnend für diese Antizipation der den dritten Satz bestimmenden Reihe R1a sind der chromatisch aufsteigende Dreitonschluss sowie die Viertongruppe mit den Initialen der Verliebten, *a-b-f-h*.

Verschränkt mit dem Ende dieser Bratschenkontur, die mit reihentechnischen Mitteln eine Beziehung zwischen dem Liebenden und dem Söhnchen der Geliebten anzustreben scheint, spielen die drei anderen Instrumente vielfache Kombinationen aus gestischen Imitationen des Ländlerschlusses und aufsteigenden Zügen.[24] In den sieben letzten Takten dieses Themenkomplexes wechseln zweistimmige Erinnerungen an die volkstümlichen Motive in Vorder- und Nachsatz: Man hört über vier Takte eng verzahnte Echos der Motive M2a aus T. 18-19 und M2b aus T. 22-23, gefolgt von einer crescendierend verlangsamenden Rückleitung zu Hannas Thema. Dieser Rückleitung unterlegt Berg im Cello eine Spreizung um den Ton *es*, die in die Kontrapunktfigur des 1. Themas mündet.[25]

Der "Refrain" des 1. Themas im Gewand von Reihe 2 beginnt in T. 41 in dichtem vierstimmigen Satz. Die 1. Geige, nun strahlend aber noch immer verlangsamend, zitiert Themenkontur und Reihe eine Großterz unter dem Original aber ansonsten identisch bis auf den oktavierten Schlusston; die 2. Geige fügt bei freier melodischer Gestaltung die erste Hälfte der eine Großterz über dem Original liegenden Transposition hinzu. Anschließend variiert Berg die Themenverlängerung (T. 43/44 ≈ T. 4) und zitiert M1d (zweimal vollständig, zweimal verkürzt, in Quinttransposition der Reihe 3). Zuletzt setzen Geigen und Bratsche zu den akkordischen Skalenparallelen an, werden jedoch von M1b-Varianten ausgebremst, die verklingend in das wesentlich langsamere Tempo des 3. Themas überleiten.

[24]Dabei erklingt im Cello die erste Dreitontongruppe der von der Bratsche vorgestellten R1a-Transposition (T. 29: *as-g-es*), von der 2. Geige ergänzt um die Töne 4-12 (T. 30-32: *a-b-f-h-e-fis-c-cis-d*).

[25]Vgl. die Dreitonfigur im Cello T. 37-41: rund um ein wiederholtes *es* erklingt absteigend *d-des-c-h-a-as-g-fis*, aufsteigend *f-ges-as-a-b-b-h-c*.

In diesem durch ein ruhiges 2/8-Metrum bestimmten Themenkomplex bewegt sich der Klang überwiegend zwischen *pp* und *ppp*. Hinweise wie *dolce* oder *flautando* charakterisieren die Stimmung; die Dynamik erreicht auch an ihrem Höhepunkt nur *mf*. Die 25 Takte entwickeln sich als eine Reihung unterschiedlicher Segmente. Rahmend in den ersten und letzten vier Takten erklingt das eigentliche Thema, bestehend aus einer lombardisch rhythmisierten Tonwiederholung auf *c* und einer kurzen, zwei- bis dreistimmig homophonen Ergänzung.

Lyrische Suite II: Das sanfte 3. Thema

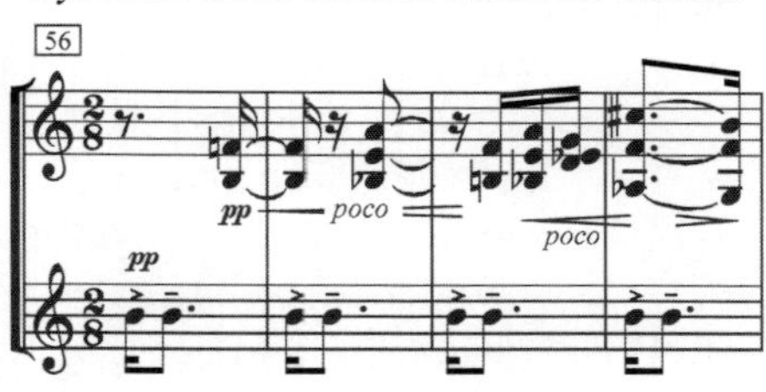

Bergs Anmerkungen weisen die Tonwiederholung *c-c* als lautmalerisches Emblem *do-do* dem Kosenamen des Töchterchens zu. Ob die Intervalle *h/f* und *a/b*, aus denen die zart crescendierende Ergänzung erwächst, auf Hanna und ihn anspielen, verrät er nicht.

Nach einem wie verhuscht folgenden Zweitakter, dessen Skalen und Intervallsprünge Dodos *c* um die Ganztonleiter GT-*c* erweitern, zeigt sich die Lebhaftigkeit des kleinen Mädchens, indem sich deren rhythmische und tonale Kennzeichen, die lombardischen Punktierungen und homophonen Akkorde, neu verbinden und dabei vom Metrum gelöst verselbständigen.

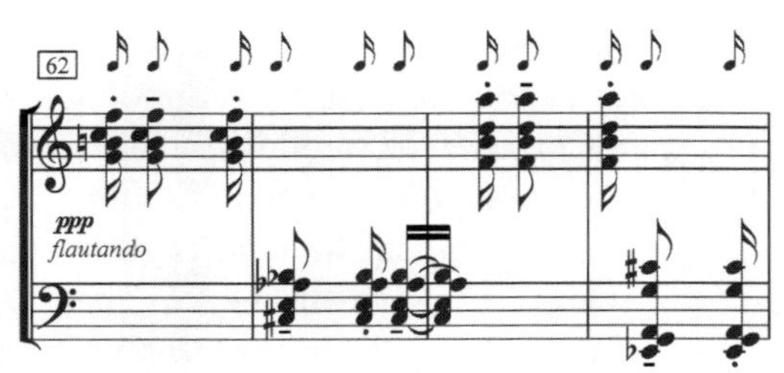

Lyrische Suite II:
Weit gespannte Sprünge und neue Synkopen

Anschließend erklingen, ausgehend von einem D-Dur-Dreiklang mit großer Sept, leise auf und ab rauschende Arpeggien, deren sieben Versionen dank ihrer Rhythmik und Dreiklangssättigung verwandt wirken, obwohl die Intervalle in jeder Variante anders verteilt sind. Der Themenkomplex endet vor einer deutlichen Zäsur, indem die Bratsche ihr *do-do* ebenfalls zu 3/16-Gruppen zusammenzieht. Zuletzt schwingt sich das Cello über die anderen Instrumente auf und übergibt dann die melodische Führung an die 1. Geige. Die eröffnet den nun folgenden zweiten Refrain mit Material aus dem 1. Thema, das jedoch nach dem inzwischen Erlebten (dem Blick auf die Kinder) tonal nicht mehr ganz so ‘rein’ wirkt wie zu Beginn des Satzes.

Die Romanzenmelodie erklingt in zwei vierstimmigen Engführungen, zunächst in der Originalform von Reihe 2, später – nach anderen Motiven aus dem Komplex des 1. Themas – auf Basis der R2-Umkehrung.[26]

Der Beginn des *Animando* ab T. 91 dient mit seinen drei Pizzicato-Akkorden als Übergang in einen Abschnitt, in dem Berg Segmente aus den drei Themen einander gegenüberstellt und miteinander verschmilzt. Dabei nimmt der Umfang der Taktgruppen ab, während die Kontrapunktik zunehmend komplexer wird und die Zwölftonbasis der Komponenten in den Hintergrund tritt:

T. 94- Das Ende des 2. Themas, mit der Transposition von Reihe R1a unterlegt und in Teilimitationen fortgesetzt, entspricht dem Ende des 2. Themas in T. 24ff. Die 1. Geige zitiert hier die dort von der Bratsche eingefügte Transposition von R1a mit leicht verändertem Schluss.

T. 101- Ergänzend folgt der Beginn des 2. Themas (≈ T. 16-19).

T. 105- Langsamer und eine Oktave höher als zuvor spielen die Geigen über dem neu rhythmisierten lombardischen *do-do* der Bratsche den Beginn des 3. Themas (≈ T. 56-61).

T. 109- Wieder beschleunigt und mit vertauschten Stimmen folgt das bisher ausgelassene Mittelstück des 2. Themas (≈ T. 20-23).

T. 113- Vier durch große Sprünge verbundene Akkorde der Geigen, *ppp flautando* markiert in hemiolischer Rhythmik, erinnern an das zweite Segment des 3. Themas (≈ T. 62-65), kontrapunktiert mit der Hauptphrase des 1. Themas (tonal O_3 von Reihe 2).

T. 118- In einer langen Steigerung ertönen M2a und M2b aus dem 2. Thema, ergänzt durch das Arpeggio aus dem 3. Thema.

T. 129- In oktaviertem *forte* fügt die Bratsche das lombardische *do-do* hinzu, überhöht von der 1. Geige mit M1b aus dem 1. Thema.

Die siebentaktige Coda kehrt zum 6/8-Takt des Romanzenbeginns zurück. Auf das 1. Thema (tonal O_4 von Reihe 2) und seine im ausdrucksvollen Duett von Bratsche und 2. Geige verklingende Erweiterung folgen die akkordischen Skalenparallelen aus T. 13-15, ergänzt um ein letztes verzögertes *do-do*, vom Cello gezupft auf dessen tiefster Saite.

[26]Vgl. 1. Geige T. 81-82: O_3 von Reihe 2 (*g-fis-cis-a-b-c-des-f-e-h-es-as*, modifiziert mit *des* statt *d, b* statt *h* und *d* statt *es*), gefolgt von Fünftonfragmenten in Cello (T. 82), 2. Geige (T. 82-83), Cello (T. 83); dazu Kontrapunktfigur in Bratsche: T. 81 + 84, Cello: T. 84. Dann M1c in 1. Geige: T. 84, M1c-Ergänzung in Bratsche/Cello (T. 85), 2. Geige/Bratsche (T. 86-87), 1. Geige/Bratsche (T. 87-88). Zuletzt (T. 89-92 Cello) Umkehrung der Kontur des 1. Themas mit beschleunigtem Dreitonbeginn mit U_9 von Reihe 2, in Geigen und Bratsche gefolgt von fünf Teilimitationen.

III – *Allegro misterioso*

Den dritten Satz hat Berg als einen Sonderfall der dreiteiligen Bogenform konzipiert: Ein flüsterndes Scherzo wird nach einem ekstatischen Trio abzüglich einiger Binnenpassagen krebsförmig gespiegelt.[27] Scherzo und Trio sind durchgehend mit Dämpfern zu spielen.

Die Rahmenabschnitte klingen in der Tat geheimnisvoll: Sie bestehen aus fast ununterbrochenen Sechzehntelketten, die teils in jeder Stimme einzeln zwischen gestaffelt interpolierten Pausen, teils im komplementären Spiel mehrerer Instrumente erzeugt werden. Ganz unterbrochen wird der eröffnende Scherzoabschnitt durch eine einzige kurze "Generalpause" in 3/16-Umfang; in der Reprise dauert die minimale Stille sogar nur 1/16. Hinzu kommen einzig die Sechzehntelpausen, die an Anfang und Ende des Satzes je drei thematische Viertongruppen voneinander trennen.

Dieser unablässige, im *Allegro* bei Viertel = 150) sehr rasche Fluss ist *pp sempre* markiert. Er umfasst alle bekannten Streichquartett-Texturen, von der vierstimmigen Polyphonie über eine vor ostinatem Hintergrund ertönende zweistimmige Thematik (als komplementär erzeugte Kontur oder als Kanon) und eine homorhythmisch begleitete Hauptstimme bis hin zur vierstimmigen Homophonie. Dabei charakterisiert Berg jedes Segment mit einer neuen, jeweils kontrastreich vom Vorausgehenden abgesetzten Farbe. So wechseln im eröffnenden Scherzo die anfänglichen Legatoketten mit Phrasen in Spieltechniken von Pizzicato über Flageolett und *portato flautando* bis zu geschlagenen und am Griffbrett oder mit dem Bogenholz gestrichenen Tönen, bis die Instrumente zuletzt zum "gewöhnlich" markierten Legato zurückkehren. Die zweistimmig komplementären Phrasen legt Berg zudem so an, dass in jeder der beteiligten Stimmen Muster entstehen. Mehrfach werden einer der Stimmen Töne zugeteilt, die Ausschnitte aus der chromatischen Skala bilden, wobei die Verteilung ein wiederkehrendes rhythmisches Motiv entstehen lässt.

Die Scherzoabschnitte sind zwölftönig entworfen. Dazu transponiert Berg die schon in T. 24-26 des zweiten Satzes durch einen Tontausch aus der ursprünglichen Allintervallreihe entwickelte erste Variante (R1a) auf den Anfangston *b*. So erhält er eine Tonfolge, die gleich zu Beginn des Satzes und – ganz wesentlich im Hinblick auf die Krebsspiegelung der Reprise – als dessen Abschluss sogar in 'korrekter' Buchstabenfolge Hannas Initialen mit seinen verbindet: *b-a-f-h* bzw. *h-f-a-b*.

[27]T. 93-104 ≈ T. 69-57_2, T. 105_1-108_1 ≈ T. 45_2-42_3, T. 108-109_1 ≈ T. 40_1-39_1 und T. 110-138 ≈ T. 28_3-0.

Wie Berg in seinen “Neun Blättern” ankündigt, beschränkt er sich in der musikalischen Verarbeitung auf Transformationen der Reihe, die die vier Töne *a-b* und *h-f* in direkter Folge enthalten – wobei sein Konzept von ‘Folge’ die kreisförmige Verschiebung der zwölf Töne einbezieht. In diesem erweiterten Verständnis erhält er die Viertonfolge nicht nur am Beginn der Originalform R1a, sondern auch in deren Transpositionen auf Quint und kleine Sept sowie in der Quarttransposition der Umkehrung:

Lyrische Suite III: R1a im magischen Quadrat

	U_0	U_{11}	U_7	U_1	U_2	U_9	U_3	U_8	U_{10}	U_4	U_5	U_6	
O_0	b	a	f	h	c	g	des	ges	as	d	es	e	K_0
O_1	h	b	ges	c	des	as	d	g	a	es	e	f	
O_5	es	d	b	e	f	c	ges	h	des	g	as	a	
O_{11}	a	as	e	b	h	ges	c	f	g	des	d	es	
O_{10}	as	g	es	a	b	f	h	e	ges	c	des	d	
O_3	des	c	as	d	es	b	e	a	h	f	ges	g	
O_9	g	ges	d	as	a	e	b	es	f	h	c	des	
O_4	d	des	a	es	e	h	f	b	c	ges	g	as	
O_2	c	h	g	des	d	a	es	as	b	e	f	ges	
O_8	ges	f	des	g	as	es	a	d	e	b	h	c	
O_7	f	e	c	ges	g	d	as	des	es	a	b	h	(f)
O_6	e	es	h	f	ges	des	g	c	d	as	a	b	
											KU_5		

O_0 Ton 1-2-3-4 = *b-a-f-h*

O_7 Ton 10-11-12-1 = *a-b-h-f*

O_{10} Ton 4-5-6-7 = *a-b-f-h*

U_5 Ton 9-10-11-12 = *f-h-b-a*

K_0 Ton 9-10-11-12 = *h-f-a-b*

KU_5 Ton 1-2-3-4 = *a-b-h-f*

Die direktesten Tonfolgen mit der erwünschten Initialenverbindung, jeweils ohne Umstellung der Buchstaben und innerhalb eines Reihendrittels, ergeben sich im Krebs des Originals, wo sie “Hanna Fuchs + Alban Berg”, und in der Quarttransposition der Krebsumkehrung, wo sie “Alban Berg + Hanna Fuchs” bilden. Diese Viertongruppen erklingen im eröffnenden Scherzoabschnitt nur wie beiläufig als Nebenstimmen-Ostinati (2. Geige T. 30-34/35-39), doch in der Reprise umso prominenter. Der Satz endet mit dem unbegleiteten *h-f-a-b* der 1. Geige.

Das Scherzo beginnt mit der Vorstellung des “Themas”: Geigen und Bratsche präsentieren nacheinander die ihrer jeweiligen Transposition entnommene Viertongruppe. (Diese Viertongruppen als Fragmente des Satzthemas greifen später sogar auf das tonal freie Trio über.)

Lyrische Suite III: Die drei Viertongruppen als “Thema” des Satzes

Allegro misterioso

pp sempre

1. Geige *2. Geige* *Bratsche*

Anschließend alternieren die drei höheren Instrumente die Fragmente in freiem polyphonen Spiel mit der vollständigen Reihe. Dabei behält jede Stimme die Viertongruppe als “Themenkopf” bei; die Reihen erklingen also als O_0 Ton 1-12, O_7 Ton 10-9 und O_{10} Ton 4-3.

Ab T. 6 tritt das Cello hinzu. Klanglich abgesetzt im Pizzicato kleidet es die drei Viertongruppen des Themas in eine frei augmentierte, rhythmisch charakterisierte Form, während Geigen und Bratsche überraschend die Viertongruppen ganz aussparen und nur die achttönigen ‘Reihenreste’ kanonartig staffeln.

Lyrische Suite III: Das Thema, rhythmisiert im Cello

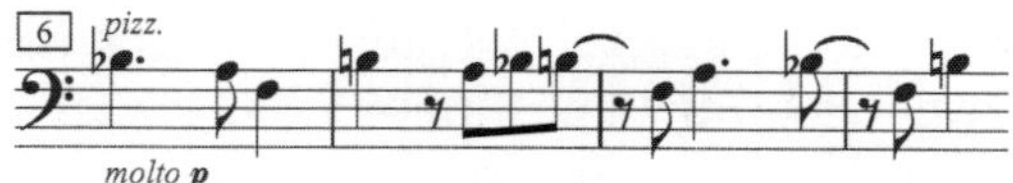

Dieser Rhythmus dient als zweite thematische Komponente innerhalb des geheimnisvoll flüsternden Sechzehntelflusses aus Zwölftongebilden. Er besteht aus zwei Hälften, die später auch getrennt erklingen:

Lyrische Suite III: Die zweiteilige rhythmische Komponente

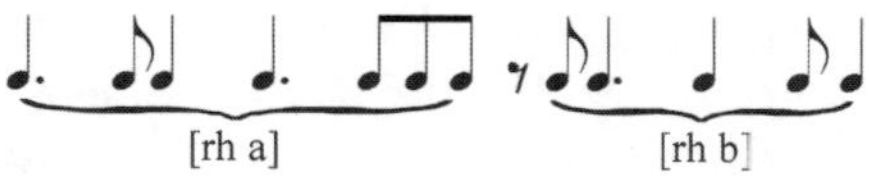

Auf die Einführung der rhythmischen Komponente folgt in T. 10-19 ein Segment, in dem Berg zweistimmig komplementär konzipierte Reihenzitate mit den beiden rhythmischen Modellen verbindet. Die Modelle erklingen anfangs in der vom Cello eingeführten augmentierten Form, bald jedoch dem Sechzehntelfluss angepasst in rhythmischer Verkleinerung. Die erste ‘Duettpaarung’ zeigt Bergs Verteilung der Reihentöne mit dem thematischen Rhythmus und kurzen chromatischen Linien:

T. 10-12, Bratsche komplementär mit 1. Geige, beide *pizz* = O_7, Bratsche chromatisch in [rh a], 1. Geige in [rh b]; dazu 2. Geige U_5 gefolgt von dreimal U_5 Ton 9-12: *f-h-b-a*.

T. 11-13, Cello komplementär mit 1. Geige, beide *arco* = U_5; dazu 2. Geige chromatisch [rh a] diminuiert, Bratsche [rh b] diminuiert.

Dieses rhythmisch und reihentechnisch komplexe Segment[28] endet mit einem Aufstieg aller vier Instrumente. Das Cello fällt zuletzt weg und schafft Raum für einen kurzen, homophon tremolierten Abstieg von Geigen und Bratsche in einer Variante des rhythmischen Motivs.

In T. 22-25 ertönt im vierstimmig polyphonen Satz eine Engführung im Achtelabstand zwischen Flageoletttönen der 1. Geige (mit U_5 Ton 9-8), und am Steg gestrichenen Tönen des Cellos (mit U_5 Ton 1-12). Beide spielen den vollständigen und nicht diminuierten thematischen Rhythmus [rh a + b], begleitet von 2. Geige (mit O_0 Ton 5-4) und Bratsche (mit O_7). In T. 25-28 initiiert das Cello die Viertongruppe aus U_5 in Hintergrund-sechzehnteln und übergibt dann an die Bratsche, die das Flüstern mit Permutationen der Viertongruppe fortsetzt, während Geigen und Cello mit den Reihenresten jonglieren.[29] Anschließend emanzipiert sich die Bratsche, indem sie solistisch (mit O_{10} Ton 4-3) in das folgende Segment überleitet.

Es folgt ein zehntaktiger Kanon zwischen den Geigen einerseits und Bratsche/Cello andererseits. Dabei spielen die Binnenstimmen durchgehend mit zwei Viertongruppen in freier rhythmischer Parallele (2. Geige *a-b-h-f*, Bratsche *f-h-a-b*), während die Außenstimmen mit den Reihenresten von O_7 bzw. O_0 im erweiterten Rhythmus [rh a] führen. Auch dieses Segment rundet Berg mit zwei homophonen Erweiterungen ab: In T. 39-40 ertönt ein fanfarenartiger Aufstieg als Parallele der vier Reihentransformationen[30], gefolgt in T. 40-42 von geschlagenen Akkorden aus den vier Reihenresten. Sehr leise – *ppp flautando* im Flageolett der 1. Geige – schließt sich in T. 42-45 ein O_{10}-Reihenzitat im vollständigen thematischen Rhythmus an. Darunter setzen 2. Geige und Bratsche ein komplementäres Spiel mit O_7, bevor sie über dem "Thema" des Cellos in Kleingruppen einmünden und gemeinsam verklingen. Erst jetzt folgt – nach einem ununterbrochenen Fluss von 514 Sechzehnteln – die schon erwähnte 3/16-Generalpause.

Für die verbleibenden 24 Takte des eröffnenden Scherzos wechselt das Metrum: Während die Sechzehntel unverändert bleiben, geht die Musik im 9/16-Takt in ein triolisches Gefüge über. Dabei erklingt in T. 45-67 eine Art Pseudokanon: Gestaffelte Einsätze aus den vier Transformationen[31] steigen

[28] T. 13-14: Vl. I/Vl. II = O_{10}, Vla/Vc = O_0; T. 14-15: Vl. II/Vl. I = O_7, Vc/Vla = U_5; T. 15-16: Vl. I/Vl. II = O_{10}, Vla/Vc = O_7; T. 16-17: Vl. II/Vc = U_5, Vl. I/Vla = O_0; T. 17-18: Vc/Vla = O_7, dazu Viertongruppen, T. 18-19: Vl. II = O_7 (Ton 10-9).

[29] Vl. II = O_{10} Ton 1-3 + 8-12, Vc = O_7 Ton 1-9, Vl. I = O_0 Ton 5-12.

[30] Vl. I = O_0, Vl. II = O_{10} Ton, Vla = O_7, Vc = U_5.

[31] Vc = U_5, Vla = O_0, Vl. II = O_{10}, Vl. I = O_7.

in zwölf Schritten chromatisch auf, wobei Berg die kreisförmige Lesung der Reihen sukzessive um einen Ton verschiebt.[32] Den Abschluss bildet ein Dreitakter, in dem die 1. Geige chromatisch aufsteigende Linien initiiert, die durch die Oktaven fallend ans Cello weitergereicht werden, während die 2. Geige ihre ebenfalls durch die Oktaven fallende Fünftonfigur der Bratsche übergibt. So endet die Scherzo-Exposition, im tiefsten Register und unverändert leise. Umso dramatischer wirkt der plötzliche *ff*-Ausbruch, mit dem die Geigen den zentralen Abschnitt eröffnen.

Der Kontrast zwischen dem rahmenden *Allegro misterioso* und diesem *Trio estatico* könnte nicht größer sein: Zuvor *pp sempre*, nun *sempre f possibile*; zuvor durchgehendes Sechzehntelmurmeln, nun größtmögliche rhythmische und dynamische Vielfalt in horizontaler und vertikaler Gegenüberstellung; zuvor Stetigkeit von Tempo und Metrum, nun fünf Taktwechsel und zum Ende hin eine Beschleunigung auf das Anderthalbfache. Adorno spricht davon, dass hier "eine verzweifelt leidenschaftliche, doch unterdrückt geflüsterte Szene [...] einmal auszubrechen wagt, um wieder ins fiebernde Flüstern sich zu verstecken."[33]

Die im *ff* ausbrechenden Geigen initiieren das Trio mit einer neuen, kreuzweisen Wiederaufnahme der Viertongruppe: *f-b* über *a-h*. In deren Fortsetzung liefert die 1. Geige eine Überraschung. Berg listet das Trio ja als einen der "tonal frei" komponierten Abschnitte des Werkes, doch wie schon im zweiten Satz gibt es auch hier eine sekundäre Zwölftonreihe. Der emphatisch springenden Oberstimme in der Eröffnung des Trios unterliegt eine verschleierte Variante der Reihe 2, die im *Andante amoroso* Hannas Thema bestimmt (vgl. oben S. 170). Reihe 2a ist aus dieser abgeleitet durch Ganztontransposition der Krebsumkehrung:

Reihe 2	e	dis	ais	fis	g	a	h	d	cis	gis	c	f
Umkehrung	e	f	b	d	cis	h	a	fis	g	c	gis	dis
Krebsumkehrung	dis	gis	c	g	fis	a	h	cis	d	b	f	e
Ganzton höher	f	b	d	a	as	h	cis	es	e	c	g	fis
Reihe 2a	f	b	as	e	c	h	cis	es	a	d	g	fis

Wie bei den von Berg selbst erläuterten Ableitungen seiner Ur-Reihe werden auch hier die Rahmenpaare sowie ein Mittelstück beibehalten. Damit ordnet Berg den Beginn der "Ekstase" eindeutig Hanna zu. Doch ertönen anstelle der Moll- und Durdreiklänge, die ihr liebliches Romanzenthema bestimmen, nun ein übermäßiger Dreiklang (*as-e-c*) und ein Tritonus (*es-a*).

[32] Vgl. z. B. Vl. I: O_7 Ton 1-12, O_8 Ton 2-1, O_9 Ton 3-2, O_{10} Ton 4-3 etc.

[33] Adorno, *Berg: Der Meister ...* , S. 142.

Wie leidenschaftlich die Gefühle des Verliebten "ausbrechen", zeigen sowohl die zunehmende Weite der Intervallsprünge als auch die verminderten Oktaven und Tritoni, mit denen erst die 2. Geige, dann das Cello die führende Stimme herausfordern.

Lyrische Suite III: Der Ausbruch in Ekstase

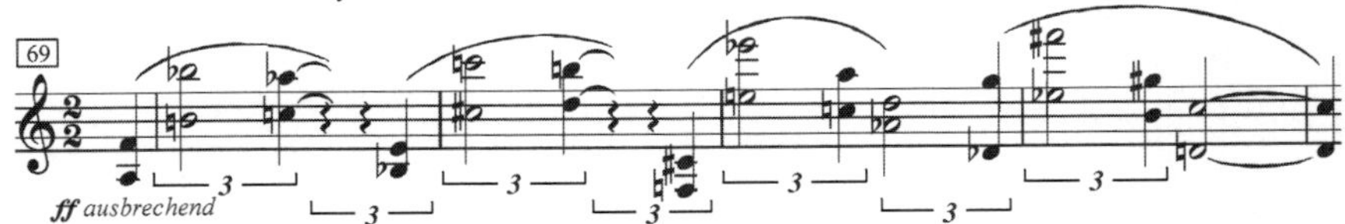

Auf ein weiteres indirektes Zitat aus dem *Andante amoroso* weist Berg selbst hin: Die akkordische Skalenparallele, die dort Hannas Themenkomplex abrundet, ertönt hier mehrfach verfremdet: in T. 76 als vierstimmig polymetrische Gegenüberstellung mit 7 : 5 : 4 : 3 Unterteilungen des halben Taktes, in T. 77-78 in horizontaler Polymetrik und indem die zuvor diatonischen Skalen zunehmend mit Ganztonleitern durchsetzt sind. Im weiteren Verlauf des Satzes werden in T. 76-77 und T. 83 der Kopf des Ekstase-Themas und in T. 84 die versteckte Viertongruppe aus den Initialen der Liebenden in Erinnerung gerufen (vgl. 1. Geige = *a-f-h-b*, 2. Geige = *b-a-f-h*).

Diese Fragmente werden unterbrochen durch ein Motiv, das die Bratsche in T. 74-75 einführt. Es wird in T. 84-86 vom ganzen Quartett sowie am Ende des Trios in T. 92 noch einmal von den tiefen Stimmen erkennbar variiert. Sein Kennzeichen ist ein fünftöniges Sekundpendel gefolgt von einem unterschiedlich großen Intervallschritt oder -sprung aufwärts und einem ebenfalls je verschiedenen, rhythmisierten Abstieg. Da dieses Motiv dem darauffolgenden vierten Satz der *Lyrischen Suite* als Ausgangspunkt dient, muss es trotz seiner vielfältigen Erscheinungsformen zum thematischen Material gezählt werden. Floros glaubt, in der melodischen Geste trotz erheblicher Abweichungen in Rhythmus und Intervallstruktur ein "freies Zitat" aus dem dritten Gesang in Alexander Zemlinskys *Lyrischer Sinfonie* zu erkennen.[34] Die als Vorbild angenommene Passage erklingt im dritten Gesang der Liedsinfonie als zweite Zeile des Refrains, dessen erste Zeile Berg im folgenden Satz ganz unmissverständlich zitiert. Der vom Baritonsolisten gesungene Text des vertonten Tagore-Gedichtes betont die besondere Innigkeit seiner Zuneigung zu der, die "in meinen Träumen wohnt":

[34] Floros, "Das esoterische Programm ...", S. 26-27.

Alexander Zemlinsky, *Lyrische Sinfonie* III: Ende Refrain I

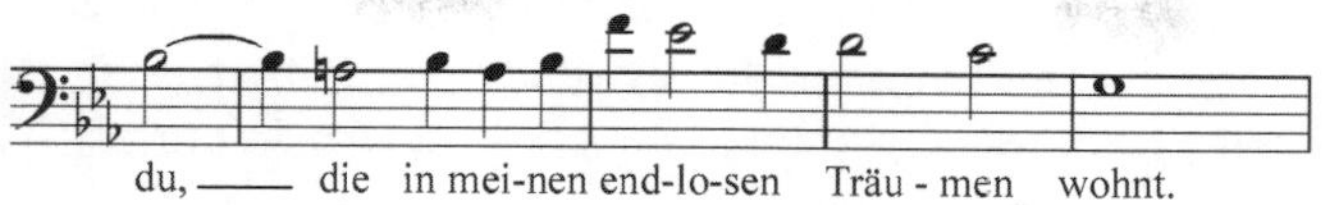

Lyrische Suite III: Das ekstatische Motiv

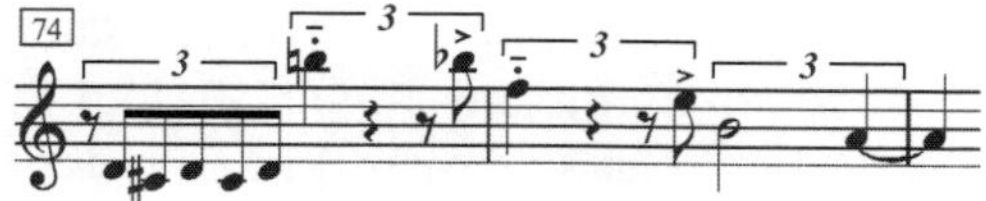

Das Trio endet mit einem von Bratsche und Cello im *fff* geführten dreitaktigen *molto accelerando*, das nach einem kurzen Schlusscrescendo zu *pp subito* abgedämpft wird. Damit beginnt die krebsgängige Reprise des flüsternden Scherzos. Zunächst führt ein kurzer Aufstieg aus leisem, tiefem Gemurmel in den triolisch rhythmisierten "Pseudokanon", der jedoch schon nach zehn Takten abrupt abbricht. Die Generalpause währt hier, da sie gestaffelt erreicht wird, nur 1/16; dann folgt unmittelbar der Krebsgang durch das, was im eröffnenden Scherzo der Schluss des ersten Kanons war. Die lange Passage von T. 29-42_2 gibt Berg nur durch einen einzigen Takt wieder, die Spiegelung des homophonen Vier-Reihen-Aufstiegs von T. 39 in T. 108-109; die Passage aus T. 46-57_2 fehlt ganz. Die Reprise setzt sich fort mit dem Krebs der polyphonen Taktgruppe (T. 110-116 ≈ T. 28-22), der zweistimmig komplementären Reihenzitate mit rhythmischer Gestaltung und Chromatik (T. 117-128 ≈ T. 10-19) und der wie eine Auflösung des thematischen Materials klingenden schrittweisen Reduktion des Satzes auf die primären thematischen Elemente: die rhythmische Phrase und die drei aus Reihentranspositionen gewonnenen Viertongruppen mit den kryptogrammatischen Initialen der Liebenden.

Im Hinblick auf sein außermusikalisches Programm ist dieser Satz dank der vielfältigen Zitate sowohl aus dem *Andante amoroso* als auch aus Zemlinskys Orchestergesang eine einzige Liebeserklärung, ein intimes Flüstern, das sich kurz zu leidenschaftlichen Sehnsuchtsrufen aufbäumt. Berg hat den Satz denn auch über die Tonbuchstaben hinaus unter Einsatz seiner mystisch verstandenen Zahlen – 23 für ihn selbst, 5 für Hanna – symbolisch konzipiert: Das eröffnende Scherzo hat 69 Takte, das Trio 23, die Scherzoreprise dank der genau berechneten Kürzungen 46 Takte. Die Metronomangabe verlangt fast durchgehend ♩ = 150, unterbrochen nur für "75 für den halben Takt" zu Beginn des Trios und "molto accel. von 𝅗𝅥 = 50 bis 75" für dessen Rückleitung in die Reprise.

Zuletzt: Wer diese krebsläufigen Reprisenabschnitte mit den entsprechenden Passagen im eröffnenden Scherzoabschnitt vergleicht, wird an einigen Stellen durch kleine tonale Abweichungen überrascht. Besonders häufig finden sich Tonvertauschungen, die entweder in der Krebsvariante eines Reihenzitats unerwartet auftreten oder aber, im Gegenteil, dort gegenüber ihrer Vorlage 'korrigiert' erscheinen.[35] Andere Abweichungen betreffen einzelne Tondauern, die verschobene Position einer Note im Takt oder eine Ungenauigkeit des im komplementären Zusammenspiel zweier Instrumente entstehenden rhythmischen Modells.

Der Geiger Walter Levin, langjähriger Primarius des LaSalle Streichquartetts, hat in akribischer Arbeit fünfzehn derartige Stellen identifiziert, im Detail beschrieben und mit Notenbeispielen belegt.[36] Anhand eines Vergleichs der fraglichen Passagen in der Druckausgabe mit den heute in der Musiksammlung der Österreichischen Nationalbibliothek zugänglichen handschriftlichen Vorlagen – Bergs Manuskript und Reinschrift – konnte Levin zeigen,

> dass bei den fraglichen Stellen ausnahmslos von Berg korrigiert worden ist. Ursprünglich stand an jeder Stelle die reihen- und motivtechnisch korrekte Version. Die Korrekturen sind zuweilen durch verbale Hinweise verstärkt. [...]
> Wenn man die Urfassung der korrigierten Stellen miteinander vergleicht, wird offensichtlich, dass es sich bei jeder dieser Stellen ursprünglich um das Zusammentreffen im Einklang handelt – sei es Unisono oder Oktave, oder auch nur unmittelbare Nachbarschaft. Berg respektierte hier das bekannte Tabu der Tonwiederholung oder -verdopplung, welches besonders am Anfang der Zwölftonperiode eine wichtige Rolle spielte.
> An der Authentizität der Korrekturen ist nach Einsicht in das Manuskript nicht zu zweifeln. Über die Gründe, warum Berg das Einklangsverbot über alle anderen Gesetzmäßigkeiten stellte, ließe sich bestenfalls mutmaßen: die Beweggründe waren wohl eher theoretisch-ästhetischer als praktischer Natur.[37]

[35] Um ein Beispiel zu nennen: In T. 11_3-13_3 bilden Cello und 1. Geige im komplementären Spiel die von Berg bevorzugte R1a-Umkehrung in Quinttransposition. Allerdings spielt das Cello sein *cis* nicht vor, sondern erst nach dem *fis* der 1. Geige; die Reihentransformation ertönt somit unter Vertauschung des fünften und sechsten Tones. In der Spiegelung von T. 125_2-127_1 dagegen folgen die Reihentöne in korrekter Ordnung aufeinander.

[36] Walter Levin, "Textprobleme im Dritten Satz der *Lyrischen Suite*", in Metzger/Riehn, Hrsg., *Musik-Konzepte* 9: *Alban Berg Kammermusik II*, S. 11-28.

[37] Levin, *op. cit.*, S. 15.

IV – *Adagio appassionato*

So wie die Leidenschaft mit der Ekstase verwandt ist, entwickelt Berg auch sein *Adagio appassionato* aus dem *Trio estatico*. Sein annotiertes Handexemplar deutet eine zeitliche Folge an: Im dritten Satz, den er mit dem Adjektiv *misterioso* charakterisiert ("denn noch war alles Geheimnis – uns selbst Geheimnis"), sollte nicht nur das rahmende Zwölftonflüstern, sondern auch das ekstatisch ausbrechende Trio durchgehend mit Dämpfer ausgeführt werden. Für Hanna kommentiert er diese Anweisung, indem er die Spieltechnik ins Emotionale überträgt: "Trio estatico (*sempre f possibile*) aber verhalten, gleichsam mit Dämpfer." Wenn er dann über den vierten Satz "Tags darauf" schreibt, scheint er anzudeuten, dass die Gefühle, die gerade eben noch mehr erahnt als eingestanden waren, nun für die Liebenden voll ins Bewusstsein treten.[38]

Musikalisch drückt Berg diese Entwicklung auf mehreren Ebenen aus: Er verwebt Zitate aus dem *Trio estatico*, aus dem Romanzenthema des zweiten Satzes und aus der werkbestimmenden Refrainzeile des dritten Gesanges in Zemlinskys *Lyrischer Sinfonie* mit allerlei Viertongruppen, in denen seine und Hannas Initialen erklingen, zunächst durch Transposition verschleiert, später aber auch direkt 'ausbuchstabiert'.

Der Satz beginnt mit unterschiedlichen Varianten des "ekstatischen Motivs" aus dem *Trio* in einer Staffelung der vier Instrumente. Die 1. Geige entwickelt daraus ein insgesamt siebentaktiges Thema, wobei Berg durch expressive Dynamik und mehrere Tempowechsel ein tönendes Abbild der Leidenschaft erzeugt:

Lyrische Suite IV: Das Appassionato-Thema

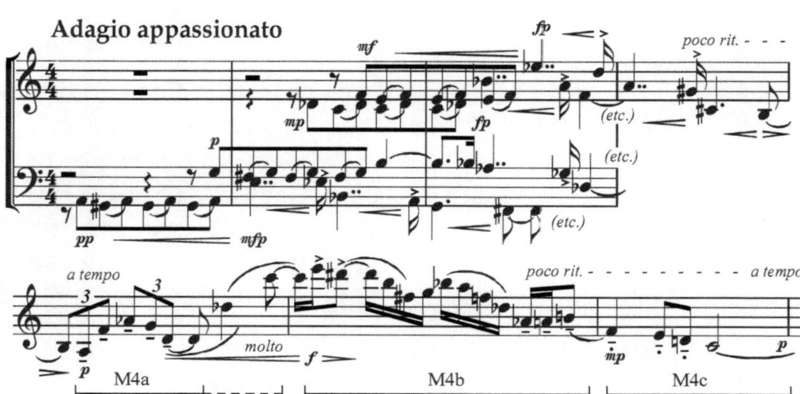

38 Berg für Hanna, zitiert in Perle, *op. cit.*, S. 60-61.

Der 'ekstatische' doppeltpunktierte Halbtonfall setzt sich auch nach dem Ende des Themas noch vereinzelt fort, kontrapunktisch zu Varianten des triolischen Motivs M4a. Schon in T. 12-13 erklingt als weiteres Zitat das Ekstase-Thema selbst – dem *Adagio* angepasst in halbierten Notenwerten. Auf drei gestaffelte Einsätze der Umkehrung von M4a sowie andere kurze Fragmente aus dem Thema[39] und ein Crescendo zum *ff* folgt das nächste Zitat aus dem *Trio estatico*,[40] diminuierend abgerundet mit M4b in einer Tritonusparallele der Geigen. Über einem polymetrischen Arpeggioduett von Cello und 2. Geige erheben sich erneute Einsätze des ekstatischen Motivs, gefolgt von einer zweistimmig gestaffelten Verarbeitung der Oberstimmenkontur aus den ersten drei Triotakten.

Nach einem gliedernden Ritardando wechselt Berg die Klangfarbe: Eine tremolierende Terzenkette der 2. Geige und im Pizzicato dagegen gesetzte Terzen des Cellos, beide chromatisch fallend, bilden den Hintergrund für Einwürfe von Bratsche und 1. Geige, die das Themamotiv M4a, mit einer Punktierung versehen, in die erste Verarbeitung von Hannas Romanzenthema aus dem zweiten Satz überführen – als wollte Berg durch diese Verbindung bekräftigen, wem Ekstase und Leidenschaft gelten:

Lyrische Suite IV: Die Leidenschaft und ihre Adressatin

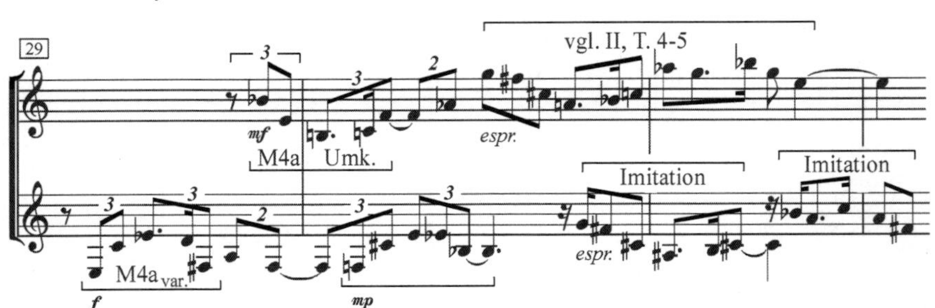

Anschließend evoziert die Bratsche, eingebettet in das erste von zwei weiteren *Trio estatico*-Zitaten,[41] oktaviert und klangmächtig die thematisch führende Zeile aus Zemlinskys *Lyrischer Sinfonie*, den Refrain des dritten Gesanges. 13 Takte später beantwortet die 2. Geige dieses Liebesgelöbnis in stark zurückgenommener Stimmung (*Molto tranquillo*, *ppp* mit Dämpfer und eine Oktave höher). Im Handexemplar unterlegt Berg das zweimal erklingende Zitat nicht nur mit dem Originaltext, sondern verteilt die

[39] T. 15/16 und 17/18 ≈ T. 5/6, T. 16/17 und 19/20 ≈ T. 7 (Cello jetzt nach 1. Geige).

[40] *Adagio appassionato* T. (20-21)-22-23 ≈ *Trio estatico* T. 81-83.

[41] *Adagio appassionato* T. 32-39 ≈ *Trio estatico* T. 80/81, 86-91.

Worte zudem – anders als Tagore und nach ihm Zemlinsky – dialogisch auf die beiden Liebenden: Über die kräftige Einführung durch die Bratsche in T. 32-33 schreibt er: “Ich: » Du bist mein Eigen, mein Eigen! «”; über die viel später und sehr leise erklingende Antwort der 2. Geige in T. 46-50: “Nun sagst es auch Du: » Du bist mein Eigen, mein Eigen! «”.[42]

Lyrische Suite IV: Das mit Zitat unterstrichene Liebesgelöbnis

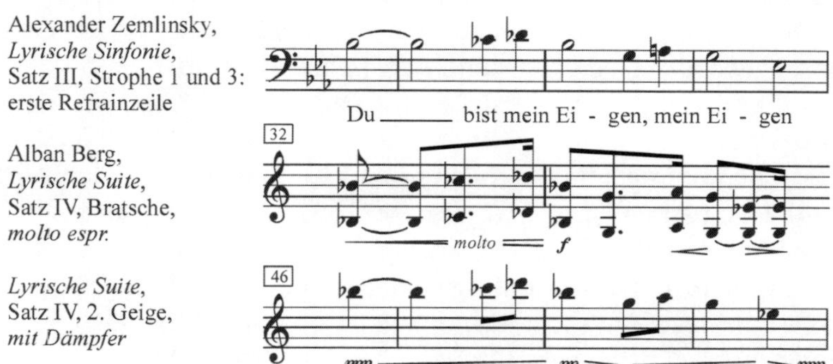

Verbunden werden die zwei Hälften der gegenseitigen Versicherung nicht nur durch das oben erwähnte zweite Zitat aus dem *Trio estatico*, sondern zudem durch zwei Zwölftonreihen. Die erste, Reihe 4, ertönt *molto f e patetico* als Septenparallele von Cello und Bratsche. Sie beginnt mit Transpositionen von *h-f-a-b* und wird nach ihrem elften Ton zudem von drei isoliert in die Höhe steigenden Transpositionen dieser Viertongruppe ergänzt.[43] Die zweite Zwölftonfolge, Reihe 5, mit der nach *calando* + Zäsur die *col legno* streichende Bratsche über drei leeren Celloqinten das *Molto tranquillo* eröffnet, hat keine Beziehung zu den Initialen. Vielmehr überrascht sie mit der Einbettung großintervallischer Arpeggien in erweiterte Septakkorde.[44] Diese Konsonanz setzt sich auch in den Rahmentönen des antwortenden Zemlinsky-Zitates fort.[45] (Im angeblich “frei-tonalen” Rahmen von Satz V greift Berg die Reihe 5 thematisch auf.)

[42]Perle, *op. cit.*, S. 62.

[43]Vgl. IV T. 40-42,

Bratsche:	*cis*	*g*	*h*	*c,*	*b*	*e*	*d*	*as,*	*es*	*f*	*a*	*(fis)*
Cello:	*dis*	*a*	*cis*	*d,*	*c*	*fis*	*e*	*b,*	*f*	*g*	*h*	*(gis)*
Transpositionen von:	*h*	*f*	*a*	*b*	*as*	*d*	*c*	*fis*	*cis*	*es*	*g*	*(e)*

ergänzt mit Bratsche: *fis-c-e-f* (= *h-f-a-b*), 2. Geige: *g-des-f-ges* (= *h-f-a-b*), 1. Geige: *h-f-a-b*.

[44]T. 45_{1-2}: *d/fis/a/c/es+b*, T. 45_{3-4}: *fis/a/cis/e+h+f*, T. 46_{1-2}: *b/d/f/as+des+g*.

[45]Das *b*, mit dem die 2.Geige das antwortende Zemlinsky-Zitat eröffnet, markiert Berg durch gestrichelte Linien (*fis-es-b-c-a-d*) als Teil des ersten konsonanten Klanges; das abschließende *es* wird aufgefangen von *d/fis/a* (Cello/Bratsche) und ergänzt von *es-b-c* (1. Geige).

Ab T. 51 folgt *a tempo* ein mächtiges Crescendo zum *ff*-Höhepunkt in T. 54-57, in dessen Verlauf jede Stimme ihren eigenen, nicht an Thematik oder dodekaphone Logik gebundenen Weg zu den Initialen H, F, A und B findet.[46] Der resultierende Viertonklang bricht bald von unten nach oben ab, ersetzt durch ein homorhythmisches Klopfen im *fff*, das die acht Töne des ‘Reihenrestes’ übereinander türmt. Der Wechsel zwischen Viertongruppe und Achttonrest wiederholt sich im zweitaktig diminuierenden Ausklang des *Molto tranquillo* noch zweimal. Wie Perle berichtet, kommentiert Berg den anschließenden Übergang zum *Molto adagio* des Satzes (T. 57-58/59f.) mit der Eintragung “verebbend . . . ins ganz Vergeistigte, Seelenvolle, Überirdische”.[47]

Das Schlusssegment ist Rahmen und Coda zugleich. Die 1. Geige setzt, mit Dämpfer und *flautando* aber *molto espressivo*, mit der aus *h-f-a-b* entwickelten Reihe 4 ein, deren Transpositionen in Septenparallele dem *Molto tranquillo*-Einschub vorausgegangen waren. Begleitend ertönt in der Bratsche eine neue Transposition der Viertongruppe. Chromatisch steigende Linien münden in die Schlussmotive des Satzthemas (M4b, M4c), die in der Andeutung eines vierstimmigen Kanons noch einmal Klangfülle entfalten. Geigen und Bratsche verselbständigen zuletzt die Dreitongruppe vom Ende des M4b zu einem komplementären Aufstieg, während das Cello zugleich den M4c-Abstieg der 1. Geige imitiert und fortsetzt. So entsteht eine letzte Spreizung. Der Satz endet mit einer Wiederaufnahme der erweiterten Septenklänge aus dem *Molto tranquillo*.

Lyrische Suite IV: Der hoffnungsvolle Schluss

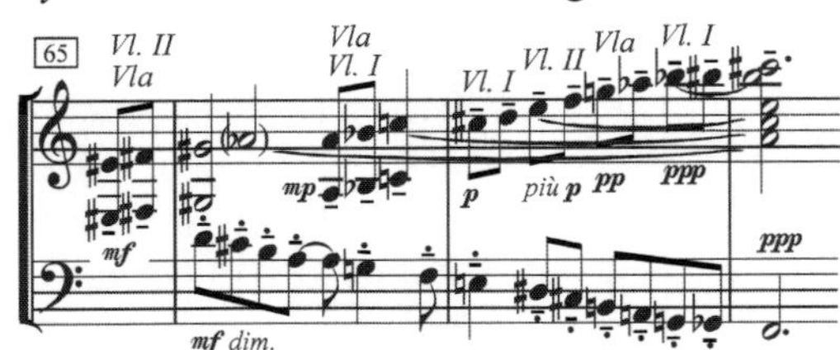

Im Taktumfang des Satzes (69) und im Tempo der Viertelnotenwerte (69) herrscht Bergs Schicksalzahl 23, in der Zahl der Anagramme dagegen Hannas 5: Die untransponierte Viertongruppe *h-f-a-b* erklingt insgesamt fünfzehnmal, ergänzt um fünf je verschiedene Transpositionen.

[46]Vgl. 1. Geige T. 51-56_3: Arpeggien endend in *f-b-a*, Neuanfang mit fallenden Halbtönen *des-c, e-es, g-ges*, *b-a* kulminierend in *b-a*-Triller mit abschließender Viertondoppelkurve. 2. Geige T. 53-55: zwei fallende Halbtöne komplementärrhythmisch zur 1. Geige, dann chromatische Spreizung mündend in *h-f*-Tremolo. Bratsche T. 51-55: chromatische Spreizung (*g-fis, g-f, as-e, a-es, b-d, h-des, c-c / cis-b, d-a, es-as, e-g / f-e, fis-es, g-d, gis-cis, a-c*) endend mit dreimal *h-f-a-b*). Cello T. 51-55_1: Die Töne der Quint *f/c* steigen in chromatischen Schritten auf, bis die Viertongruppe *a-b-h-f* entsteht, die dreimal wiederholt wird.

[47]Perle, *op. cit.*, S. 62.

V *Presto delirando*

Bergs offizielle Erläuterungen zum fünften Satz seiner *Lyrischen Suite* füllen zwei seiner "Neun Blätter" und sind damit deutlich ausführlicher als die zu den anderen Sätzen. Er betont darin vor allem drei Aspekte: die Form mit zwei "Trios" (A B A' B' A"), den schrittweise zunehmenden Umfang der Abschnitte mit 50, 70, 90, 110, 140 innerhalb von insgesamt 460 Takten und die Segmentierung als "fast durchwegs fünftaktig". Detailliert weist er zudem auf die in den Trios verwendeten Transpositionen der zweiten Entwicklungsform seiner Ur-Reihe hin, mit konkreter Nennung der jeweils erklingenden Transpositionen und Umkehrungen von R1b sowie der damit gebildeten Kanons.

Das Hauptthema des Satzes kommentiert er erst ganz am Schluss, zunächst, indem er auf die unterschiedlichen Spielweisen zu Beginn der drei Prestoabschnitte hinweist, und anschließend mit dem kuriosen Satz: "Ohne streng 12tönig zu sein ist das Hauptthema übrigens auch 12tönig".[48] Tatsächlich liegt diesem Hauptthema die Ganztontransposition der im vorausgehenden Satz zu Beginn des *Molto tranquillo* von der Bratsche eingeführten Reihe 5 zugrunde:

IV, T. 45-46:	*fis*	*es*	*b*	*c*	*a*	*e*	*h*	*f*	*g*	*as*	*des*	*d*
V, T. 1-4:	*as*	*f*	*c*	*d*	*h*	*fis*	*cis*	*g*	*a*	*b*	*es*	*e*

Doch während sich dort drei gestisch ähnliche Arpeggiokurven mit den leeren Quinten des begleitenden Cellos zu überraschend konsonanten Akkorden verbinden, bietet Berg die Zwölftonfolge hier als Unisono und damit gleichsam nackt an. Dabei erzeugt er den Eindruck von "Schrecken und Qualen" (wie er Hanna in seiner annotierten Partitur verrät), indem er die vier steigenden Sekunden zu extremen Intervallen verzerrt: die Ganztonschritte *c-d* und *g-a* werden zu Nonen, die Halbtonschritte *a-b* und *es-e* zu großen Septen. Dabei fällt die erste innerhalb einer Oktave, die zweite dagegen von der 1. Geige zum Celloeinsatz über fast 4 Oktaven:

Lyrische Suite V: Das Hauptthema

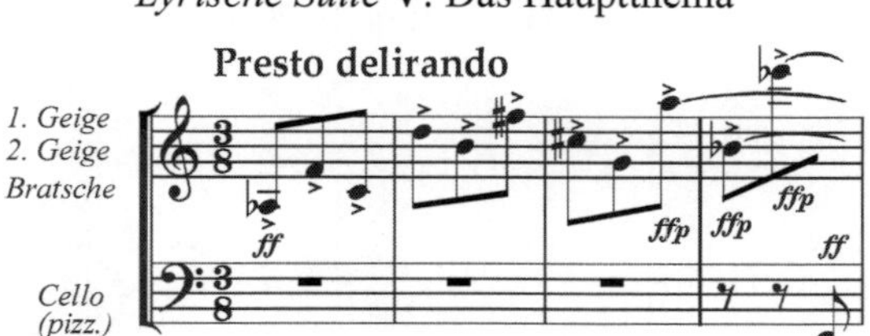

[48]Berg in *Glaube, Hoffnung und Liebe. Schriften zur Musik*, S. 244.

Wenn dieses Hauptthema zu Beginn der beiden weiteren Prestoabschnitte wiederkehrt, soll es "*col legno* geschlagen" (T. 121-124) bzw. *pizzicato* (T. 326-329) gespielt werden; die halbtönig fallende Imitation des Hauptthemakopfes im zweiten Prestoabschnitt (T. 148-153) ist *martellato* markiert. Zusammen mit dem Adjektiv *delirando* im Satztitel legen diese Spielanweisungen Zeugnis ab für das Pathos, das Berg der Unerfüllbarkeit seiner Liebe zu Hanna beilegte. Im langen dritten Prestoabschnitt erklingt zuletzt eine ausführliche Verarbeitung des Themas, in der Berg das musikalische Symbol seiner Qual in fünf Schritten verschiedenen Prozessen und Texturen unterwirft; dazu unten mehr. Auch die drei Figuren, die das Hauptthema unmittelbar ergänzen und dabei Material für spätere nichtthematische Segmente liefern – die homophon aufschießenden Glissandi, die Pizzicatokurve des Cellos und der gemeinsame Unisonofall in die Tiefe – sind musikalische Gesten der Vergeblichkeit.

Die zweite thematische Komponente ist von der Zahl 5 bestimmt. Sie erklingt als fünfteilige Folge duolisch rhythmisierter, jeweils verklingender Tonwiederholungen, die sich von der Einstimmigkeit zum Fünftonakkord auftürmen. Berg beschreibt sie als Ausdruck eines "jagenden Pulses".

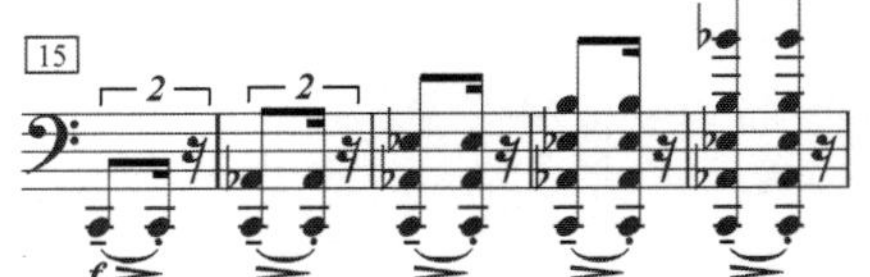

Lyrische Suite V: Der jagende Puls

Anschließend initiieren 1. Geige und Cello zwei voneinander unabhängige freie Kanons. Die exzentrisch gezackte siebentönige Achtelfigur des Cellos wird von Bratsche, 2. Geige und 1.Geige gestisch frei und nur im abschließenden Septaufsprung zur Synkope identisch imitiert. Kontrapunktisch ertönen als ↘↗↘↗ pendelnde große Septen, deren Notenwerte von 5/8 auf 1/8 abnehmen – als wolle Berg zum Ausdruck bringen, dass sein alles beherrschendes "Delirium" in beklemmend enger Staffelung von Hanna (in Form ihrer symbolischen Zahl 5) besetzt ist.

Lyrische Suite V: Der Kanon der Notenwertreihe

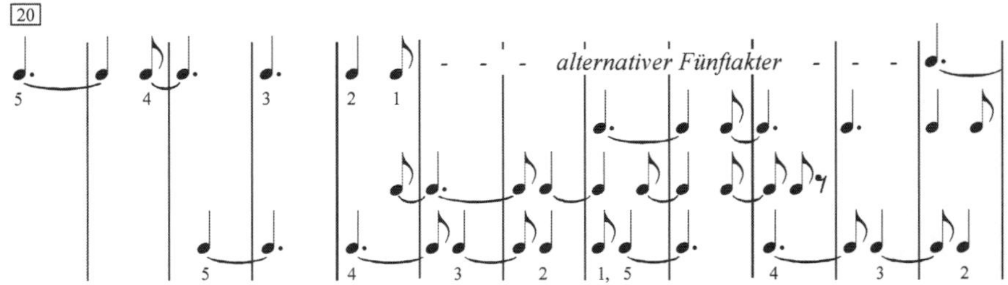

Die Kanonstimmen setzen sich crescendierend fort, untermischt mit neuerlichen Herzschlag-Duolen, die sich wieder bis zur Fünfstimmigkeit verdichten. Die verbleibenden 15 Takte des ersten Prestoabschnittes sind bestimmt durch großintervallisch fallende Tonpaare zwischen einzelnen Pizzicati. Die wie resigniert klingenden Gesten folgen einander in immer kürzeren Abständen von 4/8 über 3/8 und 2/8 bis hin zur 1/8-Überlappung. Abschließend bilden 1. Geige und Bratsche drei asynchrone Palindrome, als wollte die Musik darauf hinweisen, dass die Situation aussichtslos ist – egal aus welchem Blickwinkel man sie betrachtet.[49]

Aus dem letzten Takt des *Presto*-Abschnittes schält sich, *ppp subito*, in 2. Geige und Bratsche der erste Liegeklang des *Tenebroso* überschriebenen ersten Kontrastabschnittes. Dessen Musik ist ganz Hannas Zahl 5 unterworfen, wie Bergs Hinweis "*fünftaktig*" hier und erneut in T. 211 (unter *di nuovo tenebroso*) ankündigt. Für Hanna präzisiert Berg, was er mit der "finsteren" Stimmung verbindet: dies könne nur verstehen, "wer eine Ahnung hat [...] von dem qualvollen *Tenebroso* der Nächte". Adorno beschreibt diese Trios ganz technisch als "auf die Idee des 'wechselnden Akkords', die reine Farbwirkung je unhörbar einsetzender flautando-, später Steg-Tremolo-Harmonien gestellt, völlig vertikal."[50]

Tonal basieren die Harmonien auf der zweiten Entwicklungsstufe der Ur-Reihe. Für diese Zwölftonfolge unterwirft Berg die schon im Übergang vom zweiten zum dritten Satz erstmals durch einen Tontausch veränderte symmetrische Allintervallreihe zwei weiteren Tauschvorgängen. Damit grenzt er sich von Schönbergs Verständnis werkstabiler Reihen ab, seiner Überzeugung gemäß, dass musikalische Komponenten im Verlauf wiederholten Einsatzes "ein Schicksal erleiden". Nach seiner Erläuterung in den "Neun Blättern" zu urteilen, war es Berg sehr wichtig zu zeigen, dass auch und gerade diese akkordischen Abschnitte konsequent reihentechnisch entworfen sind. Wie er darlegt, hat er die Reihe R1b aus der Kleinterztransposition der im Ton *b* ankernden Reihe R1a entwickelt und betrachtet somit *des* als ihren Grundton. Die ersten 30 Takte des *Tenebroso* allerdings basieren, wie seine "Blätter" ebenfalls zeigen, auf U_3, der Kleinterz-Transposition der Umkehrung. Diese Tonfolge erklingt in T. 51-80 dreimal nacheinander, wobei Anfang und Ende sowohl die betonte Fünftaktigkeit als auch die vertikale Anordnung der Akkorde verschwimmen lassen.[51]

[49]Vgl. T. 46-50: 1. Geige fünftaktiges Palindrom, Bratsche drei- + zweitaktige Palindrome.

[50]Adorno, *Berg. Der Meister ...*, S. 145.

[51]Vgl. im *ppp* U_3 T. 50 *e/f/a* (2. Geige/Bratsche) bis T. 64 *h/b* (1. Geige); T. 62 *e/f* (Cello) bis T. 68 *d/h/b* (Bratsche/2. Geige); T. 66 *e* (2. Geige) bis T. 80 *fis/d/h/b* (Cello/1. Geige).

Lyrische Suite V: R1b, die zweite Ableitungsform der Ur-Reihe[52]

R1b (*Lyrische Suite*, Satz V)

	U_0	U_{11}	U_7	U_1	U_4	U_8	U_3	U_9	U_{10}	U_2	U_5	U_6
O_0	des	c	as	d	f	a	e	b	h	es	ges	g
O_1	d	cis	a	es	fis	b	f	h	c	e	g	as
O_5	fis	f	cis	g	b	d	a	es	e	as	h	c
O_{11}	c	h	g	cis	e	as	es	a	b	d	f	fis
O_8	a	as	e	b	cis	f	c	fis	g	h	d	es
O_4	f	e	c	fis	a	cis	as	d	es	g	b	h
O_9	b	a	f	h	d	fis	cis	g	as	c	es	e
O_3	e	es	h	f	as	c	g	cis	d	fis	a	b
O_2	es	d	b	e	g	h	fis	c	cis	f	as	a
O_{10}	h	b	fis	c	es	g	d	as	a	cis	e	f
O_7	as	g	es	a	c	e	h	f	fis	b	cis	d
O_6	g	fis	d	as	h	es	b	e	f	a	c	cis

Interessanter als die Anwendung der Reihentechnik und wesentlicher für den Höreindruck ist im *Tenebroso* das Spiel mit der Zahl 5. In T. 51-80, wo die Drei- und Vierklänge der Binnen- und Außenstimmen überlappend wechseln, entsteht durch die Punkte, an denen der jeweils neue Akkord in den Vordergrund tritt, das Taktmuster 5-4-3-2-1. Es folgen drei statische Fünftaktgruppen – in Bergs Worten "ein kaum Schlaf zu nennendes Dahindämmern". Während 1. Geige und Cello den zuletzt erreichten Vierklang für weitere 5 Takte am Steg tremolierend verlängern, etablieren 2. Geige und Bratsche, nacheinander einsetzend und wie zuvor *ppp flautando*, den Viertonakkord aus dem Beginn der R1b-Originalform. Dieser klingt für 40 Takte weiter, bis in den Anfang des zweiten *Presto*-Abschnittes hinein. In den Tönen dieses gleichsam im wörtlichen Sinne 'grundlegenden' Akkordes, *des/c/as/d*, versteckt Berg eine neue Transposition der für das Programm des Werkes wesentlichen Initialen B A F H. Vor dem Hintergrund des Liegeklanges erzeugen die Außenstimmentremoli im Segment T. 81-120 das Taktmuster 5 + 5-4-3-2-1 + 1-2-3-4-5 + 5. Dabei ergänzen 1. Geige und Cello die vier durchklingenden Töne 1-4 der Binnenstimmen zweimal mit den Tönen 5-12 der Reihe: dem, was oben als 'Reihenrest' bezeichnet wurde.

[52]Die umrandeten Tonfolgen markieren die neun Transformationen dieser Reihe, die Berg in den *Tenebroso*-Abschnitten des fünften Satzes verwendet.

Im längeren zweiten *Presto delirando*-Abschnitt verbindet Berg die Verarbeitung der thematischen und überleitenden Komponenten aus T. 1-50 mit einem erweiterten Spiel mit fünfteiligen Taktmustern. Auf das mit dem Bogenholz geschlagene, im Ausdruck der Qual auf die Mittellage verengte Hauptthema, eine Variante des jagenden Herzschlages und einen vierstimmigen Teilschluss in Staccatoarpeggien folgt in T. 132-147 im Wechsel der Außenstimmen eine doppelt geschwungene fünfoktavige Quart-/Tritonuskurve, gegen die Berg in den Binnenstimmen fünf Herzschlag-Duolen setzt, die das Taktmuster 5-4-3-2-1 bilden.

Nach weiteren vertikalen und horizontalen Gegenüberstellungen von 3/8-Figuren mit homophonen Duolen, einer Ergänzung durch fünf Takte mit Viertelhemiolen und einem Unisono-Teilabschluss folgt ab T. 171 ein ungewöhnlicher Doppelkanon: Die Geigen spielen Parallelen aus Ton 2-12 über Ton 1-11 aus drei unterschiedlichen, als konkave Arpeggienkurven entworfenen Zwölftonfolgen;[53] jede dieser Schein-Engführungen wird zudem von Bratsche und Cello imitiert. Zuletzt mischt sich die Komponente der Herzschlag-Duolen darunter und übernimmt bald die Führung.

Schon ab T. 199, zwölf Takte vor dem Ende des *Presto*-Abschnittes und noch im soliden *ff*, vereinen sich Bratsche und Cello zu einem neuen Liegeklang, der langsam diminuierend zum *ppp* verklingt und ab T. 211 den ersten dreißig Takten des zweiten *Tenebroso* unterliegt. Die Töne sind diesmal *f, g, des, ges*: eine Permutation des Beginns von O_5 und zugleich eine Großterztransposition der Initialen A H F B, in denen der Komponist (A B) seine Geliebte (H F) zärtlich zu umarmen scheint.

Doch nicht nur dieser Liegeklang verbindet das zweite *Presto* mit dem zweiten *Tenebroso*; auch eine neue Version von Bergs Spiel mit fünfteiligen Mustern überschneidet die Strukturgrenze. Die 2. Geige skandiert in zweistimmigen, diesmal nicht kumulierend wachsenden sondern von *fff* zu *pp* diminuierenden Herzschlag-Duolen die Taktfolge 1-2-3-4-5. Erst danach, nun im flüsternden, mit dem Bogenholz gestrichenen Farbstrang, vervollständigen die Geigen das liegend weiterklingende erste Reihendrittel von O_5 mit dem 'Reihenrest'. Dabei setzt Berg die leicht akzentuierten Tonwechsel so ein, dass neuerliche Fünftaktmuster entstehen:

Takt	216	217	218	219	220	221	222	223	224	225	226	227
Reihenton	5	6	7	–	–,	8	9	10	–	–,	11	12

Takt	228	229	230	231	232	233	234	235	236	237	238	239	240
Reihenton	5	–	–,	6	7	8	–	–,	9	10/11	12	–	–,

[53] Diese Zwölftonfolgen sind von keiner der bisher eingeführten Reihen abgeleitet.

Ähnlich stehen sich auch in den folgenden fünfzehn Takten vierstimmige Liegeklänge in Bratsche/Cello und Wechselakkorde der Geigen in einer Weiterführung des Fünftaktmusters mit Tönen aus der Transformation O_5 gegenüber. Dann kündigt sich, ähnlich wie im ersten *Tenebroso*, durch einen Fünftakter mit Stegtremoli ein neues Segment an. Hier verbindet Berg zwei in anderen Kontexten eingeführte Prozesse: das weitgehend homorhythmische Spiel und die verschränkte Kanonimitation. Alle Instrumente streichen am Griffbrett; ihre paarweise erzeugten Zwölftonaggregate entstammen drei verschiedenen Transformationen von R1b.[54]

Ab T. 281 folgt ein Segment, in dem eine ruhige dreistimmige Homophonie und eine belebte Cellostimme einander zu je einer Reihentransformation vervollständigen.[55] Dabei skandiert die 1. Geige als Oberstimme der Homophonie das Taktmuster 1-2-3-4-5 über dem Cello, das erst in Achteln, dann in hemiolisch gesetzten Vierteln und zuletzt in ametrischen Halbenoten spielt. Die letzten 25 Takte des zweiten *Tenebroso* beruhen auf einer vertikalisierten Ganztontransposition der Reihe R1b, wobei die am Frosch gestrichenen, von zwei auf sechs Stimmen und von *p* zu *fff* anschwellenden Einwürfe des "jagenden Pulses" mit einem 5-4-3-2-1-Taktmuster in den dritten *Presto*-Abschnitt hineinstürzen. Berg kommentiert dies in seiner Partitur für Hanna: "Aber schon meldet sich das Herz, und [es ist] wieder Tag . . . und so fort, ohne Stillstand . . . dieses Delirium ohne Ende."

Der den Satz beschließende, bei weitem längste *Presto*-Abschnitt umfasst fünf Segmente mit fünf Hauptthemaverarbeitungen. Zu Beginn des ersten Segmentes (T. 321-340) ertönen achtstimmig gesetzte, mit äußerster Härte am Frosch gestrichene Herzschlag-Duolen. Das im *ff pizzicato* folgende Hauptthema klingt anfangs wie zuvor im Unisono, doch entfernen sich die Stimmen mit jedem Takt weiter voneinander und enden in vieroktaviger Parallele. Noch einmal meldet sich der jagende Herzschlag, diesmal wie in äußerster Not gegen das Metrum gesetzt. Er steigt von der Ein- zur Achtstimmigkeit und verklingt dann, zu einem durch die Stimmen fallendem, *martellato* am Steg ausgeführten B-Dur-Dreiklang, wieder zur Zweistimmigkeit im *piano*.

Mit einem plötzlichen Crescendo zurück zum *ff* versetzt das Cello die Herzschlag-Duolen einen Tritonus aufwärts und eröffnet damit das zweite Segment (341-400). Über dem duolischen Ostinato-Fünftakter des Cellos spielen die drei höheren Instrumente die erste Hauptthemaverarbeitung:

[54] Geigen T. 261-266: O_2, T. 266-271: O_8, T. 271-278: O_3; Bratsche/Cello analog ab T. 263. Kanon mit Motiv aus chromatischen Sechstonclustern *es-e-g-fis-f-gis* und *a-b-des-c-h-d*.

[55] T. 281-295: U_8, U_1 und O_{10}. Cellostimme teils um ein Reihenviertel verschoben.

Die nacheinander einsetzenden, dann jeweils wiederholten Fragmente aus Ton 1-3, 4-7 und 8-12 klingen gegeneinander, gefolgt von einem zweimal fünftaktigen gemeinsamen Ausklang.

Die unmittelbar folgende zweite Hauptthemaverarbeitung besinnt sich auf die Antizipation der Reihe 5 im vorausgehenden Satz und 'zitiert' sie in variierter Form: Die Bratschenkantilene, die dort das *Molto tranquillo* in vier Arpeggiokurven eröffnet und sich dabei weich in die begleitenden Celloquinten fügt, wird hier (dem wesentlich schnelleren Tempo angepasst zu ametrischen 4/8-Noten gedehnt) dem Tremolo der 1. Geige übergeben. Die 2. Geige und die Bratsche verdoppeln teils abwechselnd, teils gleichzeitig in Oktaven, während das Cello die leeren Quinten der Vorlage umspielt.[56]

In der anschließenden dritten Hauptthemaverarbeitung übernimmt die 2. Geige die Führung: Sie präsentiert die thematische Kontur in durchgehendem Pizzicato und wie zu Beginn des zweiten *Presto* als Ausdruck der "Qual" verengt, während die drei anderen Instrumente leise streichend durch Verdopplung einzelner Töne chromatische Linien bilden.[57] An einen nichtthematischen Ausklang schließt sich zuletzt eine Umkehrung des ungewöhnlichen Doppelkanons an.[58] Das umfangreiche Segment endet im gestaffelten Einklang mit vieroktavigen Sforzati auf *fis*.

Das dritte Segment innerhalb dieses *Presto*-Abschnittes (T. 401-420) bietet eine Art kontrastierenden Puffer zwischen den vom Hauptthema dominierten Passagen. In verlangsamtem Tempo (vgl. *poco più lento, . . . poco rit., . . . poco pesante*) ertönt das Motiv des jagenden Pulsschlages – durchgehend vierstimmig mit chromatisch sich nähernden Mittelstimmen – zwischen einer Zweioktavenparallele der Außenstimmen. Die folgenden, in den Außenstimmen aufschießenden, in den Mittelstimmen erstmals auch abwärts crescendierenden Glissandi erinnern an den Anfang des Satzes mit Bergs musikalischer Tonmalerei von "Schrecken und Qual". Das Segment endet nach weiteren jagenden Pulsen und zu *martellato* fallenden, sich dabei aber steigernden Außenstimmen mit einer kurzen Generalpause.

[56]Vgl. Satz IV, T. 45-46: Bratsche *fis-es-b-c, a-e-h-f, g-as-des-d* über Cello *d/a, fis/cis, b/f* mit Satz V, T. 355-370: 1.Geige ++ *as-f-c-d, h-fis-cis-g, a-b-es-e* über Cello Umspielung von *e/h, as/es, c/g*.

[57]In dieser Textur, einer Variante der Heterophonie, exzerpiert das Cello die Töne *as-g-fis*, die Bratsche *c-h-b* und die 1. Geige *f-fis-f-e*.

[58]Vgl. T. 386-398 mit T. 171-183: aufgrund des Stimmtausches von 1. Geige und Cello ertönen die Engführungen in Cello/2. Geige und, im zweitaktigen Abstand imitierend, Bratsche/1. Geige.

Das vierte Segment (T. 421-440) setzt jenseits der Generalpause die Verlangsamung des Tempos mit *sempre poco pesante* fort. Für die vierte Hauptthemaverarbeitung wählt Berg erstmals nicht die Originalform der Reihe, sondern die Transposition O_4. Durch die vier Instrumente aufsteigend erklingt je ein Viertel der Kontur, gefolgt von der akkordischen Zusammenziehung dieser drei Töne in abnehmenden Tondauern. So ertönt, beginnend mit T. 422_3, ein Kanon der Notenwertfolge 5/8-4/8-3/8-2/8-1/8. Der zehntaktige Ausklang, metrisch verschleiert durch vier 8/8-Figuren der 1. Geige über gleichfalls ametrisch gegliederter homophoner Begleitung, setzt die Verlangsamung fort (*molto riten. . . . molto pesante . . . rall.*) und erreicht am Segmentende, wie Berg in der Partitur präzisiert, ein Drittel des Ausgangstempos.

Das *A tempo I* überschriebene fünfte Segment (T. 441-460) ist das einheitlichste des ganzen Satzes. Dies betrifft das Material, die Struktur, die nach je einem *non legato* akzentuieren Ausgangstakt durchgehend gleichbleibende Artikulation und Spielweise sowie das kontinuierliche Crescendo von *più p* bis *fff*. Wie in der ersten Hauptthemaverarbeitung von T. 342-345 basiert auch diese fünfte auf der Aufteilung des Themas: Die führende 2. Geige spielt zwanzig 3/8-Takte mit Ton 1-3, die Bratsche folgt mit vierzehn 4/8-Figuren aus Ton 4-7 und die 1. Geige vervollständigt Kontur und Reihe mit zehn 5/8-Gruppen aus Ton 8-12. Dieser ausgedehnten Polyphonie unterlegt das Cello gepaarte Herzschlagduolen und bildet mit deren fünf Einsätzen das Taktmuster 5-4-3-2-1 – ein Delirium, das sich zu schier auswegloser Bedrängnis steigert.

Lyrische Suite V: Das polyphon geteilte Hauptthema über jagendem Puls

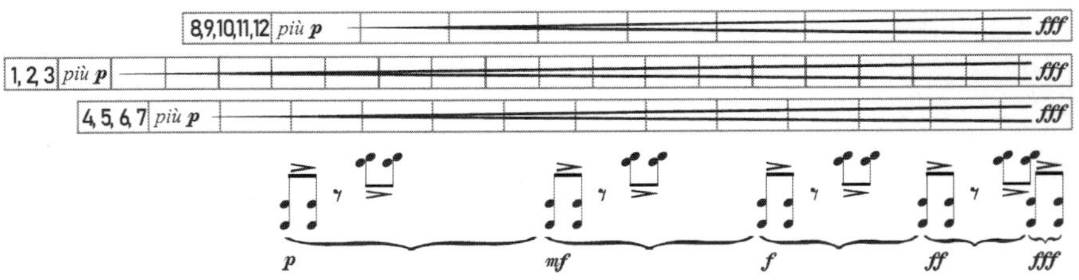

Angesichts Bergs programmatischer Erläuterungen zur Bedeutung der beiden primären Komponenten für seinen Seelenfrieden evoziert diese fünfte Hauptthemaverarbeitung über fünfteilig beschleunigtem Herzschlag im fünften Segment des fünften Abschnittes innerhalb des fünften Satzes der *Lyrischen Suite* einen geradezu verzweifelten Aufschrei nach der durch die Zahl 5 symbolisierten Geliebten.

VI *Largo desolato*

Das Adjektiv im Titel des Finalsatzes enthält zwei Deutungsdimensionen: tiefe Niedergeschlagenheit und eruptive Verzweiflung. Beide, das Leise und das Heftige, inspirieren die Thematik. Bergs Annotationen für Hanna unterstreichen dies mit einem melopoetischen Subtext, der infolge seiner Entdeckung durch Douglass M. Green und seiner anschließenden Offenlegung durch George Perle großes Aufsehen erregte. In seinem Handexemplar stellt Berg dem Satz die Worte "De profundis clamavi" aus Psalm 130 sowie den Hinweis auf Charles Baudelaires Gedicht mit diesem Titel in Stefan Georges deutscher Nachdichtung voran und ordnet dessen Verse dann sogar den verschiedenen Stimmen seiner Musik zu: "Hälse, Fähnchen und Balken aller Noten des 'vokalen' Parts hat er sorgsam mit roter Tinte neu gezeichnet."[59]

Dieses doppelte "Programm" hinderte Berg allerdings nicht, den Finalsatz in der Anwendung der Zwölftontechnik komplexer als alle früheren dodekaphonen Abschnitte zu gestalten. Schon die Originalformen des gewählten Tonmaterials sind vielfältiger und mehrdeutiger als zuvor. Wie er in seinen "Neun Blättern" betont, legt Berg dem Satz die schon in den *Tenebroso*-Abschnitten von Satz V in Transposition eingesetzte zweite Entwicklungsstufe seiner Ur-Reihe zugrunde. Dabei kehrt er nun zu deren ursprünglichem Ausgangston *f* und den Rahmentönen *f*-*h* zurück.

Lyrische Suite VI: Die dritte Entwicklungsstufe der Ur-Reihe auf *f*

R1	f	e	c	a	g	d	as	des	es	ges	b	h
R1a	f	e	c	ges	g	d	as	des	es	a	b	h
R1b	f	e	c	ges	a	des	as	d	es	g	b	h

Dazu entwirft Berg eine neue Ableitung dieser zweiten Entwicklungsstufe seiner Reihe. Sie beruht auf einander ergänzenden Auszügen, die er als "Halbreihen" bezeichnet, wobei er das Wort sowohl für die sechstönigen Exzerpte als auch für die dann natürlich wieder zwölftönigen Zusammensetzungen verwendet (s. oben S. 157). Während er ähnliche Exzerpte im *Allegro misterioso* in je zweistimmig komplementären Passagen übereinander stellt, so dass die Abfolge der Reihentöne gut erkennbar bleibt, fügt er hier die beiden sechstönigen Exzerpte horizontal aneinander und erzeugt damit eine gänzlich neue Zwölftonfolge:

[59] Perle, *op. cit.*, S. 52-64.

Lyrische Suite VI:
Reihe R1b im magischen Quadrat

	U_0	U_{11}	U_7	U_1	U_4	U_8	U_3	U_9	U_{10}	U_2	U_5	U_6
O_0	f	e	c	fis	a	cis	as	d	es	g	b	h
O_1	fis	f	cis	g	b	d	a	es	e	as	h	c
O_5	b	a	f	h	d	fis	cis	g	as	c	es	e
O_{11}	e	es	h	f	as	c	g	cis	d	fis	a	b
O_8	cis	c	as	d	f	a	e	b	h	es	fis	g
O_4	a	as	e	b	cis	f	c	fis	g	h	d	es
O_9	d	cis	a	es	fis	b	f	h	c	e	g	as
O_3	as	g	es	a	c	e	h	f	fis	b	cis	d
O_2	g	fis	d	as	h	es	b	e	f	a	c	cis
O_{10}	es	d	b	e	g	h	fis	c	cis	f	as	a
O_7	c	h	g	cis	e	as	es	a	b	d	f	fis
O_6	h	b	fis	c	es	g	d	as	a	cis	e	f

Lyrische Suite VI:
Die “Halbreihen”

f e c fis a cis as d es g b h

Lyrische Suite VI:
Horizontale Reihung der beiden Exzerpte

f - fis - a - as - b - h + e - c - cis - d - es - g

Lyrische Suite VI:
Die Halbreihenfolge im magischen Quadrat

	HU_0	HU_1	HU_4	HU_3	HU_5	HU_6	HU_{11}	HU_7	HU_8	HU_9	HU_{10}	HU_2
H_0	f	fis	a	as	b	h	e	c	cis	d	es	g
H_{11}	e	f	as	g	a	b	es	h	c	cis	d	fis
H_8	cis	d	f	e	fis	g	c	as	a	b	h	es
H_9	d	es	fis	f	g	as	cis	a	b	h	c	e
H_7	c	cis	e	es	f	fis	h	g	as	a	b	d
H_6	h	c	es	d	e	f	b	fis	g	as	a	cis
H_1	fis	g	b	a	h	c	f	cis	d	es	e	as
H_5	b	h	d	cis	es	e	a	f	fis	g	as	c
H_4	a	b	cis	c	d	es	as	e	f	fis	g	h
H_3	as	a	c	h	cis	d	g	es	e	f	fis	b
H_2	g	as	h	b	c	cis	fis	d	es	e	f	a
H_{10}	es	e	g	fis	as	a	d	b	h	c	cis	f

Die Konturen und Tonfelder des Satzes bildet Berg abwechselnd aus diesen beiden Reihen und ihren Umkehrungen; wie die rechteckigen Markierungen in den "magischen Quadraten" zeigen, ist zudem die Anzahl der verwendeten Transpositionen deutlich größer ist als in den vorausgehenden Sätzen. Zu den Transformations-Kennzeichnungen "O" für Originalform und "U" für Umkehrung treten daher jetzt "H" für Halbreihenfolge und "HU" für Halbreihenfolge in Umkehrung.

Die in den vorausgehenden Sätzen eingeführten Charakteristika greift Berg erneut auf. Dies beginnt in der Notation mit den beiden symbolischen Zahlen: Die zwei alternierenden Tempi mit den Metronomwerten ♩ = 69 (*Tempo I*) und ♩ = 46 (*Tempo II*) sind als Vielfache von Bergs Zahl 23 sofort erkennbar, und auch der Gesamtumfang des Satzes mit genau 46 Takten und einer Spiegelungsachse nach T. 23 basiert auf seiner Schicksalszahl. Die Hanna zugeordnete Zahl 5 bestimmt u.a. den Umfang des Hauptthemakomplexes und die Notenwerte im "Initialenthema".

Die palindromische Satzstruktur, die im Zentrum als exakter Krebs ertönt und in den nach außen anschließenden Segmenten frei angedeutet ist, erinnert an die spiegelsymmetrischen Rahmenabschnitte des *Allegro misterioso*. Auch die aus den Initialen der Liebenden gebildete Viertongruppe geht auf den dritten Satz zurück. Dem im *Adagio appassionato* integrierten Zitat aus Zemlinskys *Lyrischer Sinfonie* und der bereits im *Trio estatico* des dritten Satzes erkennbaren Anspielung auf eine zweite Kontur aus demselben Werk stehen hier ein Zitat und eine Anspielung auf Wagners *Tristan und Isolde* gegenüber. Bergs eigenwilliges Verständnis der Zwölftonmethode, infolge dessen er die Ur-Reihe, die seine *Lyrische Suite* durchzieht, einerseits durch zweimaligen Tontausch einer "schicksalhaften Entwicklung" unterwirft und ihr andererseits vom zweiten Satz an jeweils zwar weniger prominente, aber doch mehrfach aufgegriffene weitere Zwölftonreihen zur Seite stellt, erreicht hier ihren Höhepunkt, indem er die sekundäre Reihe aus der primären entwickelt und beide sodann gleichwertig behandelt.

Wer sich dem Satz von seinen Enden her nähert, spürt zunächst, dass Einleitung und Coda als Ausdruck der Niedergeschlagenheit entworfen sind. Die ersten sechs Takte erklingen als ungewöhnlicher Kanon: Die Instrumente setzen *pizzicato* mit den vier untransponierten Reihenformen ein, die (im Gedanken an Hanna) von *f* nach *h* führen. Dabei steigen die Stimmen von Oktave zu Oktave in die Höhe, während die Notenwerte mit jedem neuen Einsatz kürzer werden, das Tempo aber, nach Bergs präzisen Angaben an den entsprechenden Stellen, schrittweise von ♩ = 69 (*Tempo I*) zu ♩ = 46 (*Tempo II*) abnimmt:

Lyrische Suite VI: Die gestaute Beschleunigung im Einleitungskanon

	Tempo I	*poco più lento*	*ancora poco più lento*	*ancora più lento*	*molto rit.*	*Tempo II*
1. Geige (H_0)			———	———	———	
2. Geige (O_0)				———	———	
Bratsche (HU_0)		———	———	———	———	
Cello (U_0)	———	———	———	———	———	
	Viertel	Viertel-triolen	Achtel	Achtel-triolen		

In der Coda erfährt dieser Prozess eine freie Umkehrung: Anstelle der gestauten Beschleunigung im Pizzicato spielen alle Instrumente in gleichmäßigen Legatoachteln. Dabei werden ihre monoton gegeneinander klingenden Zwölftonketten durch Teilsequenzen verlängert, bis sie schließlich, in der Tiefe, ins Nichts verrinnen.

1. Geige	O_4 ——— – H_9 ——— – U_6 ——— – –
2. Geige	U_8 ——— – –
Bratsche	H_{10} ——— – U_7 ——— O_2 ——— – HU_{10} ——— – – –
Cello	HU_8 ——— – HU_{11} ——— – –

Wie Berg in einer Partiturfußnote erklärt, soll die zuletzt unbegleitet dahinschleichende Bratsche das eingezeichnete *morendo* "bis zum völligen Verlöschen" umsetzen. Dabei dürfe sie die letzte Terz *des-f* "eventuell noch ein-, zweimal wiederholen. Keinesfalls aber auf *des* schließen!" Die *Lyrische Suite* endet somit auf dem grundtonähnlichen *f*, einer von Hannas Initialen, in einer Spiegelung von Satz- und Werkbeginn.

Ganz anders als diese tatsächlich trostlos klingenden Rahmenabschnitte gebärden sich die beiden Themen des Satzes in den Segmenten, die nach innen an die Rahmen anschließen. Aus dem *molto rit.*, in dem der vierstimmige Einleitungskanon mit einer Aufspaltung zu einem zwölfstimmigen Fünfklang endet, erhebt sich die 1. Geige. Berg unterlegt ihr eine seiner Halbreihen-Umkehrungen, die durch besonders viele fallende Halbtöne charakterisiert sind. Dabei unterwirft er die Tonfolge einem Rhythmus, der die lautmalerisch "desolate" Linie schon vor der späteren Manipulation der Intervalle zu einer bedrückt klingenden Aussage formt:

Lyrische Suite VI: Schlichte Tonfolge in ausdrucksvoller Rhythmisierung

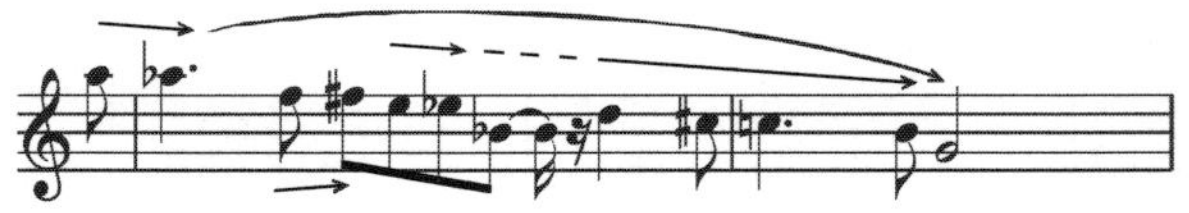

Diese unspektakuläre Kontur verwandelt er durch Oktavierungen in eine Folge vehementester Ausschläge: Zwei der fünf fallenden Halbtöne (*e-es* und *c-h*) ersetzt er durch fallende kleine Nonen, einen dritten (*d-cis*) durch eine steigende große Sept. Die zwei weiteren fallenden (*a-as* und *cis-c*) und den einzigen steigenden Halbton (*f-fis*) dehnt er gar zur kleinen Sept bzw. Non mit zusätzlicher Oktavspreizung, als wollte er in den Intervallen des Themas dem in Psalm und Baudelaire/George-Gedicht evozierten "Schrei aus der Tiefe" Ausdruck verleihen:

Lyrische Suite VI: "De profundis clamavi"

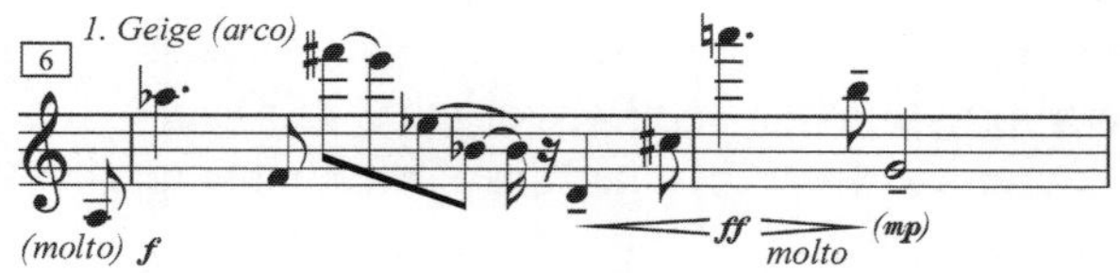

Dem zuletzt über drei Oktaven fallenden Verzweiflungsausbruch fügt Berg in der 2. Geige "die 1. Geige fortsetzend" eine weitere fallende Sept hinzu. Zusammen mit den begleitenden tiefen Stimmen münden die beiden Geigen dann in den Akkord *fis/d/as/g*, der – als Transposition von *a/f/h/b* – auf die Initialen der Liebenden anspielt. Dieser Akkord wird am Steg tremoliert und anschließend von zwei weiteren Vierklängen zum Zwölftonaggregat ergänzt.

Vor den folgenden ametrischen, kleinterzversetzten Tremolomotiven erhebt sich das Cello mit einer Kontur, deren Kopfmotiv durch eine Kurve aus Synkopen, ausbrechender großer Sept und zwei akzentuiert fallenden Intervallen charakterisiert ist. In mächtigen Crescendi und mit einem ausgedehnten Schlussritardando führt diese Antwortkomponente zum zweiten Einsatz des *desolato*-Themas, das die Bratsche (zwar unter Verzicht auf die zusätzlichen Oktavspreizungen im ersten, zweiten und vorletzten Halbtonschritt, aber mit gesteigerter Emphase) auf dem Tritonus intoniert.

Lyrische Suite VI: Antwortkomponente und zweiter Themeneinsatz

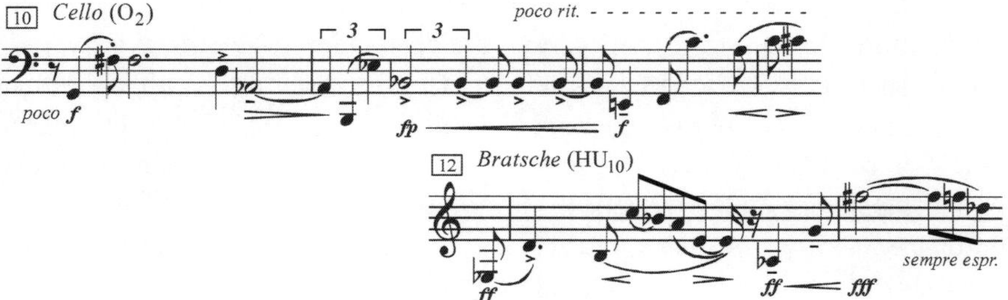

Die Bratsche selbst fügt dann (mit U_2) einen abrundenden Teilschluss hinzu, ergänzt vom Cello, das ihre ausdrucksvolle Dreitonkurve imitiert. Der fünfzehntaktige Hauptthemakomplex endet *calando* auf einem tonal überraschend versöhnlichen C-Dur-Septakkord vor einer Zäsur.

Am andere Satzende ertönt, der Coda vorausgehend in T. 31-39, ein strukturell analoges Segment. Nach einer der oben erwähnten Zäsur entsprechenden Generalpause setzt die Musik, spiegelsymmetrisch zum konsonanten Schlussakkord des Hauptthemakomplexes, mit homophonen Arpeggien des G-Dur-Quartsextakkordes ein. Die *molto f* gespielten Sechzehnteltriolen werden mehrfach durchbrochen von Tonänderungen, die Berg mit *fff* akzentuiert. Mit diesen Tönen spielt er (nach eigener Aussage in den "Neun Blättern") rhythmisch und (was er nicht sagt) auch in den exzentrischen Ausschlägen der Intervalle auf das Hauptthema an.

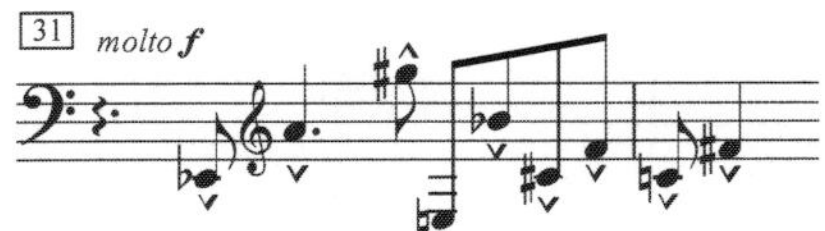

Lyrische Suite VI: Rhythmik und Exzentrik des *desolato*-Themas

Den Abschluss des Segmentes bildet Berg, indem er Varianten der *Pesante*-Takte vom Beginn des Kopfsatzes mit dem Kopf der Antwortkomponente aus T. 10 des Finalsatzes kombiniert: Der dreistimmig chromatische Abstieg von Ges-Dur nach a-Moll, der in T. 5-6 des *Allegro gioviale* von Geigen/Bratsche zu Bratsche/Cello wechselt, ertönt hier in T. 37 als Aufstieg von g-Moll nach E-Dur und in T. 39 als Abstieg von H-Dur nach d-Moll. Die Takte sind beziehungsvoll *pesante* bzw. *di nuovo pesante* überschrieben. Die Kontur der im Kopfsatz jeweils unterschiedlichen vierten Stimme erklingt hier im Cello, das Rhythmik und Gestik der Antwortkontur aus T. 10 in freier Umkehrung übernimmt.

Diese indirekten Zitate, die sowohl innerhalb des Finalsatzes als auch im Ganzen der *Lyrischen Suite* eine Spiegelung nahelegen, umschließen eine mehrgliedrige Präsentation des Initialen-Themas: Als Begleitung der führenden 2. Geige, die *dolce ma espressivo* die Töne von HU_5 zu einer eloquenten Melodie formt, intonieren die drei anderen – *pp flautando* und mit ihren ungewöhnlichen 5/8-Dauern wie aus der Zeit gefallen – eine homophone Viertonphrase. Dabei spielt die 1. Geige die Töne 1-4 von O_5, *b–a–f–h*, über den Tönen 5-8 in der Bratsche und 9-12 im Cello. Geigen und Bratsche ergänzen gestaffelt kumulierende Einsätze mit O_8-Dritteln, deren erstes Glied, *des-c-as-d*, als Transposition von *b–a–f–h* ebenfalls die enge Beziehung der Liebenden unterstreicht.

Lyrische Suite VI: Die Initialenthematik im Zentrum des Segmentes

T. 34-35	T. 36-37
b —— *a* —— *f* —— *h*	*f-a-e-b* ——————
d —— *fis* —— *cis g*	*h-dis-fis-g* ——
as —— *c* —— *es* —— *e*	*des-c-as-d* ———————

Nach innen grenzen diese Segmente mit *desolato*- und Initialenthema an zwei Überleitungspassagen. Die knapp fünf Takte umfassende erste ist eine *tour de force*. Während sich das Tempo von ♩ = 46 zu ♩ = 69 auf das Anderthalbfache steigert, beschleunigen sich gleichzeitig die Notenwerte von Vierteln und Achteln in T. 16-18 über Sechzehntel und deren Triolen zu 32steln. Über den ersten drei Takten, in denen die drei unteren Stimmen mit Bogenholzstrichen ein eintaktiges Muster variieren, erhebt sich eine trotz *portato* und *non vibrato* ausdrucksvolle Kontur der 1. Geige (mit O_{10}). Sie wird abgelöst von einem Duett, in dem die Geigen ihre Zwölftonreihen U_6 und HU_0 freirhythmisch übereinander stellen, um dann deren viertönige Endglieder abzuspalten und im Zuge der allgemeinen Beschleunigung zwölffach auf und ab zu transponieren. Begleitet werden diese abgespaltenen Viertongruppen von alternierend gezupften Akkorden in Bratsche und Cello, deren fünf Stimmen aus verschiedenen Transpositionen derselben Zwölftonformation gebildet sind.[60] Die zuletzt auch dynamisch mächtige Steigerung gipfelt im *ff*-Eintritt des tiefen *h* im Cello. Für diesen Ton, der den nächsten fünf Takten orgelpunktartig unterlegt ist, muss der Cellist seine C-Saite schon vor Beginn des Finalsatzes um einen Halbton herunterstimmen.[61]

Auch im Gegenstück dieser Passage (T. 27_2-30) ist das Tempo mit *accel. - - - rit. - - - subito molto accel. - - -* zunächst ganz instabil, während die beiden Geigen nicht nur unabhängige Zwölftonreihen, sondern mit der Gegenüberstellung von Sechzehnteln und Achteltriolen auch unvereinbare rhythmische Muster gegeneinanderstellen. Im *Meno largo* schichten sie dann die Hälften zweier Zwölftonreihen übereinander, während Bratsche und Cello streckenweise vertikal gespiegelt verlaufen.[62]

Zwischen diesen beiden Passagen stützt das durch Skordatur erreichte tiefe *h*, Hannas zweite Initiale neben dem grundtonähnlich eingesetzten *f*, das gespiegelte Zentrum des Satzes. Über diesem *h* und dem bald darauf in

[60] Vgl. T. 19-20, Bratsche HU_6 über HU_8, Cello HU_5 über HU_{10} über HU_4.

[61] Zugleich erinnert der Ton an die Trostlosigkeit des *h* in der Todesszene des *Wozzeck*.

[62] Für die vertikale Spiegelung vgl. besonders den anderthalbtaktigen Beginn der Passage sowie die Sechzehntelkette in T. 30.

der Zweitstimme des Cellos hinzugefügten *g* spielen Bratsche und 1. Geige *fff* > *pp* eine elffache Wiederholung des übermäßigen Dreiklanges *ges/b/d* in auskomponierter synkopischer Verlangsamung. Angesichts des späteren, von Berg selbst erwähnten Zitates aus Wagners *Tristan und Isolde* deutet Floros dieses Pochen als Anspielung auf das Vorspiel zum “Nachtgesang” in Aufzug II, Szene 2 derselben Oper, wo die Synkopenketten allerdings durchgehend leise und gleichrhythmisch erklingen.[63]

In T. 22-25 folgt, inzwischen wieder in *Tempo II* (♩ = 46) und weiterhin über dem Orgelpunkt, als Zentrum des Satzes die tongetreue horizontale Spiegelung beiderseits der Achse, die den Satz in zweimal 23 Takte teilt:

1. G.: *es-d-b-g-fis* ——————————— *g-b-d-es*
2. G.: *h-c-es-es*——————————*es-es-c-h*
Br: *c-des-f-e*—————————*e-f-b-g-a-cis*——*a-g-b-f-e*————————*e-f-des-c*
Vc: (*h*|*as*)——————— *as* ————*h*|*as*————————— *as* ————*h* *h*

Nach wenigen Überleitungstönen erklingt im Anschlusstakt an diese Spiegelung Bergs betont gesetztes *Tristan*-Zitat. Darin übernehmen die vier Streicher die auch bei Wagner kammermusikalisch instrumentierten Eröffnungstakte:

Lyrische Suite VI: Bergs explizites *Tristan*-Zitat

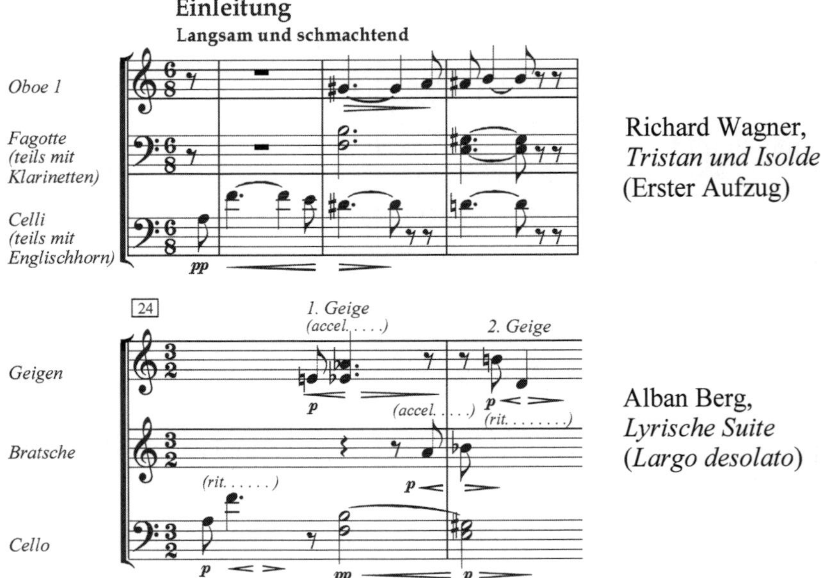

[63]Floros, *op. cit.,* S. 34-35; vgl. dazu Tristans Worte “O sink hernieder, Nacht der Liebe”.

Die Anfangstakte von Richard Wagners berühmter Operndarstellung einer hoffnungslosen Liebe bieten sich Berg nicht zuletzt dank der sie prominent umschließenden Töne *a–f* (Celli), *f/h* (Klarinetten/Fagotte) und *a-b-h* (1. Oboe) an. Diesen Bezug zu den Symboltönen seiner privaten Liebesgeschichte unterstreicht er in seiner Übernahme durch die Vorbereitung der Cello/Bratschen-Kombination *f/h—a-b* mit einem Aufstieg des Cellos durch die vier miteinander verwobenen Initialen:

Lyrische Suite VI: Die Viertongruppe in und um Bergs *Tristan*-Zitat

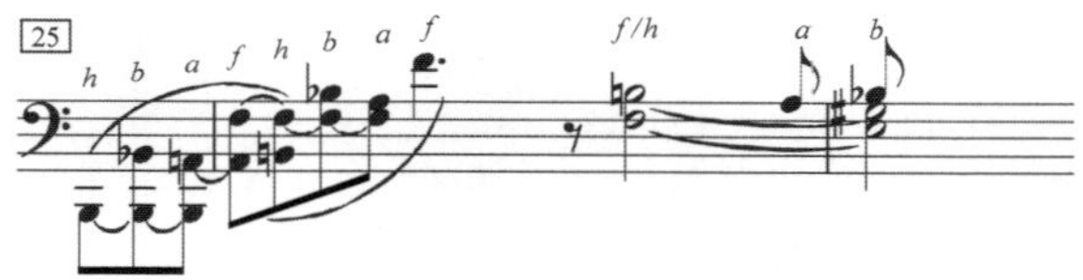

So erklingt die in Tonbuchstaben unmissverständliche Widmung an die heimliche Geliebte prominent im Zentrum des Finalsatzes, den Berg mit allen Zeichen der Trostlosigkeit ausstattet.

Dem ebenso beziehungsreich wie im Sinne absoluter Musik stimmig konzipierten Streichquartettsatz verleiht der Komponist ein heimliches zweites Leben als Vokalkomposition mit einer an die Adressatin seiner Liebeswidmung gerichteten Botschaft. Als Anregung könnte Schönbergs *2. Streichquartett* gedient haben, dessen dritter und vierter Satz zu zwei Texten aus Stefan Georges Gedichtband *Der siebente Ring* erklingen. Das Werk, und insbesondere die vertonte Lyrik, ist Schönbergs Frau Mathilde, der Schwester Alexander Zemlinskys, gewidmet. Damit schließt sich ein weiterer Kreis.

Baudelaires Gedicht mit dem Titel *De profundis clamavi* entstammt seinem berühmten Hauptwerk *Les Fleurs du mal*, einer Sammlung, die in den zwölf Jahren 1857-1868 in drei Fassungen zunehmenden Umfangs erschien. Das Gedicht ist Teil von “Spleen et idéal”, der dominierenden Unterabteilung der Sammlung. Formal handelt es sich um ein Sonett in Alexandrinern. Inhaltlich entfaltet sich schon im zweiten Vers das Bild des “dunklen Abgrunds”, der Trostlosigkeit, die das Leben fern der geliebten Frau bestimmt. Diese Gemütslage durchzieht das ganze Gedicht. Das letzte Terzett unterstreicht das Gefühl eines Steckenbleibens in der Zeit, die Verzweiflung über das monotone und langsame Verrinnen des seines wertvollsten Inhaltes beraubten Lebens. Die Worte, mit denen Baudelaire den Horror beklagt, der nicht in der Außenwelt, sondern in seinem Inneren herrscht, wirken wie ein Vorbild für die Anmerkungen, in denen Berg vor dem delirierenden Satz V zu Hanna von seinen Schmerzen und Qualen spricht.

De profundis clamavi

J'implore ta pitié, Toi, l'unique que j'aime,
Du fond du gouffre obscur où mon cœur est tombé.
C'est un univers morne à l'horizon plombé,
Où nagent dans la nuit l'horreur et le blasphème;

Un soleil sans chaleur plane au-dessus six mois,
Et les six autres mois la nuit couvre la terre;
C'est un pays plus nu que la terre polaire
— Ni bêtes, ni ruisseaux, ni verdure, ni bois!

Or il n'est pas d'horreur au monde qui surpasse
La froide cruauté de ce soleil de glace
Et cette immense nuit semblable au vieux Chaos;

Je jalouse le sort des plus vils animaux
Qui peuvent se plonger dans un sommeil stupide,
Tant l'écheveau du temps lentement se dévide![64]

Zu dir • du einzig teure • dringt mein schrei
Aus tiefster schlucht darin mein herz gefallen •
Dort ist die gegend tot • die luft wie blei
Und in dem finstern fluch und schrecken wallen.

Sechs monde steht die sonne ohne warm.
In sechsen lagert dunkel auf der erde.
Sogar nicht das polarland ist so arm •
Nicht einmal bach und baum noch feld noch herde.

Erreicht doch keine schreckgeburt des hirnes
Das kalte grausen dieses eis-gestirnes
Und dieser nacht • ein chaos riesengross!

Ich neide des gemeinsten tieres los
Das tauchen kann in stumpfen schlafes schwindel ...
So langsam rollt sich ab der zeiten spindel![65]

Für eine Beurteilung der Bedeutung dieser "Vokalfassung" für die *Lyrische Suite* ist es wichtig zu wissen, wie Berg Georges in fünfhebige Jamben gefasste deutsche Baudelaire-"Umdichtung" auf die Stimmen und thematischen Konturen seines Streichquartettsatzes verteilt. Die Rotstift-Einzeichnungen im Exemplar für Hanna zeigen an, zu welchen Tönen die Adressatin sich den Text gesungen vorstellen sollte. Da der Komponist

[64]Text zitiert nach Charles Baudelaire, *Les Fleurs du mal* (Paris: Poulet-Malassis et de Broise, 1857), S, 69-70

[65]Stefan George, *Die Blumen des Bösen.* Umdichtungen (Berlin: Bondi, 1891 etc.)

Konturen verschiedener Instrumente einbezieht, ergibt sich ein Tonumfang von mehr als vier Oktaven (von *es3* bis *fis7*), bis hinauf in Regionen, die keine menschliche Stimme erreicht. Perle gibt in seinem Aufsatz über die Entdeckung des geheimen Programms der *Lyrischen Suite* die Töne in den Oktaven der sie jeweils tragenden Stimmen wieder.[66] Für die 2005 als "Neuausgabe von George Perle (inkl. der 'geheimen Gesangsstimme')" bei Universal Edition erschienene Studienpartitur reduziert er die Kontur auf 2¾ Oktaven. Allerdings scheint Perle, dem Register der von Berg vor allem herangezogenen Geigen und Bratschen entsprechend, eine weibliche Stimme vorauszusetzen, obgleich der Text einem männlichen Subjekt in den Mund gelegt ist.

Berg verteilt die vier Strophen des Sonetts so auf die Segmente des *Largo desolato*-Satzes, dass der Beginn – zur Bratsche in T. 13-15 – als Hauptthema erklingt. Das zweite Quartett des Gedichtes mit der Klage über das Dunkel und die Sonne ohne Wärme, unter der dem Dichter die Erde ärmer als das Polarland erscheint, intoniert die zentrale Spiegelung in T. 22-25, gefolgt von der Klage über die Abwesenheit der Natur ("nicht einmal Bach und Baum noch Feld noch Herde"), die Berg dem Tristan-Zitat in T. 26-27 unterlegt. Der höhepunktartige Ausruf am Schluss des ersten Terzetts ("ein chaos riesengross!") steht höchst effektvoll über T. 31-32, wo die mit plötzlichen *fff*-Akzenten hervorgehobenen Tonveränderungen des homophon arpeggierten G-Dur-Quartsextakkordes rhythmisch und in der exzentrischen Weite der Intervalle erneut auf das Hauptthema anspielen. Der "Vokalpart" vermittelt hier mit zwei fallenden großen Dezimen und drei steigenden Tritoni äußerste Verzweiflung. Im abschließenden zweiten Terzett verdoppelt die Singstimme die Kontur der 2. Geige, zunächst in T. 33-35 als Hauptstimme mit der Bratsche (und damit die Viertonfigur der Initialen B-A-F-H übertönend), später, nach Art einer unpersönlichen Beobachtung zur Erfahrung der Zeit, in T. 40 zum Beginn der Coda.

Perle resümiert seine Ausführung zur Textunterlegung mit der Vermutung, Berg hätte "gegen eine vokale Aufführung des Finales nichts gehabt" – außer der gesellschaftlich natürlich ganz undenkbaren Enthüllung seiner außerehelichen Liebesbeziehung.[67] Doch während die überwiegende Monotonie der dem Text zugeordneten Achtelbewegung durchaus Pendants in Bergs Liedkompositionen hat, scheint mir die Herabstufung der anspruchsvollen Streichquartettpolyphonie auf eine Gesangsbegleitung dem Satz allzu viel von seiner Substanz zu nehmen.

[66]Siehe den vollständigen "Vokalpart" des Satzes in Perle, *op. cit.*, S. 64.

[67]Ibid.

Die *Lyrische Suite* in vielschichtiger Perspektive

Bergs größtes Kammermusikwerk basiert auf zahlreichen inner- und außermusikalischen Bezügen. Der tonal palindromischen Anlage mit ihrem konsequenten Wechsel von zwölftönig und "frei atonal" entworfenen Abschnitten entsprechen im Material die Allintervallreihe mit ihrer Tritonusspiegelung und strukturell die verkürzte Krebsreprise im dritten und die weitgehend freie Spiegelung im sechsten Satz. Die Idee einer "Erlebnisse" verarbeitenden Entwicklung manifestiert sich sowohl in der keilförmig in die Extreme gerichteten Abfolge der sechs Tempi als auch in den beiden "schicksalbedingten" Veränderungen der Ur-Reihe. Diesen fügt Berg im Finalsatz als eine Art unerwartete Steigerung der Entfaltungsmöglichkeiten eine komplexe Neuordnung hinzu. Jenseits der als dodekaphon angekündigten Abschnitte, die von den vier Fassungen seiner Reihe durchzogen sind, bereichert er – unangekündigt – seine angeblich "frei atonal" konzipierten Sätze II und IV mit je zwei unabhängigen Zwölftonreihen von jeweils lokaler Bedeutung, von denen je eine zudem als sekundäres Material im jeweils folgenden Satz aufgegriffen wird.

Zitate bilden den Übergang vom inner- zum außermusikalischen Bezugsrahmen. Beginnend mit dem *Allegro misterioso* verknüpft Berg die Abschnitte seiner sechssätzigen Suite durch werkinterne Wiederaufnahmen. Ebenfalls im dritten Satz erklingt die erste Anspielung auf Alexander Zemlinskys *Lyrische Symphonie.* Sie wird in der Folge durch tongetreue Zitate des dortigen Liebesbekenntnisses "Du bist mein Eigen, mein Eigen" bestärkt und eröffnet damit den semantischen Raum für den biografischen Hintergrund der Komposition. Im *Largo desolato* schließlich tritt zuerst eine freie Anspielung und dann eine unverkennbare Übernahme aus Wagners *Tristan und Isolde* hinzu; beide unterstreichen den programmatischen Hintergrund der leidenschaftlichen, aber zur Entsagung gezwungenen Liebe.

Eindeutig in die Sphäre der (nach Bergs Worten zum Kammerkonzert) "in die Musik hineingeheimnissten menschlich-seelischen Beziehungen"[68] gehören die Tonbuchstaben, die seine und Hannas Initialen verbinden. Eine aus *a b* und *h f* gebildete Viertongruppe ertönt erstmals in der sekundären Thematik von Satz II, tritt in Satz III führend in den Vordergrund und durchzieht die zweite Hälfte des Werkes als stete Präsenz.

Die Initialen und die verschiedenen aus ihnen gebildeten Doppelanagramme werden ergänzt durch die zwei die Musik nur äußerlich ordnenden Zahlen, Bergs "Schicksalzahl" 23 und die Hanna zugeordnete 5.

[68]Vgl. Berg in *Glaube, Hoffnung und Liebe. Schriften zur Musik*, S.232.

- Die Sätze I und III vermitteln zwischen den beiden Protagonisten (vgl. Satz I: Umfang 69 Takte, Tempo ♩ = 100; vgl. Satz III: Umfang 69 + 23 + 46 Takte, Tempo ♩ = 150).
- Satz II und V stehen ganz im Zeichen Hannas (vgl. Satz II: Umfang 150 Takte, Tempo ♪ = 100; vgl. Satz V: Tempo ♩. = 115, darin unablässiges Spiel mit Fünftaktgruppen).
- Die langsamen Sätze IV und VI dagegen sind vor allem auf den verzweifelt Liebenden fokussiert (vgl. Satz IV: Umfang 69 Takte, Tempo ♩ = 69; vgl. Satz VI: Umfang 46 Takte, Tempo ♩ = 69 im Wechsel mit ♩ = 46).
- Einzig die zusammengesetzte Struktur des *Presto delirando* mit seinem Umfang von 50 + 70 + 90 + 110 + 140 = 460 Takten vereint in hoher Potenz (20 × 23) die numerischen Symbole beider.

Bezüglich der heimlichen literarischen Inspiration durch das Sonett von Baudelaire/George eröffnet sich eine bedeutungsvolle Perspektive vor allem, wenn man die Beziehung der Musik auf den Text im Sinne einer musikalischen Ekphrasis deutet, wie Schönberg sie in seinem auf Richard Dehmels Gedicht *Verklärte Nacht* basierenden Streichsextett verwirklicht. Der Ablauf des Satzes lässt eine solche Interpretation durchaus zu:

- Wie das erste Quartett des Sonetts beginnt der fünfzehntaktige Hauptthemakomplex des *Largo desolato* mit einem Schrei aus der Tiefe, indem der durch vier Oktaven aufsteigende Beginn mit seiner merkwürdig gestauten Beschleunigung abrupt in die exzentrische Hauptthemakontur ausbricht. Dieser Schrei sinkt zunächst in die wie bleiern wirkenden Steg- und Griffbrett-Tremoli ab, erhebt sich jedoch bald ein zweites Mal, aus größerer Herzenstiefe und deutlich verstärkt.
- Der sechsmonatige Winter des zweiten Quartetts mit seinem Bild der in Dunkelheit und Kälte erstarrten Natur lässt sich erkennen in der aus Bogenholzstrichen und *non-vibrato*-Melodik erzeugten Farblosigkeit, die sich in beklemmender Beschleunigung ohne Thematik bedrohlich verdichtet, um in einem ultratiefen Ton und der jede metrische Ordnung ignorierenden synkopischen Verlangsamung eines übermäßigen Dreiklanges zu gipfeln.
- Die zentrale Spiegelung, deren gedankliche Voraussetzung – die Identität von vorwärts und rückwärts erlebter Entwicklung – der menschlichen Lebenserfahrung grundlegend fremd ist, kann als Äquivalent der im ersten Terzett evozierten “Schreckgeburt des Hirnes” gedeutet werden. Die wilden agogischen Verzerrungen der

folgenden *molto rubato*-Takte mit ihrem fünfmaligen *accel. . . . rit.* verbreiten tatsächlich kaltes Grausen, und der Klage über das "Chaos riesengroß" macht Berg in *fff*-Ausbrüchen Luft.

- Die folgenden, mit dem vierstimmigen Arpeggio kontrastierenden *flautando*-Linien deuten ein Eintauchen in "stumpfen Schlafes Schwindel" an. Besonders eindringlich ist der Schluss des Satzes, in dem sich das Gewebe der vier leisen Konturen zunehmend verdünnt, während der stete Achtelrhythmus ohne Ritardando in einem Terzenpendel der Bratsche endet. Dieses soll nach Bergs Anweisung gleichsam unterhalb unserer Hörschwelle bis in alle Ewigkeit weitertönen: eine musikalische Darstellung dessen, was das Gedicht im Bild vom "Abrollen der Zeitenspindel" andeutet.[69]

So ist die Aufführung des Satzes als Vokalkomposition keineswegs die einzige und vermutlich nicht einmal die angemessenste Art, dem Bezug zwischen Musik und lyrischer Aussage nachzuspüren.

Alban Bergs *Lyrische Suite* erweist sich als eine tonal und strukturell höchst anspruchsvolle Komposition, die dank der Melodik und Rhythmik ihrer thematischen Komponenten alle Nuancen des Emotionalen ausleuchtet. Dabei öffnet sich die Komposition einem Netz aus teils angedeuteten, teils sogar verborgenen beziehungsvollen Anspielungen. Die vielschichtige Semantik dieses Kammermusikwerkes hat in ihrer Differenziertheit und Tiefe kaum ihresgleichen.

[69]Dieser letzte Gedanke findet sich auch in Douglass M. Green, "Berg's De Profundis: The Finale of the *Lyric Suite*," in *International Alban Berg Society Newsletter* 5 (June 1977).

Der Wein
Konzertarie mit Orchester

Im Frühjahr 1929 erhielt Berg von der als Rose Schwartz geborenen, später unter ihrem tschechisierten Namen Růžena Herlinger berühmten Sopranistin den Kompositionsauftrag für "eine große Arie oder Kantate im modernen Stil".[1] Berg, zu dieser Zeit intensiv beschäftigt mit Wedekinds Doppeldrama *Lulu* und dessen Plädoyer für eine Sinnlichkeit, die sich von gesellschaftlichen Erwartungen frei weiß, entschied sich für Gedichte des französischen Melancholikers Charles Baudelaire. Aus dessen fünfteiligem Zyklus *Le Vin*, einem Teilabschnitt in der Sammlung *Les Fleurs du mal / Die Blumen des Bösen*, wählte er drei Gedichte, die er zweisprachig – zuerst in Stefan Georges ästhetisierender deutscher Übertragung, dann auch im französischen Original – vertonte.[2] Wie schon die Zweitfassung des Storm-Liedes "Schließe mir die Augen beide" und die *Lyrische Suite* versieht Berg auch dieses Werk mit einer doppelten Widmung: Neben der in der Partitur zu lesenden offiziellen Zueignung "Der ersten Interpretin Frau Růžena Herlinger in herzlicher Ergebenheit" steht eine geheime Widmung an die Geliebte Hanna Fuchs, die Muse dieser Jahre. So schrieb er an sie am 4. Dezember 1929:

> Und auch wenn ich – wie heuer im Sommer – den Wein besang: Wen anders geht es an als Dich, Hanna, wenn ich (im *Wein der Liebenden*) sagte: "Lass, Schwester, uns Brust an Brust fliehn ohne Rast und Stand in meiner Träume Land!" . . . und diese Worte im leisesten Zusammenklang von H- und F-Dur verklingen! – Was dann folgt, kann ja nur mehr das Lied sein vom *Wein des Einsamen*. Ja, der bin ich und bleib ich, aber auch als der: ganz und ewig Dein ...[3]

[1]Zitiert nach Klaus Schweizers Vorwort zur kritischen Ausgabe der von Universal Edition verlegten Orchesterpartitur.

[2]Die Abfolge der fünf Gedicht im dritten Teilabschnitt von Baudelaires Sammlung ist: "L'Âme du vin" / "Die Seele des Weines", "Le Vin des chiffonniers" / "Der Wein der Lumpensammler", "Le Vin de l'assassin" / "Der Wein des Mörders", "Le Vin du solitaire" / "Der Wein des Einsamen" und "Le Vin des amants" / "Der Wein der Liebenden".

[3]Constantin Floros, *Alban Berg und Hanna Fuchs: Briefe und Studien; Erstveröffentlichungen* (Wien: Österreichische Musikzeitschrift, 1995), S. 25.

Die Uraufführung der deutschsprachigen Fassung mit der Widmungsträgerin als Solistin unter der Leitung von Hermann Scherchen fand am 5. Juni 1930 in Königsberg im Rahmen des 60. Tonkünstlerfestes des Allgemeinen Deutschen Musikvereins statt. Das Orchester, etwas größer als in den *Altenbergliedern*, wird wie dort überwiegend kammermusikalisch eingesetzt, wobei die hellen Farben der gestimmten Schlaginstrumente Xylophon und Celesta hier durch die Rhythmen von Triangel, Tambourin und hohem Gong ersetzt sind, ergänzt um das Altsaxophon, das einige Zuhörer als in der Konzertmusik unangebracht empfanden.

Adorno erweist sich wie so oft als einer der unverblümtesten Kritiker. Sein Urteil umfasst nur wenige Sätze:

> Allegorischer Trübsinn und trivialer Leichtsinn; der mühsam beschworene Geist aus Flaschen und die dreist zudringliche Musikware des Tangos; der brütende Seelenlaut des Einsamen und die entfremdete Geselligkeit von Klavier und Saxophon aus Jazz oder Salonorchester – daraus bildet die Arie ein Rebus, so tödlicher Bedeutung voll wie nur in Sprache und Metapher Baudelaires. [...]
>
> Berg hat nicht nur Originaltext und Übertragung kombiniert, sondern die Musik als solche klingt wie aus dem Französischen übersetzt [...]. Freilich verläuft in Bergs Erkenntnissituation die Übersetzung in der Gegenrichtung der Neuromantiker. Haben diese das Banale der eigenen Sprache, des *style journaliste*, zu bannen getrachtet, indem sie es unterm Druck der fremden gefrieren ließen, so rettet Berg den banalen Schein der fremden, indem er ihn in die eigene konstrukltive Strenge übersetzt und mit Namen ruft.[4]

Für die deutsche Fassung redigierte Berg Stefan Georges eigenwillige Orthografie und Interpunktion gemäß den Standards seiner Zeit.[5] Dies geschah nicht zuletzt im Interesse leichterer Lesbarkeit für die Sängerin oder den Sänger.[6] Bei der Anpassung der Gesangskonturen an die französische Prosodie half ihm der mit ihm befreundete Dirigent Ernest Ansermet. Aus den fünf Gedichten in Baudelaires *Le Vin* wählte er, unter Auslassung der zwei Texte zu Randfiguren der Gesellschaft ("Der Wein des Mörders" und "Der Wein der Lumpensammler"), die Nummern I, IV und V.

[4]Adorno, *Berg. Der Meister ...*, S. 147 und 152.

[5]Der auf den folgenden Seiten wiedergegebenen deutsche Text folgt Bergs Adaptationen mit nur wenigen kleinen Anpassungen an die heutige Rechtschreibung.

[6]*Der Wein* wird bis heute ausschließlich von Frauenstimmen gesungen. Berg konnte sich jedoch ausdrücklich auch einen Tenor als Solisten vorstellen.

Die Zwölftonreihe, die Berg für diese Konzertarie entwirft, entspricht zwar Schönbergs Vorgaben, ist aber zugleich überraschend tonal. Für Willi Reichs Einführung in das Werk, die im Programm der Uraufführung abgedruckt wurde, erstellte Berg eine Skizze, in der er auf die Eigentümlichkeiten seiner Zwölftonfolge hinwies.[7] Erhellend ist darin vor allem die folgende, von ihm selbst dick umrandete Auflistung der wesentlichen Merkmale:

Der Wein: Bergs Erläuterung seiner Zwölftonreihe

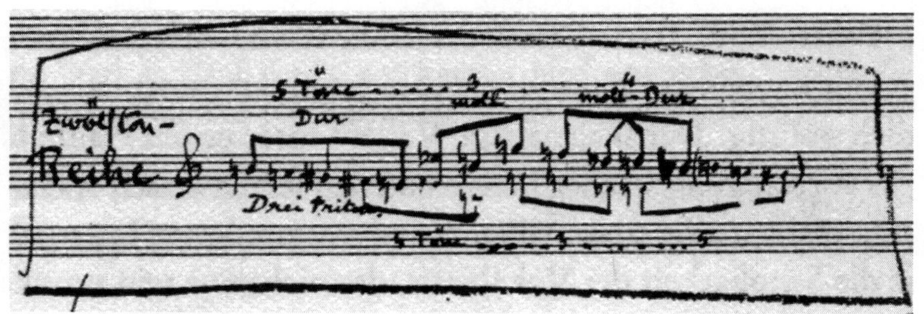

Die Skizze zeigt ober- und unterhalb der Notenzeile vier Textebenen. Die erste weist auf die Segmentierung der Reihe hin, die aus 5 + 3 + 4 Tönen zusammengesetzt ist: einem Skalenabschnitt, einem gebrochenen Dreiklang und einer sequenzierten Großterz. Die zweite Zeile lenkt den Blick auf tonale Bezüge: Wie die Balkung einer Auswahl der Notenköpfe erkennen lässt, sieht Berg Dreiklänge auch im fünftönigen Skalensegment ("Dur") und im viertönigen Endglied, das er als "[b-]moll-Dur" vorstellt. Die Notenzeile selbst zeigt, dass er eine kreisförmige Anlage der Reihe voraussetzt: Im Anschluss an die zwölf Töne *h-a-gis-fis-e-es-c-g-f-des-d-b* fährt er – in sehr dünne Klammern gesetzt – mit *h-a-gis* fort, d.h. mit den Tönen 1-2-3. Die kurze dritte Textzeile kündigt an, dass in seiner Reihe "drei Tritoni" versteckt sind, die er durch Abwärtsbalkung und teilweise Oktavverdopplung der relevanten Töne *fis–c*, *g–des* und *d-gis* markiert. Zuletzt macht er aufmerksam auf etwas, das den Zahlenspieler erheitert haben dürfte, aber für das Verständnis von Werk und Reihe unerheblich ist: Die drei Tritoni umklammern in der um ein Viertel verschobenen, also von *fis* bis *gis* gelesenen Ableitung der Reihe 4 + 3 + 5 Töne, was einer Krebsspiegelung der Reihensegmentierung entspricht.

[7] Abgedruckt in Reich, *op. cit.* (1985), S. 145.

Diese Reihe steht mit ihren Tonsymbolen erneut im Bannkreis von Bergs Liebesbeziehung: Die Anfangstöne vereinen *H*anna mit *A*lban, und das "moll-Dur"-Segment führt von *f* für Fuchs zu *b* für Berg. Während Berg diese Version seiner Zwölftonreihe als angebliche Urform nennt, komponiert er die Konzertarie tatsächlich, wie nicht nur Anfang und Ende, sondern zahlreiche weitere strukturell relevante Punkte zeigen, auf den Grundton *d* bezogen. Dafür verwendet er eine Ableitung seiner Reihe, die seine Vorliebe für Spiegelungen ins Visuelle ausdehnt:

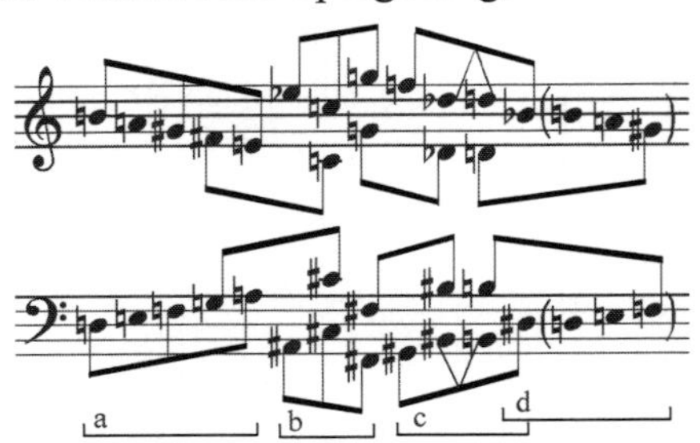

Der Wein: Die von Berg skizzierte und die tatsächlich verwendete Reihen-Grundform

Mit der Reihe auf *d* setzt nicht nur in T. 15 der Gesang ein; sie liegt auch der Ostinatofigur sowie den zwei prägnantesten der vorausgehenden Instrumentalkonturen zugrunde und wird im Folgenden mit dem Kürzel O_0 als untransponierte Originalform gekennzeichnet. Im Blick auf Bergs Analyse der "Eigentümlichkeiten" seiner Reihe[8] lässt sich festhalten:

Die Tonfolge umfasst vier Segmente:

- [a] einen tonalen Quintzug (O_0: Moll aufsteigend, U_0: Dur fallend),
- [b] eine bogenförmige Dreiklangsbrechung (O_0: Dur, U_0: Moll),
- [c] eine sequenzierte Großterz (Dreiklang mit Dur- und Mollterz),
- [d] ein aus der kreisförmigen Verschiebung gewonnenes Segment, das mit Ton 12-1-2-[3] einen drei- oder viertönigen chromatischen Cluster bildet.

Ein in Bergs Skizze nicht erwähntes, aber in der Komposition mehrfach verwendetes fünftes Segment umfasst die Tonpositionen 2-3-4-5-6. Es erzeugt in Grundform und Umkehrung jeweils den intervallsymmetrischen Quintzug Halb-/Ganz-/Ganz-/Halbton (O_0: *e-f-g-a-b*, U_0: *c-h-a-g-fis*) und soll im Folgenden mit [e] gekennzeichnet werden.

Die durch umrahmende übermäßige Quarten abgegrenzten Segmente, eine Vier-, eine Drei- und eine Fünftongruppe, ergänzen einander restlos zu einer Reihenableitung: der kreisförmigen Verschiebung um ein Viertel.

[8] Die Skizze, die Berg für Willi Reichs Werkeinführung erstellte, enthält den Vermerk: "Reich: event. Hinweis auf diese Eigentümlichkeiten!"

Neben ihrer Position in der vollständigen Zwölftonfolge in originaler, gespiegelter oder kreisförmiger Lesung setzt Berg die fünf oben genannten Segmente auch separat ein, und zwar sowohl linear als auch mehrstimmig auf zwei oder mehr Instrumente verteilt, als Klangfarbenmelodie sowie in ausschnittweise vertikalisierter Anordnung. Das "magische Quadrat" zeigt die in *Der Wein* verwendete Reihe in einer Notation, in der die Quintzüge, die (schwarz umrandeten) Dreiklangsbrechungen und die sequenzierten Großterzen unabhängig von Bergs jeweiligen enharmonischen Entscheidungen in tonal logischen Bezügen dargestellt sind:

Der Wein: Bergs Zwölftonreihe in ihren 48 Transformationen

	U_0	U_2	U_3	U_5	U_7	U_8	U_{11}	U_4	U_6	U_{10}	U_9	U_1
O_0	d	e	f	g	a	b	des	ges	as	c	ces	es
O_{10}	c	d	es	f	g	as	ces	fes	ges	b	heses	des
O_9	h	cis	d	e	fis	g	b	es	f	a	as	c
O_7	a	h	c	d	e	f	as	des	es	g	ges	b
O_5	g	a	b	c	d	es	ges	ces	des	f	fes	as
O_4	fis	gis	a	h	cis	d	f	b	c	e	es	g
O_1	dis	eis	fis	gis	ais	h	d	g	a	cis	c	e
O_8	ais	his	cis	dis	eis	fis	a	d	e	gis	g	h
O_6	gis	ais	h	cis	dis	e	g	c	d	fis	f	a
O_2	e	fis	g	a	h	c	es	as	b	d	des	f
O_3	eis	fisis	gis	ais	his	cis	e	a	h	dis	d	fis
O_{11}	cis	dis	e	fis	gis	a	c	f	g	h	b	d

In der folgenden Analyse und Beschreibung der Komposition werden nur einige prägnante Beispiele der Reihenverwendung erwähnt, um hinter der Zwölftontechnik nicht das Werk aus den Augen zu verlieren. Besonders gilt: Berg vertonte für die Singstimme zunächst Georges Nachdichtung und passte die melodischen Konturen erst nachträglich – vor allem rhythmisch – den französischen Versen an. Vor allem in Gedicht I und III, wo George Baudelaires 12-silbige Alexandriner in jambische Pentameter überträgt, ergeben sich Zusatztöne, die im Folgenden nicht einzeln erwähnt werden.

Die Gesamtstruktur des Werkes zeigt zwei Besonderheiten: Zwischen Lied I und III gibt es zahlreiche Korrespondenzen, während Lied II als Kontrast erklingt und ein umfangreiches Palindrom enthält. Schon Mosco Carner deutet diesen Bauplan überzeugend als ein weiteres Beispiel für Bergs in der *Lyrischen Suite* sowie in einzelnen Szenen der Opern *Wozzeck* und *Lulu* entwickelte Variante eines Sonatensatzes, in dem die traditionelle Durchführung durch eine eigenständige musikalische Gattung ersetzt ist. In *Der Wein* ertönen die 'Exposition' (Lied I) und die 'Reprise' (Lied III) überwiegend in langsamem Tempo, während Lied II als beschwingter Kontrast interpoliert ist. Der angestrebten musikalischen Form entspricht auf der Textebene, dass Berg die letzten zwei aus Baudelaires "Wein"-Zyklus gewählten Gedichte umstellt, so dass "Der Wein des Einsamen" als Erwiderung des Weintrinkers auf den Selbstdarstellungsmonolog des als beseeltes Geschöpf personifizierten und mythologisierten Weines erklingt.[9]

Das Orchester eröffnet das Werk mit einer Ostinatofigur, die tief und in ihren Einzelheiten kaum hörbar im Hintergrund murmelt. Sie umfasst sieben Achtelnoten mit den vier Tönen des chromatischen Viertonclusters aus Segment [d]: ||: 1-2-3-1-2-3-12 :|| = ||: *d-e-f-d-e-f-es* :||. In T. 1-7 ertönt sie achtmal im Klangfarbenspiel dreier Instrumente:

Der Wein, Einleitung: Die Ostinatofigur im komplementären Unisono

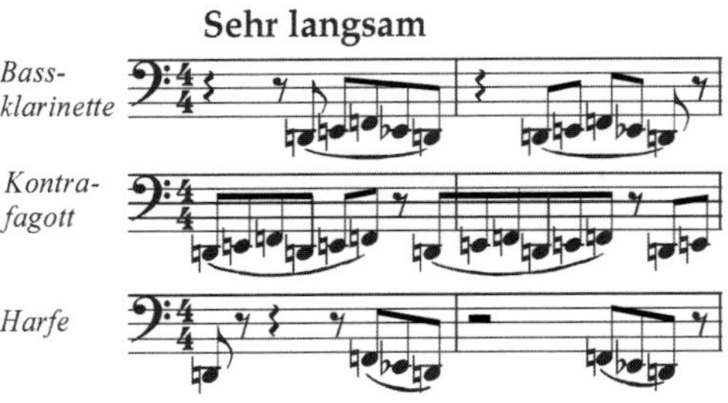

Das Dreitonsegment *d-e-f* am Beginn der Figur wird vertikal ergänzt
- in T. 1_1 mit Fagott 1 + 2: Ton 4/6, Bassklarinette: Ton 5, Saxophon: Ton 7,
- in T. 1_3 mit Fagott 1 + 2: Ton 8/9, Saxophon: Ton 10, und
- in T. 1_4 mit Fagott 1 + 2: Ton 11, Saxophon: Ton 12; ähnlich wiederholt.

Dem Ostinatoschluss *f-es-d* fügen 2. Geigen und Bratschen in T. 2 und 3-4 entsprechend die fehlenden Töne hinzu. Am Ende des Orchestervorspiels greift Berg die Ostinatofigur noch einmal in den tiefen Streichern in viertönig verkürzter Form auf; vgl. ||: 2-3-12-1 :|| = ||: *e-f-es-d* :|| in T. 13-15.

[9]Siehe dazu Carner, *op. cit.*, S. 109.

Linear ertönt die Reihe in ihrer Originalform erstmals in T. 8-10 im ruhigen Gang der tiefen Streicher sowie, beschleunigt imitiert, in 1. Flöte und 1. Geigen.[10] Dieser quasi 'offiziellen' melodischen Präsentation in der zweiten Einleitungshälfte gehen allerdings zwei Ableitungen voraus: In T. 3-4 spielt das Klavier die untransponierte Umkehrung U_0 kreisförmig verschoben (Segment [b] + [c] + [a]), gefolgt in T. 5-6 von der Harfe mit Ausschnitten aus U_8 und U_3, zwei Terztranspositionen der Umkehrung. Im Anschluss an die Originalreihe präsentiert Berg in der zweiten Hälfte der Einleitung zudem Einzelfiguren aus den Segmenten. So ertönt in T. 11-12 je zweimal die Dreiklangsbrechung aus Segment [b] und die Großterzsequenz aus Segment [c]. Diese Segmente ergänzen einander zu Ausschnitten aus den Quart- bzw. Quinttranspositionen von Reihe und Umkehrung, und zwar kreuzweise als [c] + [b] und [b] + [c] mit je einem Moll- und Durdreiklang:

vgl. KU_5 Ton 1-2-3-4 (1. Geigen) + Ton 5-6-7 (Harfe) und
O_7 Ton 6-7-8 (Harfe) + Ton 9-10-11-12 (Saxophon/2. Geigen).

Hintergrund und Umrahmung dieser kombinierten Teilreihen bildet, jeweils als Hauptstimme markiert, eine Folge aus non-dodekaphonen Komponenten, die Berg schon hier als gleichwertige Komponenten einzuführen scheint: in T. 10 ein Ganztonausschnitt der Oboen (*dis-cis-h-a-g*), in T. 11-13 eine unvollständige oktatonische Skala (*e-d-cis-h-b-as-g*) in der Flöte, die von der Trompete mit einer vollständigen oktatonischen Skala in einer anderen Transposition (*as-ges-f-es-d-c-h-a*) weitergeführt wird. Den Abschluss bildet in T. 14 eine kurze zweistimmig homophone Reihenableitung in Form einer Quartenparallele zweier Klarinetten: *es-des-c* über *b-as-g* = U_1 Ton 1-2-3 über 4-5-6.

So führt Berg im Orchestervorspiel der Konzertarie insgesamt sieben thematische Komponenten ein:

(1) mehrere lineare Präsentationen der gewählten Zwölftonreihe,
(2) eine Ostinatofigur aus Segment [d],
(3) Dreiklangsfiguren aus Segment [b],
(4) Großterzsequenzen aus Segment [c],
(5) eine Quartenparallele aus dem ersten und zweiten Reihenviertel,
(6) eine (unvollständige) Ganztonskala und
(7) zwei Manifestationen der oktatonischen Skala.

[10] Schon hier sei auf die Entsprechung der die 'Sonatensatzform' der Arie umrahmenden Orchestersegmente hingewiesen: *Der Wein* endet mit der linearen Originalform der Reihe in ähnlicher Instrumentierung; vgl. dort Fagotte/Tuba/tiefe Streicher T. 209-211, beschleunigt imitiert von Klarinetten/1. Geigen. Die Wiederaufnahme schließt das Harfenglissando, die Quartenparallele und die Dreiklangsfiguren aus Segment [b] ein, wenn auch in teils leicht abgewandelter Anordnung.

Überhaupt spielt die Zahl 7 im Werk eine strukturell entscheidende Rolle. Bergs Neigung zu numerologischen Spielen ist gut dokumentiert, doch beschränken sich diese meist auf immer dieselben, autobiografisch begründeten und in seinen Schriften zweifelsfrei belegten Zahlen. In *Der Wein* überrascht ein Fokus auf die "heilige" Zahl 7, die Berg im *Wozzeck* – ironisch in Szene I/4 mit dem sich gottgleich dünkenden Doktor, respektvoll in der Bibelszene III/1 – in musikalische Parameter übertragen hatte.[11] In Baudelaires Gedichten über den Wein ist nun nicht nur Dionysos der allgegenwärtige Gott; auch der Mensch wird durch den Wein gottähnlich. Zudem ergibt die Textvorlage einen mehrfachen Bezug zur Zahl 7, denn wie alle Sonette umfassen die Gedichte II und III mit ihren zwei Quartetten gefolgt von zwei Terzetten jeweils 14 Verse, und zusammen mit den sechs Strophen des ersten Gedichtes vertont Berg in der Konzertarie 6 + 4 + 4 = insgesamt 14 Strophen. In der Musik zeigt sich die Zahl 7 auf allen Ebenen:

- Die 7 Achtel umfassende Ostinatofigur bestimmt mit ihrem achtfachen, ametrisch wiederholten Erklingen die ersten 7 Takte der 14-taktigen Einleitung.
- Die ersten 14 Takte des Gesangsparts vertonen die ersten 7 Verse des ersten Gedichtes.
- Zwischen den zwei Hälften des ersten Gedichtes wird der Gesang durch ein 7-taktiges Orchesterzwischenspiel unterbrochen.
- Zwar umgeht Berg in der als durchkomponiertes Werk angelegten Konzertarie dezidierte Liedabschlüsse, doch deutet T. 85 mit dem Beginn eines Accelerando und dem Wechsel zum 6/4-Takt die Überleitung zu Lied II an. Das erste Lied endet somit in T. 84, nach 2 x 7 = 14 Takten Einleitung und 10 x 7 = 70 Takten Gedichtvertonung.
- Die Vertonung des zweiten Gedichtes zeigt eine Unterteilung in drei Abschnitte von je 4 x 7 Takten. Die ersten 28 Takte umfassen die oben erwähnte instrumentale Überleitung, die beiden Quartette des Sonetts "Der Wein der Liebenden" sowie deren Ausklang. Die Vertonung der zweiten Gedichthälfte in den folgenden 28 Takten wird – nach einem Einzeltakt als "Zentrum" (des Palindroms, *nicht* des Liedes) – im 28-taktigen Nachspiel horizontal gespiegelt.
- In Lied III vertont Berg Strophe I samt Ostinatoeinleitung in 7 und Strophe III/IV in 14 Takten vor einem Nachspiel aus 7 Takten.

(Diese Aufstellung ließe sich auf der Detailebene ergänzen.)

[11] In *Wozzeck* I/4 ist das Passacagliathema 7-taktig gefolgt von 21 Variationen. 14 Variationen sind gleichfalls je 7-taktig, eine umfasst 14 Takte und 3 weitere jeweils einen 7/4-Takt.

Zuletzt ein Wort zur Textgrundlage für diese Arie, die auf Bergs Wunsch zurückgeht. Charles Baudelaire (1821-1867) gilt als Begründer der modernen europäischen Lyrik, als ein Dichter, der die Geworfenheit des Menschen in der Moderne abwechselnd betrauert und verflucht. Sein Hauptwerk, der Gedichtzyklus *Les Fleurs du Mal* (*Die Blumen des Bösen*[12]) handelt vom Großstadtmenschen und seinem Gefühl der Entfremdung – einem Gefühl, das Berg teilte. Da er für sein Unbehagen oft brutale Bilder wählt, führte die Erstausgabe von *Les Fleurs du mal* im Jahr 1857 zu einem Gerichtsprozess wegen Verletzung der öffentlichen Moral – ein Vorwurf, der auch die Protagonisten in Bergs zwei Opern traf.

Baudelaire fasst seine Gedichte in einzeln betitelten Abteilungen ganz unterschiedlichen Umfangs zusammen. Grundthemen wie die Desillusion des Großstadtmenschen, sein Überdruss am Dasein und seine Verzweiflung und Mutlosigkeit greift er in allen sechs Abteilungen immer wieder auf. Einen Ausweg aus dieser Gefühlslage bietet ihm der Rausch, dem er die fünfteilige Gruppe "Le Vin" widmet. In *Le Spleen de Paris*, einer separaten Sammlung mit 50 Prosagedichten, die in Baudelaires letzten Lebensjahren entstand, 1902 in deutscher Übersetzung als *Gedichte in Prosa* erschien und von Berg sehr geschätzt wurde, findet sich ein Text, der diese Haltung auf den Punkt bringt: "Enivrez-vous !" ("Berauscht euch!")

> Man muss immer trunken sein. Darum geht es: das ist das einzige Geheimnis. Um die Last der Zeit nicht zu fühlen, die eure Schultern zerbricht und euch zu Boden drückt, müßt ihr euch ohne Unterlass berauschen. / Womit aber? Mit Wein, mit Poesie oder Tugend, nach eurem Belieben. Aber berauscht euch. / Und wenn ihr manchmal erwacht, ob auf den Stufen eines Schlosses, im grünen Gras eines Straßengrabens, oder in der trüben Verlassenheit eurer Kammer, und der Rausch ist schon halb oder ganz verflogen, so fragt den Wind, die Welle, den Stern, den Vogel, die Uhr, alles, was flieht, alles, was seufzt, alles, was rollt, alles, was singt, was spricht, fragt, welche Stunde es sei; und der Wind, die Welle, der Stern, der Vogel, die Uhr werden euch antworten: Es ist die Stunde des Rausches! Um nicht die geschundenen Sklaven der Zeit zu sein, berauscht euch; berauscht euch ohne Unterlass! An Wein, an Poesie, an Tugend, nach eurem Belieben."[13]

[12]Berg bezieht sich auf die folgende Ausgabe: Stefan George, *Baudelaire. Gesamtausgabe der Werke*, Band 13/14 [*Die Blumen des Bösen*: Umdichtungen] (Berlin: Bondi, 1930).

[13]Zitiert nach Friedhelm Kemp, Hrsg., *Charles Baudelaire: Sämtliche Werke* 8 (München: Heimeran, 1985), S. 250-251. Berg schrieb seiner späteren Frau bereits im August 1910 begeistert von diesen Prosagedichten Baudelaires.

I – Die Seele des Weines / L'Âme du vin

Im ersten, aus sechs Strophen mit je vier Versen bestehenden Gedicht "Die Seele des Weines" spricht der Wein selbst. Gefangen in Flaschen (Baudelaire) bzw. im Fass (George) singt er von dem, was er ist, was er bietet, was er zu leisten vermag. Er erkennt an, dass sein Anbau Mühe und harte Arbeit verlangt; umgekehrt hält er sich zugute, ein demokratisches, allen Menschen ohne Ansehen der sozialen Schicht zugängliches Stimulans zu sein. Mit seiner Hilfe könne ein an der Welt Verzweifelnder "in seinem Inneren eine Art Gottheit" schaffen und das in ihm verborgene Poetische enthüllen.

Seinem eigenen Selbstverständnis zufolge ist der Wein ein Segen, denn der Mensch ist ein "Enterbter" (Baudelaire) oder "Ausgestoßener" (George), da er seiner wahren Bestimmung entfremdet lebt. Dank des Weines gewinnen Mann, Frau und Sohn neuen Lebensgeist und eine Kraft, die sie das Leben besser ertragen lässt.

Des Weines Geist begann im Fass zu singen:
"Mensch, teurer Ausgestoßener, dir soll
Durch meinen engen Kerker durch erklingen
Ein Lied von Licht und Bruderliebe voll!

Ich weiß: am sengend heißen Bergeshange
Bei Schweiß und Mühe nur gedeih' ich recht,
Da meine Seele ich nur so empfange;
Doch bin ich niemals undankbar und schlecht.

Und dies bereitet mir die größte Labe:
Wenn eines Arbeitmatten Mund mich hält;
Sein heißer Schlund wird mir zum kühlen Grabe,
Das mehr als kalte Keller mir gefällt.

Hörst du den Sonntagssang aus frohem Schwarme?
Nun kehrt die Hoffnung prickelnd in mich ein:
Du stülpst die Ärmel, stützest beide Arme,
Du wirst mich preisen und zufrieden sein.

Ich mache deines Weibes Augen heiter,
Und deinem Sohne leih' ich frische Kraft;
Ich bin für diesen zarten Lebensstreiter
Das Öl, das Fechtern die Gewandtheit schafft.

Und du erhältst von diesem Pflanzenseime,
Den Gott, der ewige Sämann, niedergießt,
Damit in deiner Brust die Dichtkunst keime,
Die wie ein seltner Baum zum Himmel sprießt."

Am Sonntagmorgen dringt der Gesang der braven Bürger aus der Kirche bis in die Kneipe, wo Menschen, die sich solcher gesellschaftlichen Angepasstheit verweigern, im Vorgefühl des Rausches eine alternative Spiritualität erfahren. Ist es doch Gott, "der ewige Sämann", der den Wein niedergießt. Der Rausch ersetzt Rationalität durch Gefühl, öffnet den Weintrinker für göttliche Eingebungen und erhebt dessen Kreativität auf ungeahnte Höhen. Schon in der Antike galt ja der Wein als Inspiration für den Dichter. Dionysos, in der griechischen Mythologie der Gott des Weines und der Ekstase, wurde zugleich als Gott der Freude und der biologischen wie geistigen Fruchtbarkeit verehrt. In diesem Sinn, so versichert der Wein in seinem Monolog, sei er die Seele alles dessen, was das Leben wertvoll macht: Er schenkt ein besseres Leben und ermöglicht dem schöpferisch Tätigen Höchstleistungen, die "zum Himmel sprießen".

Hier ist Baudelaires ursprünglicher Text. (In seiner Vertonung ändert Berg die Wortstellung in der auf die Einführung des Erzählers folgenden Anrede zu "Homme, cher déshérité, vers toi je pousse"; siehe *.)

Un soir, l'âme du vin chantait dans les bouteilles:
«Homme, vers toi je pousse, ô cher déshérité,*
Sous ma prison de verre et mes cires vermeilles,
Un chant plein de lumière et de fraternité!

Je sais combien il faut, sur la colline en flamme,
De peine, de sueur et de soleil cuisant
Pour engendrer ma vie et pour me donner l'âme;
Mais je ne serai point ingrat ni malfaisant,

Car j'éprouve une joie immense quand je tombe
Dans le gosier d'un homme usé par ses travaux,
Et sa chaude poitrine est une douce tombe
Où je me plais bien mieux que dans mes froids caveaux.

Entends-tu retentir les refrains des dimanches
Et l'espoir qui gazouille en mon sein palpitant?
Les coudes sur la table et retroussant tes manches,
Tu me glorifieras et tu seras content;

J'allumerai les yeux de ta femme ravie;
À ton fils je rendrai sa force et ses couleurs
Et serai pour ce frêle athlète de la vie
L'huile qui raffermit les muscles des lutteurs.

En toi je tomberai, végétale ambroisie,
Grain précieux jeté par l'éternel Semeur,
Pour que de notre amour naisse la poésie
Qui jaillira vers Dieu comme une rare fleur!»

Nach dem Abschluss der die Arie als Ganze eröffnenden 14-taktigen Orchestereinleitung mit einem sehr tonal wirkenden D-Dur-Septakkord setzt zu Beginn von T. 15 die Singstimme ein. Den ersten Vers, in dem der erzählende Dichter den langen Monolog des Weines einleitet, vertont Berg als eine Art Vorspann zur folgenden wörtlichen Rede: Im Gesang erklingt der von *d* aufsteigende Moll-Quintzug (Segment [a] aus O_0), im Kontrabass der von *d* fallende G-Dur-Quintzug (Segment [a] aus U_0), während ein dreistimmiger Satz aus Horn, 2. Geigen und Bratschen die Töne der Segmente [b] und [c] aus der Halbtontransposition O_{11} beisteuert. Erst nach diesem Vorspann erreicht die Musik das "Hauptzeitmaß", das Berg in einer Fußnote betont vom "viel langsameren Anfangstempo" unterschieden anzusetzen bittet.

In diesem neuen Tempo vervollständigt die Singstimme die vokale Erstpräsentation der originalen Reihe mit den Segmenten [b] + [c] zur emotionalen Anrede "Mensch, teurer Ausgestoßener". Dabei untermalen die 1. Geigen den Adressaten des Weines mit einer (als Hauptstimme gekennzeichneten) Dreitonfigur, die dem gebrochenen Ges-Dur-Dreiklang des Gesanges eine in dieser Tonfolge nicht aus der Reihe ableitbare Brechung des (zu *ges* dominantischen) Des-Dur-Dreiklanges unterlegt. Da diese Figur bereits unmittelbar danach in Klarinette und Fagott sowie auch später an hervorgehobenen Stellen der Arie wiederkehrt, bietet es sich an, sie als musikalische 'Signatur' des im Monolog des Weines Angeredeten zu deuten:

Der Wein I: Gesangseinsatz mit Kontrapunkt und Signatur-Motiv

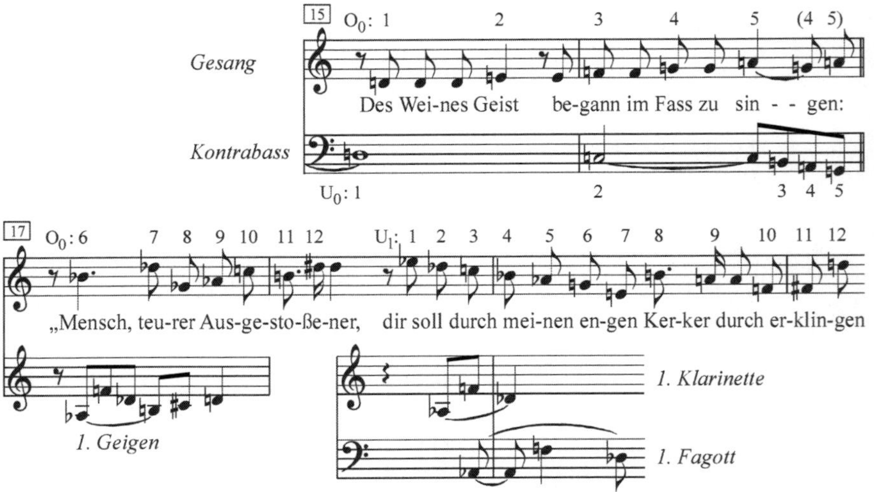

Ganz ähnlich diesem Beginn der Strophe I bildet Berg zu Beginn der Strophe VI in T. 72-75 die Kontur des Gesanges aus dem 'Signatur'-Motiv ergänzt um O_0 [b] + [c] und gefolgt von U_1, wobei er diese beiden Reihenausschnitte mit zwei Imitationen des Signatur-Motivs in den Streichern und einer Posaune kontrapunktiert.[14] Im letzten Verspaar des ersten Gedichtes stellt Berg dann noch einmal Original und Umkehrung kontrapunktisch gegenüber. Dabei vereint der Gesang die unvollständigen Zitate der beiden Grundrichtungen: Vers VI/3 wird zu O_6 Ton 1-11 gesungen und, ebenfalls ohne den Schlusston, vom 1. Horn imitiert; Vers VI/4 verwendet mit U_{11} Ton 1-9 nur ¾ der Reihenableitung, in der Verdopplung der Oboe sogar nur die Hälfte. Erst mit der Wiederholung der nun wieder untransponierten Umkehrung erreicht eine Zwölftonfolge ihren Zielton (vgl. die zwei Flöten T. 77-79: U_0, fortgesetzt von Bratschen/2.Geigen in T. 79-81).

Mehrmals nutzt Berg die Dreiklangsgrundlage der Reihe für bitonale Kontrapunktik. Besonders eindrucksvoll geschieht dies in T. 60, im freien Kanon der Reihenbruchstücke am Ende der vierten Gedichtstrophe, wo sich der Wein mit U_0 [Ton 1-7]) seiner Wirkung auf alle Trinkenden rühmt, was eine fünffach gestaffelte Engführung zu bestätigen scheint.[15] Dabei entstehen ineinander übergehende tonale Felder in G-, Des- und F-Dur.

Das Komponieren nach Schönbergs Zwölftonmethode hindert Berg jedoch nicht daran, emotional expressive und lautmalerische Effekte zu erzeugen. So kann schon die zweite Hälfte der Orchestereinleitung, in der alle Stimmen allmählich aus dem tiefen Gemurmel des ersten Siebentakters aufsteigen, um nach dreieinhalb Takten eines crescendierenden Aufstiegs wieder in tiefere Regionen abzusteigen, als die in Vers 1 beschriebene Gärung des eingeschlossenen Weines gehört werden. Wie zur Bestätigung steigt der Gesangspart ebenfalls im Verlauf von dreieinhalb Takten zur Anrede des "Ausgestoßenen" aufwärts und fällt dann vorerst wieder.

Deutlich abweichend von den Konturen in der Eröffnungsstrophe führt Berg den Gesang in Vers 1 und 4 der Strophe II, in denen der Wein die mit dem Anbau der Reben verbundenen Mühen der Winzer anzuerkennen und durch großmütige Gaben an alle zu belohnen behauptet: Hier kreist die Singstimme jeweils ausführlich im chromatischen Raum, eine Linienführung, die leicht scheinheilig wirkt und im Orchester von allerlei Tritoni begleitet wird. Die Begründung des Weines, für das Gedeihen seiner

[14]Vgl. 2. Geigen + Celli T. 73-74 mit 1. Geigen T. 17: *as-f-des-h-cis-d*, 1. Horn T. 75 mit 1. Klarinette imitiert 1. Fagott T. 18-19: *as-f-des-e*. Auch die Nebenstimmen beteiligen sich zum Teil an dieser ersten Reprise des Liedanfanges.

[15]1. Geigen: U_6 Ton 1-7, Trompete: U_{10} 1-9, Saxophon: U_0 1-8, Posaune: aus U_6, sehr frei.

Reben sei der Berghang unvermeidlich, da er nur dort seine Seele empfängt, untermalen Harfe und Klavier mit gegenläufig rauschenden Arpeggien, die wie zur Darstellung dieser "Beseelung" mit zusammenlaufenden Glissandi der Geigen und Celli enden. Wenn in Strophe III der dankbar gestillte Durst eines Arbeiters mit dem Bild von dessen "heißem Schlund", dem Wein "zum kühlen Grabe" zu werden verspricht, vollführen Gesang und Streicher Intervallsprünge, die die Exzentrizität dieser Selbstrechtfertigung beleuchten. Gleichzeitig antizipieren die Hörner in T. 31-32 und 38 mit ametrisch platzierten Dreifachseufzern den charakteristischen Rhythmus des Tango, mit dem die Musik auf die Aussage des Weines reagiert, diese Art Grab gefalle ihm weit besser als die kalten Keller seiner Lagerstätten.

Der Tango beginnt als siebentaktiges Zwischenspiel, das die tiefen Holzbläser und die "à la Banjo" arpeggierenden Geigen und Bratschen mit einem aus E- und F-Dur zusammengesetzten Akkord alternierend mit typischen Tangofiguren im Klavier und den Fagotten eröffnen. Sie werden ergänzt von Solomotiven in Trompete und Saxophon, die dem ametrischen Dialog der Nebenstimmen[16] erkennbare Melodik entgegenstellen:

Der Wein I: Tango-Thematik

Quasi a tempo pesante
= Tempo di Tango

39

Klavier
(sehr rhythmisch)

*Klarinetten/Fagotte + 2. Geigen/Bratschen "sempre pizz. à la Banjo"**
(staccato) *(*in der bei Zupfinstrumenten üblichen Haltung)*

41

Altsaxophon
(führend)

Trompete in F
(m.D., womöglich
Jazz-Dämpfer)

[16]Die Soli werden begleitet von zu einander asynchronen Rhythmen: vgl. im Klavier 5/16 als ||: ♬ ♪ :||, in den Fagotten und den Geigen/Bratschen 3/8 als ||: ♪ 𝄾 ♪ :|| bzw. ||: ♬ ♩ 𝄾 :||.

Strophe IV beginnt damit, dem Adressaten seines Monologs die Vorzüge des sonntäglichen Frühschoppens als Alternative zum Kirchgang vor Augen zu führen. Die Singstimme übernimmt die Tango-Stimmung, indem sie die fallenden Sexten des Saxophons eine Quint höher imitiert und dann zur zweiten Hälfte einer Zwölftonableitung erweitert, während im Hintergrund die polymetrischen Rhythmen weitertönen. Den Moment, da prickelnd die Hoffnung aufsteigt, beschreibt der Gesang reihenkonform mit einer von der (Jazz)-Trompete verdoppelten und ergänzten Kontur, die mit ihrem zum verminderten Oktavsprung aufgebäumten Halbtonschritt recht übermütig wirkt, während das Klavier mit einer Passage brillanter Arpeggien neuerlich auf die fallenden Sexten des Tangos zusteuert.[17] Die Vorfreude des sonntäglichen Weintrinkers auf seinem pietätlosen Genuss wird bekräftigt durch ein Geklingel in Glockenspiel und Triangel. Während er noch dem ersten Tropfen und der erhofften Beschwingtheit entgegenfiebert, gehen die weiterhin dominierenden Sexten in Glissandi über: Aufschießend in der Posaune, fallend in der Solovioline verstärken sie einander zum großen Crescendo-Accelerando. Dieses gipfelt, nach einem überraschend konsonanten B-Dur-Nonakkord und neuerlichem Banjo-Strumming der Streicher, im grandiosen Selbstlob des Weines, dessen Zuversicht die Musik durch den oben schon genannten anspruchsvollen Engführungskanon bekräftigt.

Ein fallendes Dezimenglissando der Solovioline leitet über zum Prahlen des Weines in Strophe V, er werde auch Weib und Kind beflügeln. Dies scheint jedoch weder den Adressaten noch den Komponisten zu überzeugen: Keine Stimme findet zu einer Kantilene zurück. Stattdessen steigt der Gesang in Dreiklangsbrechungen, die alle Zwölftontechnik negieren. Auch die vier Tonfolgen, die in der polyphon verdichteten zweiten Hälfte der Strophe Reihenableitungen initiieren, führen diese nicht zu Ende, sondern werden bald tonal nivelliert zu diatonischen Skalen. Zuletzt gehen sie, mächtig crescendierend, mit Segment [e] in die letzte Liedstrophe über.

Hier ertönt zum "Und du", der erneuerten Anrede in Gestalt des Signaturmotivs, als zweiter Höhepunkt des Liedes ein Es-Dur-Nonakkord im *ff*. Bläser und Streicher kommentieren mit alterierten Quintzügen das Versprechen, die Dichtkunst werde unter dem Einfluss des Weines zum Himmel sprießen. Der Gesangspart endet mit dem (in U_{11} 1-9 erreichten) Sekundfall *a–g*, in dessen Verlängerung nacheinander alle Instrumente einfallen. Dieses *a–g* bildet als Tonpendel den Übergang zu Lied II.

[17]Vgl. Gesang T. 47-50: *h-d, h-d-es-f-g-as-b* = KU_8 Ton 6-12, gefolgt von U_9 in Trompete (Ton 1-2) und Gesang mit Trompete (Ton 3-12).

II – Der Wein der Liebenden / Le Vin des amants

Im zweiten Gedicht, das wie das dritte als Sonett gebaut ist,[18] spricht der Dichter als Mitmensch. Zwar wird diejenige, der die im Titel erwähnte Liebe gilt, nicht plastisch – im Gegenteil: wer romantische Liebe erwartet, wird durch die Anrede "Schwester" eher ernüchtert. Doch geht es dem Dichter um gemeinsames Erleben unter dem Einfluss des selig vereinenden Weines. Dieser verhilft den einander Zugeneigten dazu, im Tempo eines raschen Rittes in eine andere Welt hinüberzugleiten: den Feenhimmel, das Paradies der Träume. Denn Menschen, deren Fähigkeiten durch gesellschaftliche Zwänge beschnitten werden, sind wie Engel, die dauerhaft im Fieberschauer leiden. Dank des Weines erleben sie nun eine "prächtige Weite", die es ihnen ermöglicht, durch den klarblauen Morgenhimmel in die "ferne Fata Morgana" (Baudelaire) oder das "leuchtende All" (George) des Rausches zu entfliehen. Der Ritt ohne Stränge, Sporen oder Zügel erfolgt auf den Flügeln des Windes. Das Bild suggeriert nicht nur die Geschwindigkeit, mit der das ersehnte Gefilde erreicht wird, sondern vor allem Freiheit von Erdenschwere für Mensch und Gefährt.

Prächtig ist heute die Weite,
(Stränge und Sporen beiseite!)
Reiten wir auf dem Wein
In den Fee[e]nhimmel hinein!

Engel für ewige Dauer
Leidend im Fieberschauer,
Durch des Morgens blauen Krystall
Fort in das leuchtende All!

Wir lehnen uns weich auf den Flügel
Des Windes der eilt ohne Zügel.
Beide voll gleicher Lust

Lass Schwester uns Brust an Brust
Fliehn ohne Rast und Stand
In meiner Träume Land!

Aujourd'hui l'espace est splendide!*
Sans mors, sans éperons, sans bride,
Partons à cheval sur le vin
Pour un ciel féerique et divin!

Comme deux anges que torture
Une implacable calenture
Dans le bleu cristal du matin
Suivons le mirage lointain!

Mollement balancés sur l'aile
Du tourbillon intelligent,
Dans un délire parallèle

Ma soeur, côte à côte nageant,
Nous fuirons sans repos ni trêves
Vers le paradis de mes rêves!

[18] Georges Reimschema (a a b b | c c d d | e e f | f g g) weicht im zweiten Terzett dieses Sonetts von dem Baudelaires (a a b b | c c d d | e f e | f g g) ab. Berg strukturiert seine Vertonung, Georges Satzbau entsprechend, in 4 + 4 + 2 + 4 Verse.

* In Vers 1 ändert Berg die Wortstellung zu "L'espace aujourd'hui est splendide".

Der kontrastierende zentrale Abschnitt der Konzertarie beginnt mit einer dreitaktigen Einleitung. Unter der Führung der Bläser, die über tremolierenden Streichern das abschließenden Tonpendel *a-g* des vorausgehenden Liedes rhythmisiert verlängern, beschleunigt sich die Musik auf fast das Dreifache. Die Gedichtvertonung selbst besteht aus einer Romanze im halbtaktig schwingenden 6/4-Metrum für die erste Hälfte des Sonetts und einem Walzer im 3/4-Takt für die zweite Hälfte. In Strophe I präsentiert die Singstimme den Text in Gestalt zweier verwandter zwölftöniger Konturen, O_4 und O_7.[19] Jeder Reihenableitung schickt Berg deren Ton 9 voraus. Den so entstehenden fallenden Tritonus kleidet er ins Gewand einer markanten Punktierungsfigur, die bald im ganzen Orchester imitiert wird. Diese Figur kann als Emblem für den "Ritt auf den Flügeln des Weines", also das selige Gefühl euphorischer Trunkenheit, gedeutet werden.[20] Hier soll sie kurz "Pegasus"-Figur genannt werden.

Der Wein II: Strophe I in Zwölftonfolgen mit "Pegasus"-Beginn

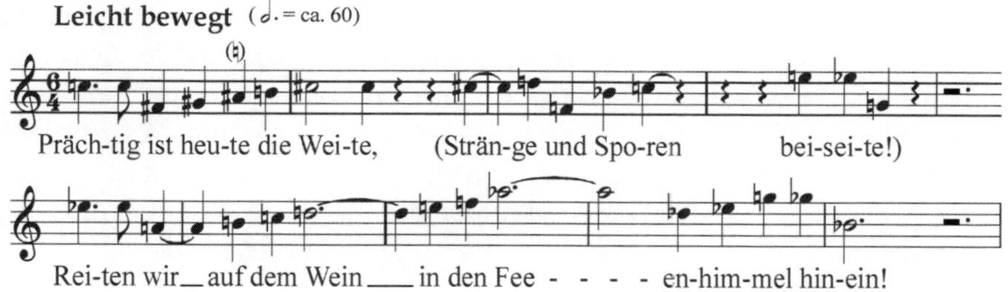

In Strophe II schwebt der Gesang zunächst in hemiolischen Halbenoten, während die Streicher aus den Punktierungsfiguren, die inzwischen auch in größeren Intervallen gefallen und gestiegen sind, wellenartige Dreiklangsbrechungen kristallisieren. Sie untermalen in vielfacher Staffelung die Aussage, die Menschen litten wie auf die Erde verbannte Engel, bis die Flügel des Weines sie in den Feenhimmel tragen. In der zweiten Strophenhälfte bildet der Gesang alternierend mit einzelnen Bläsern und Streichern gestaffelte Aufwärtsbewegungen durch entsprechende Reihenausschnitte.

19 In der ersten dieser ansonsten regelkonformen Reihenableitungen müsste zu "[heu-]te" ein *a* statt des in der Partitur gedruckten *ais* stehen. In der zweiten Gesangszeile enthält der aufsteigende Quintzug dagegen die in Bergs Reihe vorgegebene Mollterz.

20 "Pegasus"-Figur punktiert mit fallendem Tritonus: T. 89-90: Pauke (2x), T. 92: Klavier, T. 96-99: Glockenspiel (2x + 1x in Umkehrung), T. 100-101: Saxophon, T. 102: Harfe, T. 102: Klarinette, T. 104: Flöte. Punktierungsfigur mit anderer Intervallik: T. 89 + 90-91: hohe Streicher, T. 90-91: Tambourin, T. 93-94: hohe Holzbläser, T. 94-95: Klavier/Triangel.

Mit ihnen und den im Hintergrund meist steigenden Dreiklangsbrechungen entschwindet die Musik, bereits leicht beschleunigend, in die Höhen des "leuchtenden Alls". Im kurzen Nachspiel der ersten Gedichthälfte verlängern die Streicher, unter crescendierenden Beckenwirbeln stark accelerierend, den Aufstieg in höchste Höhen mit verschiedenen, im Unisono aus *arco* und *pizzicato* ausgeführten Transpositionsabschnitten.

Dann wechselt das Metrum. Im Orchester werden die schwingenden Halbtakte der Romanze zu den Vierteln eines Walzertaktes. Vor einem Hintergrund aus Läufen in Achteltriolen erinnern fallende Sexten in Flöten und Geigen an die Tangostimmung im vorausgehenden Lied.

Auch die Singstimme bewegt sich in einem Walzertakt, wenn auch in einer vom Orchester abgehobenen Welt. Berg notiert ihren Rhythmus im Interesse des Zusammenspiels im 9/8-Takt synchron zu den Triolen der Läufe in der Hintergrundschicht, in gleichmäßigen aber ametrischen 4/8-Werten, die erst nach vier Takten wieder mit der Orchesterphrase zusammenfallen. So schwebt der Gesang in den zwei Versen, die im Bild des Reitens auf einem geflügelten Windross bleiben, auf einer höheren Ebene als der konventionelle Walzer der instrumentalen Partner. Dem Hörer bietet sich ein zweiter, gesungener Walzer, der quasi "in den (Feen-)Himmel gehoben" ist. Will man dies in der Notation abbilden, so verlangt es unterschiedliche Taktgrößen:

Der Wein II: Polyrhythmus

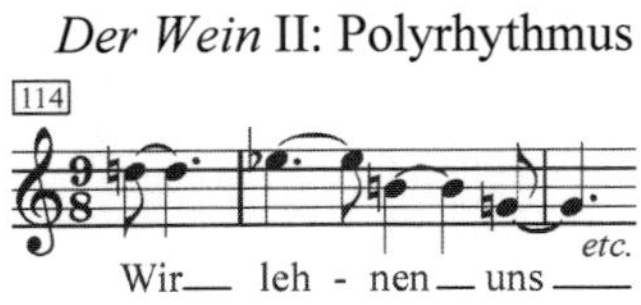

Der Wein II: Die Liebenden auf dem Flug zum Feenhimmel

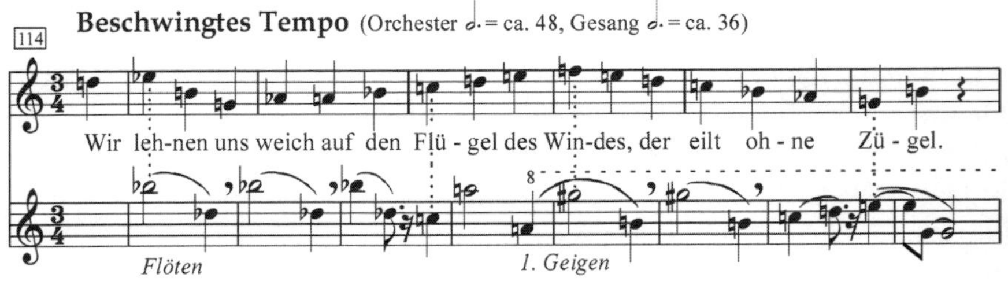

Die Phrase des gesungenen Walzers ist als Palindrom entworfen, mit dem Spiegelzentrum auf dem hohen *f*. Die zur Vervollständigung am Ende fehlenden Töne *es-d* trägt in T. 122 die Trompete bei, die den Gesang bereits vorher, teils umspielend, gestützt hat. Auch tonal ist die Kantilene überraschend: Mit ihrer Verschränkung aus übermäßigem Dreiklang, Halb- und Ganztonzug stellt sie sich nicht nur einer Ableitung aus Bergs Reihe, sondern auch jeglicher anderen Ordnung entgegen.

Die verbleibenden vier Verse, die Berg gemäß Georges Syntax zu einer neuerlichen Quartettstrophe gestaltet, setzen mit vielfachen Zitaten des Pegasus-Motivs ein. Allen gemeinsam ist hier der fallende Tritonus; im Rhythmus stellt Berg die ursprüngliche Punktierung neben synkopisch einsetzende Varianten.[21] Derweil folgen sowohl der Gesang als auch die Flötenstimmen unvollständigen Reihenableitungen. In der Partitur markiert Berg die Gliederung der Musik in Teilphrasen wachsenden Umfanges: "dreitaktig" (T. 123-25), "viertaktig" (T. 126-29), "fünftaktig" (T. 130-34) und "sechstaktig" (T. 135-140). Das letzte Segment wirkt zudem durch ein *Calando* und eine Hemiolenkette zusätzlich verbreitert.[22] Im Gesang endet der Zweizeiler "Fliehn ohne Rast und Stand in meiner Träume Land", dem Berg die Reihenableitung U_4 unterlegt,[23] mit einem ins *ppp* versinkenden, über eine große Dezime fallenden Portamento. Verortet Berg das Traumland der Liebenden in stiller Tiefe, oder deutet er hier auf den Absturz aus dem Feenhimmel beim Ende des Rausches?

Der zwischen doppelte Taktstriche gesetzte und mit einer Fermate verlängerte T. 141 bildet das Zentrum des Palindroms, das Berg aus der Vertonung der zweiten Gedichthälfte und dem Nachspiel bildet. Tonal spielt der Takt auf Hanna an: Horn und Posaune vereinen sich mit der Cellogruppe zu einem F-Dur, in dem der Schluss der Gesangskontur weiterklingt; die 1. Geigen und das Solocello setzen einen H-Dur-Dreiklang dagegen. Wie Berg geschrieben hatte: "Wen anders geht es an als Dich, Hanna, wenn [die Worte von den Liebenden] im leisesten Zusammenklang von H- und F-Dur verklingen!" Als einziges im zentralen Takt aktives Instrument schlägt das Klavier in dessen Mitte ein *des* an, das beiden Dreiklängen fremd ist.

Die Takte 143-170 bilden einen orchestralen Krebsgang des vorausgehenden Walzers einschließlich seiner Einleitung. Dabei wandert die Gesangskontur von einer Klarinette über die 1. Geigen zum Saxophon und endet in der Trompete, die schon den im langsameren 3/4-Takt gesungenen ersten Zweizeiler des Walzers teilweise verdoppelt hat. Sie ist hier nicht im abweichenden 9/8-Takt notiert, jedoch wie zuvor metrisch eigenständig.

Das den Krebsgang beschließende *d* wird in T. 171 zum Grundton der von der Bassklarinette initiierten Wiederkehr des Ostinatos vom Beginn des Werkes. Bald durch Kontrafagott und Harfe ergänzt, sorgt die Figur in der ursprünglichen Besetzung für den Übergang zur 'Reprise' in Lied III.

[21]Vgl. T. 122-138: 2. Geigen *e–e-b*, Trompete + Gesang *des–des-g*, Celli *es–es-a, des–des-g*, Bratschen *c–c-fis*; Klavier *b–b-e*, Fagott *g–g-cis*; Pauke *e–b-b*, Glockenspiel *h–h-f*.

[22]Hemiolen vgl. Gesang T. 133-134, Celli T. 136-138, Posaune T. 139, 1. Geigen T. 140.

[23]In T. 134 müsste der zu "[mei-]ner" gesungene Ton statt des gedruckten *cis* ein *c* sein.

III – Der Wein des Einsamen / Le Vin du solitaire

Der Einsame im Titel des dritten Gedichtes ist nicht nur der Dichter selbst; er steht zudem für den Ausgestoßenen oder Enterbten, den der Wein im ersten Gedicht anspricht: einen Menschen, dessen Streben nach euphorischer Kreativität nicht verstanden und dessen Lebensweise verurteilt wird. Er sucht Trost im Blickkontakt mit galanten Frauen, im Klang der Geigen oder am Spielertisch, doch wirklich inspirieren kann ihn nur der Wein. Der gibt ihm trügerische Kraft, lässt ihn an sein Heldentum und seine Verwandtschaft mit Dionysos glauben. Mag der Mensch auch die Selbstcharakterisierung des Weines im ersten Gedicht als Trugbild erkannt haben, er braucht ihn für das Gefühl seiner Würde.

Der sonderbare Blick der leichten Frauen,
Der auf uns gleitet wie das weiße Licht
Des Mondes auf bewegter Wasserschicht –
Will er im Bade seine Schönheit schauen.

Der letzte Taler auf dem Spielertisch,
Ein frecher Kuss der hagern Adeline,
Erschlaffenden Gesang der Violine,
Der wie der Menschheit fernes Qualgezisch:

Mehr als dies alles schätz' ich, tiefe Flasche,
Den starken Balsam, den ich aus dir nasche
Und der des frommen Dichters Müdheit bannt.

Du gibst ihm Hoffnung, Liebe, Jugendkraft
Und Stolz – dies Erbteil aller Bettlerschaft
Der uns zu Helden macht und gottverwandt.

Le regard singulier d'une femme galante
Qui se glisse vers nous comme le rayon blanc
Que la lune onduleuse envoie au lac tremblant,
Quand elle y veut baigner sa beauté nonchalante;

Le dernier sac d'écus dans les doigts d'un joueur;
Un baiser libertin de la maigre Adeline;
Les sons d'une musique énervante et câline,
Semblable au cri lointain de l'humaine douleur,

Tout cela ne vaut pas, ô bouteille profonde,
Les baumes pénétrants que ta panse féconde
Garde au coeur altéré du poète pieux;

Tu lui verses l'espoir, la jeunesse et la vie,
— Et l'orgueil, ce trésor de toute gueuserie,
Qui nous rend triomphants et semblables aux Dieux!

Die Musik zu Lied III beginnt, indem erst das Kontrafagott und wenig später auch die Harfe sich der Ostinatofigur der Bassklarinette anschließen und die Nebenstimmen deren vier Töne wie zu Beginn des Werkes zum Zwölftonaggregat ergänzen. Dieses erneute Ostinatogrummeln im Hintergrund umfasst von seinem Einsatz in der Mitte von T. 172 bis zu seinem Ausklingen in der Mitte von T. 179 wieder einen der für das Werk typischen Siebentakter. Allerdings unterliegt diese Reprise der Einleitung bereits den ersten Versen des dritten Gedichtes. Die Singstimme erhebt sich im Kleinterzaufstieg *a-c-es*, den Berg ihr in Lied I erst zu Beginn der fünften Strophe unterlegt. Damit erzeugt der Gesangspart eine Beziehung zwischen dem (dort wenig überzeugenden) Versprechen des Weines "Ich mache deines Weibes Augen heiter" und dem Unbehagen des Weintrinkers beim "sonderbaren Blick der leichten Frauen".

Zum weiteren Verlauf des Ostinatos variiert der Gesang sodann in zwei Versen die erste lineare Reihentransformation des Klaviers aus der Einleitung,[24] bevor die Gesangsstrophe mit einem Kreiseln im viertönigen chromatischen Cluster endet. Dieses Kreiseln zeigt eine neue Variante der Konturen, die Berg dem Monolog des Weines in den Rahmenzeilen der Strophe II des ersten Liedes unterlegt: In allen drei Fällen trägt die Partitur den Hinweis *senza rubato*, in der Reprise ergänzt durch Bergs ironische Bemerkung, die Eitelkeit des Mondes ("will er im Bade seine Schönheit schauen") solle *quasi in Parenthese* erklingen. Bezeichnenderweise ertönt dann diese Selbstbewunderung als intervallgenaue "Spiegelung" der Selbstbeweihräucherung des Weines aus Lied I.[25]

Nach dem Vergleich des Frauenblickes mit der Selbstbespiegelung des Mondes stellen die Blechbläser mit dem antizipierten Tangorhythmus eine Entsprechung zum Takt nach der Selbstbeweihräucherung des Weines in Lied I her. Zugleich zitiert der Gesang die Kontur, die dort zum Tango führt.[26] Dieser ist erneut mit einer typischen Jazzband instrumentiert: Saxophon, Trompete, zwei Posaunen mit Jazz-Dämpfern, kleine Trommel, Gong und Klavier werden untermalt von der Banjo-Imitation der Streicher. Allerdings ersetzt Berg die zweite Hälfte des in Lied I so markanten Solos

[24] Vgl. Klavier T. 3-4: die untransponierte Umkehrung, verschoben zu Ton 8-12 + 1-7, mit Gesang T. 175-177: U_0 Ton 8-12 + 1-11; der Abschluss mit Ton 12 ertönt in den Streichern).

[25] Zum Viertoncluster im Gesang vgl. T. 24-25 und 29-30 (*b-h-c-des*) mit T. 178 (*g-as-a-b*). Zur intervallgenauen Spiegelung vgl. T. 29-30: *h* ↗ *c* ↘ *h* ↗ *c* ↗ *cis* ↘ *h* ↗ *c* ↘ *b* ↗ *h* ↘ *b* ↗ *c* mit T. 178: *a* ↘ *as* ↗ *a* ↘ *as* ↘ *g* ↗ *a* ↘ *as* ↗ *b* ↘ *a* ↗ *b* ↘ *as*. Vgl. dazu auch die Tritonusparallelen der Hörner (T. 178) und Holzbläser (T. 29-30) sowie die begleitenden Trommelwirbel.

[26] Gesang T. 179-181: *f-a-as-es—e-d-cis–h–a-g* ≈ T. 37-39: *a-cis-c-g—as-ges-f--es–des-c*.

der Trompete hier durch eine Sequenz der hinführenden Gesangszeile; auch schreibt er für die in Lied I zu "Hörst du den Sonn-[tagssang]" ertönenden, hier getrennt zu "[Ade]-line" und "[Vio]-line" fallenden Sexten süffige Portamenti und ergänzt sie mit den Sextenglissandi des Orchesters, die in Lied I erst später auftreten. So beantwortet die Musik das Bild, das der selbstgefällige Wein von der Vorfreude des Weintrinkers entworfen hat ("du stülpst die Ärmel, stützest beide Arme"), mit dessen Einschätzung der billigen Musik als "der Menschheit fernes Qualgezisch".

Nach dem Ende des Tango-Segmentes erreicht die Musik mit der Rückkehr zum Haupttempo in T. 196 den Ankerton *es* und damit, wie Berg in der Partitur anmerkt, eine Entsprechung zu T. 73. Auch der ruhige, weit ausholende Gesangsgestus und die 32stel-Läufe der Streicher, die hier zu Beginn der zweiten Hälfte des vertonten Sonetts erklingen, erinnern an den Beginn der rahmenden sechsten Strophe in Lied I. Unterstrichen wird dieser Moment der Reprise durch die Wiederaufnahme der Figur *as-f-d*. Mit diesem 'Signatur'-Motiv, das ein Unisono der vier Hörner in T. 196 *poco forte* vorgibt und ein einzelnes Horn im Folgetakt echoartig wiederholt, erinnert die Musik an die Warnung des Weines, der nüchterne Mensch sei ein "Enterbter" bzw. "Ausgestoßener".

Wenig später zitieren Saxophon, Fagott und Horn *poco pesante* die Seufzerkette, die in Lied I schon viel früher – zum zweiten Vers der dritten Strophe – in Flöte, Horn und Solocello erklungen ist.

Der Wein III: Balsam für den Erschöpften

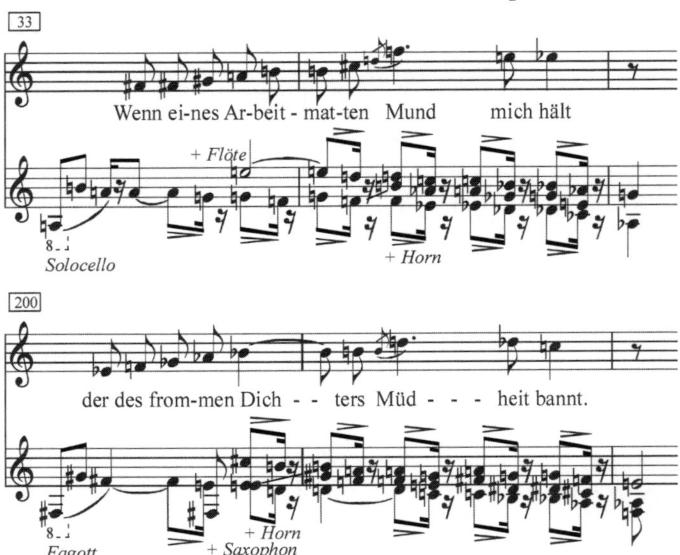

Bestimmend für die Parallele ist hier erneut der Textbezug: Der "Einsame" bestätigt mit seinem Eingeständnis, dass ihn der "starke Balsam . . . aus der Flasche" inspiriert und aufrecht hält, was der Wein in Lied I mit Bezug auf die "Arbeitmatten" versprochen hat.

In der darauffolgenden vierten und letzten Strophe führt Berg eine Besonderheit ein, die in der 'Exposition' der ersten Liedvertonung kein Vorbild hat: Eine an die Takte wiederholter akkordischer Achtel zu Beginn des Tango erinnernde Begleitschicht untermalt die Gesangskontur sowie rudimentäre Gesten einzelner Instrumente in einer auffälligen Verbindung von Tempo, Anschlagzahl und Instrumentenkombination. Im ausgedehnten Allargando erklingen sechs trocken wirkende Akkorde: der erste achtmal,[27] der zweite siebenmal, der dritte sechsmal, der vierte fünfmal, der fünfte viermal und der sechste dreimal. Akkord 1 und 3 kombinieren Streicherpizzicato mit Hörnerstaccato, Akkord 2, 4 und 6 klingen weicher im *arco* der Streicher mit Verdopplung durch die Harfe, und Akkord 5 verdoppelt das Streicherpizzicato im Portato der Holzbläser.[28] Die Verbindung aus schrumpfenden Wiederholungsgruppen bei kontinuierlicher Verbreiterung des Tempos erzeugt den Eindruck aus dem Lot geratender Zeit – einen Eindruck, den Berg wie zum Hohn ausgerechnet dem Vers unterlegt, in dem "der Einsame" die Geschenke des Weines aufzählt: "Hoffnung, Liebe, Jugendkraft und Stolz, dies Erbteil aller Bettlerschaft".

Den Schlussvers krönt Berg musikalisch ähnlich emphatisch, wie es Baudelaires Text vorgibt. Vor dem Hintergrund leiser Sechzehntelketten in den Streichern, die das kontinuierliche Allargando greifbar machen, ertönt das Credo des Weintrinkers, der Trunk mache den Menschen gottähnlich, im strahlenden *forte* als dreistimmiger Kanon von Gesang, Blechbläsern und Holzbläsern mit Streichern. Allen Stimmen unterliegt die untransponierte Umkehrung. Berg bildet hier exzentrische Konturen, indem er im Gesangspart zwei der fünf fallenden Sekunden aus der ersten Hälfte von U_0 durch steigende Sekunden ersetzt, in Posaune und Trompete drei und in der Parallele aus Holzbläsern und Streichern sogar alle fünf. Dabei weitet die Trompete die erste der fallenden Terzen aus dem Reihensegment [c] zur Dezime. Wenn die hohen Streicher gleich darauf diesen Dezimenfall mit Glissando imitieren, entsteht ein Zitat des Tangoschlusses aus Lied I und der fallenden Portamento-Dezime des Gesanges am Ende von Lied II:

[27] Achtmal nur in den als Hauptstimme markierten Bratschen.

[28] Die 1. Geigen und die Celli bewegen sich dabei in der ersten Hälfte je einer Reihentransposition (O_2 bzw. O_{11}) unter der Singstimme in einer vollständigen Transposition mit Positionstauschen (O_8 in der Tonfolge 9-10-11-12-1-2-3-7-8-6-4-5).

Der Wein III: Dank des Weines gottverwandt

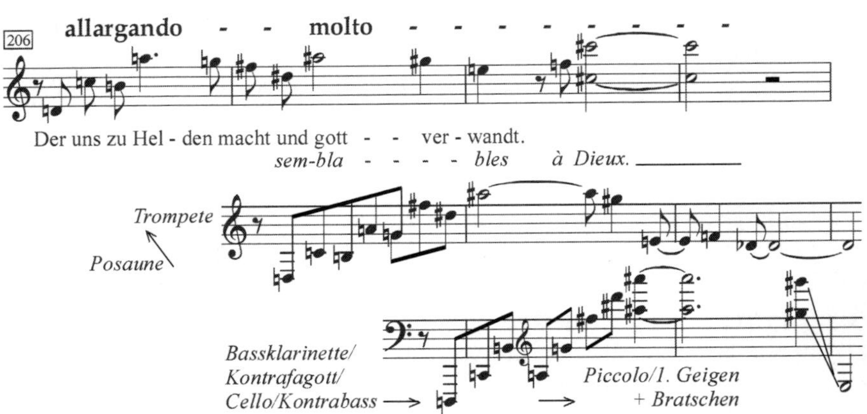

Mit der Emphase dieser mächtigen Intervallspreizungen im Engführungskanon des letzten Gesangsverses unterstreicht Berg die eher unerwartete Bilanz, mit der Baudelaire sein Gedicht "Der Wein des Einsamen" enden lässt. Nachdem der Weinliebhaber in den beiden Quartettstrophen einige der typischen Enttäuschungen erlitten hat, die den gesellschaftlichen Außenseiter erwarten, nachdem er als Einsamer das Tal emotionaler und spiritueller Ernüchterung durchschritten hat, bekennt er sich trotzig zu seiner Lebensentscheidung und bekräftigt wider besseres Wissen: Ja, wie es der Wein selbst in seinem Monolog so eloquent beansprucht, verleiht der Balsam aus der Flasche tatsächlich gesteigerte Schöpferkraft und ein Selbstwertgefühl, das wahre Höhenflüge ermöglicht.

Das verschränkt mit dem Ende der instrumentalen Imitationen beginnende siebentaktige Nachspiel der Konzertarie variiert die zweite Hälfte der Einleitung. Es setzt in Fagotten, Tuba und den tiefen Streichern mit der linearen Präsentation von O_0 ein, die hier wie dort von einer beschleunigten Imitation in Engführung ergänzt wird, und klingt nach verkürzten Ostinatofiguren im *ppp* mit dem D-Dur-Septakkord aus, der in T. 15 dem ersten Gesangseinsatz als Basis dient.

Indem Berg im "Wein des Einsamen" die musikalischen Embleme der Behauptungen aus dem Monolog des Weines in anderer Anordnung aufgreift und zugleich durch kontrapunktische Gegenüberstellungen mit neuen inhaltlichen Nuancen bereichert, führt er das komplexe Werk auf das zu, worüber sich Getränk und Trinker einig sind: Der Weinrausch schenkt dem Menschen die Illusion von Hoffnung, Liebe, Jugendkraft und Stolz.

Überraschungen in Struktur und Harmonik

Die obige Analyse der Musik im dritten Abschnitt der Konzertarie zielt auf eine Deutung der Beziehungen zwischen dem von Berg in "Die Seele des Weines" etablierten Subtext der musikalischen Komponenten und deren Wiederverwendung in "Der Wein des Einsamen". Dabei wurde zunächst ausgeklammert, welche Folgen die Zuordnung prädefinierter Parameter zum neuen Text für die innermusikalische Struktur des Werkganzen hat. Es zeigt sich, dass die von Adorno und Carner[29] publizierte und seither meist übernommene Annahme, Berg habe in diesem Werk ein neuerliches Beispiel einer Sonatensatzform konzipiert, deren Durchführung er durch eine kontrastierende Form ersetzt, modifiziert werden muss, insofern er in Lied III trotz des im Vergleich mit Lied I deutlich geringeren Umfanges Züge einer Durchführung mit denen einer Reprise verbindet. Betrachtet man die Musik der beiden Rahmenabschnitte ohne die darin vertonten Gedichte, so lässt sich für die 'Exposition' festhalten:

Vorspielhälfte 1 mit Ostinato	T. 1-7
Vorspielhälfte 2	T. 8-14
Hauptthemakomplex mit 'Signatur-Motiv', 'Scheinheiligkeitsmotiv' und Tango-Antizipation	T. 15-38
Seitenthemakomplex als Tango	T. 39-63
Schlussgruppe 1	T. 64-72
Hauptthemaverarbeitung 1 mit 'Signaturmotiv'	T. 73-84

Für die 'Reprise' dagegen gilt:

Vorspielhälfte 1 kontrapunktiert mit Figur aus Schlussgruppe 1 und 'Scheinheiligkeitsmotiv'	T. 171-178
Verarbeitung von Haupt- und Seitenthemamaterial	T. 179-195
Hauptthemaverarbeitung 1 mit 'Signaturmotiv'	T. 196-201
Schlussgruppe 2	T. 202-209
Vorspielhälfte 2 als Nachspiel	T. 210-216

Sowohl die polyphone Verarbeitung des Ostinatosegmentes als auch die anschließende Verarbeitung von Haupt- und Seitenthemamaterial sind in ihrer Textur als 'Durchführungen' anzusehen, neben der Tatsache, dass sie durch Bergs Einsatz in beziehungsvollen Textstellen zugleich dem Anspruch einer 'Reprise' gerecht werden.

In der Harmonik überraschen neben der dreiklangsträchtigen Anlage der dem ganzen Werk zugrunde liegenden Zwölftonreihe vor allem die spätromantischen Terzenschichtungen der Sept- und Nonakkorde. Schon

[29]Vgl. Adorno, *op. cit.*, 153; Carner, *op. cit.*, S. 109.

das Vorspiel mündet in dem Takt, der den ersten Einsatz des Gesanges bringt, in einen Durseptakkord auf dem Grundton *d*, und getreu der Wiederaufnahme der zweiten Vorspielhälfte im Nachspiel bildet derselbe Akkord den Abschluss der Arie. Prominente tonale Nonakkorde ertönen z.B. auf *es*, dem chromatischem Nachbarton des Grundtones *d*, zu Beginn der rahmenden sechsten Strophe von Lied I in T. 73 und beim Übergang zur zweiten Sonetthälfte in Lied III in T. 196. Das Prahlen des Weines, man werde ihn preisen und mit ihm zufrieden sein, erwächst in T. 59 aus einem reinen B-Dur-Nonakkord und wird in T. 66-67 zur gewagten Behauptung, sogar Kinder profitierten vom berauschenden Getränk, noch überboten, wenn der Gesang einen steigenden G-Dur-Septakkord querständig über einen instrumentalen H-Dur-Nonakkord stellt.

Man kann diese Momente betont gesetzter und betont unterlaufener Konsonanz als musikalische Metaphern der Ironie deuten. Zugleich bieten sie Hinweise auf Bergs Auseinandersetzung mit dem dodekaphonen Regelwerk seines früheren Lehrers. In einer Untersuchung, die Bergs Verhältnis zu Schönberg vor, während und nach der Entstehung der Konzertarie *Der Wein* beleuchtet, schreibt Darla Crispin dazu:

> In gewissem Sinne entlarvt sich die musikalische Sprache selbst als tonal gebunden unter einer zwölftönigen Oberfläche; die Wahrheit im *Wein*, die Berg herausarbeitet, ist sowohl eine Sehnsucht nach dieser tonalen Vergangenheit und ihrer Repräsentation als auch eine Art Revolte gegen die extremeren Konsequenzen der Zwölftonsprache, wie sie etwa die totale Abkehr von der Tonalität mit sich bringen würde.[30]

In seinen späten sinfonischen Werken und seinen Opern *Wozzeck* und *Lulu* hat Berg diese Auseinandersetzung kreativ und sehr erfolgreich weitergeführt.

[30]Übersetzt nach Darla M. Crispin, " 'Wine for the Eyes': Re-reading Alban Berg's Setting of *Der Wein*", in *Austrian Studies* 13 (2005), S. 109-125 [118].

Verzeichnis der Illustrationen

MUSIKBEISPIELE

Sieben frühe Lieder

Sonate für Klavier

Vier Gesänge

Streichquartett

Fünf Orchesterlieder nach Ansichtskarten-Texten von Peter Altenberg

Der Wein

GEDICHTE

GEMÄLDE

Bibliografie

Adorno, Theodor W., *Alban Berg*. In: *Gesammelte Schriften* 16 [Musikalische Schriften I-III]. Frankfurt: Suhrkamp, 2003, S. 85-96.

Adorno, Theodor W., *Alban Bergs frühe Lieder*. In: *Gesammelte Schriften* 18 [Musikalische Schriften V]. Frankfurt: Suhrkamp, 2003, S. 465-468.

Adorno, Theodor W.: *Berg. Der Meister des kleinsten Übergangs*. Frankfurt: Suhrkamp, 1977. (Auch: *Gesammelte Schriften* 13 [Die musikalischen Monographien]. Frankfurt: Suhrkamp, 2003.)

Adorno, Theodor W.: *Die Instrumentation von Bergs Frühen Liedern*. In: *Gesammelte Schriften* 16 [Musikalische Schriften I-III]. Frankfurt: Suhrkamp 2003, 97-109.

Archibald, Robert Bruce, *Harmony in the Early Works of Alban Berg*. Cambridge, MA.: Harvard University Press. 1965.

Berg, Erich Alban, *Alban Berg – Leben und Werk in Daten und Bildern*. Frankfurt: Insel, 1976.

Carner, Mosco, *Alban Berg. The Man and The Work*. London: Duckworth, 1975.

Chadwick, Nicholas, "Berg's Unpublished Songs in the Österreichische Nationalbibliothek". In: *Music and Letters* 52 (1971), S. 123-140.

DeVoto, Mark, *Alban Berg's Picture Postcard Songs*. [S.l.], [s.n.], 1966.

Floros, Constantin, *Alban Berg – Musik als Autobiographie*. Wiesbaden: Breitkopf & Härtel, 1992.

Floros, Constantin, *Alban Berg und Hanna Fuchs: Briefe und Studien; Erstveröffentlichungen*. Wien: Österreichische Musikzeitschrift, 1995.

Floros, Constantin, "Das esoterische Programm der Lyrischen Suite", in *Hamburger Jahrbuch für Musikwissenschaft* I (1974); hier zitiert nach der Fassung in Heinz-Klaus Metzger und Rainer Riehn, Hrsg., *Musik-Konzepte 4* [Alban Berg Kammermusik I]. München: edition text + kritik, 1981, S. 5-48.

Green, Douglass M., "Berg's De Profundis: The Finale of the Lyric Suite". In: *International Alban Berg Society Newsletter* 5 (June 1977).

Haenicke, Diether, "Alfred Mombert: Beobachtungen zur Form seiner Gedicht-Werke". In: *The German Quarterly* 40/1 (1967), S. 41-57.

Hailey, Christopher, Hrsg., *Alban Berg and His World*. Princeton, NJ: Princeton University Press, 2010.

Headlam, Dave, "The Derivation of Rows in *Lulu*". In: *Perspectives of New Music* 24/1 (1985), S. 198-233.

Headlam, Dave, *The Music of Alban Berg*. New Haven: Yale University Press, 1996.

Holland, Dietmar, "Dialektik der musikalischen Freiheit: Alban Bergs freie 'Atonalität' in seinem Streichquartett op. 3". In: Heinz-Klaus Metzger und Rainer Riehn, Hrsg., *Musik-Konzepte* 9 [Alban Berg Kammermusik II]. München: edition text + kritik, 1979, S. 29-37.

Jarman, Douglas, Hrsg., *The Berg Companion*. Boston: Northeastern University Press, 1989.

Jarman, Douglas, *The Music of Alban Berg*, Berkeley: University of California Press, 1985.

Kett, Stephen W., "A Conservative Revolution: The Music of the Four Songs Op. 2". In: *The Berg Companion* (op. cit.), S. 67-87.

Klein, Rudolf, Hrsg., *Tagungsbericht, Alban-Berg-Symposion Wien 1980.* Wien: Universal Edition, 1981.

Knaus, Herwig und Wilhelm Sinkovicz, *Alban Berg. Zeitumstände – Lebenslinien*. Salzburg: Residenz-Verlag, 2009.

Levin, Walter, "Textprobleme im Dritten Satz der *Lyrischen Suite*". In: *Musik-Konzepte* 9 (op. cit.), S. 11-28.

Lonitz, Henri, Hrsg., *Theodor W. Adorno: Briefe und Briefwechsel 1925-1935*, Bd. II. Frankfurt: Suhrkamp, 1997.

Lynch, Lisa A.: *Alban Berg's Sieben frühe Lieder. An Analysis of Musical Structures and Selected Performances*. DMA Dissertation University of Connecticut, 2014.

Meier, Barbara, *Alban Berg: Biographie*. Würzburg : Königshausen & Neumann, 2018.

Metzger, Heinz-Klaus und Rainer Riehn, "Statt eines Nachworts zur Kontroverse". In: *Musik-Konzepte* 9 (op. cit.), S. 8-10.

Morgan, Robert T., "The Eternal Return: Retrograde and Circular Form in Berg". In: David Gable et al., Hrsg., *Alban Berg: Historical and Analytical Perspectives*. Oxford: Clarendon Press, 1991, S. 111-149.

Motte, Diether de la, "Voraussetzungslose Analyse. Alban Berg: Vier Stücke für Klarinette und Klavier op. 5, Nr. I". In: ders., *Musikalische Analyse*, mit kritischen Anmerkungen von Carl Dahlhaus. Kassel: Bärenreiter, 1968, S. 131-145.

Perle, George, "Das geheime Programm der *Lyrischen Suite*". In: *Musik-Konzepte* 4 (op. cit.), S. 49-74.

Pople, Anthony, Hrsg., *Alban Berg und seine Zeit*. Laaber: Laaber-Verlag, 2000.

Porter, Charles Edwin, "Interval Cycles in Alban Berg's String Quartet Opus 3." In: *Theory and Practice* 14/15 (1989), S .139-177.

Redlich, Hans Ferdinand, *Alban Berg. Versuch einer Würdigung*. Wien: Universal Edition, 1957.

Reich, Willi, *Alban Berg: Bildnis im Wort*. Zürich: Arche, 1959.

Reich, Willi, *Alban Berg – Leben und Werk*, Zürich: Atlantis Verlag, 1963, Nachdruck München: Piper, 1985.

Reich, Willi, Hrsg., *Alban Berg, mit Bergs eigenen Schriften und Beiträgen von Theodor Wiesengrund-Adorno und Ernst Krenek*. Wien: Reichner, 1937.

Schneider, Frank, Hrsg, *Alban Berg: Glaube, Hoffnung und Liebe. Schriften zur Musik*. Leipzig: Reclam, 1981.

Simms, Bryan R., *Alban Berg: A Guide to Research*. New York: Garland, 1996.

Stroh, Wolfgang Martin, "Alban Bergs Orchesterlieder". In: *Neue Zeitschrift für Musik* 130 (1969), S. 89-94.

Taylor, Benedict, "Berg and Modernity: Ambivalence, Synthesis, and Remaking of Tradition in the String Quartet op. 3". In: *Studia Musicologica* 50/1-2, S. 29–48.

Zeller, Hans Rudolf: "Text und Interpretation: Zur Handlungsanalyse von op. 3". In: *Musik Konzepte* 9 (op. cit.), S. 38-48.

Index der Personen

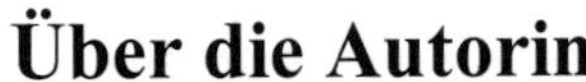

Über die Autorin

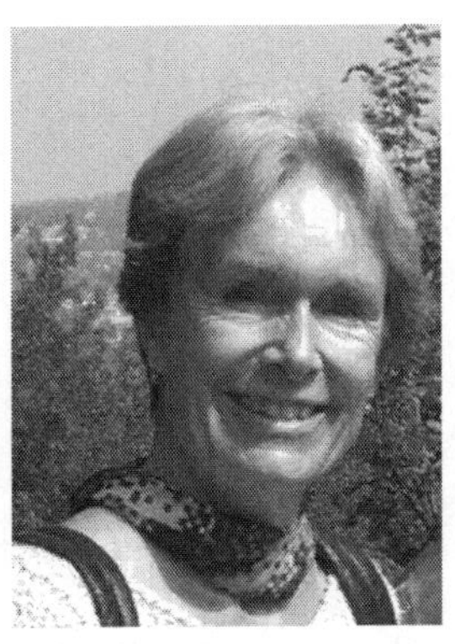

Siglind Bruhn, Musikwissenschaftlerin und Konzertpianistin, forscht als Life Research Associate seit 1993 am Institute for the Humanities der University of Michigan/Ann Arbor. In über 40 Buchmonografien erläutert sie Musikwerke des 20. und 21. Jhdts. Für ihren amerikanischen Verlag Pendragon Press betreute sie 2000-20 die Buchreihe "Interplay: Music in Interdisciplinary Dialogue". Sie war *chercheur invité* an der Sorbonne (2003-08), Distinguished Senior Research Fellow am Zentrum für Kunst und Christentum der Universität Kopenhagen (2002-10) und Gastprofessorin an den polnischen Musikakademien von Krakow und Katowice (2014-18).

Buchpublikationen der letzten Jahre in deutscher Sprache:

- Buchtrilogie zum Werk von Maurice Ravel (2021-22): I – Ravels Klaviermusik, II – Ravels Lieder und Opern, III – Ravels Orchester- und Kammermusik
- « Dunkel ist das Leben ». Liedsinfonien zur Vergänglichkeit von Mahler bis Penderecki (2020)
- Buchtrilogie zum Werk von Claude Debussy (2017-19): I – Debussys Klaviermusik und ihre bildlichen Inspirationen; II – Debussys Vokalmusik und ihre poetischen Evokationen; III – Debussys Instrumentalmusik im kulturellen Kontext
- Henri Dutilleux. Jede Note auf der Goldwaage gewogen (2016)
- Aribert Reimanns Vokalmusik (2016)
- Schönbergs Musik 1899-1914 im Spiegel des kulturellen Umbruchs (2015)
- Europas klingende Bilder (2013)
- Die Musik von Jörg Widmann (2013)
- Buchtrilogie zum Schaffen Paul Hindemiths (2009-12): I – Hindemiths große Bühnenwerke; II – Hindemiths große Vokalwerke; III – Hindemiths große Instrumentalwerke
- Buchtrilogie zur musikalischen Symbolsprache Olivier Messiaens (2006-08): I – Messiaens musikalische Sprache des Glaubens; II – Olivier Messiaen, Troubadour; III – Messiaens 'Summa theologica'
- Christus als Opernheld im späten 20. Jahrhundert (2005)
- Das tönende Museum (2004)

Zu anderen Themen erschienen in englischer Sprache zuletzt:

- Frank Martin's Musical Reflections on Death (2011)
- The Musical Order of the World: Kepler, Hesse, Hindemith (2005)
- Saints in the Limelight: Representations of the Religious Quest on the Post-1945 Operatic Stage (2003)
- Musical Ekphrasis: Composers Responding to Poetry and Painting (2000)
- Musical Ekphrasis in Rilke's *Marienleben* (2000)